在版编目(CIP)数据

年：《纽约时报》民初观察记：1911-1921 /
蒋书婉，刘知海，李方惠译. -- 北京：当
版社，2018.11
纽约时报》中国观察记）
978-7-5154-0853-8

①共… Ⅱ. ①郑… ②蒋… ③刘… ④李… Ⅲ.
史－史料－1911-1921 Ⅳ. ① K258.06

版本图书馆 CIP 数据核字（2018）第 050696 号

曹宏举
周五一
柯琳芳
康 莹
古涧千溪
当代中国出版社
北京市地安门西大街旌勇里 8 号
http://www.ddzg.net 邮箱：ddzgcbs@sina.com
100009
（010）66572264 66572154 66572132 66572180
（010）66572281 66572161 66572157 83221785
北京润田金辉印刷有限公司
787 毫米 × 1092 毫米 1/16
30.75 印张 插图 137 幅 564 千字
2018 年 11 月第 1 版
2018 年 11 月第 1 次印刷
120.00 元

50,000 FAMISHED CHINESE.

ds Submerge Crops—Awful Destitution May Halt Peace.

ANGHAI, Dec. 28.—The exciting of war and diplomacy has caused world to forget the terrible destitu- which now prevails in China. It is a issue, but one which may have a effect on the settlement of the revo- n.

July and August last the Yangtze to an almost unprecedented height, the resulting destruction has caused ne areas now accurately defined. there is the great Hwai Valley re- measuring about 100 by 300 miles, e the farmers have had only one crop since 1906. Not only is there no ve to meet present conditions, but people have lost heart and will not o help themselves.

e second area is about Wuhu, where some weeks the Yangtze formed an

the try Th for inla very Th floo squa ple, mat star con the 3,75

共和十年

CHINA

NEW YO

《纽约

1911—

郑曦原

蒋书婉

当代中国出

Contemporary China Publis

2018年・北京

图书

共和

郑曦原编

代中国出

(

ISB

I.

①中国历

中国

出 版 人

策划编辑

责任编辑

责任校对

封面设计

出版发行

地 址

网 址

邮政编码

编 辑 部

市 场 部

印 刷

开 本

印 张

版 次

印 次

定 价

# 目录

共　和　十　年

前　言　1

第一篇　民国初创　1
没有龙的新国旗　3
中国将有伟大的未来　6
武昌事变后的中国时局　16
梁启超称共和制不合中国国情　20
清国军队在南京屠城　21
万众瞩目的袁世凯　22
孙中山当选民国临时大总统　28
南京举行临时大总统就职典礼　28
孙中山大总统发表对外宣言　30
英国雇员回忆孙中山伦敦蒙难记　31
美国学者百森评中国时局　33
清廷举棋不定　35
中国危机牵动远东政治格局　37
孙中山接受美联社采访　42
袁世凯秘密觐见隆裕太后　43
清帝宣布退位　44
袁世凯全票当选总统　47
民国组成新内阁　48
中国留学生应召回国　49
西安撤侨历险记　50
陆徵祥出任民国新总理　55
美国经济学家应邀出任民国要职　56
莫理循被任命为民国总统政治顾问　57
孙中山否认将参选总统　64

65 假共和、真独裁：濮兰德访谈录
75 美国呼吁共同承认中华民国
76 袁世凯正式当选民国总统
78 民国将有新国歌
79 退位幼帝受到优待
80 《重构中国》书评
84 徐世昌当选民国总统
84 徐世昌宣誓就职
85 上海和平谈判有所进展
86 北京政府因和谈失败而倒阁
86 外蒙王公希望重返中国怀抱
88 要自治还是要银票
89 中国退位幼帝近况
91 前美国公使芮恩施讲述袁世凯
93 中国的未来掌握在青年手中

95 **第二篇　捍卫宪政**
97 新内阁名单被国会否决
97 宋教仁遇刺
98 谋杀宋教仁嫌犯越狱逃跑
99 在美华人为讨袁战争发起募捐
101 民国官员赴美考察司法制度
102 孙中山策划再次发动革命
104 《民国西报》评袁世凯独裁
106 《亚细亚日报》再次遭到炸弹袭击
107 袁世凯宣布取消帝制

前民国总理唐绍仪公开抨击袁世凯 110
君主立宪制是中国的选择 117
伍廷芳寄望中国青年 123
北京政变影响远东力量平衡 128
孩儿皇帝重新登基 135
黎元洪逃入日本使馆避难 137
张勋复辟计划流产 139
北京事变调停失败 141
孙中山畅谈中国时局 142
段祺瑞组建新内阁 146
首批日元贷款所购军火运抵中国 147
民国新一届国会宣告成立 147
张作霖要求新宪法有中国特色 148

**第三篇　维护国权** 149
日本对中国发出最后通牒 151
英德海军集结山东沿岸 152
日英联军攻陷青岛 152
“中国摩根”张振勋访谈录 156
《恰克图条约》签字 163
中国从欧洲战争中获益 164
中国有能力处理好自己的事情 167
美国远东事务专家谈中日条约 171
成千上万华工运往欧洲 180
中国即将加入协约国 182
中国对德、奥两国宣战 184

185 大战将激发中国巨大潜力
187 协约国同意民国延迟还债
188 德皇威廉二世掠夺中国财物
191 苏俄抗议中国庇护白俄残部
192 顾维钧解释中国参战原因
194 中日在巴黎和会上爆发争端
199 中国学生强烈抗议巴黎和会决定
200 日使称中国收回山东没有法律依据
202 中国学生割指抗议巴黎和约
202 苏俄愿援助“解放”中国
203 芮恩施说中国是开启和平大门的钥匙
206 徐世昌感谢美国总统电贺民国国庆
207 中国代表团抵华盛顿受到欢迎
209 施肇基在哥伦比亚大学发表演讲
211 顾维钧就华盛顿会议表明中国立场
212 民国政府要求取缔在华外国邮政
217 列强同意撤出外国在华邮局
220 **★善后大借款系列报道**
220 中国是列强利益碰撞的火药桶
226 威尔逊总统反对对华借款
231 威尔逊总统希望与中国进行友好贸易往来
232 中国签署借款合同可能引发起义
234 **★“二十一条”系列报道**
234 美国获得日本对华索价要点
235 日本对中国进行威胁
235 日本对华要求全部内容曝光

国会授权威尔逊全权处理对日政策 240
威尔逊总统将递交对日照会 241
美国推迟对日本“二十一条”表态 242
读者来信：日本人的辩解 243
读者来信：周先生的反驳 244
日本首相就“二十一条”发表谈话 244
中华会所宣布联合抵制日货 245
**★关于《巴黎和约》的读者来信系列 246**
日本把什么福音送给中国？ 246
“门罗主义”奠定美国领土扩张基础 247
建议比格罗先生去中国看看 248
中国拒签《凡尔赛和约》是明智的 250
日本人在误导世界 254

**第四篇　西风东渐 257**
新式医学院将落户上海 259
西风吹过中国 259
中国正在成为美国的翻版 263
女人服饰的变化是另一场革命 270
亚洲复兴是当今世界最重要的事件 276
中国第一家百货公司开业 285
天津高尔夫球场建在坟场里 286
上海对汽车的兴趣大增 286
送给朱尼金牧师的摩托车 287
现代医学在中国发展前景广阔 288
洛克菲勒基金会计划在华创办医院 290

296 中国路况太差限制汽车进口
297 美国汽车出口远东
298 京津两地约有 400 辆汽车
298 美国银行将在上海开设支行
299 在中国发展救世军
302 美国商会呼吁改革领事制度
303 卡车将取代骆驼
304 美国打字机在中国
304 中国获邀参加波特兰博览会

307 **第五篇　文化觉醒**
309 知识分子在中国革命中的作用
310 奥柏林学院在山西兴办教育
311 中国人以戏剧宣传华夏历史
314 民国将军就读哥伦比亚大学
314 美国富商资助两所中国大学
315 《永乐大典》惊现伦敦
318 《清廷纪事》书评
321 《中国年鉴》1914 年版出版发行
321 第二届远东奥运会将在上海举行
322 袁世凯临终前谈中国教育改革
323 庚款助学成绩斐然
324 金陵女子学院令人瞩目
325 电影在香港举步维艰
326 前教育总长率团赴美考察
326 国际新闻俱乐部在北京成立

杜威教授希望帮助中国革新教育 327
天津学生罢课惊动总统 327
美国科考队在中国收获颇丰 328
五所教会女中开建 328
北京大学首次录取女学生 329
中国人自拍电影杀青 329
电影在天津大受欢迎 330
在中国寻找龙骨 331
在唐人街观赏中国戏 332
百老汇上演中国话剧 342
**★中国妇女解放运动专题** 343
为争取选举权而斗争 343
凯蒂夫人的考察报告 345
广州妇女大闹议会要求参政权 350

**第六篇　实业兴起** 357
西式医院在广州开诊 359
袁世凯批准铁路建设计划 359
银元、港币与中国对外贸易 361
对华贸易在战争迷雾中增长 363
中国寻求 5 亿美元铁路贷款 366
民国的植树造林计划 369
民国推行币制改革 369
中美合资筹建银行 371
顾维钧表示欢迎美国来华投资 373
中国纯锑产量大增 376

377 中国工业革命进程综述
384 战争刺激民国工业复苏
385 中国盲人生活无虞
386 美国对中印两国白银出口剧增
386 中国因战争享受繁荣
387 美国4艘万吨轮将在上海制造
389 西方工程师建议引进自动电话
390 中国制造铅笔
391 天津建立碳酸饮料厂
391 民国打破金属禁运限制
391 上海百货商店颇受欢迎
393 民国远洋货轮首航西雅图
393 民国的贸易创纪录
394 武昌将建立新棉纺厂
394 现代化的中国前途无量
396 上海首家卡车运输公司开业
397 评民国铁路建设
399 新式大饭店将现身上海外滩
400 发网制造在中国
401 大规模电话改造工程进展顺利
401 中国民用航空事业取得进步
402 北京至济南航线开通
402 中德合资电器设备厂将落户苏州

403 **第七篇 民生世相**
405 中国画在蒙特罗斯画廊展出

故宫珍宝开始拍卖 408
慈禧爱犬远渡英伦 409
开封的犹太教堂 410
顾维钧迎娶民国总理女儿 412
《李鸿章回忆录》出版 413
四川吸食鸦片者将被枪决 421
“通济”舰爆炸致 35 人死亡 422
美国为德国难民和战俘提供协助 422
普吕肖上尉逃离青岛记 423
竹筒装金条从中国寄来 425
中国古董拍卖成交踊跃 426
庆亲王奕劻去世 427
美国炮艇在重庆附近遇袭 427
厦门附近地震，万人丧生 428
两名美国工程师在华被绑架 428
奇怪流感横扫华北 429
在华美国人兴起学中文热 430
北京政府开始全面禁烟 430
莫小毛打官司 431
美国女明星的中国印象 437
“昭陵六骏”两件浮雕落户美国 441
罂粟之路 442
退位清帝生母自杀身亡 447
**★中国饥荒系列** 449
纽约教会为赈济中国饥民募捐 449
科学赈济中国饥民 450

454 中国饥荒灾害危及百万生命
454 聚落农场帮助饥民恢复重建
455 饥荒迫使父亲毒子卖女
456 中国的丫环买卖
459 中国饥民死亡人数急剧上升

461 **附录:《纽约时报》民初报道英文原文目录**
469 **重要名词索引**

474 **后　记**

# 前 言

辛亥年八月十八，寒露。次日，是公元 1911 年 10 月 10 日。那时，我的外曾祖父住在四川资州的蔡家场上，他是川中袍哥的头面人物。乡场上没有报纸。袍哥的联络，靠的是把写好字的竹板倒进江里，随流而下，把一条河的袍哥都通知到，这叫“水电报”。

乡村中国没有公历，老百姓不知道这天将成为中国历史的新纪元。武昌举事在长江下游，水电报送不上来。所以，外曾祖父并不知道武昌城里发生了什么事。但两个月前，各路袍哥会聚资州，召开罗泉井会议，一致约定全川一起暴动，二十万人会攻成都，引发清廷惊恐，急派重臣端方率军离鄂，进川镇压，由此为武昌起义创造了条件；半个月前，荣县首先宣布独立，在全国成立第一个反清军政权。一个月后，会党在资州杀掉端方，砍断清室擎天一柱。

外曾祖父和袍哥兄弟们折腾的这些事，后来被史家称为辛亥革命。罗泉井会议、荣县独立和杀端方，是四川革命的三部曲。他们也因此成为“民国元勋”。每位新上任的专员、县长，都要先到蔡家场“拜码头”，想来与此有关。

武昌枪声过后，长江洪水泛滥，十万人淹死，十万人饿死。

中国历史上第一个华夏政权以治水而兴，历朝历代也以整顿河工为维护民生第一政要。然而，每逢天下大乱，河工崩坏，百姓遭殃。这是研究革命的学者和风骚文人们最容易忽略的事。所谓史家，总是更关心帝王将相的风花雪月，而不大理会亿万百姓的生生死死。

初创的民国充满童真，一切幼稚可笑的计划都想写进这张白纸。从东京、纽约回来的少数人可能有宪政、共和的思想，怀里揣着几幅国家未来模糊不清的蓝图；但是，外曾祖父和袍哥兄弟们并不懂民主、宪政、共和，也搞不清他们闹腾的“革命”与朱元璋、洪秀全有什么区别，除了“反清复明”的光荣梦想外，他们并无更多政治理想。事态的发展把许多幻梦都打得粉碎，民主、宪政、共和等，不过是血色汪洋中的点点水泡。

纵使袁世凯有曹阿瞒的权谋，孙中山有华盛顿的胸怀，段祺瑞有“三造共和”的奇功，凡此种种，皆不能改变中国财政一贫如洗的窘境，不能改变“东亚病夫”仍被帝国主义虎狼环伺的历史宿命，不能改变亿万百姓仍然深陷赤贫的残酷现实。号称“亚洲第一个共和国”的议会，堪称政治荒诞剧，一幕接一幕，令人眼花缭乱。

秋瑾轩亭口喋血，宋教仁上海饮弹，蔡锷将军云南讨袁，无不大义凛然，义薄云天。中国人为民主流血，为共和捐躯，可谓前仆后继。但是，悬挂列强军旗的炮舰依然在我们面前耀武扬威，坐拥十几个姨太太的督军老爷们依然威风八面。

近代中国的独立、自强、解放运动，无法逃脱帝国主义列强的包围和干涉，无法逃脱千年文化传统的制约和束缚，无法逃脱世界经济运动对中国民生发展的限制和规定，这是我们了解和衡量民国初年政治、经济、社会发展脉络的三把铁尺。

自从盘古开天地，三皇五帝到如今，中国第一次建立了共和制度，提出了“主权归民、主权在民”的政治理念，这是开天辟地的大事情。中国人民终于在没有皇帝的天空下如风一般自由地行走，

"人人平等"也成为天地人间的公理，这是多么令人珍惜、令人感佩。

不管存在多大阻碍，不管付出多大牺牲，为了保国权、促宪政、兴实业，为了唤醒沉睡千年的四万万同胞，弱小的革命党人跃身而起，付出了全部幻想、激情和努力。创立民国的十年，是艰苦卓绝的十年，也是今天的人们最容易忘记的十年。适逢开创共和百年之际，我们追根溯源，力图从《纽约时报》的故纸堆中爬梳出国民进步的线索，重拾迷失的记忆，重续光荣的梦想。

今天的资州，早已改名叫资中，而且也没有叫蔡家场的地方了，那里已改称龙江镇。市镇上还存有一排残留的老屋，昏暗的屋檐下有几束荒草斜伸出来。微风吹过，迎面送来红橘的清香。隐隐几声叹息，轻轻地，淹没在市声鼎沸中。诸多过客，行旅匆匆，谁还记得当年的罗泉井会议？谁还记得那些热血沸腾的"民国元勋"？

久违的先辈们，愿你们的灵魂在遥远的星空获得安息。

郑曦原

二〇一一年七月四日于雅典

第一篇

# 民国初创

# 篇首语

大禹治水为农耕文明发展奠定基础，桀骜不驯的黄河和漠北游牧民族袭扰，迫使平原地区各部落联合互助，由此铸就了华夏国家的雏形，确定了大一统专制政体。开明专制，辅以王道仁政思想，世代延续，形成“以民为本”的中国政治特色。而共和制最早起源于雅典城邦制度，启蒙运动后更以法国大革命为型范，突然引进中国所造成的岂止是水土不服？当我们为武昌首义欢呼时，最容易看到的是清廷腐败政治的终结，最不容易看到的是中国特有政治文化顽固坚韧的历史惯性。告别帝制，无疑代表着民族的进步与觉醒，但千年制度解构所必须缴付的代价，也是革命党人根本来不及思考而又必须面对的最大难题。

# 没有龙的新国旗

## ——民生主义的旗帜在革命军中迎风飘扬

1911年10月15日

题记：孙中山先生的追随者称，中国四亿两千六百万人民中，大多数都支持革命。

去年4月，“驱除鞑虏”运动领袖孙中山先生在纽约一家华人戏院发表演讲时，预言中国革命一定胜利。设在纽约唐人街披露街的“少年中国学社”[①]是孙先生和追随者们从事革命事业的支部。

10月14日，《纽约时报》记者来到少年中国学社办公室，采访了同盟会财务主管莫先生和龚先生（Moy Gooe和C. S. Gunn）。莫和龚两人与孙中山先生私交甚笃，他们兴致勃勃地谈起中山先生领导的这场革命。他们说，先生推动革命历经25年，今天终成正果。

莫先生和龚先生在采访中表示，当前的革命赢得了全中国绝大多数民众的支持。龚先生说，统计显示，在中国四亿两千六百万人口中，有四亿是同情和支持革命的。龚先生还向记者展示了两面崭新的旗帜，一面是中国的新国旗，由红、蓝、白三色图案组成；另一面以蓝色为背景，中间是一颗白色的太阳，旁边衬着12颗星。两面旗帜上都没有众人熟知的中国龙的形象，也没有任何尊贵的黄色图案出现。

龚先生说：“孙中山先生和他的追随者们精心筹划了中国革命。25年来，他们从未间断对武装起义的宣传和准备。去年4月，中山先生来到美国，在一家华人戏院里面对众多听众发表演讲。他说，自己毕生追求的事业就是推翻满清王朝，现在，革命的时机已经成熟。先生预言，中国革命必将取得胜利。中山先生今年只有44岁，而他为革命已经准备了25年。”

龚先生接着说：“我不能告诉你中山先生目前的行踪。但他不论身在何方，都必定是在指引着中国革命的方向。中山先生希望中国成为中国人民的中国。

① 由中国同盟会成员李是男与黄伯耀1909年在美国旧金山创立。1910年2月，孙中山将其改组为“中国同盟会旧金山分会”。同年3月，孙中山以旧金山分会为全美总会，通称美洲同盟总会，下辖纽约、芝加哥及加州各埠分会。李是男（1884—1937），字奕豪，广东台山人，出身于美国旧金山华侨家庭，1906年在香港加入同盟会，创办《美洲少年周报》（后为《少年中国晨报》）。1921年任孙中山大总统府秘书，后病逝于广州。

武昌起义及各省宣布独立图。

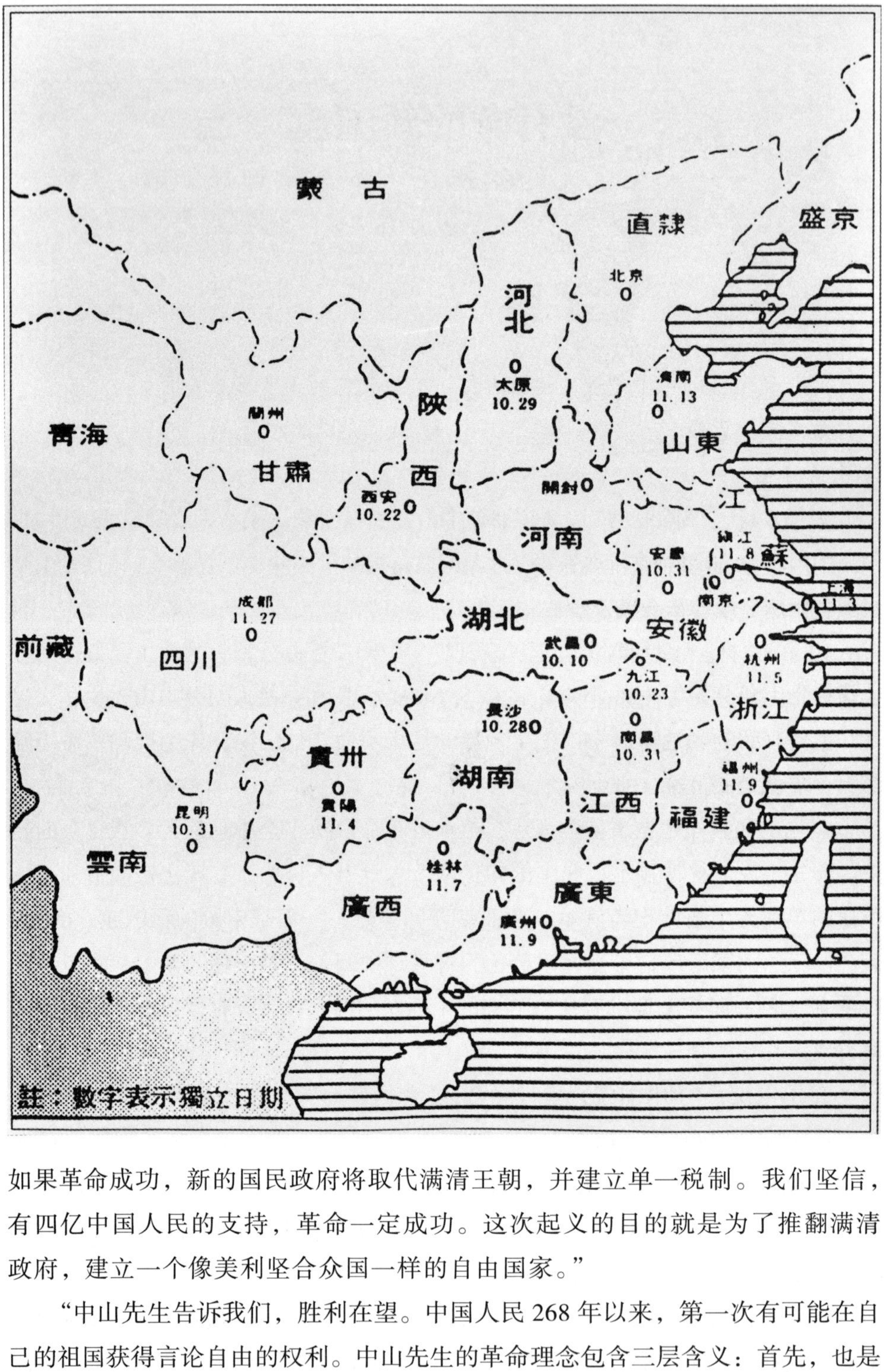


如果革命成功，新的国民政府将取代满清王朝，并建立单一税制。我们坚信，有四亿中国人民的支持，革命一定成功。这次起义的目的就是为了推翻满清政府，建立一个像美利坚合众国一样的自由国家。”

“中山先生告诉我们，胜利在望。中国人民 268 年以来，第一次有可能在自己的祖国获得言论自由的权利。中山先生的革命理念包含三层含义：首先，也是最重要的，就是推翻满清统治；其次，是建立共和国；第三，是建立一个民生主义[①]的政府。”

① 孙中山先生谈“民生主义”时，用的是“socialism”这个词。

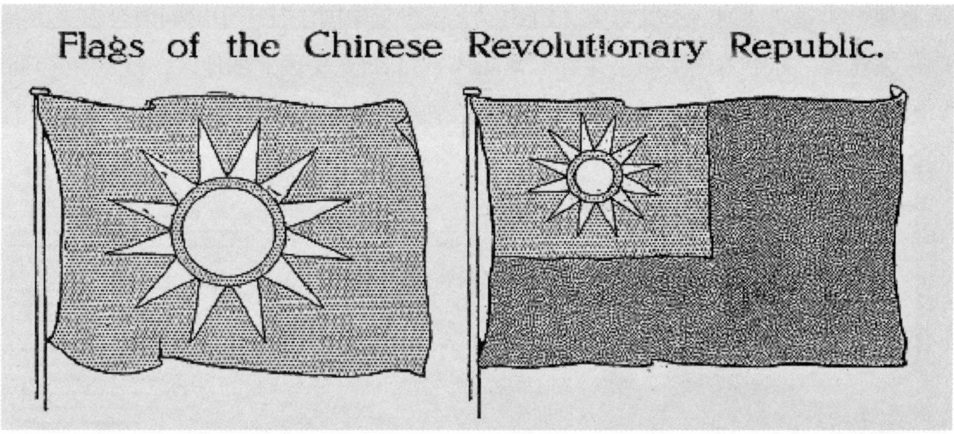


右为设计的中华民国新国旗，左为革命军军旗。（《纽约时报》原文插图）

“这次起义武器弹药准备充分，革命军装备精良。近年来，武器弹药都以隐蔽方式运进中国，就等革命爆发的那一刻。起义有强大的财政支持，中国同盟会在世界各大城市的支部都提供了资金，并尽其所能提供各种支持。纽约支部是中国同盟会中最小的一个分支，伦敦、巴黎、旧金山等其他城市中还分布着规模更大的支部。”

龚先生向记者展示了青天白日满地红的旗帜，国旗上的太阳的外圈有 12 颗星，象征着中国传统计时中的 12 个时辰。如果革命胜利，这将是中国的新国旗。

另外一面革命军军旗，底色是蓝色，中间有一个巨大的白色太阳，同样有 12 颗星在周围。龚先生说，这是革命军正在使用的军旗。昨晚，中国同盟会纽约支部聚集了众多中山先生的追随者。尤其引人注目的是，几乎每个人都能讲一口流利的英语。支部大厅墙上悬挂着孙中山先生的大幅油画，旁边一些油画是身穿革命军军服的士兵和水手。大厅里满是报道中国革命的报刊，每个人都在热烈地谈论着这次起义。

纽约的少年中国学社大约有 100 名成员，他们今天将在纽约华埠勿街集会，与美国其他城市里的中国同盟会会员一起庆祝革命胜利。但是，据旧金山支部传来的消息，革命的发起者和领导者孙中山先生将无法与会。

《纽约时报》记者向少年中国学社会刊《少年中国晨报》创刊人和责任编辑马存兴先生（Ma Tsun Shing）打听孙先生的行踪，只听说他一周前在内华达州，下月初可能来纽约。马先生是少年中国学社的活跃分子，他告诉本报，今天的集会肯定不会是一次平静的工作会议。

一年前，孙中山先生和其追随者们在中国致公堂[①]的支持下，在美国宣传中国

① 美洲洪门组织最早产生在檀香山，叫三合堂（含广德堂、协议堂、丹山堂），在旧金山有洪门堂，在加拿大有洪顺堂。1876 年，洪门致公堂在檀香山正式登记成立，接着致公堂在美洲普遍出现。致公堂“以义气团结，以忠诚救国，以侠义除奸”的三大信条表明，它是一个以团结组织华侨、维护自身利益及反清救国为己任的组织。这正是以后孙中山先生与致公堂发生密切关系的基础。

革命理想和起义计划。受其影响，纽约成立了少年中国学社。中国同盟会在美国有四位领导人：孙中山先生和王文所（Wang Wenso）负责美国北部地区，楚悠客（Chu Yoke）和常海万（Chung Haiwan）负责美国南部地区。在世界其他国家，也同样有同盟会成员为起义而勤奋地工作着。

# 中国将有伟大的未来

1911 年 10 月 29 日

题记：爱德华·罗斯教授（Prof. Edward A. Ross）[1] 刚刚在中国结束一次长时间旅行返回美国。他认为黄种人在智力上与白种人不相上下，但比白人具有更强的生命力。他预测，中国将有伟大的未来。

在西方列强的侵略和压迫之下，中国究竟是一个孱弱无力的国家正走向毁灭，还是一个拥有内在力量的国家终将战胜白人统治，将命运掌握在自己手中呢？罗斯教授在他分析中国社会现状的著作《中国人的变迁》（*The Changing Chinese*）中重点探讨了这个问题。本书刚由世纪出版社（Century Company）出版。他在回答上述问题时，得出了与东方问题专家们全然不同的结论，对于观察目前正冲击中华帝国统治的国民运动给出了全新的视野。

## 再过 100 年，中国母亲会允许女儿与男生一同出游

罗斯教授在对中国社会现状进行研究时首次提出了“种族自杀”（race suicide）的概念，被读者所熟知。与其他社会学家不同，罗斯教授更倾向于从社会环境而非遗传因素来解释种族特征，他也因此对于种族进化保持乐观态度。他认为随着社会环境的改善，种族进化将会是迅速而持久的。罗斯教授在加利福尼亚州生活了七年，正是这里激发了他对“神秘东方”（looming orient）进行实地考

① 爱德华·罗斯（1866—1951），美国社会学家、社会心理学家，曾任美国印第安娜大学、康奈尔大学和斯坦福大学、威斯康星大学教授，美国社会学会主席。1911 年访问中国。罗斯认为社会学是进行社会改革的一种武器，他力图使之与生活、社会改革密切结合。他的《社会学原理》一书长期被作为标准教本，他于 1908 年发表的《社会心理学》被看作是社会心理学产生的标志。罗斯曾因反对排华移民法案被斯坦福大学开除，并由此引发美国大学教授的集体抗议。罗斯支持俄国社会主义革命，同情托洛茨基。

察和研究的愿望。一年前，他终于有机会实现这一愿望，用半年时间完成了一万英里的中国之行。这次旅行成就了《中国人的变迁》一书。

书中随处可见作者一贯的简练文风，读者可通过此书对作者的中国考察结论一目了然。例如：

“中国是中世纪欧洲的再现”。

“传教士们为中国打开了许多扇窗口，多得超出了我们的想象。”

“事实上，所有对其他肤色人种抱有同情心的外国人都已被中国人的可靠品质所打动，成为他们的好朋友。”

“我们将中国的落后与悲惨命运归咎于文明的缺陷与落后制度，但其实这仅仅是因为这片限定面积的土地上有太多的人为了生存在挣扎。”

“大多数中国人在对待生活的态度上都是唯物主义者。然而，如果我们与中国人近距离地接触，就会理解这种功利主义并非是这个民族的特性。中国人也可以是崇高的理想主义者。”

“中国有西方无法比拟的庞大贫困人口。对于他们而言，人生只有一个目标，就是在夹缝中求生存。”

“给中国带来最大影响的西方事物是圣经、煤油和香烟。”

“我们没有任何理由认为，由于心理、历史或是环境差异，中国人应隔绝于世界思想潮流之外。中国人的命运就是西方人的命运。”

“在中国，妇女现在最需要的不是社会和商业地位，而是改善她们为人妻子和为人女儿的地位”；“值得重视的是，自从中国人将女性的脚和思想禁锢起来以后，中国就再也没有诞生过一位伟大的男性”；“随着时代进步，中国家庭中男权至上的风气也有所减弱”；“我问一位熟知东西方文化的中国女士，‘什么时候中国母亲才会允许自己的女儿傍晚与大学男生们一同驾车出游呢？’她的回答像一道闪电震惊了我，‘再过一百年’。”

## 2/10 的婴儿存活率使中国孩子的生命力更加顽强

罗斯教授详细描述了中国人在历史上取得的非凡成就。他举长城为例，“毫无疑问，这是人类历史上最宏伟壮观的手工建筑成就。在这巨大的建筑面前，我们引以为自豪的铁路和隧道简单得就像七个小矮人。除了埃及金字塔与巴拿马运河外，世界上再无其他事物能够与之相提并论。每 50 英里长城所用的砖石，就能够砌起一座胡夫金字塔（Cheops，基奥普斯，即胡夫的希腊名），而长城至少有 1700 英里长！……幸好佛教和喇嘛们消解了蒙古人的万丈豪气，长城才没用

"他们失去了所有机会"——在中国惯常见到的一些孩子，他们的父母连自己都养活不了。（《纽约时报》原文插图）

得上。"

然而，罗斯教授认为，尽管古代中国的辉煌成就逐渐消散，中国人也慢慢失去祖先的英勇气概，但他们仍比白人有更强大的生命力。他为这一判断给出了一个全新而有说服力的理由。"西方出生的每 10 个婴儿中，通常最弱的 3 个会夭折。而在中国出生的每 10 个婴儿中，除了最弱的 3 个外，另外可能还会有 5 个夭折。这是因为中国婴儿面对的是更残酷的生存环境。如果说白人婴儿与黄种人婴儿在出生时的体质差不多，那么最后幸存下来的 2 个中国孩子对于环境的适应能力会强于那 7 个存活下来的白人孩子。因为那 7 个白人孩子中，有 5 个由于比另外两个生存能力要差，在中国恶劣的环境下根本无法存活下去。这 2 个幸存下来的中国孩子会将他们强壮的生命力遗传给下一代，而下一代人同样要经受这样苛刻的筛选，同样 2/10 的存活率将使下一代孩子的生命力更加顽强。生活在西方的白人，好几代以来都享有充足的生存空间、消费品、医药和卫生知识，新生婴儿的优胜劣汰远不如中国那样残酷和严峻。因此，我们有理由预见，未来中国人将会比西方人更有生命力。"

## 残酷的物竞天择增强了中国人抵抗传染病和适应恶劣环境的能力

"过去一两个世纪以来，西方人的生存技能提高，而为生存打拼的劲头也松懈了下来。这是否促使我们的体质明显改善呢？为查明这一点，我仔细询问了在中国不同地区的教会医院里工作的 33 位西方医生。"

"其中，只有在青岛的一位德国医生认为，中国病人的体质并未胜于白人。他说，中国人不太容易受伤，没那么愿意接受治疗，对于疼痛的忍耐力并不强过他原来在图林根（Thuringia）治疗过的那些头脑简单、四肢发达的德国农民。另外 3 位在中国行医时间超过 25 年的医生发现，黄种人和白人的身体素质并无差异。我猜想，这些医生作为医学院学生在自己国家的短期行医经历已在他们的头脑中淡去，也无从对这两个人种进行比较了。另外有 2 名医生在我询问下承认，中国人耐高烧的能力很强，而且他们能在血液中毒后康复，而白人往往就此丧命。”

“其余 29 名医生都肯定地表示，中国人的体格有这样或那样强于自己国家人民的方面。在接受外科手术方面，一位英国医生说出了大家普遍认同的观点，‘中国人术后恢复能力都非常好’。医生们都发现，中国病人在手术中很少出现休克。在医疗器械简陋、消毒条件差的小医院里，中国人的重伤治愈率与西方设备精良、全面消毒的大医院一样高。福州的金尼尔医生（Dr. Kinnear）刚从德国家中休假回来后，他在治疗一名手上泼有冷凝剂的中国患者时，靠着中国助手的帮助和简陋的设备，竟能达到与柏林设备一流的范伯格曼（Von Bergman）医院治疗德国工匠时的同等效果。医生们普遍认为，如果中国人与白人在同等医疗条件下进行大手术，那么中国人必然比白人恢复得快……”

“医生们常将中国人非同寻常的抵抗力和复原能力归功于中国饮食习惯和中国人的生活态度，并否认黄种人有任何高于白人的生命力。另外一些在中国行医的外国医生则认为，恶劣的生存环境损害了中国人的体质。但在同等条件下，黄种人比白人有更强的生存能力。”

“我们完全可以从医生的言论中得出结论，中国人特殊的生命力至少可以部分地归结为长期严峻的优胜劣汰过程。而我们北欧祖先们在文明社会中从未曾经历过如此严峻的生存考验。这一物竞天择过程增强了中国人的康复能力、对传染病的抵抗力和适应恶劣环境的能力，而非体格、力量和能量方面。”

## 顽强的生存力使得中国人更具作战和生产优势

这种由于生存环境恶劣而衍生出的古怪能力，使得中国人在军队作战和劳动生产方面比白人更具优势。

“对于西方人而言，中国人结实的体质对于作战非常重要，对敌人威胁极大。白人都畏惧与中国军队对打，因为中国人可以横扫与他们人数相同但装备精良的白人军队。很少有战役是让士兵在营帐里吃饱饭后才开打的。特别在经历长期作战时，军队要长时间行军，忍受风餐露宿、缺食少眠、给养不足、饮用水不洁净等恶劣生存环境，而且时常处于高度的紧张和焦虑之中。白人士兵比黄种人士兵更容易精疲力竭。这时候，没什么作战经验但身体结实的人，能够在最后的遭遇战中战胜作战经验丰富但耐力不足的人。”

“白人和黄种工人之间的竞争，并不仅仅是某些人所想象的那么简单。在良好劳动条件下，白人在完成工作的能力方面比黄种人强。但是，在恶劣的劳动条件下，黄种人却比白人强，因为他们对粗茶淡饭、褴褛衣裳、污浊空气、噪音、炎热、肮脏、身体不适和细菌有更强的忍耐力。爱尔兰劳工可以战胜中国苦力，但中国苦力却比爱尔兰劳工活得长。也许中国苦力做不成一流的工人，抢不走爱尔兰移民的饭碗。但是，他们的生存能力极为顽强，而且他们只拿爱尔兰人根本无法接受的低工资。这样，三四名中国苦力就可以抢走一名爱尔兰劳工的饭碗。除非，将他们赶出爱尔兰劳工市场，否则他们会这样做的。爱尔兰劳工想把中国苦力赶走，这并不能简单视为他们害怕竞争，事实上，这绝非自私和心胸狭隘那么简单。”

“事实上，人应该在良好劳动条件下获得自己的最大利益，并拒绝将职业位置让给干活不如自己、却可以忍受恶劣劳动条件的人。”

“随着西式医疗卫生引入中国，适者生存的残酷考验自然也会在中国逐渐销声匿迹，由此培育而成的坚韧体格特征也会逐渐消失。但是，至少在我们这个时代，它在劳工竞争方面具有严肃而深刻的意义。中国大概需要几代人的时间来建立排水系统和通风系统，拥有医生、护士、食物检疫人员、清洁水源、开阔的居住空间和享受户外运动等。这些能够使中国人的生活放松下来，从而削弱黄种人独特顽强的生命力。在这个过渡期内，如果自由地引进中国苦力进入西方劳动力市场，其结果是黄种人的低工资、恶劣生存条件将被高工资和良好生活条件所替代，而随着黄种人的进步，白种人也将最终受益。”

## 中国人的心理特征与盎格鲁—撒克逊同类

罗斯教授将人类各种族的心理特征称为“种族心理”（Race Mind），他将中国人的心理特征划归为盎格鲁—撒克逊的同类。他说，“我们认为盎格鲁—撒克逊人是沉稳可靠的人，我们反应敏捷，喜欢社会交往，对美好的事物非常敏感。上天赐予我们的这种品质，也是南欧人的特征所在。现在看来，中国人也具有相同的秉性。暴怒或草率行事的性格，是最不可能出现在黄种人身上的。”

“中国人善于控制自己的情绪，知道如何等待时机。他们不会今天热情，明天冷漠。他们静若处子，动若脱兔。他们不轻易地承诺什么，但如果承诺了，便会坚定地信守自己的诺言。他们固执地坚守着自己的信仰，然而一旦改变，则会虔诚信服。两年前，中国各省的民意代表举行过第一次会议[①]。不论当时他们怀有多么强烈的感情，都只把它深藏于心底。全世界都为他们的庄重和自制感到惊叹……”

“中国人的保守思想与其他种族不同，它不仅仅表现为情感与态度。这种保守思想不是来源于对未知世界和新生事物的恐惧，也并非因为迷信传统思想才狂热拥戴，而是由于有前车之鉴，是思考后的理性选择。如果中国人的观念发生改变，那么他们的政策也将随之而改变。如果中国人有德国人一样的哲学思维，质疑历史，坚信未来，那么，中国就会像今天的德国一样，不断进步。”

## 未来文明的开拓者不仅有白种人，还有黄种人

罗斯教授认为，中国人的思想观念已在发生变化。他写道，“中国传统文化正在分崩离析，人们正在从历史的魔咒中走出来，强有力的个性与个人主义将释放出来，激励他们取得辉煌的成就。”罗斯教授对中国人的心智能力进行了评述，他丝毫没有贬低中国人的智力水平，而是断言他们的智商比白人更高。

“我向 43 位有机会了解中国人心智状况的教师、传教士和外交官提问：‘你是否发现黄种人的智力水平与白种人相当呢？’除 5 个人外，其他人都做出了肯定的回答。一位曾做过传教士、大学校长、外交使团顾问的汉学家给出的回答令人倒吸一口气。他说：‘我们中大部分人都在中国生活了 25 年或更长时间。我们觉得，黄种人才是正常的人类，而白种人是“变异”人种。’大家普遍认为，如果中国人学习了西方艺术和科学知识，他们的心智水平与我们应是不相上下的。当然，也有人认为中国上层人士与普通百姓之间智力水平的差异要比西方大得多。”

“有一个重要现象是，上流社会的白人如果在这个古老的帝国长期生活，他们往往在服务于本国政府时过于中国化。有人就抱怨，赫德爵士（Sir Robert Hart）其实已经成了一个中国人。许多在中国长期生活的领事官员都成了中国式思维的拥趸，而不屑于西方思维了。东方文明似乎正一点点侵入和占据他们的大脑，他们只好弃械投降。这些人认为中国上层人士比西方人更具宏观思维，更为宽容耐心。这真是对西方人冲动鲁莽性格的嘲讽。”

“这一观点的核心要旨是这样的，自从新大陆发现以来，西欧白人就侵占了西印度群岛、美国、澳大利亚、非洲和南亚，而他们的东欧同胞们则占领了西北亚和北亚。白人在领土扩张过程中，遇到过数百个种族和民族。白人的军事优势得益于文明的发展，得益于国家政治制度和军事工业的巨大投入，从未有过任何

① 指 1909 年 10 月 14 日，全国 21 个行省（除新疆外）的咨议局悉数成立。

种族对此挑战成功过。300多年过去了，白人已习惯视自己为这个星球无可争议的统治者。然而现在，当白人来到东亚，见到了可能跟他们同样强大的黄种人，这些人还进入了白人的势力范围，成为他们的威胁。各种迹象表明，未来文明的继承者和开拓者将不仅仅是白人，而是白人和黄种人。未来世界是控制在这两个人种之中的，而非一个。”

## 宽阔的街道、美丽的公园和卫生的排水系统将出现在中国的大地

罗斯教授在对白人和黄种人做进一步比较后认为，西方的繁荣并非得益于制度，而是因为“面对商业机遇时，我们的人口数量并不大”，而与之形成鲜明对比的是，“我们将中国的落后与悲惨命运归咎于文明缺陷和制度落后，实际上这仅仅是因为在这片特定的土地上有太多的人口为生存而挣扎。”

罗斯教授认为，要改变这种情况，必须要在“人口与发展机遇之间进行艰难的调整”。中国人“不计后果地生育”，制造出庞大家庭，生计难以维持，这是导致中国民众普遍贫困的原因。中国人热衷于传宗接代，引发人口急剧膨胀的恶果。尽管如此，罗斯教授还是对中国的将来给出了乐观的预测。

“我们对中国人将来的命运可抱有信心。我们这一代人就能看到在中国建立一个西方模式的政府。民众不再起义反抗，因为苦难生活将得到及时的改观，抑或军队会将起义扼杀在摇篮中。当铁路修起来后，大家庭式管理的中国政府可将富裕省的盈余调配资助其他贫穷省份，人民将不再挨饿。目前，国家已在查禁鸦片。当蒙昧模糊的思想逐渐变得清晰起来，禁锢民众的城墙将被夷为平地，

福州的禁烟组织将收缴的鸦片烟斗和其他物件当众焚烧。（《纽约时报》原文插图）

人民可以自由流动。宽阔的街道、美丽的公园和卫生的排水系统将出现在中国的大地。所有人都能喝到经过过滤的洁净水。大学将设立医学专业负责疾病研究。就像现在的香港一样，各地卫生官员将发起对鼠疫和蚊虫传播等病害的战争。有隔离措施的医院将通过隔离病患、注射血清来抵抗传染病。民众能够喝上牛奶，社区护士将辅导年轻的妈妈们如何照顾自己的婴儿。这些措施将有效提高中国人的寿命，死亡率将会由现在的50%甚至55%下降到现代化日本的水平，即约2%。”

## 中国并不是穷兵黩武的国家

然而，罗斯教授也发现，虽然中国人并非“胆小如鼠”，但中国并不是穷兵黩武的国家。其中原因是“数个世纪来，中国人的行为都受到圣贤思想的规范。戴眼镜的学究们才是引领时代风气的人，他们的思想在国民性格中打下了深深的印迹。如果一个苦力在摆弄扇子和雨伞，他会让人觉得有娘娘腔，因为这些东西是文人墨客才把玩的物件。书呆子和书虫、眼镜和隐士，他们主要以道德的力量统治中国。他们的长衫代表了学问，自然就淡化了武力。”

罗斯教授认为，新式军队的建立是中国的巨大进步，“但它的战斗精神仍令人怀疑。一个美国人问一名中国军人：‘你喜欢这项职业吗？’‘很喜欢。’‘那打起仗来怎么办？’‘哦，朋友会及时告诉我们的，这样我们好赶紧逃。’由于受到一次次的军事羞辱，中国的王爷们开始训练新军，并把它作为还击的工具。但

北洋新军仪仗队，着装整齐划一。

是，中国人只将军队看成是防御的盾牌，却不会用它来进攻。在军官们脸上，看不到军人刚劲勇毅的面颊和下巴，也没有压倒一切的意志力。士兵们神色迷茫，缺乏咄咄逼人的气势。他们还是一群来自农村的傻小子，只不过穿了一身卡其布军装而已。日本农民有一副军人的气派，而中国士兵却只有农民的温和举止。中国人相信正义的力量，认为只要讲‘理’，所有难题都迎刃而解。这些观念占据了中国人的头脑，也许只有对他们持续电击才可从根本上改变这个民族的性格，使他们具有战斗的精神。然而，中国人可能在放弃和平信念前很久就已变得足够强大，不再受到异族的欺凌；并且，只要有足够的繁荣，也就无须通过武力占领去扩展国家利益了。”

## 中国人如抛弃传统道德又无视西方理想主义，则中国的觉醒将是一场灾难而非福音

罗斯教授发现，从慈禧太后五年前下旨禁止鸦片一事可以看出中华帝国未来的希望。中国政府的禁烟战打了胜仗。他看到：“在这片面积堪比美国的辽阔土地上，正在进行一次声势浩大的道德战。成千上万官员、士绅、学生、商人、土匪都卷入其中。血流遍野，财物损耗无数。赌注就是几百万鸦片烟鬼的性命，甚至是中国未来几代人的命运。而胜利的酬劳则是保证黄种人的独立自主，以及最终平等地参与到与白人共同掌控这个星球的命运之中。”

由慈禧太后同时发起的另一项伟大改革是重建国家的教育体系。“政府创办各级学校，教学课程不仅包括中国传统学科，也包括西方学科。”

这项改革对于中国人的思想道德带来了巨大甚至可以说是极端的变化。罗斯教授同时看到了这些变化的危险所在：中国人抛弃了传统的道德和宗教观念，却尚未吸收任何新的东西来取代它。于是，他也意识到外国传道会正好有机会帮助中国人的解放。

“我们发现了中国巨变所引发的最严重的问题，即未来中国的道德观将来自何方呢？中国旧式教育非常重视培养道德观，而在反旧式教育过程中，却大有忽略道德教育的趋势。中国的年轻人尽管每月还必须向孔夫子的牌位行礼，但心里全都在嘲笑他。孔夫子！他从没坐过火车，没用过电话，没发过无线电报，他知道什么是科学吗？他就是一个老朽！古时圣贤的思想让中国大众平安行事，但对受过西方教育的年轻人已没有权威可言。年轻人渴望财富和权力，认为西方的财富和强大武力单凭精准的科学知识即可立即握在手中。所有学生都急于获得科学知识，却大多忽视了西方获得成功的道德基石。他们抛弃自己的道德传统却又无视我

们的理想主义，只可能成为自私的物质主义者，那样中国的觉醒将是一场灾难而非福音。”

## 人类大家庭 1/4 人口的伟大复兴，即将在我们的眼前上演

“在这样的危机下，在中国各地建立的十几所教会大学就有机会进行伟大的政治事业。这些大学主要由美国人创办，它们中最好的学校在机构设置、管理、师资、院系和课程等方面都已远远优于中国官办学堂。教会大学运用科学教育方法，而中国人对这些方法还一无所知。它们将西方关于全面发展的观念传授给学生，教育学生健康生活、发扬个性、注重效率。这里的学生抱着深切的敬意学习孔教思想，同时又以基督徒的观念对待人生。尽管许多从这里毕业的学生并非基督徒，但他们都胸怀崇高理想。中国的士绅们越来越欣赏教会大学，愿意将自己的孩子送到这里来。学费很高，也因此无须支付其他杂费。”

“已经有中国富人向这些教会大学进行捐赠了。富人们本可以捐助得更多，如果创办大学的教会能用更开阔的眼界认识到，这些大学的使命就是要促进中国的高等教育，就像由基督徒们资助哈佛大学、耶鲁大学、普林斯顿大学和其他美国大学一样，他们真正的作用就是促进美国的高等教育。请让学生们自愿而非被强迫地了解基督教教义和仪礼；请让学生们在学校董事局面前以华语发表爱国言论；请让他们在拥有自主权的同时，保持与政府教育体系的关联；请让他们相信，全力提升知识水平将丰富与拓展基督教信仰。这些学生将成为挽救未来中国道德危机的强大力量。”

“耶稣受难 280 年后，罗马帝国才承认了基督教；马丁·路德（Martin Luther）向罗马教廷发起挑战后的 128 年，新教改革才得以永久确立；哥伦布发现新大陆 115 年后，英国人才在此建立第一块殖民地。任何看到这些伟大而缓慢历史运动开端的人，都无法领会它的全部意义或见证它的实现。但是，今天的人类已经拥有了望远镜，历史正向前飞速发展。中国令人激动的演变进程将会发生在我们的时代。未来 40 年里，中国的 1300 个县里都会有电话、电影、阑尾切除手术、医疗卫生系统，也会有棒球。人类大家庭 1/4 人口的伟大复兴，即将在我们的眼前上演。我们只需坐在剧院里，看着舞台上的表演就可以了。”

# 武昌事变后的中国时局

1911 年 11 月 5 日

北京 11 月 4 日电：

武昌事变后，中国时局扑朔迷离。一周前，人们还在怀疑袁世凯是否会与资政院[①]（National Assembly）合作。随后，人们又认为袁世凯可能会与滦州军队的统领张绍曾将军[②]达成谅解。然而事实证明，迄今为止，包括清廷皇室、袁世凯、资政院、各省咨议局（Provincial Assembly）、南方革命军和北方政府军等各方面势力之间尚未建立任何联系。武昌事变看来是民众针对满清政府腐败统治的一场自发性起义，分布在各地的外国人皆未受到任何攻击，可见革命动机是非常真诚的。

黎元洪

## 地方咨议局反对由资政院掌握制宪权

根据今天晚些时候的报道，由于各省咨议局纷纷来电抗议，资政院已通过一次秘密会议决定总辞职。许多地方的咨议局反对由资政院这个临时机构来掌握制宪权，他们认为这项工作应由通过合法选举产生的议会来进行。据悉，武昌的黎元洪将军和其他民军领袖已拒绝承认北京政府，也拒绝承认资政院的法

① 晚清末年，清政府仿照西方法规体制设立的中央咨议机关称为资政院，宣统元年（1909）颁布章程，次年（1910 年 10 月）开院。章程规定议员共 200 名，钦选、民选各半。首任总裁溥伦（皇族，1904 年曾率团参加美国圣路易斯世博会）和孙家鼐（温和改革派、实业家、北京大学前身京师大学堂首任管学大臣）。资政院通过的《宪法重要信条》是中国历史上第一部现代意义的成文宪法。资政院审查政府预算时揭露有"政治腐败情形及财政危险情形"；曾要求军机大臣接受质询，甚至敢于弹劾大臣，否定上谕。资政院还提请平反戊戌案。一位曾旁听资政院会议的西方人士评论说："议员们表现了他们无上独立的精神及其尊严与权力感。"武昌起义后，"皇族内阁"提交辞呈获得清廷批准，并宣布"袁世凯著授为内阁总理大臣"。资政院为维护宪法尊严，提出该程序违宪，迫使摄政王收回上谕。随后，资政院以无记名投票公选总理大臣，袁世凯得票最多，摄政王再次发布任命上谕。第二次任命体现了程序正义原则，堪称中国宪政革命的一个开端。

② 张绍曾（1879—1928），清光绪五年出生于直隶大城县张思河村。早年留学日本，回国后任北洋督练公所教练处总办。1911 年任新军第 20 镇统制。武昌起义后，与吴禄贞等举兵反清。1911 年 11 月 7 日吴禄贞被袁世凯暗杀后，调任长江宣抚大臣，未赴任，潜至上海。1913 年被袁世凯任为绥远将军。1916 年任北京政府陆军训练总监。1922 年任陆军次长，次年任国务总理，主张迎孙中山入京协商南北统一，为总统曹锟所忌，不久去职，退居天津。1928 年遇刺身亡。

律权威。据说张绍曾将军对资政院也同样感到不满。资政院正与皇族和袁世凯协商，努力促成和解。

## 南方要共和，北方要宪政

如果不能获得北方军队的支持，袁世凯不一定会接受总理大臣的职位。据报道，他曾派使者前往滦州游说，但没有结果。事变后，这个国家被分裂为南北两个部分：南方的革命派要求成立共和国，而北方的立宪派希望废除满族特权、建立宪政。除非获得充分的安全保障，否则北方军队不愿接受任何东西。就北京当局而言，时局走向取决于目前正在滦州集结的这支北方军队的态度。

至于所谓滦州军队昨天扣留两火车皮军火一事，显系讹传。据报载，这批军火并非来自德国，而是从奉天军工厂发出，并且是直接运往滦州的。

## 项庄舞剑，意在沛公

驻扎在长春的陆军第3镇和奉天的陆军第20镇正向滦州集结，与已经驻扎在那里的部队会合。表面上看，袁世凯组建了第2军，但事实上袁世凯并不打算进行战争，而所谓的第2军也不准备讨伐汉口。人们相信，这支部队的真实目标是北京。

袁这样做，只是为了震慑首都，逼迫清廷更改昨天和今天颁发的诏书，因为

1912年1月参加直隶（今河北）滦州起义的清军第20镇部分官兵。

新诏内容未能使张绍曾将军和他的部队满意。因此，人们预计，张绍曾将在未来两周成为临时的军事独裁者，等待议会选举结果，任命责任内阁。张将军可能继续与他的部队待在一起，对满清皇族保持压力。

今天已颁发数诏，其中一份要求袁世凯接受总理大臣的任命。诏书陈述说，袁世凯集众人信任于一身，既有治国才能又有爱国之心，多年来身受朝廷俸禄，国家危难之际不应拒绝出任总理大臣。另一份诏书同意袁世凯与南方革命军谈判中止敌对状态。第三份诏书充分阐述了皇族准备作出的让步，并附带说明，从今往后，任何民众意见，只要符合公众利益，就将被采纳施行。第四份诏书呼吁满汉和解，停止民族纷争。

## 资政院审议情况

约 100 名议员出席了今天召开的资政院会议。但是，没有对当前时局作出任何决议，因为局势变化实在太快了。

“是否有战时委员会（War Board）成员接受质询？为什么政治犯王绍明（Wang Shao-Ming，音译）仍然被关押？为什么政治犯温世灵（Wen Shih-Ling，音译）仍在被流放？”资政院会议在议员们大声疾呼的这些问题中开始。

书记员宣读了一封发给各省咨议局的电报，资政院在电报中表达了将争取获得皇宫储备金的决心，吁请朝廷对汉口受损商人及事变伤亡人员进行经济赔偿。同时，资政院要求追究对汉口叛乱负责的官员并予严惩。朝廷是否会接受这些要求，并讨伐占领汉口的革命军，将是一个耐人寻味的问题。

会议宣读了一封发给张绍曾将军的电报，阐明宪法一旦拟定，将提交给国民讨论，并征询他和他的军队的意见。同时，还宣读了一封发给袁世凯的电报，要求停止对平民人身财产的损害，并要求他将黎元洪对他提出的谈判建议呈交资政院审议。

一名议员对袁世凯呈交的调查报告提出抗议，指出军队在他控制之下，但他并没有全力行使职责。另一些议员将袁世凯形容为残忍和邪恶的，但资政院最终投票结果认同了他对汉口劫掠状况的调查。

一名议员质询内阁是否起草好了宪法草案，其得到的回复说，由于《宪法重要信条》第十九条的颁布，政府拟订的宪法草案需要作出必要调整，因此还需再等 10 天时间。

## 长江上游城市直接悬挂白旗

革命军领袖黎元洪将军今天对资政院作出答复，同意中止敌对状态，等待和平谈判。他希望资政院最好不要插手，让交战双方进行最后的协商。

武昌城并未作任何抵抗便被革命军占领，长江上游其他城市已和革命军将领取得一致，直接悬挂白旗。很难说是革命军“占领”了上海、武昌和其他上游城市，只不过是众人都默认各地易帜而已。整个过程中大约有 10 人死亡，另有 20 人受伤，其中多数是在用炸药炸开勉强关闭的城门时意外伤亡的。

1911 年 10 月 11 日，在武昌成立中华民国湖北军政府。

## 沪宁铁路仍由英国军队负责守卫

上海的军工厂具有惊人的产能，并已实现完全机械化操作，目前运转正常，每天可生产 5 万发子弹。中国最大的炸药厂也已有充分储备。这个军工厂和炸药厂负责为沙司令（Admiral Sah）指挥的保护租界的部队补充弹药。

沪宁铁路[①]一直由英国军队负责守卫，在英国领事的命令下，至今仍坚守岗

---

① 沪宁铁路是中国最早修建的重要铁路干线之一。修建于清光绪三十一年（1905 年），用时三年完工。1908 年 4 月 1 日，沪宁铁路正式通车运营。自上海北站起，止于南京下关，全长 311 公里。此铁路为清政府向英国借款修建，总工程师为英国人戈林森（Glinson）。

位。此种行为容易使革命军理解为外国人决心支持满清皇族，有违西方将在事变中保持中立的外交政策。当然，铁路公司的贷款由英国提供，看起来这可能是英国介入的唯一理由。

## 梁启超称共和制不合中国国情

1911 年 11 月 7 日

日本神户 11 月 6 日电：

正在日本流亡的中国改良派领袖、维新变法英雄梁启超今天就中国局势和演变趋势发表看法。梁启超坦言，革命已撼动大清帝国的统治基础，政治变革不可逆转。这一点给他和周围所有人都留下深刻印象，他坚信，中国的变革终将实现。

不过，创立共和制度不是他的思考选项。他坚持认为，实现君主立宪制度更符合中国国情。梁先生如果没在他神户的编辑部里，便总能在离神户不远的须磨别墅[①]找到他。在过去十年间，他坚持写作编书，把外面的世界介绍给中国的进步人士，并对中西方进行比较研究，在东亚思想界影响巨大。如果评价北京的变革领袖，他在当前发生的中国革命中无疑占据着无与伦比的地位。梁启超接受美联社专访时发表了以下看法。

中国国内发生的革命和起义没有任何预先的安排，具有突发性。武昌起义与上海起义没有任何联系。武昌革命之所以出现困难的局面，是因为革命党人没有在北方反击前就把最初的成功浪潮推到北京。

袁世凯最终能否获得成功仍然值得怀疑。目前，革命党人的主要对手是袁世凯，能否在中国国内恢复和平与秩序，这已经不是袁世凯所能够控制的。革命是推动中国时局变化的根本要素，革命形势将如何演变，现在还难以判断。

梁启超不看好共和制。梁评道："中国将不会有共和制，这是不可能的。共和制不符合中国国情，也不符合国民的文化特性。目前的动乱，其后果是催生建立一个文明进步的君主立宪制度。当然，这样的一种前景，受到那些目前并不在政治舞台上的人们的影响和制约。"

中国维新变法的另一位领袖康有为目前患有严重的风湿病，使他的活动被局

① 梁启超流亡日本期间，在神户主编《新民丛报》。曾在须磨（Suma）一栋华侨拥有的别墅居住。别墅有花园，与一片通往海滨的松林相连。梁启超称此地为"双涛园"，这里听得到海涛声和松涛声。

限于室内。

# 清国军队在南京屠城[①]

1911年11月11日

题记：清国军队在南京屠城，九万市民逃离，数千人不分老幼被杀，民房被烧，妇女被强奸。革命军云集城外，但缺乏攻城弹药。

南京11月10日电：

夕阳映照古城，民房在燃烧，城内黑烟四起，火光冲天，到处是抢掠、强奸和屠杀的场面，凄惨的哭声响成一片。南京正成为现代史上一个惨绝人寰的屠宰场。夜光下的紫金山，1.2万名惊恐万状的满清江防营士兵正掘壕据守。

手无寸铁的平民扶老携幼，四处逃散。一些人深怀恐惧地藏身在革命军的掩体后面，惊慌四望。约二三万革命军云集城外，由于缺乏弹药，他们无法制止城内的屠杀。革命军等待着从上海增运的军火，暂时推迟了对清军的第二次进攻。城外形势暂时对清军有利。

革命军在昨夜进攻中主要是作出攻城姿态，很少开火，清军死伤不多。革命军主力在南京城外三里扎营，军火、弹药正陆续从水路和陆路运来，援军也正从四面八方向南京集结。虽然他们大都是一些缺乏训练的新兵，但斗志昂扬、信心十足。最后的战斗一定十分残酷。攻城中如何保护好外国人，是他们一个重要的考虑。

今天早上开城门时，南京市民随身带着细软蜂拥而出，纷纷逃往乡下避难。清军起初是驱赶他们，后来发生了大屠杀。革命军8日第一次攻城后，清军首领原指望用将大批人砍头示众的办法震慑当地人，他们将被害者以十几人一批、十几人一批地成排站立，一起被砍头。

① 这是苏浙联军攻克南京之战期间发生的一件惨案。1911年10月武昌起义后，新军第9镇统制徐绍桢所部7000人于11月8日从驻地秣陵镇进攻南京，被清军江南提督张勋等部击溃，败退镇江。徐绍桢与上海都督陈其美及苏浙起义军将领商定组建联军会攻南京，联军总兵力1万余人。清军方面有张勋部江防军20营和江宁将军铁良部等共2万余人，在紫金山、雨花台及各城门均配备火炮，指挥部设于北极阁。联军兵分三路会攻南京。11月24日晚，在内应配合下，北路军首先攻占乌龙山，25日拂晓攻占幕府山炮台。同日，担任主攻的中路军占领马群至孝陵卫一带高地，直抵紫金山南麓。26日，张勋率江防营反扑失败。南路军于27日逼近雨花台。30日，联军发动总攻，至12月1日攻占紫金山第三峰天保城，居高临下，炮击富贵山、太平门、朝阳门（今中山门）等清军营垒，同时分路进攻通济（今光华门）、朝阳、太平、神策、仪凤各门。张勋等出逃。2日，南京光复，为中华民国临时政府在南京建立奠定基础。

1911年11月，浙江、江苏革命军会攻。图为革命军在战争间隙。

但是，今天下达了屠杀令，清军冲向全城，不分男女老幼地进行屠杀。成千上万的汉人如潮水般涌向城门，中午时已有7万人从城中逃出；入夜后，又有另外2万各阶层的市民，包括商人、绅士和苦力也仓惶逃出。

同时，清军在市内狭窄的街巷内横冲直撞，撞进富贵人家搜刮钱财，许多人人头落地。有记者目睹几位妇女被杀，她们的孩子被劈死后踩在脚下。

发布的命令称，一旦发现身挂白条的人——这被指为革命军标志，一律格杀勿论。一位在上衣口袋里插白手帕的路人因此被处决。汉人穿白鞋是服丧的标志，其穿戴者也在劫难逃。街巷内火光滔天，大屠杀的血腥和恐怖难以描述。今晚倒毙街头的尸体足有千具，城内一片凄凉和沉寂。

汉人发现如身穿西式服装将被立即处死，但真正的外国人却未受干扰。驻在城内的外国人向当局提出抗议，呼吁立即停止屠杀，但未被理睬，并且受到嘲笑。

城内的民房四处燃烧，大半个城区都被烧毁。今晚，双手沾满鲜血的清军将20万南京居民的财产洗劫一空。从紫金山上望过去，可以看见通城的大火照亮了天空。所有人都在焦急地等待着明天的来临。

# 万众瞩目的袁世凯

1911年11月19日

理查德·巴里（Richard Barry）

满清朝廷委任他为总理大臣，南方革命党人拥戴他为民国大总统，在这个

意气风发的袁世凯。

东方大国的此次危机中，袁世凯左右逢源，步履轻快而平稳，成为了当前中国最具实权的人物。在过去三年中，袁世凯被迫退出政治舞台，但从1898年起，他就已经是四万万中国人中最令人瞩目的人物。

结合他以往的政治经历和目前来自中国各方面的声音判断，在这场动荡的革命结束后，整个世界将发现，无论袁世凯的头衔是总督、总理大臣或总统，这个人都将成为他们处理对华事务时无法回避的大人物。

为什么一定是这个人呢？他出身卑贱，所受教育有限，知识浅薄。他从未走出过国门一步，不会说母语之外的任何语言。那么，为什么是他成为了中国人中最具有革新思想、同时又在改革者中最具有传统思维的中国人？

## 既获洋人尊重又能统筹国内各派势力的唯一人物

袁世凯十分推崇日本政治家儿玉源太郎[①]，后者先任台湾总督，后供职于日本军部，死后被誉为新日本最杰出的治国能臣。袁世凯效仿他的学习吸收能力，深通为人处世之道，并拥有治国天赋。他们两人都未到国外游历，但又都为西方文明所折服。

袁世凯无疑正在证明他是一个比李鸿章还伟大的人物，而后者常被西方认为是当代最杰出的中国人。李鸿章深受慈禧太后宠信，他通过对慈禧太后阿谀奉承、向她恳求而达到政治目标，就像前英国首相本杰明·迪斯累利[②]（B. Disraeli）对维多利亚女王（Queen Victoria）所做的一样。

与当年李鸿章被慈禧太后提升为直隶总督一样，袁世凯也因慈禧太后的赏识而平步青云。过去，袁世凯曾被寄予厚望，期待他能实现满清统治的中兴大业。

---

① 儿玉源太郎（Kodama Kentaro，1852—1906），出生于武士家庭。明治时期的日本政治家和军事家，注重军事力量和经济力量的协调与配合，被称为丰臣秀吉再世。曾任台湾总督长达八年。日俄战争时期，任日本满洲军总参谋长，指挥日军攻克旅顺。创立满铁。

② 本杰明·迪斯累利（Benjamin Disraeli，1804—1881），曾任英国保守党领袖、英国首相（1868、1874—1880）。

而此时此刻，幼年皇帝溥仪正通过皇亲贵族恳求他重新出掌内阁。毋庸置疑，回溯至 1898 年，在那个时候，袁世凯就是中国政坛上既能获得外国人尊重、又能统筹国内各派势力的唯一人物了。

这里没人认为袁世凯重新出山是因为他的形象和蔼可亲，虽然这是西方政客惯用的伎俩。李鸿章是一个很有政治手腕的调停者，但袁世凯不是，他是一个独裁者，明智、稳健、自信，有政治魅力，但不追求个人权势的扩张。至少，他将个人权力野心成功地隐藏了起来，到目前为止，他的个人权欲没有显露。事实上，全国上下普遍相信他是一个爱国者。由此可见，他对他的同胞具有强大的感染力。

国民信任他的爱国精神，信任他处事果断、驭人有方、铁腕治世，这对东方人而言尤其难得，使得他在如今这个各方势力分崩离析的特殊时刻，成为了一个举足轻重、各方注目的关键人物。

## 保定秋操上的新军统帅

我曾于 1905 年观看中国军队在保定举办的秋操，见到引领全军的袁世凯。他那时负责提领 6 万新军，颇为自豪，但与正规的日本陆军相比，他们的确显得寒酸。特别是这支军队的统帅更不敢恭维。袁世凯的佩剑在两腿之间不停地摇晃，让他行走起来十分艰难，似乎每走一步都可能被绊倒。他那个硕大的肚子相当可观，军裤也不合身，骑在马上十分滑稽可笑。当他终于可以下马时，看起来如释重负。

晚清新政时期的袁世凯。

随后，我们通过他军队的翻译、挪威人盖德科（Gadke）上校进行交谈。总督说，他知道新军操练还有许多欠缺，但他补充道，如果十年后再来，将会发现新军焕然一新。提到他的军裤时，袁哈哈大笑，解释说除了军事场合，他是从来不会穿这种裤子的。

当时，他正在帐篷中，仆人送上来一件长袍。他将长袍裹在身上，看起来明显轻松很多，就像一个刚刚穿着男装跳完化装舞会的女人，急于寻找一件舒适的外衣。随后，他取下军帽，换上一顶圆帽，帽顶插有蓝色的总督官穗。当他换帽子时，辫子顺着后背滑落了下来。

“为什么不把辫子剪掉呢？”我想到一些新派的中国人已开始改革，就冒险询问他。

“会的，时间到了就会的。”他迅速回答，脸上挂着微笑。

这只是采访中的一个小插曲，却可从中看出他的个性。他完全明白，男人留辫子是多么荒唐，也知道时代发展的潮流。他只是在等待一个合适的时机。

1908 年至 1911 年的三年中，他被罢免了权力，主要原因是慈禧太后去世后，满清贵族的贝勒们终于找到机会报复他。慈禧太后曾将袁世凯强加给他们，压在他们头上，如同八国联军将袁世凯强加于她一样。袁世凯从未善待过他们，总是不断逼迫他们削减特权，增加财政收入用于操练新军、改革教育。

袁世凯之前的总督们习惯于以权谋私。不管袁世凯是否有政治野心，归根结底，他在心中或多或少在为国民谋福利。

## 与各派打交道都游刃有余

袁与皇族的矛盾最终导致 1908 年的“足疾”诏令。袁世凯的腿部受轻伤，使得他需要在官邸休息几天。然而，完全出人意料，也让每个了解他是清国铁腕人物的外国人深感惊奇，摄政王颁发谕旨，非常遗憾地宣布，皇帝陛下“忠诚的大臣袁世凯将归乡疗养一段不确定的时间，以治疗足疾。”

因此，三周前，当朝廷匆忙召回袁世凯时，他很方便地找到托辞“臣足疾尚未痊愈，无法遵命回京”。同时，他对朝廷圆滑地表达了感激。如果拒绝回京，

1909 年 1 月，袁世凯被清廷“开缺回籍养疴”，只得迁居河南彰德洹上村蛰伏。图为袁世凯持篙立在船尾，其兄袁世康披蓑在船头垂钓。

他将失去保皇党人的支持；而如果立即奉召回京，他又将失去革命党的支持。现在，他得到了双方的支持。

看来这似乎只是小事一桩，甚至有些可笑，但其实意味深长。它显示了今日中国最足智多谋的政治人物的特色。他熟悉自己这一方的人，也了解其他派系的想法，恰当地把握分寸，在与各个派系打交道时都显得游刃有余。自始至终，他既不谄媚，也不虚伪，如同预言家一般洞察未来，并坚定地发挥着主导作用。

## 铁腕镇压义和拳

他是从哪里开始发迹的呢？他的力量来自何方？有一件事发生在义和团起义之前，可对此给出解释。这也是袁世凯集大权于一身之前，他个人政治生涯的一个转折点，是他引起众人关注的关键时刻。一方面是狡诈的慈禧太后，另一方面是各国的外交官，他们正集中研究中国事务。

那时，袁世凯仅是山东省一个小地方的道台，那里有中国最好的丝绸，同时也居住着很多西方的传教士，比远东任何其他地方都多。在袁管治地区的附近，拳民首先暴动。

有人宣称是袁世凯煽动了这些暴动，他想借此飞黄腾达。这种说法十分荒谬，虽然对于袁世凯这种专横跋扈、不择手段的精明政治家来说，没有什么事是不可能的。

义和拳迅速蔓延山东全省，许多名望极高的政治人物几乎就要加入这场运动。值此关键时刻，不论是出于爱国心，或为在慈禧太后及外国使团面前留下好印象，袁世凯决定采取强硬行动，坚决扼制住这个让最保守的中国人也观念动摇的秘密会社的狂热发展势头。

义和拳狂潮初起时，鼓吹只要盟誓入会即可刀枪不入，洋鬼子不再能够用火枪伤害你。宣誓后，这个古老帝国的保护神将会福佑你平安无事。一些义和拳领袖联络袁道台，邀请他入会。他不敢拒绝，因为他知道，自己身边有影响力的人大多数都已入会，或对其抱有同情。但是，他内心又不想加入，因为他预见到这场狂热运动终将失败，他希望能够站在胜利者一边。最终证明，这样一个两难选择反而成为了他的一个机会。

## 马蒂尼－亨利步枪的试验

袁世凯对义和拳领袖说："如果你能够向我证明，你不会被洋鬼子的子弹打伤，我就加入你们。”

“好！”他们说。

“在我的衙门里有一支洋鬼子的火枪，”他继续说，“我本人并不相信它的威力。但是，我想向这里所有迷信西洋火器的人证明——这里有些人的立场正在摇摆，他们所相信的洋枪是靠不住的。”

“因此，明天下午，如果各会的帮主们能够到我的花园来，我们即可进行这样一个小小的试验。请帮主们沿衙门墙壁站成一排，我将在他们身上试一试洋鬼子的把戏。如果西洋火器没有伤害他们，我将加入义和拳。”

这一邀请被接受了。第二天下午，城里万人空巷，市民们都涌到道台衙门。这是一个重大时刻，它象征着一个全新的中国在经历分娩的阵痛，同时也标志着机智聪明的东方人终于登上了世界政治舞台。

令人奇怪的是，最终只有一位拳民领袖参加了试验，他是最坚定的暴动领袖。然而，聚集而来的百姓们却似乎愿意将此视为义和拳运动的证据，哪怕只有一个人从西洋火器的子弹下幸存。

这位狂热的拳民极端盲目地坚持着他的信仰，他在阳光照耀下的官署花园里，神态安详地靠墙而立。不久，满面微笑的袁道台出现了，他神情温和，面带歉意，手握一支闪闪发光的新式马蒂尼－亨利步枪[①]（Martini-Henry Rifle）。

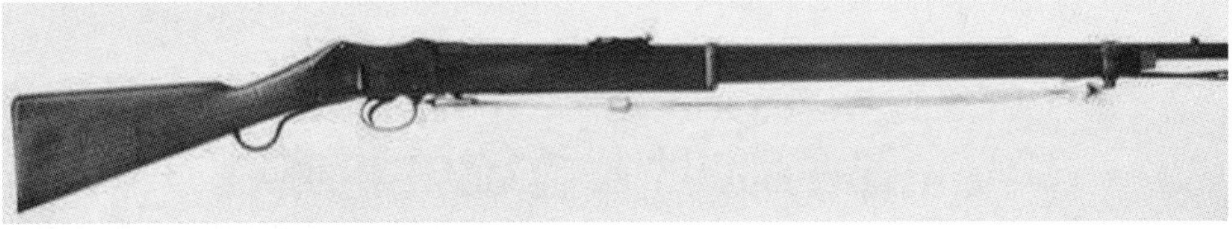

马蒂尼-亨利步枪。

袁道台彬彬有礼地解释道，他只是由于好奇才进行这个小试验，并且感谢这位参加试验的朋友。他本人对于义和拳运动抱有极大好感，但他认为，对于他本人和广大百姓来说，接受这位受人尊敬的义和拳领袖提出的要求，证明洋鬼子的玩意儿只是自吹自擂，以彻底解开大家心中的疑惑，才是最公平的。

顺便说一句，山东半岛插入中国黄海（China Sea），包括由英美控制的芝罘（今烟台）和由德国控制的胶州等市县，富饶丰产，并且比中国其他地方有更多机

① 美国人亨利（Henry O. Peabody）发明了枪机起落式闭锁原理，即在枪机后上方有个铰链，枪机下方有个杠杆支撑，一直延伸到扳机护圈下方。当射手扳下护圈杠杆时，枪机失去下方支撑，因重力自然下降，露出弹膛，此时空弹壳被自动抛出，射手可以装填新子弹。装弹完毕后拉回杠杆，枪机抬起，完成闭锁。经过七年选型，英国第一支使用金属定装子弹的步枪最终选择了奥地利设计师马蒂尼（Friedrich von Martini）在亨利设计基础上改进的杠杆操作的枪机，配合苏格兰人亨利（Alexander Henry）设计的带 7 角膛线的枪管组合而成 M1871/45 马蒂尼-亨利步枪，从 1871 年起装备英军。

会接触和了解西方文明。然而，即使在山东也仍然有中国人相信，北洋水师 16 年前之所以在威海卫全军覆没，主要在于舰首没有画上眼睛，因此不能看到日本人对它的攻击。直到今天，仍有超过一半的中国人认为，弓箭比步枪和子弹更厉害。

现正讲述的故事发生在 14 年前。在看起来非常友好的袁道台的鼓励下，这位执着的义和拳领袖同意由中国未来的总理大臣（或总统）举起新式马蒂尼 - 亨利步枪向他的胸部射出子弹。随后，袁道台带着极度的悲伤和遗憾，对殉难者进行厚葬，并出资邀请许多和尚为其守灵一百天。

消息很快传播开来，尽管那里没有电报。这样，当时的中国和清政府所急需的治世能臣，一个有胆识、狡猾、奸诈、精明的政治人物横空出世。

显然，今天，在大革命的风暴中，袁世凯又被重新发现。

## 孙中山当选民国临时大总统

1911 年 11 月 29 日

南京 12 月 29 日电：

南京代表大会[①]一致选举孙中山为中华民国临时大总统。

## 南京举行临时大总统就职典礼

1912 年 1 月 3 日

题记：改用阳历，以中华民国纪元。国会议员民选产生，陆海军接受国会领导，国会负责审计监督全国财政。各省自治，省长由选举产生。

南京 1 月 2 日电：

孙中山宣示就职，成为中华民国临时大总统，正式行使各项职权。就职仪式庄

① 1911 年 12 月 16 日，由苏、浙、湘、鄂、川、滇、晋、陕、皖、赣、闽、粤、桂、奉、直、豫、鲁共 17 省 45 名代表组成的各省都督府代表联合会在南京召开，推选浙江代表汤尔和为议长，广东代表王宠惠为副议长，福建代表潘祖彝为书记。12 月 29 日，召开临时大总统选举大会，孙中山获得 17 张有效票中的 16 票，当选为中华民国第一任临时大总统。

严简洁，革命党重要成员尽数出席。

孙中山就职时留影。

孙大总统颁布的首个行政令是改用阳历，以中华民国纪元。他将总统任职典礼当日定为民国首日，开创一个新的历史时代，也与世界上大多数国家拥有了相同的新年元旦。

大总统在众多随从和保镖陪同下，乘专列由上海奔赴南京。旅途未发生意外，铁路沿线各站都受到支持者热烈的欢迎和问候。

1 月 1 日下午 5 点半，大总统抵达南京，受到热烈欢迎。革命党重要人物前往接站，陪同至总统府。南京城内处处悬挂新国旗，沿途上万名革命军士兵整齐肃立。长江上停泊的战舰和商船装饰一新，附近所有口岸都鸣炮向大总统致意。

晚上 7 时许，大总统进入总统府，府内楼门、走廊和庭院都张灯结彩。大总统身穿卡其布制服出席招待会。大礼堂为就职典礼早就做好了准备。中国 18 个省的代表依次站立。孙中山大总统步入大礼堂，全场所有人向其鞠躬。他一直走到大堂中央，进行宣誓。

随后，孙中山大总统发表就职宣言，承诺将推翻满清统治、重建和平，并促进商贸发展。大总统表示将为国鞠躬尽瘁，帮助国民实现和平、独立、富强、民主的梦想。他说，一旦清帝逊位，国家恢复和平，他将辞去临时大总统一职。

由各省代表组成的南京代表大会主席向孙中山授总统印玺。

## 临时大总统就职宣言

孙中山大总统在其就职宣言中称，将建立强有力的中央政府，重塑完整的现代化行政体系，民选产生国会议员。他说，各省在省内事务中实行自治，省长由选举产生。国家的陆海军实行军政统一，接受国会领导。调整财政体系，由国会负责审计监督全国财政事务。大总统坚信，国家财政收入足以支付日常行政开支。

孙中山大总统详细阐述了国家发展的各项目标，并就外交关系发表看法。他代表中华民国对各国所持的中立态度表示感谢，并称，以前中国人的排外心理将不会在新生的中华民国出现。

大总统说，将遵从国民意愿，相信各省将支持中央政府，国家将最终实现统一。他表示，中华民国将履行自己的职责，并希望得到各国承认。他承诺中华民国政府的外交政策将致力于维护世界和平。

## 民国政府组阁名单

民国政府已完成组阁，主要人员如下：

副总统黎元洪、内阁总理兼陆军总长黄兴、财政总长陈锦涛、司法总长伍廷芳、外交总长王宠惠、海军总长黄钟瑛、总统府秘书长胡汉民。

孙中山大总统明天将举行正式招待会，接见南京市民。

1912 年 1 月 5 日，孙中山举行第一次内阁会议。右起：王鸿猷、王宠惠、黄兴、孙中山、陈锦涛、蔡元培、景耀月。

# 孙中山大总统发表对外宣言

1912 年 1 月 6 日

上海 1 月 5 日电：

中华民国临时大总统孙中山今天在南京发表《孙大总统对外宣言》，阐述执政目标和政策。他说，中国的现状是由于满清错误统治造成的，只有革命才能救中国。

《对外宣言》称，满清政府的政策，简而言之，是歧视汉族和其他民族，为邪恶私欲所驱使，施暴虐于国民，裁制民权，抗违公意，阻挠经济发展。为此，我们推翻暴政，建立民国。

我们今欲清除罪恶，使我中华民国进入国际大家庭，得与世界各国平等相处，故不惜牺牲战斗，以另建良好政府以取代之。为使各国不致误解民国政府睦邻友好之善意，特将下列各条公布如下。

革命以前，所有满清政府与各国缔结之条约，民国政府均认为有效，直至条约期满而止。如缔结于革命起事以后者，则否。

革命以前，满清政府让与各国或各国国民种种权利，民国政府亦照旧尊重。如其在革命军兴以后者，则否。

各国人民在华之生命财产，在民国政府法权所及范围之内，民国当一律尊重并予以保护。

民国将重建司法制度，修订民、刑、商法及采矿规则，改良财政，破除工商贸易限制，尊重国民信仰自由，并积极发展与各国政府和人民的良好关系。

深望友好待我之友邦继续巩固邦谊，相互提携亲爱，当民国初创、百废待兴之时，务守镇静之态，以竣其成，并协助我们实现建国大计。

# 英国雇员回忆孙中山伦敦蒙难记

1912 年 1 月 14 日

伦敦 1 月 6 日电：

乔治·柯尔曾在位于伦敦波特兰大街上的清国公使馆充作门卫，他讲述了英清两国 16 年前因现任中华民国首位国家元首孙中山而发生的一场外交纠纷。

柯尔说，1896 年 10 月 9 日，清国公使馆参赞马格里先生对我说，他们正在等一个人，这个人脑子有点问题，但不会伤人。他问我是否介意做这个人的看护，我同意了。随后，我检查了准备关这个人的房间，发现屋子已整修得十分坚固。

10 月 11 日早晨 8 时，我正在大厅清扫卫生，有三位清国人走进公使馆，他们带来了一位陌生人，并通报马格里参赞。过一会儿，马格里参赞打电话给我，说先前讨论过的那个人已到，请我把他径直送到四楼那间准备好的房间去。马格孙中山蒙难室。

里要求我必须自始至终地守候他。

遵照马格里先生的指示，我对那人进行搜查，未遇到任何麻烦。他身上带有各式各样的纸张，还有四张五英镑纸币，两个头像币和一些零币，我都拿给了楼下的马格里先生。马格里先生及两位清国人对孙中山进行了长时间的询问。我受命在外等候。过后，马格里走出来对我说："毫无疑问，这个人将会求你向外递信并许诺给你好处。但是，你只管拿钱，把信都交给我。"

果不其然，第二天，这个人就问我能不能帮他向外递信。我说不能。然后，他对我说，他实际上被当成一个重要囚犯了，那么他能把信从窗户往外扔吗？我说我尽力吧。他写了些什么，并总是放一个硬币以增加重量。我一下楼，就把所有东西都交给马格里先生了。

从那个时候起，我得出结论，他根本不是什么疯子。我要他告诉我究竟出了什么事，以决定是否帮他带信出去。他表示非常感激，然后硬塞给我 20 英镑，并问是否帮他。他说，那些纸币对他没什么用处，因为他知道他在伦敦呆不了几天了。我接受了他给的钱。

他告诉我许多关于他的事，关于他在清国正在做的工作，还有他几次脱险的经历。他让我交一封信给康德黎[①]医生。那天晚上我设法回家了一趟，和妻子商

① 孙中山获救主要得力于其英国老师康德黎的帮助。1896 年 10 月 2 日，孙中山在到达伦敦第二天即拜访康德黎夫妇。当时，清政府电令驻英公使馆"不惜一切代价捉拿孙中山"。10 月 11 日是一个星期天，孙中山当街行走时被"强行夹入使馆"。清公使馆根据密令，拟用 7000 英镑高价租轮船将其秘密押送回国。危急时刻，使馆英籍门卫柯尔向康德黎报险求救。康德黎即向警署和英国外交部报告，并约见记者详细揭露事件始末。英国外交部经过调查后派六名警察守候在清使馆门外，加以监视。10 月 22 日，英国《环球报》首先披露孙中山在伦敦被绑架事件，其他各报随即以特大标题相继报道。1896 年 10 月 23 日，孙中山获释。

量过后，我决定帮助他。

这样，我向康德黎医生送了三次信，然后带回康德黎写在参观证上的寥寥数语。康德黎医生与英国外交部进行沟通，我告诉他，被释放的时间指日可待。

英国首相兼外相的索尔兹伯里侯爵（Salisbury）获悉此事后，马格里即被传唤。马格里辩称自己享有外交豁免权，英皇法令不能在外国使馆生效。首相决定快刀斩乱麻，为施加影响，他说，我与清国公使馆八竿子打不着，但你是我国的臣民，如果你不释放这个人，你将吃不了兜着走。

威胁果然奏效，两个苏格兰场的人来到公使馆，要求马格里释放被拘者。马把关押孙的钥匙交给来者并示意楼上通往孙被关的楼道。孙很快就下楼成为自由人。在最后的这一幕，清国公使馆的清国外交官没有一人在场。

## 美国学者百森评中国时局

1912 年 1 月 14 日

商业统计学家百森先生[①]就中国近况及对世界局势影响回答了《纽约时报》记者的提问。他说："中国革命直到过去两三个月才取得实质性进展。但是，这是西方人很长时间以来一直忽略的一系列中国国内事件演变的必然结果。在满清专制统治下，民怨与日俱增，专制政府以及束缚中国数世纪的道德规范在西方文明光芒的照耀下轰然倒塌。1851 年爆发的太平天国起义持续时间长达 12 年之久，这是中国人民不满专制统治的前兆。在这次起义中，太平军攻占了数个重要省份，甚至对上海展开攻势。直到戈登将军（Gen. Gordon）参与重组大清军队，才最终将起义镇压下去。"

百森

① 百森（Roger W. Babson）是美国著名创业家、教育家和慈善家，1875 年出生于美国马萨诸塞州一个杂货店老板家庭。1898 年从斯坦福大学工程学专业毕业后加入波士顿一家投资银行，1904 年以 1200 美元起家创立百森商业统计公司。1910—1923 年为《纽约时报》财经专栏作家。1919 年创立蜚声全球的百森商学院。该院 MBA 连续 14 年（1994—2007）在创业学领域超过哈佛、斯坦福等顶尖名校，排名全球第一，被公认为世界创业教育的领导者。

“1908 年，清皇室承诺成立代议制政府，他们保证在数年后建立代议制政府。1910 年 10 月，清廷组建了资政院，但这仅仅是一个咨询机构。人民随后要求成立真正的国会。这突然而至的请愿对清廷皇室是一个巨大的震动，他们想方设法回避人民的这类请愿，由此点燃了辛亥革命的导火索。”

“革命爆发后，举国响应，起义军每到一地都势如破竹，这深刻地表明了大清帝国的孱弱和中国人民的万众一心。”

“西方舆论普遍认为这场起义取得的胜利仅仅是暂时的。但是，我认为这种观点不正确。革命从一开始便进展顺利，起义军展现出了良好的战略判断力。显然，这是一场现代化的战争。外国人的生命财产受到了很好保护，这是很重要的一点。事实上，各国列强一直在等待寻找借口进行干涉，以此造成中国人最惧怕的事情，即瓜分中国。”

“我们在土耳其曾催生了代议制政府的成立，这与中国目前的情形十分相似。现在，土耳其的政治制度正在经历时间考验，迄今为止，从各方面看都是成功的。”

“显然，中国目前的局势正以一种系统、科学的方式向前发展，出现了一种带有西方理想的政治模式。据说，已有 14 个省宣布拥护共和。满清皇室方面，唯一值得考虑的个人因素是袁世凯，他被许多人认为是一个唯利是图、贪得无厌的角色。孙中山先生已被选举为新的共和国总统，虽然从形式上说，这更像是一个军政府。这种情形将会持续下去，直到局势变得稳定。”

“接下来，如果各省军阀不自立为王，而清军战斗力在短期内又未得到质的改进，那么，革命的结果必然是一个永久性代议制政府的诞生。”

“另外，这种结果并不会在短短几周或几个月内出现。如果你没到过中国，即难以想象她的幅员辽阔和与世隔绝。数亿普通民众对正在发生的革命一无所知。当他们听说此事时，起码是几个月甚至几年之后了。我们生活在发达的美国，根本想象不出在一个没有铁路、没有电报、没有报纸的国度里，生活是什么样子。当然，中国部分沿海地区已拥有了这些现代通讯方式，但是还有数亿中国人一辈子从来没见过火车。”

“因此，尽管我相信共和政府终将实现，但至少不是现在。建立这样的政府并获得西方列强的承认，起码还需要好几个月。另外，为了使得共和制获得成功，一些人事更替势在必行。伍廷芳先生也许是一个很好的新闻发言人，但我个人对他不抱任何信心。新政府若想获得列强承认，国务卿必须是伍先生之外的其他人选。”

“与蒙古的争端仍然悬而未决。我从高层得到的消息，关于满清政府将蒙古割让给俄国的消息并不属实。满清政府从来没有也绝不会将蒙古割让给俄国。至于革命党人向俄国人承诺了什么，我无从知晓。退一步说，即使他们拥有将蒙古割让出去的权力，我相信，美国、英国、法国和德国也绝不会善罢甘休。”

## 清廷举棋不定

1912 年 1 月 18 日

题记：清皇宫珍宝被贱卖，袁世凯差点遇刺身亡，西安满族人惨遭屠杀。

隆裕太后①今天召集的御前会议没有作出任何实质性的决定。由于总理大臣袁世凯身体微恙，关于清帝退位的话题被推迟到周五讨论。某些亲王贝勒放出消息，称清帝退位问题仍然悬而未决。在隆裕太后下一次御前会议时，将会召集一些朝廷要员一同参与讨论。

北京和奉天（今沈阳）皇宫中有许多珍宝待价而沽。众多来自美国和欧洲的古董商们正在讨价还价。紫禁城和其他一些小宫殿也在被用同样方式逐渐掏空。清皇宫中收藏的艺术珍品正被廉价处理掉。奉天是满族入关前的首都，那里的皇宫中有一个博物馆，里面保存着许多价值连城的稀世珍品。

今天，当局还逮捕了大批刺客，他们涉嫌合谋行刺总理大臣袁世凯。有一名官员和一名士兵在这次袭击中被炸身亡②。

上海的商会已向前摄政王载沣和袁世凯提出呼吁，吁请他们敦促朝廷尽快制定安抚方案，以稳定民心，恢复秩序，直到国会召开会议确定中国未来政体。他们在呼吁书中指出，大清王朝在华南、华中及西部各省的统治已经终结，再继续挣扎下去只会进一步损害中外商人的利益，并且危及中外居民的生命和财产安

① 隆裕太后（1868—1913），清德宗光绪皇后叶赫那拉氏静芬，慈禧的内侄女，其父为慈禧之弟、副都统桂祥。光绪十四年（1888）被慈禧太后钦点成婚，次年立为皇后。慈禧挑选她为光绪皇后，是希望由自己的亲侄女监视光绪帝，因此备受光绪冷落。1908 年光绪病逝后尊为皇太后，上徽号隆裕。慈禧遗旨：“嗣后军国政事，均由摄政王裁定，遇有重大事件，必须取皇太后懿旨者，由摄政王面请施行。”隆裕太后垂帘听政。宣统三年十二月戊午（1912 年 2 月 12 日）颁布《清帝退位诏书》。隆裕太后于 1913 年 2 月 22 日去世，享年 45 岁，与光绪帝合葬崇陵（河北易县清西陵）。袁世凯通电吊唁，全国下半旗致哀。

② 1912 年 1 月 16 日上午，袁世凯在紫禁城参加完御前会议后出来，马队快要行进到东华门外大街和王府井大街路口处时，突然有三枚炼乳罐大小的炸弹向他扔来。因袁世凯的马车走得快，第一枚和第二枚炸弹落在马车后，炸伤了袁的卫队和马匹，有二十多人受伤，其中袁的侍卫管带袁金标送医不治。第三枚炸弹没有炸。刺客扔完炸弹后逃进三顺茶馆，10 人被捕，张先培、黄之萌、杨禹昌三人因当场被搜出武器，于次日被处决。

隆裕太后

全。在呼吁书中，他们还主张与独裁势力断绝关系，并尽快建立一个临时政府。

由“英国拓荒者联盟”（British League of Frontiersmen）成员索尔比上尉（Capt. Sowerby）率领的远征救援团（relief expedition）刚刚回到北京。他们在内地经历了许多令人毛骨悚然的事件。远征救援团成员发现，陕西、山西和河南都已陷入无政府状态，土匪和革命党简直就是一丘之貉，没什么分别。而且保皇党人也是同样的目无王法。他们说，在一些地区，几乎没有妇女能够幸存下来，村镇变成废墟，民众纷纷躲进深山，藏在山洞中保命。

西安发生恐怖事件。一伙暴徒围攻了北欧传教士贝克曼（Beckman）建立的教会学校。贝克曼牧师受重伤后逃往汉口，他的妻子已被杀害。学校建筑的三面墙壁被烧毁，暴徒们用铁铲、刀斧粗暴残杀四处逃命的儿童。城门被关闭了四天，暴徒们杀害了上万名满族人[①]。

远征救援团的成员认为，外国政府应该命令所有外国人立即离开中国。然而，一些顽固的传教士在得到官方命令前，却拒绝离开他们的岗位，他们愚蠢地以为，只有这样才是恪尽职守。

① 1911年10月10日武昌起义爆发。10月22日清晨，西安同盟会、新军、哥老会首领秘密决定起义。起义军很快占领军械局，缴获大批武器和弹药，并相继攻占巡抚衙门和藩库。当晚，起义军在军械局设立总司令部，定名为“秦陇复汉军”，张凤翙为大统领，通电响应武昌起义。西安满城是满军驻防和满人家属居住地，城高墙坚，易守难攻。在这次激烈战斗中，满城内大量建筑被轰塌、焚毁，满人被杀或逃散。据英国驻华公使朱尔典1911年12月9日自北京致英国外相格雷爵士电：“今日，汉口代总领事来电如下：我今天收到西安府的英国传教士肖乐克先生11月11日的来信，该信说，西安府的满人几乎已被歼灭净尽。”格雷12月29日再收到朱尔典函称：“关于陕西省城西安府所演悲剧的可靠消息，终于传到了北京。所有满人全部被杀，满城全遭破坏。”

# 中国危机牵动远东政治格局

1912年1月21日

斯蒂芬·邦斯尔（Stephen Bonsal）

关于中国时局并无什么轰动新闻。事态的发展如冰山一般冷峻。每个事件在数周甚至数月前便有谣传，而最后也总会如期发生。当然，我指的是中国观察家们最害怕发生的事。

## 美军第15步兵营正开往秦皇岛

然而，我们仍无法对广受关注的最新局势不屑一顾。目前，美国军队已作为联合干预力量的一部分开进华北，并表明了我们的立场——根据条约义务，我们不能对此置之不理，直到社会治安恢复稳定，政府重新控制事态——无论谁是执政者。

“罗根”号运载的美军第15步兵营和机枪营将在黄海和渤海上颠簸四天后，赶在相关铁路沿线失控前抵达秦皇岛，下船登陆。他们虽然不是战无不胜的部队，但是整个美军的代表。并且，随后将会有更多部队从马尼拉和其他地区抽调过来，直到中国错综复杂的局面彻底平息。

当然，我们将军队派往华北并不意味着这是一段轻松愉快的经历，反之，所有人都明白，这是一个冒险之旅。但我们这样做，仅仅是为了履行我们的条约义务，并且纠缠着诸多复杂因素。当义和拳运动被镇压后，西方列强与中国政府重建友好外交关系，双方就新的交往方式达成一致，以预防围攻公使馆以及阻碍中国首都与港口间道路的情形再次发生。

而列强之间也签订了正式协议，就出现危险征兆时如何重新划分通往港口的要塞达成一致，并规定了各自派遣军队的数量。其中最重要的一点是，中国政府必须同意接受外国干涉，以及在必要时视列强为唯一仲裁者这一耻辱性事实。介入干涉时机从来不容易把握，而武装干涉终止的时机、形式以及理由，在过去、现在和将来，都是一件处理起来极为棘手的事情。

## 武装干涉就像是跳进一个黑暗陷阱

无论诡辩家如何抵赖，我军在中国出现，都是一种干涉，而且是一种武装干涉。我们将被迫在这条路上走多远，或者我们将被拖入泥潭多深，作为对未来事件进程无法知晓的人，都无从断言。干预从来就像是跳进一个黑暗陷阱，什么时候能重见光明，没有人可以预言。事情逐渐向前进展，公使馆的保卫力量不断得到加强，外国的军队不断进入中国海岸沿线的特许区域，直到几乎达到义和拳运动时的数量。

列强之间的相互关系很不明朗，而中国国内局面也无大的改观。所有试图达成对立双方和解的尝试都由于自身原因而以失败告终，哪怕是取得暂时的和解。满清王室不愿意放弃政权，革命党人也未能夺权，土匪四起，所有中国人都被激起了排外情绪，这也是合乎情理的。从某种程度上说，即使没有条约义务，我们也有正当理由派兵保护受到威胁的侨民。其他将要联合出兵的列强也是出于同样目的，虽然现在仍待确定。

这便是当前确实面临的困难。出兵时机仍未确定，至于地点及方式更未确定。联合出兵占领华北以及通往北京各条要塞的危险性和它的必要性一样明显。一旦革命党人持续北上，危险便与日俱增。和过去一样，想要区分中国的爱国志士与土匪是极端困难的；而对于中国人来说，想要区分维持治安、保护同胞生命及财产安全的外国士兵以及趁火打劫、火上浇油的洋人，同样困难。

如果中国人可以保持足够冷静，关注危及他们个人以及国家存亡的大事，他们现在应该向列强示以极大的赞赏和敬意，正如东京的半官方媒体与俄国外交部之间一样，而非整天为建立真正的共和制或是君主立宪制而伤脑筋。

## 圣彼得堡向日本发出邀请对中国来说十分凶险

东京的报纸今天将俄国对于蒙古的所谓扩张视为再自然不过的事情。他们说，这不过是白种人的负担，俄国人需要在蒙古人、亲王、喇嘛和骆驼之间维持秩序。简而言之，他们必须维护俄国的和平。

随后，俄国的报纸在这场恭维竞赛中，以俄国人的隐晦方式回应道，在中国当前混乱局面下，正是先进文明国家随时准备伸出援手之时。他们相信日本会完成应尽的义务，并建议将满清摄政王的势力区域关东地区作为其活动范围。俄国编辑说，日本人非常了解当地情况，他们的干预必将皆大欢喜，并且告诫他们曾经的敌人同时也是现在的朋友，他们应做好充分准备，以防止在中国未来的复杂局面中猝不及防。

所有这些言论都是暗流涌动、意味深长。如果它们想表达什么，那便是对日本和俄国而言——他们当然是对此非常关注的——中国北方的命运已经决定。这一决定看起来不会是实行共和制或者君主制，甚至不可能是“门户开放”。1895年，当时的俄国舰队被日本人认为是不可战胜的，俄国人执行沙皇的命令，将日本赶出关东。现在，圣彼得堡向日本发出邀请便显得十分有趣，对于中国来说也更加凶险。

## 革命、战争与金钱

当前，中国内战双方陷入僵局，是对世界和平的巨大威胁，也是对列强试图避免中国分裂的巨大干扰。显然，这一僵局主要是由于革命党与满清阵营双方对金钱的需要及缺乏互信。

发动革命，或保卫王室，仅仅是发动战争的形式。战争需要资金，需要巨额资金。孙中山在电报中宣称，他准备率领十万或百万大军向首都挺进，虽然数字可能有差别，然而在此险恶形势下，如果没有巨额贷款支持，他不可能从陆路或水路向北方挺进；而满清王室，无论有无俄国支持，正准备誓死守卫北京，但是他们的守卫也急需军火，如果没有巨额贷款，便不可能购买军火。

非常熟悉金融业务的南京临时政府外交总长伍廷芳，一直负责经办列强借款的到期通知。新成立的民国政府并不了解他们此时对于资金的急迫需要。革命党人保险柜中的资金流量看起来正在迅速减少。

革命已取得巨大成就，这主要依靠海外华人捐款，特别是来自马来半岛、海峡殖民地（Straits Settlements）、泰国和爪哇居住的华人捐款。在那里，他们已获得可观的财富，掌握了成熟的商贸管理模式，而这些正是中国国内所缺乏的。即便如此，革命党人的资金现也断流。

革命党人和所有外行一样显得过于乐观了，他们低估了革命的成本。他们取得的惊人成就可以吸引更多捐款，资金无疑会源源而来，但与此同时，无价的宝贵时机也随之错失。

另外，清王室拥有资金，但并不情愿用皇家财富来进行一场未知的军事冒险。作为特权阶级，他们的小心谨慎不足为奇。在过去300年里，他们一直享受着国家补贴，突然间他们发现有一股不可阻挡的洪流将在未来剥夺他们的特权。现在的问题是，清王室是否应用积蓄作为赌注来换取未来继续享有补贴的特权，或是在万不得已时放弃他们的补贴，依靠300年来积累的财富有节制地生活下去？当然，他们非常痛恨袁世凯，袁似乎已将他们的退路毁掉，而直到最近，他还一直保持着与革命阵营的接触。

清王室都是识时务之人，他们意识到他们的利益永不可能与这位总理大臣

（以及未来的掌权者）保持一致。如果事成之后一切都可以保持原状，全世界三分之一的人继续将其劳动所得上贡给这些不劳而获的人，那么无疑他们愿意动用他们的资本来赌一把。但是，如果旧体制一去不复返，并且袁世凯对此抱有和孙中山同样坚定的决心，那么对于精明的满族人来说，为什么要将资本在这里押宝呢？

## 列强瓜分计划任何时刻都可能实施

所以，今天的情形与近代中国发生的历次危机如出一辙，所有关注点都集中于能否获得外国贷款。英国的态度被广为诟病，普遍认为英国人反对本国或其他国家向满清政府发放贷款。无论这一举动是否公正，时间及事态进展将说明一切。

英国的代表坦言反对贷款，而袁世凯认为这是帮助他维护社会治安、挽救中国于水火的必备条件。英方的想法可能仅仅出于不愿让本国人民遭受财产损失，或者它如同许多人一样知道，从伊格纳季耶夫（Ignatieff）和喀西尼（Cassini）担任俄国驻华公使的时代开始，清王室便已打算将中国利益贱卖给俄国，这项交易只需一点资金即可扫清道路上的一切阻碍。

让我们像许多人一样猜测一下，一项完美的协议已在俄国外交部远东局与清国代表之间达成：在蒙古亲王和大喇嘛的默许下，蒙古和土耳其斯坦（即中国新疆地区，译注）将寻求俄国庇护，尽管他们目前还是中国领土，但是分裂似乎迫在眉睫，不可避免；而作为回报，俄国将同意保留满族在中国的统治权，或仅仅是黄河以北地区的统治权。

正如车轮需要不断注入润滑油一样，这项交易没有资金支持便无法实现。那么，英国或者其他西方列强凭什么要为此提供资金呢？当然，圣彼得堡和东京的媒体可能是对的，英国只是在耍阴谋诡计妄图浑水摸鱼，但未来的事态将证明，玩弄这种诡计并非明智之举。

除非英国人确信，共和方案的实现意味着和平，至少是相对的和平，并且在中国成为了各方共识，否则，它为什么要支持共和呢？英国对中国施加商业和政治影响的范围主要集中在长江流域。在这一区域，它在重大事件中拥有的权利和职责早已被列强认可。近年来，当瓜分中国计划看起来快要进入实质实施阶段时，英国便会在长江流域调集军舰、驻扎众兵，对一切可能的抵抗进行震慑。

今天，共和的观念在长江流域已深入人心。无论其他偏远省份在逐渐失控的情况下将如何发展，共和制度将在这里长久存在，甚至永远存在。如果说英国想从中国捞取油水，那么他们拒绝对北京进行经济援助，从而客观上帮助了中国意志最坚定、最有能力抵御列强分裂中国的革命军，便显得十分奇怪了。

当然，如今成千上万的外国军队驻扎在中国领土上，保卫自己的地盘。当年的瓜分计划再度复活，任何时刻都有可能付诸实施。

当前局势最糟糕的一点在于，当列强各怀鬼胎之时，这一天便会很快来临。而西方世界对中国从来都不是大公无私的。我们可以预见到一个比大清帝国土崩瓦解还要糟糕的结果。当那一天来临时，这个传奇的王朝便会黯然退出历史舞台。

这一天将会很快到来。让列强瓜分这样一个穷兵黩武的中国，是这道难题最容易接受、危险性最小的解决办法。当西方世界在中国问题上短视之时，上述情况便极有可能出现。但是他们对待中国什么时候目光长远过呢？

## 英国的消极与日本的野心

现状与 1900 年义和拳被镇压后的远东局势非常相似，华北被控制在八国联军的掌心里。但是，从这个角度看，中国被瓜分以及世界大战爆发的危险远大于当年。彼时，义和拳被镇压过后，就像初春的小雪 一样消失得无影无踪，随后留下了一个非常高效的政府，与西方世界恢复贸易往来。

这与今天的局面完全不同。现在，有些省份还在满清统治之下，而有些省份建立了革命临时政府，还有近一半省份没有任何政府机构。毋庸置疑，混乱无序在逐步蔓延。1900 年，美国在英国和日本协助下，粉碎了列强公开或者私下制定的各种瓜分计划。他们确立了相关方案，在此秩序下，我们正常运转了 12 年。但是现在，这些势力无法再次联合反对可能出现的瓜分计划。由于中国各方一团混战，为避免自己的地盘受损，临时或者永久性瓜分方案可能成为现实。

日本的态度已完全改变。它以“门户开放”为幌子，接管了朝鲜半岛、(中国)台湾以及满洲地区，并变成其商业保留地。它显然与俄国步调一致，它们之间的默契可能在某天通过让人震惊的联合行动表露出来。俄国对蒙古的控制仅仅是这一系列惊人行动的开端，这些举动必将完全改变远东局势。

英国的处境与先前也相差甚远。并不是说它的想法或政策将会有所改变，而是它现在的政府没有一丝愿望去发挥他们十年前在中国信手拈来的强大影响力。英国国内严重的社会问题使得政府疲于应付，而印度形势更让自由党政府无暇顾及苏伊士运河以东区域的任何其他事件。

日本有很强的动机去制定未来对华政策，日本帝国如能在中国分到一块大蛋糕，那么其瓜分计划便不会缩水。除非日本能从商业上完全控制中国，或者至少是大部分地区，否则它不可能继续保持世界强国地位。日本国内资源太过贫乏，根本不足以支撑其军事机构。1895年，通过从中国搜刮的数百万战争赔款，日本跻身于列强之列。今天，在此关键时刻，它想继续巩固自己在远东的霸主地位，而为它埋单的依然是中国。

## 孙中山接受美联社采访

1912年1月23日

南京1月22日电：

“我一直以来都坚信这次革命运动是正义的，它必将成功。中国所有各省都从道义上、物质上和财政上予以支持。”孙中山大总统今天在接受美联社采访时发表上述谈话。

大总统介绍了民国与清廷的谈判，并坦率谈到中国现状。他言语中透出坚定的信心。对于西方各国驻北京使团不了解中国南方政权的真实情况，鼓励清廷顽固抵抗民国政府的行径，大总统表示忧虑，他坚信，清廷交出政权是大势所趋。

孙中山说，“如果中华民国无法建立稳定政权并重建国内和平，责任在北京的清廷。清廷的袁世凯总理向我们确认，最近清廷接受了我们的条件。南北最终将实现停战。为了确保和平，我要求民国各省省长同意，一旦清帝宣布退位，他们就选举袁世凯为民国总统。各省在经过一番犹豫后，最终表示同意。袁世凯完全清楚此事。”

“我同意去北京与袁世凯商谈最终协议。这之后我收到北京方面的电报，要求民国政府在清帝宣布退位后两天内解散。”

“袁世凯显然下定决心要在北京建立自己的政府，并且得到了外国政府的支持。他准备无视民国政府，并撕毁原来达成的协议。”

“各省省长、南京参议院和革命军将领都坚决反对。我们改变方案，要求袁世凯放弃追求皇权，而且外国政府必须在袁世凯当选为总统前承认中华民国。”

“如果袁世凯不愿等到列强承认中华民国后再当选，我可以前往北京与他探讨解决方案，或者他也可以来南京。我并不害怕北京方面的干扰，我们也欢迎袁世凯来南京，并保证他的安全。”

“这是一个自由开放的协议，目的完全是为了中国人民未来的和平和福祉。

推迟协议意味着更多牺牲和痛苦，国家将持续动荡。”

“除非清廷接受条款，否则我们绝不可能再提出类似条件。现在我们绝不会解除武装，中国也绝不可能再回到清廷专制时代了。”

“我们绝不会屈从于清廷或是袁世凯的独裁统治。全国 15 个省都掀起了共和运动，有 3500 万中国民众坚定支持共和，反对满清统治。湖南、山东和直隶三省也是我们的支持者。原来效忠袁世凯的清军现在实际上都是共和党人，他们都将适时加入我们的队伍。”

“我们控制了除天津和营口之外的所有条约口岸。事实上，民国政府保护了绝大多数外国人和外国财产。中国人民每天都在问，为什么各国不及时承认我们呢？中国人民担心，北京一些外国使节要挑动外国干涉，这一阴影笼罩全国，中外人民都为此感到忧虑。”

“列强各国，尤其是美国不断重申对中国的友谊。我们愿以善意待之，保证遵守清廷与各国签署的所有协议，并履行门户开放义务。”

“恐怕现在中国人民不得不认为，西方列强是清廷的朋友和支持者。北京的现状并不是全中国的现状，但我们却觉得，欧美各国政府更认同北京。”

孙中山大总统显然期望得到欧美列强中某国的率先承认。与此同时，革命军仍在向长江以北推进。估计现在革命军约有十万之众。

南京政府正在制定国家发展计划。教育部已拟出计划草案，临时宪法也即将完成。

## 袁世凯秘密觐见隆裕太后

1912 年 1 月 24 日

北京 1 月 23 日电：

清国总理大臣袁世凯今晨秘密进宫觐见隆裕太后，对她要求恢复武装行动的意见表示支持。他希望满清皇族彼此消除异见，为武装行动筹集经费[①]。同时，他建议先按兵不动，静观革命局势进展。

① 袁世凯复出后上奏隆裕太后：“库空如洗，军饷无着”，不能对革命军开战。他步步紧逼，要求清廷筹措军饷。1912 年 1 月 16 日，袁世凯奏：“环球各国，不外君主、民主两端，民主如尧舜禅让，乃察民心之所归，迥非历代亡国可比，……读法兰西革命之史，如能早顺舆情，何至路易之子孙，靡有孑遗也……我皇太后、皇上何忍九庙之震惊，何忍乘舆之出狩，必能俯鉴大势，以顺民心。”劝隆裕太后同意清帝退位。

袁世凯关于等待叛军进攻的意见并不为年轻皇子们认同，他们希望能够用武力警告北京。此间不断有消息报道，称负责兵谏的满族将军良弼[①]主张杀掉袁世凯，他认为袁的影响力太强，决不能允许他离开首都。

袁世凯预见到自己可能遭遇的危险，因而采取了严密的防备措施。他从保定紧急调集的1000名新军预计今晚到达北京，这使得袁直接掌握的兵力达到4000人。与之相抗衡的是兵力约1.2万人的满清御林军。

然而，即使是最鲁莽的满清皇室成员，人们也很难相信他会捕杀袁世凯，这无疑将导致满清王族的灭顶之灾，因为整个华北新军都只效忠于袁世凯。

袁世凯今天授权美联社发表如下声明："本人所有行为的出发点只有一个，即为了全中国老百姓的最大利益，而非革命党人的利益或者拥护帝制的那些人的利益。本人从不为一己私利出发，希望能够继续担任总理大臣，直到可以创建国会，选举产生议员，或者为大多数中国人探索出一条合适而正确的出路。"

考虑到革命党领袖的态度，普选看起来不可能完成。因此，希望能够尽快创立某种形式的负责任的政府，为中国人民带来和平。如果任何人有能力并且愿意为全中国人民的利益寻找出路，他愿意辞职并且移交政府权力。

"此间一些外国使馆督促本人负起责任，希望本人继续主持国政，这表明他们对现政府是拥有信心的。"

另据《字林西报》[②]报道："隆裕太后对昨日皇宫会议上皇族太子和大员们的意见经过慎重的考虑权衡后，认为恢复武力行动是解救当前局面的唯一方案。"

## 清帝宣布退位

1912年2月13日

北京2月12日电：

清朝统治中国近300年后，其年幼的末代皇帝溥仪于今天宣布退位。

① 良弼（1877—1912），清末大臣、宗社党首领。满洲镶黄旗人，爱新觉罗氏。曾留学日本，入士官学校步兵科。毕业回国后任陆军部军学司监督副使。禁卫军成立后，任第一协统领兼镶白旗都统。良弼素有大志，是清皇族中"崭新的军事人才，而且才情卓越"，参与了清末一系列振武图强的军事活动。武昌起义爆发后，主张坚决镇压，反对起用袁世凯。1912年1月组织"宗社党"，被推为首领，反对与革命军议和，反对清帝退位。1月26日，被四川武备学堂毕业生彭家珍炸伤，29日死于医院。

② 《字林西报》（*North China Daily News*）的前身为《北华捷报》（*North China Herald*），又称《字林报》。由英国商人奚安门于1850年（道光三十年）8月3日在上海创办，是在中国出版历史最久、当时最有影响的英文报纸，主要读者是外国在华外交官、传教士和商人。1864年改为《字林西报》。1951年3月31日停刊。

清廷今天发布三份诏书。第一封诏书宣布退位，第二封诏书论及中华民国的建立，第三封诏书号召维持和平局面，并同意总理大臣袁世凯与南京民国政府达成的协议。

宣统皇帝退位诏书如下：

朕钦奉隆裕太后懿旨：

前因民军起事，各省响应，九夏沸腾，生灵涂炭，特命袁世凯遣员与民军代表讨论大局，议开国会，公决政体。两月以来，尚无确当办法。南北睽隔，彼此相指。商辍于途，士露于野。徒以国体一日不决，故民生一日不安。

今全国人民心理，多倾向共和。南中各省，既倡议于前；北方诸将，亦主张于后。人心所向，天命可知。予亦何忍因一姓之尊荣，拂兆民之好恶。用是外观大势，内审舆情，特率皇帝将统治权公诸全国，定为共和立宪国体。近慰海内厌乱望治之心，远协古圣天下为公之义。

袁世凯前经资政院选举为总理大臣，当兹新旧代谢之际，宜有南北统一之方。即由袁世凯以全权组织临时共和政府，与民军协商统一办法。总期人民安堵，海宇乂安，仍合汉满蒙回藏五族完全领土为一大中华民国。予与皇帝得以退处宽闲，优游岁月，长受国民之优礼，亲见郅治之告成，岂不懿欤！

钦此。

在昨天觐见中，隆裕皇太后对袁世凯为争取皇室优待所作的努力表示感谢。

退位诏书的颁布，对于身处北京的中外人士而言，都是极大的宽慰。诏书的措辞被认为是有技巧的妥协，人们相信民国政府将对其内容感到满意。该诏书还将通过各国驻京公使馆传递给各国政府，在世界范围内为民国政府的保证留下记录。

作为对退位诏书的回应，民国政府发布《清帝退位后优待之条件》：

一、清帝尊号仍存不废，中华民国待以各外国君主之礼；

二、清帝岁用四百万两，俟改铸新币后，改为四百万元，此款由中华民国拨付；

三、清帝暂居宫禁，日后移居颐和园，侍卫人员照常留用；

四、清帝宗庙陵寝，永远奉祀，由中华民国酌设卫兵，妥慎保护；

五、清德宗崇陵未完工程，如制妥修，其奉安典礼仍如旧制，所有实用经费，均由中华民国支出；

六、以前宫内所用各项执事人员，得照常留用，唯以后不得再招阉人；

七、清帝原有私产，由中华民国特别保护；

八、原有禁卫军归中华民国陆军部编制，其额数俸饷仍如其旧。

至于皇室是否将永远存在，或者现在的皇帝死后是否中止等问题，诏书中并未提及。

此外，民国政府对于皇族待遇作出如下四项承诺：

一、清王公世爵概仍其旧；

二、清皇族对于中华民国国家之公权及私权，与国民平等；

三、清皇族私产一律保护；

四、清皇族免兵役之义务。

此外，民国政府关于满、蒙、回、藏各族待遇作出了如下七项承诺：

一、与汉人平等；

二、保护其原有私产；

三、王公世爵概仍其旧；

四、王公中有生计过艰者，民国得设法代筹生计；

五、先筹八旗生计，于未筹定之前，八旗兵弁俸饷仍旧支放；

六、从前营业居住等限制，一律蠲除，各州县听其自由入籍；

七、满蒙回藏原有之宗教，听其自由信仰。

隆裕太后的第二封诏书，总结起来就是，“我们诚挚地希望，国家能够恢复和平，在民国政府领导下，人民能够安居乐业。”

第三封诏书描述了皇室退位的原因是“遵从时代的步伐和人民热切的希望，带着唯一的目的——消弭巨大动乱，恢复国家安宁。”

诏书继续说道，“如果战乱持续，国家将遭受不可弥补的灾难，并且演变为种族残杀的严重后果。”它劝告北京的将领们维护和平，并且向人民解释“皇室的行为是在行使上天的旨意”。它诏告内阁和各省总督继续行使权力，承担职责，继续体现出皇室对黎民百姓永远的关爱。

北京当局强化了军事警备，但首都并未发生动乱。然而，人们普遍认为国内即将发生动乱。由张勋将军率领的清军洗劫了苏州，抢到大批战利品和武器弹药。

在美国传教士的要求下，美国巡洋舰“辛辛那提”号已经从上海驶往山东防止乱军洗劫。因为民军被清军打败后，正在撤离。而失去指挥的清军正四处烧杀抢掠。

此间的外交人士认为，第一波革命浪潮已经结束，但他们担心第二波革命浪潮将带来更具灾难性的后果。

北京的各个公使馆将与袁世凯政府进行非正式接洽，直到民国政府被完全承认，这一承认将以内阁的组建为标志。除袁世凯外，清帝退位诏书仅有一位内阁总长签署，其他 5 个职位仍然空缺。其中有三席，人们普遍认为将分别被总理大臣的上海谈判代表唐绍仪、中华民国临时政府司法总长伍廷芳、中华民国临时政府财政总长陈锦涛占据。

武昌义军领袖黎元洪将军之前已被孙中山任命为南京临时政府副总统，他很有可能出任新内阁的陆军总长。而孙中山先生的职位目前尚未确定。

## 袁世凯全票当选总统

1912 年 2 月 16 日

南京 2 月 15 日电：

临时参议院[①]今天下午一致选举袁世凯为民国大总统。参议院决定，民国临时首都定在南京，但大多数议员同意将首都临时搬迁至北京，以便袁世凯举行就职典礼。参议院接受孙中山辞去临时大总统一职，但要求孙中山和内阁留任至新总统和新内阁就职为止。

孙中山大总统递交辞呈的场面非常感人。他在辞呈中写道：“袁世凯君宣布政见……更为绝对赞同共和。举为总统，必能尽忠民国。且袁君富于经验，民国统一，赖有建设之才。请为民国前途熟计，无失当选之人，大局幸甚！”

① 临时参议院是在正式国会成立之前的临时机构，1912 年 1 月 28 日在南京成立，终止于第一届国会成立之前。林森为议长，王正廷为副议长。4 月 2 日临时参议院议决临时政府迁至北京，4 月 4 日议决该院迁至北京。4 月 29 日在北京行开院典礼。5 月 1 日，参议院改选议长，选吴景濂为正议长，汤化龙为副议长。

1912年3月10日，袁世凯在北京就任中华民国第二届临时大总统。

参议院通过决议，向孙中山的决定致敬。其中一部分写道："历史上从未有如此纯粹的自我牺牲。正是由于孙中山大总统的诚实和伟大，我们才赢得了北方支持。"

袁世凯拒绝来南京，引起国会一些反对之声。而后又有消息称，袁世凯正寻求外国驻北京使团的承认，而且已得到一些积极回应，这让南京政府更感不快。

旧金山的中华商会昨天收到电报，通告孙中山已辞去临时大总统一职，袁世凯当选为继任大总统。各地纷纷悬挂民国国旗以示庆祝。明天是孔子诞辰2463周年，旧金山的唐人街也在欢庆新的共和国的诞生。

# 民国组成新内阁

1912年3月30日

南京3月29日电：

袁世凯总统的代表、内阁总理唐绍仪[①]今天收到孙中山大总统交出的总统印玺。同时，新内阁名单正式公布。

国会大楼举行了盛大的庆祝仪式。大厅内挤满了国会议员和民国政府高级官员。孙中山和唐绍仪与即将卸任的内阁成员站在主席台上。仪式还邀请了一些外国人。

孙中山交出总统印玺后发表了一个声明，请国民支持新政府。唐绍仪总理简要介绍了新一届政府的施政方略。

---

① 唐绍仪（1862—1938），又名绍怡，字少川，1862年1月2日出生于广东珠海唐家镇唐家村，是清末民初政治活动家、外交家。自幼到上海读书，1874年官派留学美国哥伦比亚大学，1881年归国。曾任驻朝鲜汉城领事、驻朝鲜总领事、清末南北议和北方代表、民国第一任内阁总理等，为捍卫中国主权、外交权益及推进民主共和作出重要贡献。唐绍仪与袁世凯有数十年的交情，他于袁世凯就任临时大总统当天（1912年3月10日）就任国务总理。同年6月15日，袁世凯委任直隶民选都督王芝桂赴南京解散军队，唐绍仪拒绝副署，袁世凯仍照发命令，破坏内阁制，唐绍仪愤而辞职。唐绍仪后曾任中山模范县县长，1938年9月30日被暗杀。

袁世凯内阁成员。前排左起：内阁总理唐绍仪、代外交总长胡惟德、海军总长刘冠雄、工商次长王正廷、教育总长蔡元培；后排左起：国务院秘书长魏宸组、司法总长王宠惠、陆军总长段祺瑞、交通总长施肇基、农林总长宋教仁。

新内阁成员名单如下：内阁总理唐绍仪、外交总长陆徵祥、财政总长熊希龄、海军总长刘冠雄、陆军总长段祺瑞、司法总长王宠惠、交通总长梁如浩、工商总长陈其美、内务总长赵秉钧、教育总长蔡元培、农林总长宋教仁。

唐绍仪总理说，希望迅速恢复国家和平、发展商业、发展与各国外交关系。唐称，政府预算为214万两白银（约合150万美元），其中50万两白银（约合35万美元）将为军事开支。

# 中国留学生应召回国

1912年4月25日

哥伦比亚大学中国留学生黄宪昭（Hin Wong）[①]，一位训练有素的新闻记者，应临时大总统孙中山之召昨天启程回国，参与中国华南地区的社会改造。黄宪昭毕业于密苏里大学新闻学院，目前在哥伦比亚大学研修外交与领事课程。黄宪昭

① 黄宪昭（1888—1939），英文名Hin Wong或Huang Hsien-chao，1888年出生于檀香山，祖籍广东，父亲是夏威夷富商，曾就学于哥伦比亚大学和密苏里大学，是最早获得美国新闻学士学位的中国留学生。回国后为路透社、美联社、《密勒氏评论报》（*China Weekly Review*）、《芝加哥日报》（*Chicago Daily News*）工作，主编英文《广州日报》（*Canton Daily News*）、《明星报》（*The Star*），1921年代表中国赴夏威夷出席1921年"世界报业协会"第二届年会。1924年5月16日，曾因通过路透社误发报道称孙中山逝世，在海内外掀起轩然大波，被广东警方拘捕。黄宪昭曾任沪江大学新闻系主任、燕京大学新闻系主任，是中国新闻事业的先驱人物之一。

是孙中山从海外召回的数位将为华南发展负起重任的年轻人之一。

4月4日，孙中山在上海接受采访时说，他已在中国完成了政治革命的进程，将着手开始“进行世界历史上最伟大的一场社会革命”，并称“正如政治革命一样，今后的工作主要依靠训练有素的新鲜血液”。随后，他号召远在欧洲和美国的追随者们尽快返回广州与他会合。

黄宪昭先在夏威夷接受教育，父亲是一名长老会牧师兼出版商。黄宪昭就是在他父亲的印刷厂里喜欢上报纸的。1907年，父亲举荐他去圣路易斯圣经学院学习。次年，他放弃了今后做一名神职人员的想法，被密苏里大学新闻学院录取。

1910年，黄宪昭来到哥伦比亚大学学习外交和领事业务。在那里，他协助成立了中国基督教青年会，组建中国童子军，并建了一所专为唐人街中国苦力们扫盲的识字学校，成为《中国月刊》新闻编辑和中国学联主席。

黄宪昭承担的重要任务之一是帮助医治辛亥革命的创伤，他在纽约发起了一项赈济中国灾民的救援行动，呼吁数以万计来到唐人街的各国旅游者向中国红十字基金会捐款。他在纽约最近做的一件事是鼓动华商推倒旧祠堂，出资兴建设施齐全的中国基督教青年会。

他期望回到故乡广东省后，能够以科学的方法来救助穷人。他将与孙中山和其他同仁一道对广东社会状况进行全面考察后，提出一项社会发展计划，其中包括创办几家新的工厂，实行资本家与工人平均分配，并准备用数年时间建设几项大型公共设施。

黄宪昭在出发前说：“我们已经拥有了政治的自由，现在剩下的是如何确保经济的独立。一个不容忽视的现实，就是如何尽快缓解穷人的贫困、消除满清政府的腐败和无能，这也是25年来孙中山先生不懈追求的奋斗目标。”

## 西安撤侨历险记

1912年6月9日

去年12月，在中国发生的革命出现了一些耸人听闻的暴行，西方人士和中国人被屠杀的事件在这个混乱的东方国度几乎每天都在发生。在这种情况下，一个由9名西方人士组成的敢死队从北京出发，深入清军和叛军发生战斗的危险地区，试图将那些远隔现代文明、生命受到威胁的西方传教士安全解救到沿海地区。

## 索尔比的轻骑兵

这个敢死队由一名美国人、七名英国人和一名瑞典人组成。他们的目的地是陕西省首府西安，距离最近的火车站有 350 英里。他们这一路上遭遇了无数艰难险阻，每前进一步都面临着死亡威胁。然而，他们无所畏惧，奋勇向前，历经数周艰辛跋涉，终于抵达西安府。他们寻找到了一些幸存的传教士和当地难民，动身返回沿海地区。返程途中，他们遭遇了从未有过的危险。有一次，他们这一行人被清军和叛军团团围住，在好几个小时内动弹不得，生命危在旦夕。但是，他们最终成功脱险，并在北京受到了英国和瑞典驻华大使的高度赞扬。

敢死队队长是英国人索尔比（Sowerby），他的这支敢死队被在华西方人称为“索尔比的轻骑兵”。他和这个团队的所有成员一样，从头到尾都表现出了无与伦比的勇气。团队中的美国人帕默（Palmer）在征途中好几次死里逃生。

数名传教士及家人在内地惨遭屠杀的消息传到北京和天津后，索尔比和同伴决定开始这次危险之旅。软弱和混乱的中国政府已经无力保护这些被隔绝在陕西内陆的不幸的西方传教士们。这里有大约 35 名受困的传教士和他们的家人，分散在西安府及周围的小镇。

营救队员知道，摆在他们面前的，不仅是 350 英里艰难的旅程，还有无数陡峭的高山和波涛汹涌的黄河。除了这些可预计因素外，还存在许多未知的因素，他们随时可能遇到土匪和打家劫舍的士兵。但是这一切没有吓退他们。12 月中旬，这九个人踏上了营救之旅。以下是一名敢死队员讲述的冒险经历：“我们总共有九个人，他们是索尔比、尼斯托姆、帕默、琼斯、基特、朗、沃林顿、费尔伯恩和埃文斯。”

## 越过黄河进入陕西界内

“经过两天匆匆忙忙的准备，我们从太原府出发，骑马向西安府进发。我们的运气不错，找到了强壮的马匹，顺利捱过了最糟糕的路段。我们每人的装备包括一套厚棉衣、两条厚毛毯和一些食物。我们将这些东西绑在马背上，每人配发的温彻斯特步枪从不离手。”

“这样的装备，使我们足以应付各种紧急情况，但又不至于太重而行动不便。因为能否成功完成任务，很大程度取决于我们的行动速度。”

“我们这支小队看起来更像是一个侦查队，从太原府出发后径直朝西南方向前进，第三天到达汾州府（Ten Chou Fu）。那里唯一的传教士组织代表是美国宣道会（American Board Missions）的派伊牧师（Pye）。尽管暴乱四起，他仍坚守岗位，竭尽全力接待了我们。”

“第二天早晨，我们明确了向西前进的方向，并将渡过黄河作为我们的目标。这一次我们没遇到多少困难，用两天半时间渡过了黄河。从出发开始，这时已用了五天半时间。”

“此时我们已进入陕西省界内，并继续向西行进。第八天，我们到达了绥德州（Sue Teh Chou），那里有英国浸信会（English Baptist Missions）的沃森（Watson）夫妇和他们的两个孩子，以及科默福德先生（Comerford）。他们从不曾期待过救援队的到来。毫无疑问，我们的及时赶到，对于解救他们五个人的性命起了巨大作用。他们被清国最血腥的秘密会党组织哥老会所控制，随时都有被杀的危险。”

“事实上，在敢死队到达前，绥德刚刚遭到300多名哥老会成员的武装进攻，市民死守城墙，赶走了敌人。战斗中抓获了大约30名匪徒，他们的首级被悬挂在城门上作威慑。如果他们攻城成功，传教士们毫无疑问早没命了。”

## 追赶博斯特一家

“我们在绥德休整了一天，为旅程最艰险的第三段养精蓄锐。随后，我们向南进发，目的地是延安府（Yen An Fu），博斯特（Borst）一家可能被困在这里。五天后，当我们到达时，发现他们已被紧张局势吓得逃走了。我们快马加鞭，希望能够追赶上他们。”

“这段旅程平安无事，路上我们会不时发现一股股土匪，但他们看到我们整装待战，都退避三舍了。”

“考虑到博斯特一家的危险处境，我们决定派两名先遣队员快马加鞭追赶他们。第二天黎明时分，基特和帕默以最快速度出发，狂奔54英里，终于在当天晚上成功地追上了他们。”

“营救队和基特、帕默会合后，考验才真正地开始。我们发现，从这里往南，哥老会的势力已经掌控了局势。我们每天都会从很多手持枪械的团伙和面容凶狠的暴徒身边走过，而附近的山上还有更多暴徒在虎视眈眈盯着我们。”

“一天晚上，帕默在守护我们的后勤物资时出了些问题，掉队落在队伍后面一段距离。有三名手持武器的暴徒向他逼近，帕默立即快步上前，驱赶马车队加速前行，并拔出手枪。这一果断的行动震慑了强盗，他们吓得落荒而逃，一场流血冲突得以避免。”

“延安府的局势很不稳定，地方官被赶走了，这里被一名哥老会领袖占领，他是一个大字不识的磨坊主。随后，另一名哥老会领袖武力夺走统治权，并洗劫了这座城市。”

“后来我们才知道，延安城里的所有哥老会成员整夜都枕戈待命，准备抵抗我们可能对他们发起的进攻。”

“当博斯特一家加入我们的队伍后，我们给他们配备了枪支，小队的武装力量扩充到 12 人。这段时间我们苦中作乐，玩起了数野鸡的游戏，一路上数出了好几百只野鸡。”

## 走向西安的途中

“我们开始穿越也许是最危险的地区。这一带所有区域都被哥老会控制了，到处都是洗劫后的痕迹。鄜州（Fu chow，今富县）离延安府以南两天路程，那里的清军军官十分害怕，要求依附于我们以获得保护。他被要求和我们的队尾至少保持 5 里的距离，但他惊恐万分，硬把他的坐骑和几十名随行士兵夹杂在我们的队伍中间，给我们带来了许多危险和麻烦。”

“在洛川县（Lochuan Hsien），我们遇见了一大群武装人员。他们荷枪实弹，列队站在道路上，看起来形迹可疑，给我们带来不安。然而，后来证明他们是友善的，仅仅对天鸣枪向我们致敬。”

“当晚，我们的下一个目的地中部县（Chungpu Hsien，今黄陵县）遭到了大约 600 名哥老会成员的洗劫。这群暴徒随后向南进发，看起来对我们的前行形成了阻碍。随后两天充满了焦虑不安。在中部县，关于暴徒洗劫的消息被证实，同时我们还得到了扬（Young）夫妇受困的信息。这年早些时候，他们丢弃了骡子，离开暴徒肆虐的此地，逃到荒野中。”

“接近中午时，我们遇到了一群从西安府逃出来的难民。他们告诉我们，下一个目的地没有哥老会控制，而洗劫中部县的大批暴徒现正逗留于主路西侧的一个小地方。这对于我们来说真是一个天大的好消息。我们小队迅速猎捕了 5 只野鹿补充给养。”

“快到宜君县（Yi Chuin）时，传来一阵军号声，先遣队员吃惊地发现，县城城门上出现了一群表情凶狠的暴徒。他们在我们面前猛然关上城门，事情看起来有些不妙。”

“我们停下脚步，索尔比先生上前交涉。经过一番解释，事情获得解决，出来一小队武装人员护送我们通过城门。”

“尽管缺乏睡眠，我们这支队伍一直保持着良好的身体状况。这在很大程度上要归功于负责后勤补给的尼斯托姆和朗，他们每天为大家提供丰盛的食物。圣诞节那天，我们享受了一顿有 11 道菜的大餐，此外还有野味、甜点、肉末和凤尾鱼。”

“这次短暂的休息为大家补充了体力。三天后，我们到达了目的地西安府。我们总共骑行 25 天，全程距离 350 英里。”

“我们感到非常高兴，因为我们来得很及时，这里除了贝克曼（Beckman）一家不幸罹难外，其他传教士都很平安，正在等待我们的救援。”

## 在两军营垒中穿梭借道

“我们开会商议返回路线。最后决定，既然每条路线都很危险，不如选择路程最短的一条，即经过潼关（Tung kwan）和潞安府（Hin An Fu）返回。”

“队伍规模已是出发时的三倍，在队尾还有不少中国难民。经过几天时间的准备，我们离开西安府，向沿海地区进发。现在需要九名敢死队员保护的是一个由各种马车、骡车组成的大队伍，并且每个人的行进速度都不一样，队伍首尾相距经常达到几英里。男性传教士担任起了保护各自马车的重任，这样敢死队员可仍然按照先前安排承担相应的职责。索尔比领头，尼斯托姆断后。”

“到潼关及陕州（Shan Chow）的行程一路顺利，除住宿条件越来越差外，食物也越来越少。每天我们都会听到前方战事的消息，看起来叛军正势如破竹地向东推进。”

“离开陕州时，我们决定让索尔比和尼斯托姆先行，刺探前线战况，及时安排最安全的行进路线。为此，他们必须将两天行程压缩为一天。他们在前方与正在作战的叛军遭遇，清军发射的炮弹在他们头顶爆炸。大部分叛军都神情恐慌。索尔比和尼斯托姆立刻意识到，这一群溃败的暴徒将对我们缓慢行进的大队造成严重威胁。”

“于是，尽管已经筋疲力尽，但他们唯一能做的便是调转马头，抢在叛军前赶回大队报信。这场赛跑异常艰苦，但他们最终获胜，及时赶回，把大家带进了一家旅店，补充了足够的粮草和食物。”

“我们刚在旅店门口做好防御工事，那一群满脸愤怒、野蛮凶狠的溃败叛军便一拥而过。许多人已丢盔弃甲，四处寻找食物和住所。他们在这个村庄里没有找到任何东西，只好悻悻而去，前往下一个村庄洗劫。”

“随后我们得知，叛军大部队已停止撤退，现在某处扎营，等待回击清军的下一轮进攻。”

“这是我们最好的机会。索尔比和基特再次悄悄东行，探访叛军首领。他们在夏兴村（Hsiah Shih）见到了叛军领袖张将军、唐将军和王将军，最后一位后来成为了一个土匪头子。叛军友好地接待了他们。他们向其寻求援助，叛军首领答应第二天停火，但这两位洋人需要让清军也接受同样的要求。”

“当晚，王将军把他的床分给两位洋人睡，并和他们共进晚餐。次日清早，在张将军和王将军陪同下，索尔比和基特开始向前行进。他们看到了与想象中一样的情形，有一群不明身份的人在翻越山坡，张将军下令开枪射击。当他们进入清军阵营后，立即受到接待，并被带到晁将军和周将军面前，解释他们的使命。清军将领答应了他们的请求，并保证团队每位成员的人身安全。”

## 英国和瑞典驻华大使发出嘉奖令

“这天接下来的时间，大队开始穿越前几天爆发战斗的战场。对于那些女士们来说，这真是一段不堪回首的旅程，但她们表现异常出色。一路上满目疮痍，处处可见残缺的尸体，许多阵亡者身首异处。尸体填满整个战场，却没有人进行掩埋。”

“接下来两天是异常严峻的考验。由于战争以及交战两军的洗劫，我们几乎不可能补给到充足的食物。”

“这时，索尔比和埃文斯快马加鞭赶往河南府（Hou An Fu，今洛阳市），拍电报给英国驻华大使。一列火车专列立即被调往河南府待命。当我们大队到达时，所有成员便可迅速上车。”

“两天之后，我们成功抵达北京，全队无一伤亡。”

“英国和瑞典驻华大使向索尔比先生发出嘉奖令，对敢死队的营救行为深表赞赏。嘉奖令说：‘先生，对于贵小队通过营救陕西受困传教士而为英国和瑞典政府所作出的贡献，我们希望你能接受我们发自内心的感激，并请将我们的感激转达给尼斯托姆、朗、埃文斯、沃林顿、琼斯、费尔伯恩、基特和帕默先生。我们的政府一直在密切关注贵队一切信息。现在，我们怀着愉快的心情欢迎你们以及你们从陕西各地解救的同胞平安返回，我们同样将向政府报告这一喜讯。谨向你和你的同伴在此过程中体现出的勇气和奉献精神表示由衷的赞赏。J. N. 乔丹（J. N. Jordan）和 G. V. 瓦伦堡（G.V.Wallenberg）’”。

# 陆徵祥出任民国新总理

1912 年 7 月 1 日

北京 6 月 30 日电：

现任内阁成员、外交总长陆徵祥[①]被任命为新总理，现任总理唐绍仪的辞呈昨日已被袁世凯接受。参议院以 74 票对 10 票通过了上述任命。两人得票的悬殊，表明唐绍仪的影响已被大大削弱，而袁世凯的地位已大大提升。

袁世凯就任临时大总统后，又迫使南京临时政府迁往北京。这标志着北洋政府统治的开始。图为袁世凯任临时大总统后与北洋将领合影。

## 美国经济学家应邀出任民国要职

1912 年 7 月 18 日

北京 7 月 17 日电：

美国康奈尔大学教授詹金斯（Jeremiah Whipple Jenks）收到中华民国政府的一项聘任书，即将赴华担任民国政府财政顾问这一要职。这标志着民国向政府改革方面迈出了重要一步，也表明民国政府渴望吸纳外国富有经验的专家人才加盟。据悉，涉及其他方面的一些外国专家也将很快受聘到位。

近来，民国政府准备展开一系列涉外贷款谈判，迫切需要熟悉国际财政金融事务的专家顾问。

① 陆徵祥（1871—1949），字子欣，上海市人，毕业于上海广方言馆和同文馆，中国第一代职业外交家。精通俄文，1893 年派任清朝驻俄罗斯使馆翻译官。1899 年在俄罗斯与比利时天主教女子培德女士结婚。1912 年应袁世凯电命返国出任外交总长，推动中国现代外交机构改革。同年 6 月 29 日被任命为国务总理，但 7 月 18 日到参议院报告施政方针并提出内阁名单时，名单全被否决。陆徵祥以此称病入院，不理政务。由于陆徵祥连续请假，袁世凯于 8 月 20 日任命内务总长赵秉钧代国务总理职。1919 年，陆徵祥率顾维钧、王正廷、施肇基、魏宸组等人出席巴黎和会。会后辞去职务滞留比利时，参与天主教本笃会工作，成为正式修士，照料病妻并传教。1926 年，培德女士病逝后，陆徵祥专心教会事务。1949 年病逝于比利时。

# 莫理循被任命为民国总统政治顾问

1912 年 8 月 11 日

詹姆斯 M. 麦弗逊（James M. Macpherson）

尽管精明的苏格兰人、伦敦《泰晤士报》前驻京记者乔治·莫理循[①]将成为中华民国总统政治顾问的传闻流传已久，但几天前宣布的这项正式任命还是引起了世界范围的关注。

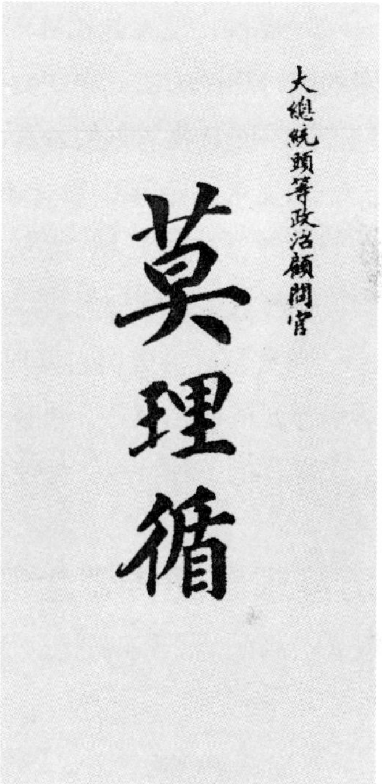


莫理循的中国式名刺。

全球各文明国家的政府都在密切关注此事，并召开秘密会议对此进行讨论。由于我们的对华关系十分重要，并且中美关系可能愈加密切，塔夫脱（Taft）总统和诺克斯（Philander C. Knox）国务卿更是对此高度关注。在金融界，此项任命更是银行家们广泛谈论的主题。毫无疑问，莫理循先生将在涉及善后大借款或其他关乎民国前途命运的重大问题上有更多发言权。

虽然此间人士对这项任命有不同看法，但总的说来，赞成者居多。莫理循先生作为《泰晤士报》记者驻京 5 年，他有足够时间观察列强在北京的利益角逐和较量。很显然，美、俄、德、日和英国驻北京的公使馆一定很想了解这位新角色履新后，将如何、何时、在哪些方面，对中国事务发挥影响。

---

① 莫理循（George Ernest Morrison，1862—1920），被西方读者称为“中国的莫理循”。澳大利亚出生的苏格兰人，1887 年毕业于爱丁堡大学医科专业，曾任《泰晤士报》驻华首席记者、中华民国总统政治顾问（1912—1920），是中国近代史上许多著名事件的亲历者和参加者。莫理循当年在北京的王府井大街置有房产，外交圈称王府井大街为“莫理循大街”。莫理循 1903 年 5 月因攻击清廷被清政府驱逐出境。辛亥革命时发电：“清朝危在旦夕，中国知识分子的多数皆同情革命党。很少有人顾惜这个使用太监、因循守旧、腐朽没落的朝廷。满朝文武，忧心如焚，皇上的前景有些不妙。”作为民国政府政治顾问，他参与了巩固袁世凯统治的进程，帮助民国政府对抗日本“二十一条”政治讹诈；推动中国参加第一次世界大战，认为协约国一定胜利，中国作为战胜国参加“和会”可要求废除与战败国签订的不平等条约；反对袁世凯称帝。病重之际，他仍尽心为参加巴黎和会的中国代表团审定各项公文底稿，努力为中国利益据理力争。莫理循居住北京长达 20 余年，他的大量报道、通讯与日记成为研究这一段中国历史的重要素材。他的私人图书馆收藏了有关中国和亚洲的图书、杂志、地图等文献 2 万多册，被称为“莫理循文库”。1917 年，莫理循在华收藏的大量东方学文献被日本收购，成为日本最大的亚洲研究图书馆“东洋文库”的前身。

## 他不仅记录着而且参与创造着这个国家的历史

莫理循的使命，正如他自己所表达的一样，是要保持中国的团结紧密。最大的难题是如何整顿目前混乱无序的状况，使其变得规范有序。众所周知，莫理循是已故国务卿海约翰（John Hay）国民自治论（subject of autonomy）的忠实信徒，而我们的国务卿在外国政要中是中国最好的朋友。这个独特的人接受了一个独特的职位，而他的成败可能影响远东事务，乃至可能影响世界其他国家的未来。

可以说，没人能比莫理循更有机会了解到中国事件的真相，这导致了幼年皇帝的倒台和民国的成立。13 年来，莫理循居住在北京，并周游中国各省，他不仅记录着、而且参与创造着这个国家的历史。

名义上，他是伦敦《泰晤士报》驻京记者，但实际上，他是大不列颠政府在中国的非正式代表，在清帝国的宫廷里，他发挥着比英国驻华公使更大的影响力，也享有更大的权力。

在远东政治史上，莫理循的地位无与伦比，他能够深入外交内幕，进入别人难以涉足的政治核心，准确掌握信息，并显示出惊人的斡旋能力。他在京城里建立了这样的一种特权，即能够在几乎所有的危机中与各方势力进行协商和沟通。

## 历经艰险的传奇生涯

莫理循的一生充满传奇，历经艰险。他出生于 1862 年，父亲是澳大利亚苏格兰吉隆学院（Scotch College of Gleelong）院长。他们家是地道的苏格兰人，他总是喜欢展示他的民族特性和运动世家的传统，早年就显示出爱好探险的过人天赋。

父母的期望是他能够成为一名教育家，但喜爱冒险的基因已融入血液，他不可能接受任何其他的职业。18 岁那年，他不能忍受令人窒息的校园气氛，留下一张小纸条便离开墨尔本大学，到“南海乌鸫”号做了一名水手，希望揭露从南太平洋诸岛虐待贩运奴隶的事实。

1913 年 6 月 22 日袁世凯授予莫理循的二等嘉禾勋章。

从那以后，他就成了一名勇敢无畏的旅行者。他曾搭乘清式大帆船旅行到新几内亚，从诺曼顿（Norminton）到吉隆徒步穿越澳大利亚。由于大部分地区尚处于文明不够开化的蛮荒状态，这样的旅行在当时面临诸多难以克服的障碍。在横穿澳大利亚的独自旅行中，他背着锅和干粮，用123天徒步2043英里。途中遇到许多危险，好多次差点儿没命，但最终都化险为夷。

有一次，他远行新几内亚，被当地土著人的两支尖矛击中，如不及时处理注定丧命。他毅然拔出其中一支，九个月后在爱丁堡，医生把他的第二根矛尖从体内拔出。他决定继续完成学业，最终于1887年在爱丁堡大学获得医学博士学位。

然而，酷爱冒险的习性终究不能抑制。他决定移居美国，到一艘载运水果的轮船上做一名助理会计。接下来的一年，生活显得混乱无章，他先是到西班牙一个铜矿当医官，后来到摩洛哥做内科医师，最后回到澳大利亚当一名外科医生。

他另一项值得记载的冒险历程是从上海出发前往中缅边境，这次横穿中国大地长达3000英里的长途旅行成果，是写成一本非常特别的书[①]。这本书收到未曾预料的效果，当莫理循回到伦敦时，他被《泰晤士报》叫去，不费吹灰之力就获得一个重要职位。第一项采访任务是到暹罗（Siam，今泰国），从此拉开他记者生涯的帷幕。

1897年，他刚到北京时还是一位名不见经传的小角色。但仅仅两年后，欧洲各国外交部对他的大名都耳熟能详了。

## 颇有争议的任命

议会对他的任命颇有争议。中国官场错综复杂，人际关系盘根错节，办起事来也很费周折。但与他们打交道的这位外国人却具有一种神奇的能力，无论事情多么棘手，他都能易如反掌地弄清情况，抓住要害，理出头绪，真是令人不可思议。

袁世凯赠与莫理循的签名照，照片上的手写英文为：您诚挚的袁世凯。

英国政府不止一次拒绝正式确认莫理循的任命，只是在事实得到完全证实后方才承认。英国外交国务大臣寇松爵士（Lord Curzon）[②]解释政府保持谨慎的原因

① 指《一个在中国的澳大利亚人》。

② 乔治·纳撒尼尔·寇松（George Nathaniel Curzon，1859—1925），第一代凯德尔斯顿的寇松侯爵（1st Marquess Curzon of Kedleston），英国保守党政治家，曾任印度总督，自1919年至1924年任英国外相。

是这件事实在关系重大，而《泰晤士报》讥讽他的解释不过想显示自己有未卜先知的才能罢了。

## 愉快地读到自己遇难的讣闻

1900年，义和拳暴动，北京形势混乱不安，各国公使馆危在旦夕，莫理循本人也处境危险。《泰晤士报》曾根据风闻刊出有关他可能遇难的长篇报道，文中充满溢美之词。莫理循的确是“起死回生”，他在文章刊出数周后，很惬意地读到自己的讣闻。

得益于他丰厚的人脉和过人的胆识，莫理循未在拳乱中丧生，他躲藏了几个星期。其间，还志愿参加了好几次危险的救助行动。在局势变得不可收拾时，他显示出了自己力挽狂澜的能力。最典型的事例是，拳乱初起时，他组织营救了一批受困于北京城郊一座庙里的美国妇孺，他们的藏身之处正好位于义和团向京城行进的路上。此举使莫理循获得北京美国侨民的广泛赞誉。但莫理循本人谈及此事时总是强调，他们之所以得以脱险，全仗好心中国人的帮助，荣誉应归功于这些善良的中国人。

这是一位人们在困境中可以依靠、满脸是泥、健壮快乐的英雄汉。

在东交民巷遭到攻击期间，他与日军大尉志波（Shiba）、美军上尉斯图雷兹（Stroughts）并肩作战，后者在交火中被杀，莫理循也身负重伤，但大难不死。①

## 对人、风俗、古玩、最新发明和新书充满好奇

从外表看，莫理循博士像一位冒险家和成功商人，他身强力壮，壮实的体魄非常适合户外运动，是典型的西方绅士做派。他总是显示出自己对新奇、反常和奇特事物的喜爱之情。只要听说要外出旅行，他会毫无困难地立即调适到野战状态，并很快适应新的环境。他对人、风俗、古玩、最新科学发明和新出版的图书都充满好奇。

在北京他精心布置的家里，收藏有9000册与中国有关的图书，据说这些藏书是世界汉学研究的最好珍藏。他的书房堪称典范，每一册书都分门别类，有目录和索引，便于他随时调用相关的事实和数据。看过他的书房就知道他成功的秘诀。他的座右铭是准确无误，这是一个追求准确到极致的人。

---

① 莫理循在东交民巷被围期间参与防守。1900年6月16日，在使馆被围前几天，他曾带领一个小队攻击帅府园坎字义和团，救出被追杀的华人教民。他在此日前后带回几百名教民，安置在英使馆东侧的肃王府，后来华人教民数目增加到2750多人。这些人因此得以生还。莫理循本人于7月16日负伤，外界误传他已被杀，《泰晤士报》为此刊发主编写的长篇祭文。

因此可以说，他在整个远东地区，是担当中华民国政府政治顾问一职的不二人选。他的声望和渊博的学识获得了中西方各界人士的认可。最近，他与同事访问日本，受到天皇款待。对于一名西方记者而言，这是史无前例的殊荣。

这是莫理循刚来华时的照片。莫理循在华的20多年里，他的足迹遍及中国22个行省的绝大部分，可能只有西藏没有去过。

1900年秋天，他赴太原府（Tai-yuan Fu）访问新成立的省咨议局。当他步入会场时，全体议员起立向他表示敬意。他的这项任命对中国人来讲是顺理成章的。长期以来，中国人把他当成自己的真诚朋友，对他充满信任，他也可毫无畏惧、不带偏见地批评他们。

莫理循的声誉并非只是来自中国国内，也来自那些认他为敌的人口中。他树敌颇多，但这些人对他都心怀敬意。

## 如想知道北京发生什么事，须先知道彼得堡和东京在做什么

有一天，他感伤道："一些英国人认为我是一个退休传教士。"他又冷静地说，"可能是因为我的名字前有一个博士头衔。"

尽管他有很强的对抗倾向，但表面上他神色平静，在工作中表现出的深思熟虑和睿智个性，令人深感惊讶。

他与各种社会名流打交道。在讨论远东问题时，无论对方是否诚实，甚或居心叵测，要想欺骗他都十分不易。他似乎洞察一切，因为他明白如果想知道北京发生了什么事，必须先知道彼得堡和东京在做什么。他经常在毫不经意间获取他希望获得的信息。

外国官员们最怕他刨根问底。无论何时，当一项秘密交易正掩人耳目地进行时，他通常已知道隐藏在桌下的诸多细节了。

他有一个习惯，即任何人都知道的地理方位，他必须要亲自查看过后方才相信。莫理循眼光敏锐，他对中国的东南西北了如指掌，其信息的精准甚至超过任何一位中国人。

## 他是唯一到访过民国每一个省城的欧洲人

他骑着一匹比当地人想象的还要高大的骏马，走遍了这个鲜花盛开的国度。无论走到哪里，他都受到大使一般的敬重和款待。一位省都督赠送他一对陶瓷烧制的雄狮，以便安放在他京城宅门两侧，他却在院内为这对狮子另找了个地儿，一是防损坏，二是不想惊动百姓。

他曾坐火车横跨中亚，进入俄罗斯，到达安集延（Andijan），旅程长达 3760 英里。过去几年里，他主要穿行于中国各主要城镇，他是唯一到访过中华民国每一个省城的欧洲人。

1906 年的温特沃什大饭店，结束日俄战争的《朴次茅斯和约》在此签订。时任美国总统西奥多·罗斯福因此获得诺贝尔和平奖。

## 出席朴次茅斯和平大会

莫理循最值得一提的一次国际旅行是出席朴次茅斯和平大会①。温特沃什大饭店

① 朴次茅斯和平会议的结果是日俄双方代表于 1905 年 9 月 5 日，在美国朴次茅斯市签订《朴次茅斯和约》（《日本和俄国和平条约》），宣告日俄战争结束。根据条约，沙皇俄国承认朝鲜为日本的势力范围，将库页岛南部割让给日本，把在中国旅顺、大连地区和中东铁路南支线的租借权转让给日本。日俄战争的惨败宣告了沙俄远东政策的失败，俄国实力遭到重大削弱，加速了俄国革命的到来。日俄战争不仅仅给两国造成重大损失，更给中国东北地区的人民造成了极其严重的生命和财产损失。

（Big Wentworth Hotel）是这个重要事件的发生地。各国外交官、身穿制服的军官和记者们云集于此，但最有趣的人不是满脸络腮胡子的俄国人怀特（Witte），不是微笑、温和、狡猾的日本人小村寿太郎（Komura）和由著名银行家变为外交官的武卡洛伊夫（Pokatiloff），也不是任何国际法专家和外国代表，众所瞩目的是莫理循博士。这个强壮活泼，时而像水手、时而像骑士一样走路的人，他在大庭广众之下显得落落大方，说话直率，彬彬有礼，让你感觉到他是一个似曾相识的人。当他谈论起中国、日本和俄国政治时，条理清晰，逻辑严谨，通俗易懂。他的谈话富有知识性和趣味性。

## 民国革命的新景象

莫理循谈到辛亥革命以及它对世界的影响时说："中国革命尽管还存在着许多不足、许多失望和在当前中国国情下许多的局限，但我坚信，革命从总体上讲是好的。也许，这个国家最大的变化可以北京的变化为例。"

"今天的京城与过去最大的不同，在于拳乱爆发以前，北京很少有西式洋房，市内街道也是世界各国首都中最差的。原本宽阔的大街两旁挤满了杂乱的货摊，当欧洲人走过时总会受到侵扰。京城的大街上也没有警察执勤，监狱里刑讯逼供十分普遍，而且还使用着中世纪的酷刑。"

"今天，你在舒适的火车车厢内安坐着，就可顺利抵达首都；你可以在新式大饭店里下榻；可从电灯照耀的市中心出发，沿着碎石铺成的宽阔大道，坐汽车到颐和园；街道两旁，有身穿制服的警察维持秩序，他们指挥着交通和行人。你

北洋新军在训练。

在北京街头行走，会比在伦敦更感到安全。”

“1900 年后，各国使馆纷纷建在紫禁城附近，这一带还有英、法、德、俄和日本人开的银行，现在居住着大量的外国侨民。作为私产的欧式洋房不断增加，富裕的中国人与他们友好相处。”

“在北京城里，各种各样的报纸很容易买到；设有各个年级的新式学校正在大量兴建；监狱里废除了野蛮落后的刑罚。更重要的是，中国人对外国人的态度出现了巨大的变化。拳乱兴起时，各种排外的宣传海报随处可见，仇外排外行动如同家常便饭一般，有的事件已记入历史。当时，中国的高官很少与欧洲人交往。如今，这种不信任和仇视的情况几乎消失。”

“另一个显著的进步，是中国妇女的地位获得了巨大的改善。人们不再认为一个中国高官夫人出面接待外国男宾，或与外国人一起娱乐是离奇、荒唐的事。中国女子东渡日本、或去欧美留学的人数不断增多。在北京，已有中国妇女自己办的报纸，她们自己负责采访、编辑和发行。”

“新军是中央集权获得增强的另一个例证。如今的中国军队与 12 年前相比已迥然不同，军人地位提高。过去的旧军队被人看不起，只有处于社会底层的人才去当兵，而军官谋取官职，期望通过欺压人民和士兵而得利。”

“我相信，随着民国政府的进一步稳固，还将进行更多的改革。腐败再也不能肆意横行了，必须接受公众的监督，予以曝光和揭露，这也是民国新政府成立的宗旨。”

## 孙中山否认将参选总统

1912 年 8 月 24 日

伦敦《每日邮报》8 月 24 日电：

据该报驻天津记者发来的消息称，孙中山先生已抵达天津，并很快接受了本报记者专访。他说，他来北方的目的是要解决南北分歧。他认为，不愿接受共和的北方诸省与南方相对进步的省份，诸如广东之间，显得十分不协调。

孙中山先生否认他将成为总统候选人的传闻，即使该位出现空缺。尽管对处决两名官员导致政府危机表示悲哀，但他拒绝对为何采取如此严厉的措施发表任何看法。

1912年9月，袁世凯授孙中山筹划全国铁路全权，孙中山出任全国铁路督办，专心于铁路建设。图为孙中山前往张家口等地视察。

然而，孙中山先生对中国的未来充满信心，他相信最近发生的事件将不会动摇共和制。他坚信，他承担的使命具有光明前途。

他目前的努力是致力于国家实业的发展，特别是建设铁路大干线，因为这将打破地域封闭，并创造新的财富。

孙中山先生是由夫人陪同来到天津的。他们将在天津停留两天，然后前往北京。

## 假共和、真独裁：濮兰德访谈录

1912 年 12 月 8 日

爱德华·马歇尔

"中国到底正在发生什么事？"我问濮兰德，他现在正应哈佛大学罗威尔学院邀请到美国讲授一门关于中国和中国人的课程。

濮兰德于 1883 年第一次前往中国，随后在清帝国不同部门供职长达 13 年。为表彰他的贡献，他被清廷授予四品官爵，并获颁"双龙宝星勋章"[①]。有若干年，他作为海关总税务司赫德爵士的私人秘书，随后供职于上海公共租界的工部局。

① 清政府于 1891 年为洋人设立的奖励勋章。

爱德华·马歇尔。（《纽约时报》原文插图）

他的这一职位，加之他在中国期间曾多年担任《伦敦时报》（*London Times*）通讯员，给予他充足的机会了解中国的人和事。

随后，他来到北京，代表中英公司与清政府谈判铁路贷款。在1906年至1909年间，他主持与清政府签订了四份借款合同。返回伦敦后，他加盟《泰晤士报》。除了为罗威尔学院正在讲授的这门课程外，他还为纽约的殖民俱乐部开设一个讲座。

濮兰德同时还是多部重要书籍的作者，包括与巴克斯（E.Backhouse）合写《慈禧统治下的大清帝国》（*China Under the Empress Dowager*）这部权威著作。该书被译成多国语言，重印八次。他的新著《中国最近的事变和现在的政策》（*Recent Eventsand Present Policiesin China*）刚刚在英国出版，因此他也成为当前最有资格解读中国形势的学者。他本身曾是一名清国官吏，且享有光绪皇帝亲自授予的国民特权。

## 房屋被抵押，但还拖欠一大堆账单

“中国并没有多大改善。”他说到，“全副武装的八国联军对北京垂涎已久，一直沿水路严密控制。上海、汉口、天津等繁华租界都被欧洲人管控。过去30年，清国在欧洲列强的支配下，唯一真正拥有的资产仅剩下海关，而连这个机构也由外国人直接管理。”

“外国的控制已经延伸到华北及其他铁路沿线。清国当局授权外国会计员对其政府的每一分钱开销进行审核。随后，由于它与德国政府进行的贷款谈判并没获得此类保障，最终结果并不愉快。清国不再是它自己住房的主人，它的房屋被抵押出去了，而且还拖欠一大堆买家具的账单。造成这些事实的前提是，大清帝国没有装备精良的军队来捍卫它的利益。”

## 中国人很豁达，沉浸在丰收喜悦时不再想战争

我向濮兰德先生询问新成立的中华民国的情况。在上个星期天的《泰晤士报》中，C. C. 卡特（Carrie Chapman Catt）女士对此进行了一番有趣的谈论。

濮兰德先生回答道："现在的中华民国并不是美国人理解的真正的共和国，有效率的共和政体并未建立起来。目前中国所呈现出的安静，绝不是由于中国民众对政治状况表示满意。大多数中国人对共和制度根本就没有最起码、最基本的理解。因此，更不用说他们是否真正接受这些想法了。"

"目前，大多数中国人民保持沉默，因为他们正忙于这个国家近年来最大的一次谷物丰收。中国人很豁达，当他们沉浸在丰收的喜悦中，就不再有时间去投入战争。而这个所谓的民国总统袁世凯，他正在按照慈禧太后的方式而不是美国人所熟知的共和体制来管理政府。换句话说，他建立了一个新的独裁统治，来取代刚刚推翻的独裁统治。"

## 相信中国会突变是愚蠢的，但无变革，共和不可能实现

"所以你不相信所谓的'中国觉醒论'，或者'新的时代已经在东方破晓'？"

濮兰德回答说："在中国有句谚语，非常贴切地隐喻了当前的形势。它说，江山易改，本性难移。"

"事实是明显的：一年前，现任民国副总统向袁世凯建议，不要继续推进民国，而是登基称帝。袁世凯今年 8 月对武昌起义者的处决[①]，是典型的皇帝做法，而非共和制政体应有的做法，但它得到了人们的认可。换句话说，中国源远流长的专制制度只是换了个名字，其本质特征并未改变。"

"普选代议制并不是解决方案。在现今中国，它是不可能实现的，并且在今后若干年也不可能实现。历史经验表明，相信中华民族会突然出现激进变革是愚蠢的。但是，如果没有这样的一次变革，真正的共和制又是不可能实现的。"

## 中国的悲剧在于白种人禁止他们向外移民

"中国的悲剧在于这个伟大民族被不断紧缩的限制牢牢局限于本土，因为白种人不可能任由其竞争以求生存。这是极大的悲剧，白种人不断取得成就，而中华民族永远是一个被动的民族。"

---

① 指处决武昌起义领袖张振武。张振武（1877—1912），原名尧鑫，字春山，又名竹山，湖北省罗田县人。1900 年考入湖北师范学校，1904 年自费到日本早稻田大学学习法律政治，并参加体育会操练军事。1905 年加入同盟会。1907 年毕业回国。1909 年又参加共进会并负责财务。1911 年 10 月 9 日，清吏大肆缉捕革命党人，张振武于危难之中联络各方发动武昌起义，后参与组建湖北军政府，任军务部副部长，主持军务，颇具胆识。张振武、孙武、蒋翊武并称"辛亥三武"，为共和元勋。1912 年 8 月 16 日凌晨 1 时，张振武在北京遇害。

“美国排华态度异常强硬，但为中国人送来了医学——教会他们如何挽救垂危的生命、如何对抗流行病（这些疾病过去可能夺走无数人的生命）。美国人不仅传授知识，并且培训他们使用各种西方医疗设备。人口数量大大增加，同时却没有采取任何手段抑制早婚和一夫多妻制导致的人口畸形激增。传教士们通过建立医院以及其他医疗手段挽救了成千上万的生命，但每一条生命的挽救意味着下面这个问题的严峻性又增加一分：他们中有多少人最终能够生存下来？”

“美国排华，英国和加拿大也排斥这些从痛苦中逃脱出来的中国人，禁止他们进入白人的领土。我们实际上并没有让他们得到解脱，因为他们自己的土地现在不足以养活他们。我们为他们送去科学技术，帮助维系生命；同时送去精神导师，向他们反复灌输道德准则，防止从前的种种行为，避免人口激增。对我而言，现代社会中最令人绝望的悲剧性场景，就是基督文明的慈善行为与亚洲国家冷漠无情的自我保护意识之间存在的痛苦冲突。”

“英国和德国，即便在其现有人口压力下，如果没有通过移民来缓解压力，其后果也将是非常严重的，能够支撑的时间不会太长。在很短一段时期后，经济压力就将浮出水面，并且不可避免地只能通过战争解决，这也是一个自力更生、不愿忍饥挨饿的民族宁愿选择的一种办法。”

“中国已被证实无法通过向国外移民来解决人口增长的棘手问题。没有移民可能，人口问题只能通过三种方式解决，而在中国历史上也一直是这样的，它们分别是饥荒、瘟疫和对叛乱的屠杀。”

## 大多数中国人内心缺乏对自由的渴望和吁求

“这里并没有诞生一个‘全新的中国’。国家不会新生，只会演变。从结构上看，他们并没有改变自己的特性，政治属性和中国官员的秉性并未改变。人类历史经验和科学研究表明，中国这种根植于民族传统、绵延千年的政治制度，要想在一两年内或者一代人之内就发生改变，是根本不可能的。”

“去年 11 月在武昌起义后发生的一系列事件，与土耳其在 1908 年曾经经历的事件十分相似。一小撮组织严密、盘踞在广州的政客从大批追随者中招募到了数量充足的士兵，制造了这场所谓的革命。然而，中国人的内心并未因此发生任何天翻地覆的变化，并没有步调一致的起义，大多数人的心中也缺乏对自由的渴望和吁求。”

## 向西方学习的风潮风行一时

“所以说，我们最近总听到的‘中国觉醒论’之类论述是不确切的？”我问道。

“这样的论述从 1860 年起就不绝于耳。自从蒲安臣使团首次让美国开始关注中国事件，关于中国正在觉醒或者将要觉醒之类的论断就从来没有停止过。”

“1860 年前后的太平天国起义，争取到了在华外国人以及欧洲人或多或少的同情。太平军所承诺过的那些东西与 1898 年开始推动维新变法的中国青年政治家们的承诺如出一辙。自从 1905 年日本取得日俄战争的胜利，向西方学习的风潮在中国风行一时。商业贸易激增，影响国内贸易流通的入市税‘厘金’也被废除。”

## 选举权不应该与人的发型相联系

“我观察到一个很有意思的现象，在总统与你的通信中，关于你对中华民国的见解，他一字未提。”

“我听说，美国一些重要人物认同我的见解，但虽然这些观点可以获得他们内心的认同，却不能影响最终的决策。很重要的一点是，任何外国势力一旦对中华民国有了如此的认识，他们便需要停下来重新思考这样一个事实，即中国人民本身其实还没有真正认清它。在进行真正的选举前，政府都只能是临时性质的。就算是最聪明的学生，如果他保持诚实，也无法准确预测中国的选民因素可能在选举中产生的影响。即使选举最终实现，实际效果也会大打折扣，因为中国从未进行过人口普查，也未准备过任何选举名单。”

“如果国民党①在首次选举中胜出，那只能表明一小部分当前得势的、已分化为两三个派系的政客们在尽全力操控选举。少数商人和其他上层阶级的人士可能会认真行使他们的选举权，但目前，整件事都被一种极其敷衍和幼稚的方式对待，其结果也是预先知道的。选举中出现的一些问题在西方人眼中看来可能是荒唐可笑的。例如，国民党非常严肃地提出，任何留有长辫的人都不得参与投票。不知道这是否可以作为袁世凯更具政治家风度的一个例证，因为他认为选举权不应该与人的发型联系起来。”

---

① 同盟会于 1912 年 3 月 3 日在南京召开本部全体大会，通过新总章，选举孙中山为总理，黄兴、黎元洪为协理，宣布正式改组为公开政党。随后又选汪精卫为总务部主任干事，张继为交际部主任干事。新的《中国同盟会总章》规定，“以巩固中华民国，实行民生主义为宗旨”。政纲是：一、完成行政统一，促进地方自治；二、实行种族同化；三、采用国家社会政策；四、普及义务教育；五、主张男女平权；六、励行征兵制度；七、整理财政，厘定税则；八、力谋国际平等；九、注重移民垦殖事业。1912 年 8 月，同盟会改组为国民党。

## 袁世凯相信共和政体不适合中国

“你认为袁世凯是真诚的吗？”我问道。

“他在今年 9 月发表的声明是真诚的。同时毫无疑问，他个人相信，共和政体并不适合当前中国的需要，也与人民大众的利益背道而驰。他不同于任何一位美国总统，他是由于时势需要被迫成为总统的，正如副总统也是被迫成为副总统。他并不想被选为总统，直到被人用手枪指着脑袋，才勉强同意成为总统。”

“有一件非常有趣的事，可以表现出当前总统和副总统对于共和政体的态度。去年 12 月，当立宪派与革命派之间进行谈判时，现任副总统黎元洪给袁世凯写了一封信，告诉他如果聪明的话应该抓紧称帝，因为时机对他非常有利，并且提醒他李鸿章在 1900 年朝廷溃败时，便愚蠢地没有抓住类似良机。”

“所有关于中国正在发生巨变之类的言论，都不过是令人错愕的老生常谈。欧洲那些关于中国的报纸，一度错误地以为，昏庸无能的清政府已经垮台，黎明的曙光和崭新的未来正在这个东方帝国出现；留学西方的新派学生被认为是这个国家的救星和新时代的先驱，就像土耳其和希腊的‘改革者’一样。”

## 深埋在社会体制和民族性格中的骚乱根源没变，经济因素是直接导火索

“坦白地说，中国人仍处于政治无意识状态，他们接受‘青年中国’就像接受上天赋予的任何一切，只是他们在精神上仍存有习惯性的保留。别人告诉他们，与苦闷、贫困、饥饿、贪污、苛捐杂税相联系的旧时代已一去不复返了，每个人都将变得富有和快乐。他们中那些乐观积极的人相信这些美妙的故事，把共和制当成了救世主，以为所有美好的东西将很快实现。直到三个月过去了，他们才突然意识到这种想法的愚蠢。把旧事物换一个新名字并不会带来任何好处。即使总统自己，在他的总统敕令中也承认，民国政府统治下的敲诈勒索、行贿受贿、威胁掠夺、暴力犯罪并不比旧时代少多少。人们通过自己的双眼迅速地看到城市满目疮痍、抢掠四处泛滥，他们终于意识到太平盛世仍然远未到来。”

“正如我之前所说，中国今年幸运地获得了上天送来的大丰收。这种暂时的平静已经到期，过去几个月在华中出现的骚乱便是证明。深埋在社会体制和民族性格中的骚乱根源一直没有改变，而经济因素则是直接导火索。”

“这种观点并不仅我一人具有。这是生活在中国的、消息灵通的外国人的共

识。《字林西报》今天对我进行了采访。这份报纸起初带着极大的热情欢迎革命，并对其抱有厚望。然而如今，它只能悲哀地承认，由于没有一个强大有效的中央政府，事情只是在变得更加糟糕。”

## 在西方民主原则和儒家思想之间摇摆

“它指出，所谓的共和，只是毫无意义的称谓。”

“这里的‘共和’并不是字面意义所说的共和，这对于一个公正的观察家而言是显而易见的。而它在未来将会意味着什么，将由这个自封的‘国民党’逐渐揭晓。”

“它在西方民主原则和儒家思想的强大影响力之间来回摇摆，这就很好地解释了为什么立宪迟迟没有进展，为什么这个新成立的党派几乎没能力做成任何事。”

“在中国，人们在空谈理想的西方治国理念；但最好的中式政治理念其实是袁世凯在今年 11 月试图推行的政策，这套具有建设性的理念与光绪皇帝在 1898 年戊戌变法中提出的理念相类似。”

“这套政策可以逐渐打破满汉隔阂，促进种族融合；可以废除满人沿袭已久的世代享有的特权；可以废除在各省城驻扎的毫无用处的满族部队；可以建立君主立宪制，并从地方自治开始逐步推进改革，在十年内实现上下两院的议会选举。”

“这个政府将在很大程度上学习日本模式，建立君主立宪制。然而最重要的是，整个政府结构将建立在儒家体系的基础之上。”

“这是康有为和‘戊戌六君子’努力想要实施的政策，也是当前梁启超领导下的立宪派的想法，他们是温和的改革者，以保皇会作为组织，人数在一天天扩大。袁世凯在今年秋天阐述了这样的想法，在多年的政治混乱甚至分裂之后，他坚信只有这样的政府模式才能在这个国家生存。”

## 中华民族信仰可概括为三条：家长制度、宗族观念、劳动义务

我问：“那么，这是当前局势最有可能的结果吗？”

“不一定。中国经历了许多巨大的变动，也有可能经历这一过程。尽管革命派在中国声势旺盛，儒家体系下的统治方式仍将坚持下去。人们的内心并没有因

为革命家的激情煽动而改变。我不是说改变是不可能的，但在中国，改革的进展一定会异常缓慢。中国的体制也许可以改变，但需要审慎的过程，而不是简单的城头变换大王旗。”

“中国人内心深处需要儒家体系，儒家体系已经深入到这个民族的性格。整个中华民族的信仰可以被概括为三点：家长制度、宗族观念、劳动义务。在两千年历史中，这个地球上同质程度最高的民族，从未向他们的统治者，不论是同族或是异族，提出过任何要求，他们只希望享有在这种信仰下平安度日的权利。”

“因此所谓青年中国的观点，将注定失败？”我问道。

“如果新青年运动通过良政而获得逐渐的演变，或通过新的国家形式来取悦大众，那么民众将会尊重这个他们选举的政府；如果它不能够满足这些紧迫的、现实的、不可回避的政治需求，那么我们会发现，民众将保留他们起义的神圣权利。”

## 中国人是世界上最具造反精神但又最无革命性的群体

“正如著名的中国问题专家梅多斯（Meadows）在60年前所说，‘中国人是世界上最具造反精神但又最无革命性的群体。’”

“他们总是随时准备起义。他们在香港被英国人统治，在胶州被德国人统治，在辽东半岛被日本人统治，在北满被俄国人统治。显然，这些统治者的国籍对于他们来说并不重要。只要统治者足够聪明、公正，并且尊重他们的传统和信仰，他们便会安于现状，接受统治，和平生活。”

“我在上海公共租界的工部局工作了十年，这里有60万中国人，我不断发现新的证据，证明世界上没有哪个民族能够像中国人这样对于一个好政府有如此快的接纳度。”

“那么，为什么中国人比日本人落后？”我问道。

“赫伯特·斯宾塞（Herbert Spencer）有一次回答过这个问题，他说，本质上，我们不可能通过一次革命带来的突然改变来扭转一个人的政治习性和社会习惯，伊藤博文也曾经向中国人阐述过这个观点。”

我举出了美国大革命和它的伟大成就作为反例。

濮兰德先生回答说：“美利坚合众国是数个世纪来根植于英国民族内心、与生俱来的一种精神表现。这种精神起源于英国宪章革命（Magna Carta），通过移民由‘五月花’号带到新大陆，成为英美两国人民追求自由权利的基础。你不能指望仅仅通过大叫两声‘共和’，便可以把这种精神成功地灌输给那些从不知道自由为何物的人们。”

“但事实是，”我提出，“中国人自己在追求‘共和’。”

他回答说，“我告诉过你，民国现任副总统曾鼓动总统利用革命造成的有利局面登基称帝。”

## 东南沿海三省[①] 居民在人种、社会习俗和政治生活上都有别于华中、华北居民

“那么革命真正的意义究竟是什么？”

“它意味着接受西方教育的广东人突然得势，他们是满清王朝土崩瓦解之际唯一有政治组织的群体。东南沿海三省的居民无论在人种、社会习俗还是政治生活上，都有别于生活在华中和华北平原的居民。他们被内地人视作蛮子，反之他们也毫不掩饰对内地人的轻蔑。北京的店铺里经常可以看到这样的招牌：‘出售广东及其他洋货’。”

“这三个省份被绵延广西、广东直至浙江的山脉与中国中部隔开，生活在这里的居民兼具山民和渔民的特点。所有移民到美国和太平洋诸岛的华人都来自于此。他们聪明、勇敢、富有开创精神，在经商上不逊于世界上任何一个民族，这点通过白种人的各种排外法案也得到很好的证实。”

“你很难相信吧？但这是千真万确的。你们的排外法案是必要的。如果你们允许华人自由进入，他们将会吃掉你们。我敢保证，五代以后，将不会有任何白种人存在。”

“美国人之所以对中华民国得出错误结论，其中一个原因就是他们对中国人的了解仅仅局限于广东人和福建人。一个由东南三省组成的共和国是绝不可能超越所有可能的束缚的。而在许多观察家中存在的分裂主义倾向，使得他们认为这样的共和国趋近完美。但在华中地区，对广东革命党派的政治对抗正在筹划中，而且在数量上将很快超越他们。袁世凯去年 12 月谈起这方面话题时认为，中国南北之间的差异是不可调和的。”

---

① 泛指广东、广西、福建三省和附近地区。秦始皇统一中国后，曾派 50 万大军驻守岭南，并将流亡豫、皖、闽的大批流民驱赶到广西兴安县筑灵渠运河，凿通汀江、湘江和漓江，建立运粮通道。秦亡后，这批汉人留在当地成为客家人。东汉末年爆发黄巾起义，“群雄争中土，黎庶走南疆”，居住在黄河流域的大批汉人纷纷南迁。后又有“永嘉之乱，衣冠南渡”。晚清末年，受太平天国起义的影响，大批客家人移居中国海南岛、台湾、香港、澳门，以及南洋群岛，甚而远至欧美各国。作为汉族分支的客家人与当地土著部落融合，形成了鲜明的地方文化特点，他们对中原政权比较疏远和淡薄，与外部世界有更密切的商业和文化联系，较易接受新思想，因此成为清末民初时期国民革命的重要根据地。

## 美国对华政策反映出良心与政治需求间的激烈斗争

“那么你对美国的对华政策有何看法？”我问道。

“美国的对华政策以及对其他许多国家的政策，”他回答，“反映出良心与政治需求间的激烈斗争。一方面，是利他主义的念头，是对弱小国家的同情和人道主义精神；另一方面，是对外扩张的强烈愿望，以及对国家未来政治和经济需求的认识。在我看来，美国向巴拿马和加勒比海的扩张，以及在太平洋建立新的居民点，仅仅是出于对未来面临巨大经济压力的认识，以及寻找新市场的必要性。”

“不断成长的制造业和下一代人对工业发展的强烈追求，将促使美国对中国实行门户开放政策。为推进这种政策，美国政府在处理中国事务时一直示以慷慨和大度。这体现了其明智的想法，我相信近年来饱受诟病的‘金元外交’政策也正基于此。”

“但是，由于美国国务院缺乏经验和能力，这些明智的想法和主动性可能带来的好处，大部分都被偏见和损失所取代。”

“举一个众所周知的例子，国务卿诺克斯（Knox）先生关于日俄修建满洲铁路的中立态度，便是在一个关键时刻犯下的严重错误。国务院的这个愚蠢错误，催生了日俄两国对无助的中国人民共同采取的侵略行为。”

“美国国务院在这段时期内感情用事的机会主义，看起来源于他们幼稚地相信条约、协议的效力。这些协议本来是用来保护弱小国家免受强大邻国的侵犯，保护无助民族免受强者的欺凌。”

“作为一个英国人，我很欣慰地看到美国政府的对外政策正基于更广的经验和更全面的信息而逐渐完善。借用塔夫脱总统最近的言论，不可能如同美国两年前的对外政策一样，仅凭如此初级的外交方法就成为一个理想中的伟大国家。这幅图景将会展现更光明的一面，因为天意使得美国在满洲问题上的溃败成为其对华政策的终结。如今，满洲和蒙古已沦为日本和俄国的战利品，并且得到了欧洲列强的认同。在一个优秀的观察家看来，这意味着日本先前通过太平洋甚至南美洲缓解的巨大人口压力，未来若干年中将在他们掌控的中国西北部幅员辽阔且人烟稀少的地区找到出路。日本无疑在限制劳工前往美国和加拿大的问题上表现出了远见。正如事实所证明的那样，既然日本拒绝了诺克斯先生的中立方案，它显然希望美国对其在中国领土上的扩张表现出善意。一个绝顶聪明的日本人，《远东时评》（*The Oriental Review*）编辑本田（Honda）先生在11月16日的伍斯特会议（Worcester Conference）上坦率地陈述了这一形势。”

# 美国呼吁共同承认中华民国①

1913 年 4 月 4 日

华盛顿 4 月 3 日电：

国务卿布瑞安（Bryan）近日向这里的外交使团透露，美国政府准备于 4 月 8 日正式承认中华民国，当天中国国会将选举出正式的民国总统。普遍认为，袁世凯将当选。布瑞安国务卿呼吁各国政府在当天共同承认新生的中华民国。

一些在中国事务中有利益牵连的国家对美国的行为提出异议，但是威尔逊（Wilson）政府认为，此事继续拖延下去对中国来说是不公平的。尽管美国政府官方表示，将认真考虑各方的异议，但这更多是一种礼节性表态，不会产生任何实质作用。普遍认为，布瑞安先生已得到几个大国使节的承诺，将会和美国一起承

临时大总统袁世凯与各国使节合影。

① 辛亥革命后，欧洲列强和日本以承认中华民国为要挟，企图迫使民国政府满足他们瓜分中国领土和夺取中国财政主权的无理要求。美国塔夫脱政府为在中国实现其金元外交目的，与其他西方列强一道，一再推迟对中华民国的承认，违背了美国民众要求政府承认中华民国的主张。威尔逊就任美国总统后，于 1913 年 5 月 2 日在西方大国中率先承认中华民国，在客观上产生了有利于中国的政治效果。

认中华民国。此间人士相信，当美国政府付诸行动后，将会出现对其倡议的简单响应，尽管各国行动步调不一。

反对立即承认中华民国的那些国家，它们希望能在中国社会各方面状况基本稳定后再予承认。威尔逊总统和布瑞安国务卿对此并不赞同。他们认为，总统通过议会合法选举产生，则承认民国政府的要件即全部满足。这样的一个选举足以表明中国事态正在好转。中国人民选择一个宪政的总统，便是共和制政府将会持续的明证。

美国政府承认中华民国的具体方式尚未透露。不过，据称威尔逊总统将发表一份与布瑞安国务卿共同签署的声明，这份声明将连同威尔逊总统的祝贺电一同发送给袁世凯总统。

布瑞安国务卿向各国表明美国政府态度的方式，成为了此间外交使团成员茶余饭后的谈资。他们中大多数人认为，将各国外交使节一起召集到美国国务院，递送表明美国政府态度的文书，是民主党政府简洁从政的巅峰之作。但必须承认，只有当照会成功送达外国使馆后，才可能发生应有的外交效果。

有评论家分析，美国有关各国共同承认中华民国的倡议将缓和美与各大国的外交纷争。最近，白宫抢在其他在华有利益牵连的国家之前宣布退出六国贷款，已在大国之间造成了严重外交影响。

# 袁世凯正式当选民国总统①

1913 年 10 月 7 日

题记：在持续 12 小时的投票中以三分之二的多数获胜——当选已被各大国认可。

北京 10 月 6 日电：

临时大总统袁世凯今天在北京举行的议会两院选举中以三分之二的多数当选为民国总统，任期五年。

---

① 1913 年 4 月 8 日，中华民国第一届国会在北京召开。议员中年事最高的云南参议员杨琼被公推为临时主席，此后数月内依法进行了议长选举、中华民国大总统选举。国会全院委员长为林森，参议院议长张继，副议长王正廷，众议院议长汤化龙，副议长陈国祥。9 月 11 日，通过熊希龄内阁名单。10 月 6 日，两院选举袁世凯为中华民国第一届正式大总统。10 月 7 日，选举黎元洪为副总统。10 月 10 日，袁世凯正式宣誓就任正式大总统。

袁世凯办公的居仁堂内景。

在 850 名参众两院的议员中有 759 人参加投票。由于有 20 多位候选人，因此进行了三轮投票，孙中山和伍廷芳在第一轮投票中落选，留下临时总统袁世凯、副总统黎元洪。但黎元洪之前曾声称如果被留用，他将不会就任。

最后的投票结果如下：

袁世凯 507 票，黎元洪 179 票，袁获三分之二多数当选。

宣布结果令人振奋。投票过程持续 12 小时，整个过程令这个新兴共和国难以忘怀。

第一轮投票因参众两院议员不熟悉程序颇费周折。当投票结束时发现，袁世凯得票 471 票，黎元洪 153 票，其他 20 余名候选人分享余下票数。

第二轮投票袁世凯得票 497 票，黎元洪 162 票。因此必须进行第三轮投票。袁世凯当选照会已迅速发往各驻华外交代表机构等待认可。

此前民国外务部保证民国当选总统将履行清政府所签协议并继续维护国际惯例。

# 民国将有新国歌①

1914 年 7 月 26 日

题记：从英语的译文来看很像是政治宣言。

北京 7 月 1 日电：

民国将要有新的国歌了。歌词由民国著名政治家、农商总长张謇写成。共有三段歌词。配乐很有东方韵律，此歌很快便被民间传唱，以下是歌词大意：

1913 年任袁世凯政府农商部总长的张謇，他于袁世凯称帝前辞职南归。

巍巍昆仑，凝视华夏大地；
滔滔江河，孕育古老文明。
黎民当家作主，帝王离我们而去；
维有孔孟遗训，吾等要紧紧牢记。
尧舜时代，先人告诫；
民有五族，不能分离。
天下为公，重民轻君；
矫枉过正，发展农工。
文教兴旺，民气大和；
国泰民安，江河有光。

---

① 这是民国初年张謇任农商总长时撰写的歌词，曾被民国政府采用，一度传唱。后来，由于袁世凯称帝，洪宪党人写成新国歌将其取代。张謇写的歌词内容共三章，其一云：“仰配天之高高兮，首昆仑祖峰；俯江河以经纬舆兮，环四海而会同。前万国而开化兮，帝庖牺黄农。巍巍兮尧舜，天下兮为公，贵胄兮君位，揖让兮民从。呜呼尧舜兮，天下为公。”其二云：“天下为公兮，有而不与。尧惟舜求兮，舜惟禹顾。莫或迫之兮，亦莫有侮。孔述所祖兮，孟称尤著。重民兮轻君，世进兮民主。民今合兮族五，合五族兮固吾圉。吾有圉兮国谁侮，呜呼合五族兮固吾圉。”其三云：“吾圉固，吾国昌，民气大和兮敦农桑。民生厚兮，勤工通商，尧勋舜华兮，民燮德章，牖民兮在昔，孔孟兮无忘，民庶几兮有方。昆仑有荣兮，江河有光。呜呼昆仑其有荣兮，江河其有光。”歌词内容一再强调“天下为公”、“民主”、“民生”、“五族共和”等主张，体现着张謇先生爱国爱民的情怀，其重视发展农工学商的思想在他的歌词中也清晰可见。

# 退位幼帝受到优待

1914 年 8 月 2 日

北京 1914 年 7 月 1 日电：

在中国这片充满矛盾的土地上，出现了一个共和制政府善待退位皇帝的奇观。民国政府不仅对这位逊位皇帝给予很好的礼遇，还对他的学习和福利给予特殊的关照。

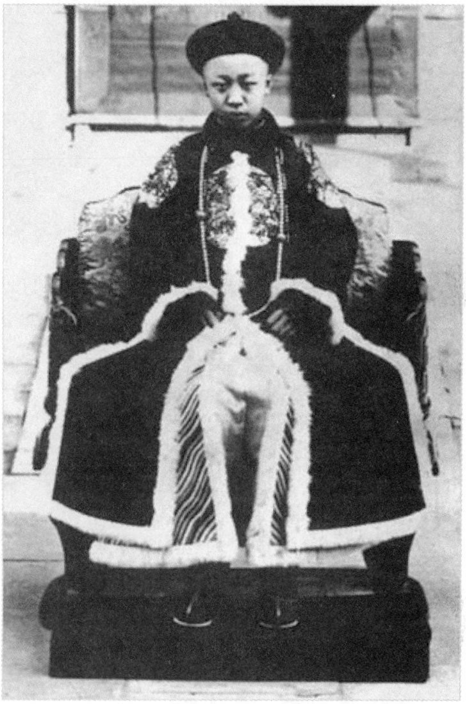

逊帝宣统爱新觉罗·溥仪。

这位已被废除的“宣统皇帝”现在已 9 岁了，他在太傅陈宝琛的指导下学业精进，已学完“五经”中的《诗经》(*Book of Odes*) 和《尚书》(*Book of History*)。目前正在学习《礼记》(*Book of Rites*) 和《春秋》(*the Spring and Autumn*)。他擅长书法，能写四平方英寸大的汉字。这对一个像他这样年纪的孩子来说，算得上是技艺超群了。近些年来，他还开始学习外语。这个小家伙不再孤独，因为溥伦贝勒[①]的儿子是他的侍读，每天早晨都进宫陪读。

很有意思的是退位幼帝的父亲醇亲王却是一个不大起眼的人物，他在清宫里没有什么实权[②]。负责照顾小皇帝的是溥伦贝勒，据说这位往来于皇室和民国之间

① 溥伦（1869—1927），清宗室，字彝庵，爱新觉罗氏，满洲镶红旗。道光帝嗣曾孙，隐志郡王奕纬之孙，郡王衔多罗恭勤贝勒载治第四子。同治帝崩时，曾有望继大宝，为慈禧太后所阻。光绪七年（1881）袭封“贝子”爵位。清朝宗室封爵有 12 等爵位，贝子是排在亲王、郡王、贝勒后的第四等爵位。光绪二十年（1894）加贝勒衔。光绪三十年（1904），率清国代表团出席美国圣路易斯世界博览会，以中国古典建筑形式建造的“中国村”引起轰动，被西方媒体誉为“本届博览会上最漂亮的东方建筑典范”。回国后任资政院总裁、农工商大臣，是宣统年间皇族内阁重要成员。赞同宣统帝逊位。

② 此说法不确，醇亲王载沣是清朝最后三年的实际统治者。爱新觉罗·载沣（1883—1951），满族。奕譞的第五子。清光绪帝爱新觉罗·载湉之胞弟，宣统帝爱新觉罗·溥仪生父。光绪十六年（1890）袭王爵，成为第二代醇亲王。因义和团运动中德国公使克林德在北京被杀，他于 1901 年被委派充任头等专使大臣赴德国道歉谢罪。光绪三十四年（1908）任军机大臣。同年 11 月其子溥仪入承大统，载沣任监国摄政王。次年代理陆海军大元帅。辛亥革命爆发后，被迫辞去摄政王职。1928 年，迁往天津幽居，后去东北，1951 年 2 月 3 日病故。

的满清王爷比太傅们更赞成皇帝学习些新东西。

袁世凯的总统府和退位皇帝的皇宫之间友好相处，表明了这个新共和国内部民族间的团结与祥和。

# 《重构中国》书评

1915年5月16日

爱德温·L. 舒曼（Edwin L.Shuman）

题记：《重构中国》的作者阿道夫·S. 韦利对新生的民国及袁世凯总统的性格和志向进行了适时的研究。《重构中国》（*The Remakin gof China*）由纽约杜顿出版社出版，每本定价一美元。

当中国的和平受到日本威胁时，人们不禁对关注中国内政、尤其是介绍肩负化解危机重任的袁世凯总统的书产生了全新的兴趣。韦利先生的著作《重构中国》适时推出，书中以大篇幅描述了袁世凯登上中国权力巅峰的故事。作者是一位英国人，他对举世震惊的中国革命进行了仔细研究，并将各个主要事件逐一整理，形成简略得当的描述。他的笔触带着对共和制的不信任及对君主制的偏爱，以此评论中国人和中国的革命运动。即使如此，在这种偏见可被容忍的程度之内，作者的论断看起来还是非常有趣的。

## 袁世凯智囊深受日本政治理念熏陶

韦利先生对民国缔造者孙中山先生真诚的爱国情怀表示敬重，同时也认为孙中山的继任者袁世凯更像一位专制暴君而非总统。然而，作者却相信袁世凯是更适合统治中国的人，因为他是最具铁腕、最具现实主义精神的总统。韦利先生相信，袁世凯正在效仿拿破仑三世准备恢复帝制，但这没有改变作者对袁氏的评价。

袁世凯对康有为委以重任（大概指主持名教、尊孔复古等，译注），因此对中日危机产生了重要影响。众所周知，正是在康有为倡议下，光绪皇帝发布了著名的变法诏书，开始1898年的百日维新。康有为一直就是保皇派，但现在的问题是他的很多观点来自日本。作者写道，孙中山先生及其领导的政党失势、康有为及其追随者重回中国政治舞台等事件，对于预测中国的未来至关重要。孙中山先生的革命理念源自欧美，而康有为则完全受日本政治思想的影响。康有为和他最出色的弟子梁启超对日本知之甚深，他们因此坚信，国家强大的真正秘诀在于既吸纳西方文明的精粹，同时保留民族本身悠久的历史文化传统。

## 袁氏翻手为云、覆手为雨的政治风格

让我们来看一下中国的拿破仑在面对危机时是如何处理的。袁世凯第一次出现在韦利书中是 1898 年，当时，光绪帝在康有为建议下，命令袁世凯赶往天津拘捕并处死直隶总督荣禄，而后带领一万精兵迅速折回北京囚禁慈禧太后。袁世凯到天津，来到他的朋友荣禄的私宅说：“你当我是信得过的自家兄弟吗？”

“那是当然。”荣禄答道。

“如此就好。皇上派我来杀你，但我现在要抗令，因为我忠于老佛爷，对你一片赤诚。”

第二天，光绪帝被囚禁，慈禧太后再次临朝“训政”。袁世凯以令人折服的方式解除困境，选择倒向更强势的一方，这符合他的个性。当年，身为山东巡抚的袁世凯在义和团运动中就保护了省内的外国人。袁世凯的另一项功绩是他领导了禁止鸦片贸易的运动。

慈禧太后于 1908 年去世。一年后，视袁世凯为政敌的摄政王载沣解除了袁世凯的官职，把他遣回河南老家。再过两年后，孙中山的革命军在中国南方势如破竹，这位摄政王又将流放的袁世凯召回，要他拯救风雨飘摇的清帝国。袁世凯认真考虑了两周，最终接过了载沣递来的橄榄枝，成为清内阁总理大臣。

摄政王载沣

## 编练新军成为袁世凯最大政治资本

即使是袁世凯的死党，他们也不得不承认，袁氏“为扩张政治势力、在权力阶梯上继续往上爬，已经数度背叛，胆大妄行”。满族人认为，袁世凯担任总理大臣期间，实际上为清朝灭亡推波助澜。韦利先生也认为，袁氏对清朝廷的忠诚非常令人怀疑。袁世凯深受清廷倚重，他可以自行颁布命令，其中一项就是让清军最优秀的将领解甲归田，转而由自己的死党掌控军权。

作者接着写道，“袁世凯清楚地认识到，一旦清廷垮台，皇权将很容易地落到一位铁腕人物手中。此人应该拥有自己完全掌握的忠诚的军队。基于这一认知，袁世凯坚信，由他亲手培育出来的中国新军定会誓死效忠于他。确保袁世凯辉煌一生的最大成就，就是成功地编练了新军。正是基于这个大胆的预测，袁世凯一直在等待这一时刻的到来。首先，这是为实现国家太平及他本人野心所必须完成的使命。其次，要在危机四伏中顺应时代的潮流，推翻满清皇室的统治，他需要有自己的军队能够无条件地服从他的命令。”

## 折冲南北摘取革命果实

袁世凯掌握军权后，接下来就是说服南方共和党人。革命党占领南京，兵锋所向，势如破竹，胜利在望。于是，袁世凯秘密成为共和派领袖，但同时又从清廷支取俸禄。作者承认，袁世凯本来是一个众所周知的坚定的君主制拥护者。乍看起来，他在政治上的华丽转向很令人奇怪。但作者接下来说，袁世凯对于拿破仑的事迹了如指掌，他知道什么是通向皇权的垫脚石。上海举行南北和谈（1911年12月—1912年2月），由伍廷芳代表南方革命政权出席会议，而袁世凯则指派唐绍仪作为代表参加。但是，他私下又计划叛变清廷，与民国合流。

有一种观点认为，袁世凯与这次叛变无关，是唐绍仪背叛了清廷和袁世凯本

清末上海公共租界市政厅是清政府和革命党人进行南北和议的谈判场所。

人。韦利先生对此进行了仔细的分析，得出结论是，如果说袁世凯是在秘密为民国前途谋划、同时也满足个人私欲的话，他任命唐绍仪出任和谈代表的意图就非常明显。因为唐绍仪是袁世凯的密友，而这位广东人又深受革命军领袖的欢迎，因为大多数革命党人来自广东。唐绍仪因此成为南北和谈最合适的人选，能立即与南方共和派和谈。但是，显而易见，他并不代表清廷，而是作为袁世凯本人的代表去与革命党领袖商谈。其条件是，一旦民国成立，袁世凯将成为首任大总统。

孙中山先生这位为建立共和历经流放与死亡威胁的民国首位临时大总统，刚刚就任不久，其胜利果实就被强势的敌人摘走了。孙中山先生一开始是信任他的继任者袁世凯的，但袁氏的倒行逆施很快引发孙中山的“二次革命”，并被迫流亡日本。此后，袁世凯采取更为专制的手段，最终解散国会，取缔在国会中占大多数的国民党人，进而公然推行独裁统治。韦利先生认为，袁世凯不仅期待成为儒教领袖，更要成为新的皇帝。

## 将成为第二位康熙大帝

韦利将袁世凯与统一中国并实现国家富强的康熙大帝进行了对比。他说，所有事实表明，袁世凯将成为中国的第二位康熙大帝。大家有理由相信，袁世凯的出众智慧和强势性格正与他将要承担的重任相匹配。在他的领导下，中国将恢复一个强国的实力，实现国家与民族的自立。中国将在各领域全面西化的同时，继续保留符合中国人精神特性的民族文化传统。

作者认为，正是因为袁世凯恢复了中华秩序，他个人其他过失都可被原谅。他写道，“所有事实表明，袁世凯是最符合中国国家利益的人选。如果按我们的标准来判断，袁世凯攫取国家权力的方式确实不择手段，但他行使权力的方式却完全出自于真挚的爱国情怀。”

读者对此也许无法赞同作者那么肯定的意见。这位在伪装之下完全是一个利己主义者的铁腕人物将如何应对日本的威胁和侵犯，尚有待我们的观察。此外，特别值得一提的是，正是在袁世凯推动下，中国于 1913 年接受了西方列强的善后借款。而在美国退出银行团后，日本加入，向中国提供了部分借款。

总之，本书在异常精简的篇幅里，以清楚明快的方式，向我们讲述了中国革命的主要事实，颇具权威性。

# 徐世昌当选民国总统

1918 年 9 月 7 日

1918 年 10 月，北洋政府“安福国会”推出徐世昌为大总统。徐世昌曾任袁世凯政府国务卿，他上任后，提出要实行南北议和。

北京 9 月 6 日：

前清廷弼德院[①]副院长徐世昌以多数票当选为中华民国新总统。

徐世昌得势于晚清末年，他是日俄战争后清廷负责中日俄三方谈判的主要官员。徐还是满清“皇族内阁”的协理大臣，一度传言可能接任总理大臣。1917 年 6 月，反叛的督军们在天津开会，将徐世昌称为“独裁者”。1917 年夏，宣统皇帝复辟[②]，曾邀徐世昌出任要职。之后有传言称，徐世昌可能接替冯国璋出任总统。上个月（指 1918 年 8 月），北洋军阀们提名他为大总统。

# 徐世昌宣誓就职

1918 年 10 月 17 日

题记：外国人未被邀请参加就职典礼，副总统一职空缺，每张选票发 300 块大洋。

北京 10 月 16 日电：

① 弼德院为清末仿日本枢密院而设立的国务顾问机关，于宣统三年（1911）5 月成立，徐世昌任弼德院顾问大臣。1917 年张勋拥溥仪复辟后，清室曾委任徐世昌任弼德院院长、康有为任副院长，但徐世昌推脱未就。1916 年 3 月袁被迫取消帝制，恢复民国年号，起用徐世昌为国务卿。因徐世昌要求讨袁护国军停战议和遭拒，徐辞职并力荐段祺瑞继任。同年 6 月袁世凯去世，黎元洪继任大总统，段祺瑞出任国务总理。段祺瑞以北洋正统派首领自居，与黎元洪分庭抗礼，史称“第一次府院之争”。11 月，徐世昌以北洋元老资格调解黎元洪和段祺瑞之间的权力斗争，后又调解直系首领冯国璋和段祺瑞的矛盾。1918 年，徐世昌经皖系操纵的安福国会选举为总统。

② 指张勋复辟。1917 年 6 月 14 日，张勋利用黎元洪与段祺瑞的矛盾，率 5000 名“辫子兵”，借“调停”之名进入北京。30 日，他在清宫召开“御前会议”，把 12 岁的溥仪抬出来宣布复辟，改称此年为“宣统九年”，通电全国改挂龙旗，自任首席内阁议政大臣兼直隶总督、北洋大臣。康有为被封为弼德院副院长。复辟仅 12 天即破产。

徐世昌今天宣誓就职。媒体和外国人未被邀请出席仪式，原因据说是因为总统府内部空间不足，而实际上那里可容纳上千人。政府不邀请外国人参加仪式的真正原因，是因为他们吃不准外国公使馆对新总统的态度。在招待会上，外交使团长向徐总统表示了祝贺，得到总统回应。

议会昨天开会选举副总统，但出席议员未达到法定人数。于是，议长驱车前往动物园，一些议员正在那里用餐。议员们听闻议长要来的风声便赶紧撤离了。据说每位议员投票即可获得300块大洋，所以当时银行里十分热闹。但是，由于选举失败，党团领导人遂停止签发支票。

# 上海和平谈判有所进展①

1919年4月20日

北京4月19日电：

中国国内局势因上海和平会议的恢复获得改善，许多引起争议的问题都非正式地进行了讨论。据估计，各方除有关北京安福议会相关问题外，可能达成谅解。为尽快地达成一致，和谈代表们提议会址选择在原德国俱乐部，以避免会外极端分子为阻碍双方达成妥协而进行的捣乱。

北京政府提出的解决方案包括削减南、北双方军队数量，将现在超过125万人的军队削减到40个师，并且今后还要进一步削减，以减轻国家沉重的财政负担。

目前，每年的军费开支已占到国家税收的4/5。北京政府方面还建议，建立民事军务司以开展经济建设。预想中的经济计划包括建设国家高速公路、鼓励教育、贮备粮食，形成政府垄断。简言之，实行国家社会主义制度。

① 由孙中山组织“二次革命”失败后，袁世凯以“叛乱”罪下令解散国民党，并驱逐国民党籍国会议员，导致国会由于人数不足无法运作而休会。1916年6月袁世凯死后，6月29日继任总统黎元洪申令恢复民国元年约法、恢复国会。1917年5月发生府院之争，总理段祺瑞被黎元洪解职，众议院议长汤化龙也跟随辞职。6月，张勋复辟，解散国会。段祺瑞“再造共和”后，拒绝恢复国会，重新建立“临时参议院”，并另行选举“安福国会”。同时，吴景濂、王正廷等于1917年7月响应孙中山护法号召，率领130多名议员南下广州，召开国会非常会议，9月1日选举孙中山为大元帅，开始护法战争。因此，当时中国存在两个“国会”，其中，北方新国会（1918年8月12日—1920年8月）被由段祺瑞亲信成立的“安福俱乐部”控制。

# 北京政府因和谈失败而倒阁①

1919 年 5 月 17 日

题记：上海和平会议因面临国家分裂暂时休会，南北和解计划失败。由于尚有妥协希望，总统拒绝让顾问们离开。

巴黎 5 月 16 日电：

根据北京发给出席巴黎和会代表团的电报，民国内阁已宣布总辞职，但未被总统接受。另据报道，来自南北双方的和谈代表在上海举行和平会议，但已破裂。

华盛顿 5 月 16 日电：

此间民国官员分析，北京政府倒阁可能是因为试图调和南北双方立场的上海和平会议破裂所致。然而，双方最终达成协议的希望仍未放弃。他们指出，该会曾于 3 月一度中断，由于中间人士斡旋重新复会。他们预测，总统之所以不愿接受辞呈，表明他力图为实现和解再做努力。

据报，北京政府曾于 5 月 7 日指示参加巴黎和会的中国代表团不要签署和平协议。但是，此消息未得到中国官方证实。刚刚于今年 3 月才重新组成的内阁宣布解散，似乎不太可能不与山东问题有关。

南北双方代表已在上海谈判数月，但会议大多数时候都陷于僵局。主要症结是对北京政府控制的议会如何定位。近来有报道说，双方出现了一些和解的迹象。

# 外蒙王公希望重返中国怀抱

1919 年 10 月 31 日

题记：外蒙古厌倦了自治，希望重返中国，并请求北京政府支付外蒙王公年金。

① 段祺瑞于 1918 年 10 月 10 日请辞国务总理后，由内务总长钱能训兼代，并于同年 12 月组成新内阁。1919 年 6 月 12 日，因受五四运动影响，钱能训内阁辞职。

美联社 10 月 24 日北京电：

北京政府驻库伦办事大臣陈毅自外蒙首都库伦[①]向北京发报，称收到了蒙古各盟、旗王公们的请愿书。

请愿书称，几年前，在某些人阴谋煽动下，外蒙宣布自治，自此以后，饱受俄国欺辱。现在，他们非常羡慕内蒙仍能从中央政府那里获得种种优待。

外蒙王公们向中国政府表示，希望取消自治，愿意重回中国怀抱，受到中央政府保护。同时，他们希望北京政府能够接手外蒙库伦政府对俄国人欠下的债务，并支付王公和喇嘛们的年薪俸禄。

陈毅建议北京政府接受这项请愿，并强调指出："如果政府犹豫不决，将永失良机。"据悉，北京政府已向陈毅发电，指示他接受这一请愿，并表示同意向王公们每年拨付 80 万银元的年金。

中国外交部获得指令，正与俄罗斯驻华使节进行谈判，讨论废除 1914 年中俄签署的承认外蒙自治的《恰克图条约》[②]。

1911 年辛亥革命爆发后不久，外蒙王公们自行宣布独立。1912 年 11 月 3 日，沙俄政府宣布承认外蒙独立，并在库伦与外蒙签订条约和协议，将外蒙置于沙皇俄国保护之下，宣称废止了中国的宗主权，并禁止中国军队驻扎外蒙。

但是，中俄双方此后又签署条约，俄罗斯承认外蒙是中国领土的一部分，中国对外蒙拥有宗主权。同时，中国承认外蒙自治。中国驻科布多、乌里雅苏台和库伦的佐理专员负责在外蒙行使司法管辖权[③]。

1913 年 10 月，沙俄向外蒙提供了 200 万卢布战争贷款。

---

① 库伦（Urga），即今乌兰巴托。1911 年（清宣统三年），辛亥革命后，随着清朝统治的逐渐瓦解，在沙皇俄国驻库伦领事的策动下，外蒙古活佛八世哲布尊丹巴在库伦宣布独立，建立"大蒙古国"政府。随后俄蒙军队包围了清政府驻库伦的办事大臣衙门，解除了清军的武装，并将办事大臣三多及其随从人员押送出境。此独立未被当时的清朝政府和后继的中华民国政府承认。

② 1913 年沙俄当局迫使袁世凯执政的北京政府签订了《中俄声明》。声明规定：外蒙古承认中国宗主权。中国、俄国承认外蒙古自治。外蒙古为中国领土的一部分。中国不得在外蒙古派驻官员、军队，不得移民。1915 年 6 月 7 日，中俄蒙在外蒙古恰克图签订《恰克图条约》，将此声明具体化。据此，同年 6 月 9 日，外蒙古宣布取消"独立的大蒙古国"。袁世凯册封八世哲布尊丹巴为"呼图克图汗"，并赦免独立运动人士。外蒙古实行自治，但实际上为沙俄所控制。

③ 1917 年俄国十月革命之后的苏俄政府在 1917 年和 1919 年两次发表对华宣言，宣布废除沙俄与中国签订的不平等条约，但事实上继续支持外蒙古独立。苏俄在 1919 年 7 月 25 日发表对蒙古声明，称外蒙古是一个独立的国家，要求与之建立外交关系。1919 年 11 月 7 日，由于远东的沙俄残余势力（白俄）与苏俄均忙于苏俄国内战争而无暇顾及对外蒙古的援助，库伦当局求助于中华民国总统徐世昌、政府首脑段祺瑞（北京政府），徐世昌派徐树铮率兵进入外蒙古。11 月 22 日，徐世昌下令取消外蒙古自治，恢复旧制。同时取消《中俄声明》和《恰克图条约》。

# 要自治还是要银票

1919 年 11 月 1 日

蒙古是东方一个遥远的国度。可是，最近外蒙古的内部动荡还是赢得了住在纽约格林威治村[①]或世界上其他地区的自由主义知识分子的同情。当然，格林威治村的房租近来是越来越高了，已非那些向往文学和艺术殿堂的穷酸文人们所能承租得起了。

数年前，外蒙古各盟旗的王公们按捺不住内心对自由的憧憬，自行宣布自治。尽管长期以来，中国对外蒙古拥有宗主权，但辛亥革命爆发后，她自顾不暇，竟然未提出反对。当然，也许在纵贯几千年的中国历史中，分久必合，合久必分，此类事件曾无数次重演，中国人早已洞悉事件的经纬，而且知道它将如何演义。

现在，演义的结果终于揭晓。外蒙古确曾一度非常享受自治，相信自由崇高至上。然而接下来，自由的坏处也一一呈现。外蒙古人发现自己失去了中国政府的庇佑后，就得直接面对俄国人的威胁。很快，他们就抱怨俄国人欺负他们。通常情况下，俄国人侵犯中国领土时，总会被其他觊觎中国的列强察觉，进而引发列强之间的冲突。但是，外蒙古离列强实在太远，基本上不会引起他们的嫉妒。

沙俄向外蒙提供一笔贷款，外蒙古人仔细研究后，发现对自己并无益处，但是，又不得不如期签署贷款合同。十月革命的爆发让外蒙松了一口气，此时此刻，自治已然失去了它全部的魅力。外蒙古各盟旗的王公们与他们在内蒙古的邻居作出一番对比后，失落感更加强烈。

内蒙古的部族首领和王公们谨小慎微地选择了继续接受中国的宗主管辖权。于是，他们仍然可以享用到中国政府给予的种种好处。最重要的是，他们继续拿着北京政府拨付的年金。外蒙古王公们说，自治是件非常好的事，可是，如果没有年金俸禄的话，生活又能像什么样子呢？

鉴于此，外蒙古的王公们给中国政府呈递请愿书，称他们是上了阴谋家的当才提出自治的。现在，王公们希望“取消自治”，重回中国怀抱。他们希望北京

① 格林威治村（Greenwich Village）是位于美国纽约曼哈顿百老汇大道的华盛顿广场以西、14 街以南、休斯顿街以北、一直到哈得逊河的一片旧城区。这里在 19 世纪曾经是工厂区，后来聚居了许多崇尚自由的艺术家和新潮文艺青年，因此而闻名。

政府能够同时接手俄国贷款这个烫手的山芋。最要紧的是，他们希望北京政府能够同意立即重新发放他们的年金俸禄。而继承了几千年中国历史智慧的睿智的中国人，张开双臂，拥抱回头浪子，并立即同意向外蒙古王公拨出 80 万银元年金俸禄。

这一事件着实令人同情和怜悯，却亦属寻常。身体与灵魂的自由，尤其是行为与不行为的自由，是我们所有人都向往和憧憬的。我们中的大多数人曾经享受或正在享受着这种自由。这是人类最殷切的渴望。然而，与此同样殷切、也同样闪耀着生活理想之光辉的，是对每日三餐的渴望。毫无疑问，外蒙古各盟旗的王公们现在的心情一定非常舒畅，因为他们知道 80 万银元即将到手。人生的一些实际的小愿望即将实现，而另一些不切实际、不负责任的梦想则将被牺牲掉。可是，有什么关系呢？外蒙古王公们可以大快朵颐了。

# 中国退位幼帝近况

1920 年 11 月 14 日

濮兰德

中国自 1912 年建立民国后，无论是陛下，还是皇上，就再也没有了。这里就像南美洲国家一样，总统像走马灯一样不断更换，议会也变化无常。女人们还没争取到选举权，但是新的妇女解放运动又开始了。维宪党人与军阀之间的战争，还有其他各种民主诉求层出不穷。然而，尽管如此，却有一个奇怪现象似乎还是出现了，即中国仍然有一个皇帝，尽管他的皇冠未在全中国获得人们认可与尊敬，但仍然保留了皇家先前所有的尊贵和宫廷礼仪。

一个共和制国家，却仍然保留着皇帝作为国家政治秩序的一部分，以平衡和处理各种政治力量。这种对于欧洲人而言是不可能实现的政治形式令人印象至为深刻。这是典型的中国方式，即无论是在经济领域或政治领域，中国人都反对走极端，总是留有余地。这也是中国处理国家政治事务的基本原则，即使是年轻的共和党人，他们也仍然遵从祖先含蓄适中的处事手法。他们绝不会过河拆桥，而是为可能发生的意外事件留下预处理的空间。中国人是深谋远虑的，在这个国家有可能重建帝制的寓意，即使在幼帝宣告自愿退位的诏书中，仍明白无误地有所表示。

这种对皇位保持适度礼貌而又不失现代官场仪态的处理，在 1917 年张勋复辟失败后仍然保持下来，意义深远。那些关心中国事务的人士想来不会忘记，事先没有任何警示，而且确定无误的是也没有任何默许的表示，皇帝就被张勋强迫复位了。以皇帝名义发出了一周的诏书，象征皇权的龙旗在紫禁城上空飘扬。但是，当这场小闹剧不光彩地收场时，张勋被礼送出京，但北京官场和各省对皇帝都没有任何不恭之词。与此相反，民国政府还以适当方式发表声明，表达了对陛下的尊敬，并对张勋这个有野心的阴谋家擅自闯入皇宫禁地打扰陛下安宁表示遗憾。

## 少年天子可效仿光绪推动宪政

当民国建立时，儿皇帝仅仅只有 6 岁，今天他已 15 岁了。因此，他的未来究竟如何，越来越引起人们的关注。不仅仅是对他的家庭，更对他那些令人尊敬的监护者们，民国总统徐世昌就是其中之一。尤其令人感兴趣的是他的婚姻，按照皇家传统，这件事必须提前决定。在京城高官中流行的说法是，解除中国政治困境的最好办法是满清皇室同意溥仪迎娶徐世昌的女儿为妻。

普遍的想法是，如果这样做了，满汉不通婚的家法就将因皇帝迎娶汉家姑娘而破除。那么，中国南方的反清运动将在很大程度上失去动力，而准备重建一个皇权受到削弱与制约的君主立宪制国家的道路将会展开。

读者将发现，我是站在目前北京政府、尤其是北方知识分子群体的观点来看待这个问题的。在北京，特别是接受过西方教育的年轻官员们不会反对这个想法。但是在南方，特别是居住在租界内受到条约保护的那些七嘴八舌喜欢空谈的学生和新闻记者们宣称，恢复帝制是不可能的，共和制度是国民意志唯一的表达形式。

我可以毫不犹豫地断言，他们错了，恢复帝制运动将赢得绝大多数人发自内心的拥护。他们欢迎它，不仅因为“天子至高无上”的思想在中国延续了几千年，建筑在孔圣之道的牢固根基之上，而且由于现政权从上到下无不腐败麻木而且混乱无序。如果这样的意识获得众人的认同，那将使公众舆论逐渐认识到，这位年轻皇帝不仅聪慧机敏，而且他所受的教育将能够使得他打破先前的偏见与幻想，效仿不幸已故的先帝光绪，毕生推动宪政事业，并将自己的一切献身于中国人民的幸福与进步。

## 幼帝学习和日常起居情况

在我最近访问北京期间，结识了溥仪的英文教师庄士敦（R. F. Johnston），从他那里知道了好些少年皇帝的教育和生活起居情况。

幼帝的教育严格遵循孔孟之道的准则，他白天的每个小时都规定好了学习、

溥仪和庄士敦

运动和娱乐的日程。除英文教师外，还有另外三位老师来准时上课。他的课业从清晨6点开始，由支持光绪推行宪政改革的大学者兼诗人陈宝琛教授中文课（其他两人指朱益藩、梁鼎芬）。

庄士敦形容溥仪是少有的天资聪慧的少年，性情开朗，喜爱学习，尤其喜欢地理和国际政治，在交谈时最喜欢了解海外游历趣闻。与幼帝关系密切的监护人徐世昌总统对安排他明年到欧美各国微服私访的计划相当赞成，准备由庄士敦和李经迈（李鸿章第三子）带少量随从陪同。

1912年，民国缔造者们同意每年提供皇室400万银元津贴，但溥仪的活动范围被限制于紫禁城内。从此，宣统帝再也不能逾越宫禁半步，甚至夏至和冬至也不能去天坛祭祀了。

宣统帝喜好锻炼，但是，宫内空间有限，使其很少有机会进行有益于身心的强身健体运动。有时他也骑马，由于宫禁森严，他骑马只能由一位仆人牵着，绕着宫内的石板地一圈一圈慢走，这类运动很难激起他的兴趣。不久前，庄士敦希望民国政府允许宣统帝搬进颐和园，可减少太监们的影响，并且还可以学习打网球，在昆明湖内进行划船训练。

## 前美国公使芮恩施讲述袁世凯

1921年12月4日

在本报12月的“亚洲专版”（Issue of Asia）中，曾在威尔逊总统时期出任美国驻华公使多年的芮恩施[①]博士讲述了袁世凯的政治兴衰史。

---

① 芮恩施（1869—1923），美国学者、外交官，当时著名的远东事务权威之一。1898年至1913年任威斯康星大学政治学教授，1913年出任美国驻华公使。1919年辞职后，受聘为北京政府法律顾问。1920年至1922年又两次来华，死于上海。著有《远东的知识和政治潮流》《公共国际联盟》《平民政治的基本原理》以及其他一些政治学和法学著作。芮恩施出使中国期间，经历了日本向袁世凯提出“二十一条”要求、中国政府在第一次世界大战中与德国断交及对德宣战、五四运动等重大事件。

芮恩施先生将袁世凯描述成一位真正伟大的中国政治家，是俾斯麦（Bismarck）和迪斯累利（Disraeli）的结合体。袁世凯的一生似乎印证了民国政治家周自齐先生的观点，即中国的民主在蓬勃发展，将冲垮一切旧制度。芮恩施先生说，“想要了解错综复杂的远东事务，就必须研究袁世凯，了解其为人处世，败在何处。”

1913 年 11 月 17 日，新任美国驻华公使芮恩施履新并发表演说。袁世凯总统请他坐在八匹马拉的大车中，由一队骑兵护送。当芮恩施终于站在被慈禧太后囚禁多年的光绪皇帝旧宅前时，不由得眼前一亮：这里现在成了袁世凯的总统官邸。

袁总统像历史上所有的皇帝一样，喜欢隆重的仪式。袁世凯与腓特烈大帝（Frederick the Great）一样喜欢阵容庞大的军事仪仗队。芮恩施检阅过威风凛凛的仪仗队后，进入觐见室。只见袁总统端坐龙庭，两侧有 30 位将军肃立守候。

袁世凯选择用西式礼节与芮恩施公使握手，但他“显然还是一位谦和而不失威严的旧式中国人”。在后来一次访谈中，袁世凯为取悦美国共和党，对他将“中国的民主党”国民党逐出国会并随后解散该党做了一番解释[①]。

他说，“这不是一届完美的国会，因为大部分议员都是空谈的理论家和年轻的政治家。他们总是企图干涉政府的施政行为，还想就所有事情立法。国会的真正职能应该是为民国制定一部永久宪法，可是，他们并没朝这个方向努力。”

当芮恩施公使离开袁世凯的总统官邸时，他的脑海中只有一个印象，即袁是“一位继承了古老帝制的军事独裁者”。袁世凯接受了国会，将它视为不得已必须面对的麻烦，但绝不允许它干涉到自己的政治事务。

袁世凯曾在与芮恩施的某次会面中说，“你看，中华民国是一个非常年幼的孩童。必须有人好好喂养它，不能让它吃大鱼大肉，或者服用外国医生开出的那类猛药。”

一天，袁世凯总统宣布，“我决定，在冬至之日举行祭天大典。”已故的民国总统顾问莫理循博士可谓是西方世界中最了解中国的人。他对此的评语是，“这意味着袁正着手复辟帝制。”

12 月末的一天，袁世凯总统遵循旧制，在天坛举行盛大祭天仪式。两个月后，他又祭祀孔子。芮恩施听说，祭祀现场奏起了“改良版的中华远古音乐”。第二年二月初，又举行了一场盛况空前的国事活动和歌舞会，中国边境省份的少数民族和蒙古活佛尽皆来朝。此时，众人皆知袁世凯已厌倦了民主的外衣，迫不

---

① 1913 年 11 月 4 日，袁世凯以“叛乱”罪下令解散国民党，并驱逐国民党籍的国会议员，导致国会由于人数不足无法运作而休会。袁世凯另行召集“中央政治会议”和“约法会议”来取代国会。1914 年 1 月 10 日，袁世凯正式解散国会。2 月 28 日，袁世凯下令解散各省议会。5 月，成立参政院行使立法职能。

及待想要称帝。袁世凯否认了这一野心，但他“听从了朋友们的意见”。北京的高层官员们认可了。

芮恩施从美国述职回来后发现，好几位拥戴帝制的高官正等候见他。他们告诉公使，“称帝呼声太高，如果不顺应民意，恐激起兵变，天下恐将大乱。”一位官员说，“袁将成为我们寺庙里供奉的佛。”此时，日本开始干预，希望列强与其一道反对民国总统复辟帝制。除美国外，所有国家都提出了“善意的忠告”。然而，到北京的各省代表们依旧投票，一致要求袁世凯恢复帝制。国会通过决议，拥戴袁世凯为中华帝国皇帝。

芮恩施说，新帝国完全是一派尊贵气象。举行加冕仪式的大殿粉饰一新，地上铺设了崭新的地毯，新皇冠定制完工。可是，突然之间，年轻将军蔡锷在云南成立军政府宣布起义，公然反对即将登基的皇帝。起义的声势越来越大，直接威胁到袁世凯政权。起义军要求袁世凯“立宪”，并推行改革。袁世凯畏缩了，宣布正式登基大典延期举行。然而起义向全国各地持续蔓延，此起彼伏。

3 月 22 日，袁世凯宣布取消帝制，恢复“大总统”名号。他虽然保住了总统一职，但权力日渐衰落，继而又发生了财政危机。袁世凯的健康每况愈下，正考虑准备辞职，却在此时一命呜呼。袁世凯死后举办了盛大的国葬。

“老狮子”不在了，人们接受了袁世凯在弥留之际的提名，同意黎元洪继任总统。关于袁世凯的死，芮恩施这样说道，“这是一场从策划、得逞到溃败的惊世戏剧的最后谢幕。”从旧时代走过来的中国人绝不会预料到这场帝制复辟的闹剧。新生的中国，将在阵阵剧痛之中缓慢地学习民主。

## 中国的未来掌握在青年手中

1921 年 12 月 4 日

两天前，出席华盛顿会议的中国代表团顾问周自齐先生[①]在华盛顿接受记者采访时表示，中国的未来掌握在年轻一代的手中。只有年轻人才能够真正理解中国与现代世界的关系。周先生本人刚过五十，但他表示，像他这样的老人可以为

① 周自齐（1871—1923），历任驻美公使馆参赞、领事，外务部右丞、左丞，财政总长，交通总长，陆军总长等。1909 年至 1912 年任游美学务处总办和清华学堂监督，期间主持考试选派三批留美生；主持筹建游美肄业馆（后改名为清华学堂），择定清华园作为校址。1922 年 3 月，署理国务总理。1922 年 6 月，短暂摄行大总统职务，黎元洪复职大总统后，周自齐退出政界。

年轻人提供政见参考，但决策和执行则应交由年轻一代来完成。

周自齐认为，中国的督军制已经过时。当今中国权重一方的只有四位督军。周先生认为他们将自相残杀，最后只剩一个。据记者报道，周先生还说，即使像袁世凯总统那样了不起的人物，也无法统治中国。中国的民主发展将推翻任何一位独裁者。中国将形成由现代金融、商业和教育体系组成的新秩序。

第二篇

# 捍卫宪政

# 篇首语

建立宪政中国，是中国革命先行者孙中山先生和追随者的革命理想。否定宪政即为否定国民革命，即为国民革命之叛徒。毛泽东的老师徐特立是长征队伍中年龄最大的红军战士之一，早年曾挥刀剁指，奋力血书“请开国会、断指送行”八字。不过，也要考虑到当时中国四万万人口中，全国各级学校的学生加到一起只有900万，可能接受过宪政思想启蒙的人口不足国民总数5%。在一个95%人口不知“共和”为何物的国家“创建共和”，难以形成广泛的社会共识，这也不奇怪。瑞士历史学家布克哈特在《历史讲稿》中写道：“对过去做道德批判很容易犯错。它是把现在的希望套用在过去。它按照既定的原则臧否人物，对当时的紧急状态考虑得太少。”

# 新内阁名单被国会否决

1912 年 7 月 22 日

北京 7 月 21 日电：

今天，袁世凯总统告知来自各个党派的代表，唯一在任的内阁成员、国务总理陆徵祥已同意再向国会[①]递交一份新内阁名单。本届国会新近组成，将讨论内阁改组事宜。

袁世凯总统向国会表达意愿，希望国会重新考虑他们此前全盘否决内阁改组名单的做法是否恰当，并推迟他们对海外成立的共和国的承认。国会目前正就一项立宪提案进行辩论，今天正式通过了参议院组成条款。关于蒙古族和藏族是否在众议院内占据一席的问题，目前仍在讨论。

# 宋教仁遇刺

1913 年 3 月 21 日

题记：中国前总长宋教仁被刺重伤，凶手逃跑。

上海 3 月 20 日电：

中国前教育总长（实为农林总长）宋教仁[②]今天在上海遭枪击，伤势严重。凶手已经逃跑。宋教仁先生是在准备动身前往北京参加国会大会时，在上海火车站遇刺的。

① 1912 年 8 月 27 日，临时大总统袁世凯颁布《中华民国组织法》《参议院议员选举法》和《众议院议员选举法》，规定民国国会分设参议院和众议院。其中，参议员产生办法，22 个行省中每省选 10 名；蒙古、西藏、青海各选 27 名、10 名、3 名；另由中央选 8 名；华侨选 6 名，合计 274 名，六年一任，两年一选。众议员名额依各地区人口多寡而定，每 80 万人口选 1 名，每省（包括人口不足 800 万的小省）至少选 10 名，蒙古、西藏、青海则与参议员人数相等，合计 596 名，每届任期为三年。1912 年 12 月初至 1913 年 3 月，各地依法选出参众议员。登记选民 4000 万，占全国人口 9.98%。当选议员中，国民党籍议员约占 45%。据此，本文所称“国会”实为当时的临时参议院。

② 宋教仁（1882—1913），湖南桃源人。中国国民党创党元老。1903 年 11 月参与创建华兴会，宗旨为“驱除鞑虏，恢复中华”。1905 年入读日本政法大学，创办《二十世纪之支那》（后改为《民报》，为同盟会机关报）。1910 年底返回上海受聘《民主报》主笔宣传革命。辛亥革命爆发后，主持起草近代中国首部共和制宪政法律文书《鄂州临时约法草案》，任民国法制院院长、农林总长，起草《中华民国临时政府组织法》。1913 年 3 月 20 日晚，应袁世凯电邀从上海乘火车赴北京时遇刺，22 日凌晨辞世，年仅 31 岁。孙中山称他“为宪法流血，公真第一人”。

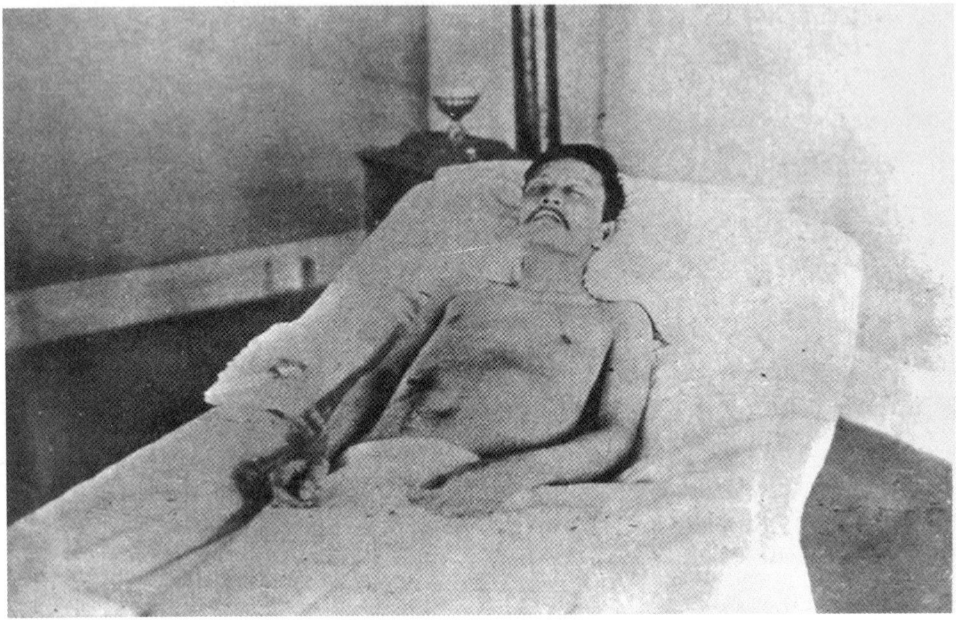

遇刺后的宋教仁。

# 谋杀宋教仁嫌犯越狱逃跑

1913年7月26日

上海7月25日电：

今天下午，尽管南北双方已达成停战协议，但直到晚上9点，双方仍枪声不断。南方增派了500名粤军和1000名湘军，继续进攻军械库（江南制造局），但被击败，伤亡惨重。吴淞口守军获得政府军支援。

上海市内狼藉一片。城郊大火冲天，成千上万人无家可归，难民露宿街头。黄浦江边大饭店的顶层花园上，挤满了观看交战的外国人。今晚，英国军舰上的探照灯一直照射着海关和军械库。

有报道说，叛军已撤退到长江水道。目前，政府仍牢固地控制着局势。英国军舰"汉普郡"号、"弥诺陶"号和"蒙茅斯郡"号，法国巡洋舰"迪普莱"号和"蒙卡尔姆"号，荷兰巡洋舰"荷兰"号以及日本巡洋舰"须磨"号今天云集上海黄浦江面。法国军舰上的水兵已登陆。日本军舰舰长，也是日本舰队司令今晚将与其他各国舰长开会商讨时局。

震旦大学（Aurora University）一位法国牧师今天被流弹击中，伤势严重。有一栋监狱大楼突然起火，约200名犯人越狱逃跑，其中包括暗杀前教育总长（应为农林总长）宋教仁先生的嫌疑犯应桂馨①。宋教仁今年3月在上海遇刺身亡，他的遇刺是本次叛乱的主要起因。市内零星抢掠行为仍在继续。

# 在美华人为讨袁战争发起募捐

1913年7月28日

题记：袁世凯阴谋复辟称帝，纽约和旧金山总部为中国反袁战争募集资金。本地侨领表示，起义军是为阻止国家独裁腐败而奋起抗争的。

在美华人对于中国当前的内战②群情激愤，他们一边倒地支持起义军，谴责临时大总统袁世凯及北京政府。3天前，旅美华侨在旧金山和纽约成立了两个旨在支持中国起义军的筹款总部。昨日，纽约总部召开会议，推举10位商界领袖组成委员会，其中9人已赶赴波士顿、芝加哥和中西部以东其他大城市募集资金，只有一名委员留守纽约总部。

本报获悉，旧金山总部也派人赴西部各城市向华侨募捐。据一名推动反袁运动的华人称，两个总部正与檀香山、古巴、新加坡及南太岛国的华人进行联系。这位华人对《纽约时报》表示，"我们也非常遗憾，不得不再次进行内战。但我们下定决心，一定要将国家从独裁和腐败中拯救出来。我们下定决心，要将袁世凯赶下总统宝座。袁世凯摧毁了我们从满清王朝手中拯救出来的国家。他残忍地杀害了反对他独裁统治的中华爱国志士。"

---

① 应桂馨（？—1914），浙江镇海人，青帮人物，曾任陈其美沪军都督府谍报科长、孙中山临时大总统府庶务科长。1913年3月20日，宋教仁遇刺。案发后，上海县知事、上海地方检察厅悬赏缉捕，沪宁铁路局出资悬赏。3月23日，凶手武士英（真名吴福铭）因古董商王阿法举报被捕，并从应桂馨家搜查出手枪一柄，枪内两枚余弹经检验与宋教仁体内取出的弹头匹配。经交涉，应桂馨、武士英从上海公共租界会审公廨转入上海地方监狱。移交不久，武士英中毒暴毙。应桂馨越狱后，先到青岛躲避。1914年1月，在京津铁路客车中被乱刀砍死。宋案后，国人皆指为袁世凯指使。时任国务总理赵秉钧引嫌辞职，并在应桂馨死后一月也中毒身亡。但也有人质疑此案与前沪军都督陈其美有关，即不排除宋因某种政治原因为本党同志所害。

② 指孙中山等革命党人于1913年发动的讨袁战争，又称"二次革命"。梁漱溟在一次公开演讲中说："现在很清楚摆在外面的，就是武人势力的局面。至于说到助长这种武人势力的原因，却不能不责备革命先辈，他们无论如何，不应用二次革命那种手段。二次革命实在是以武力为政争的开端。"蔡锷将军声明："宋案应以法律为制裁，故审判之结果如何，自有法律裁判。试问我国现势，弱息仅存，邦人君子方将戮力同心，相与救亡之不暇，岂堪同室操戈，自召分裂！谁为祸首，即属仇雠。万一有人发难，当视为全国公敌。"民国建立后，反对武力解决问题成为国内普遍舆论，因此，以"宋案"、"大借款案"为借口发动国内战争，大部分国人对此不予理解也不予支持。

“我担心，美国人民这次恐怕难以理解我们再次发动内战的原因。美国报纸正在报道这场战争，可是这些报道言辞间对革命军带有偏见。但这不能怪报纸，因为各家报社都承认，他们只能报道经袁世凯政府审查过的新闻。显然，袁世凯政府不会批准对其独裁不利的新闻报道。我们每天从身在中国的朋友那里得到的消息与新闻报道完全不同。我们接到的电报说，现在形势发展对革命军有利。革命运动已迅速蔓延至全国，袁世凯的势力日渐衰败。我们对推翻袁世凯的统治充满信心。”

“请让我来告诉你为什么反袁。首先，他利用国家财产来实现个人野心。他的野心路人皆知，就是要称帝，成为袁世凯一世。为此，他网罗了一批追随者，这些人大部分是满清旧臣，被袁世凯完全掌握。他们全都是一些见利忘义之徒，而且对此毫不讳言。袁世凯给其中一些人授予官职，其他人则留在北京，美其名曰‘总统顾问’。他们整天无所事事，只是从政府拿薪水。这些人大部分都是袁的私人特务，除此之外什么也不干。他们每个月名义薪水是 60 块银元，但其中有一个人亲口告诉我，他们每月实际所得约 800 块银元。我们不能让他们这样花费国家钱财。袁世凯政府甚至比满清政府还要腐败。”

“张振武和方维将军去年 8 月被枪杀。当时，袁世凯派人请他们做特别顾问，张、方两位将军以为袁世凯真心需要他们的帮助，于是奔赴北京。抵京不久，袁世凯就派出枪手到二人所住饭店将其杀害。当时，袁世凯派出的特务要求与二人会面，两位不幸的将军并不知道厄运正等着他们。枪手将他们杀害，据称为此获得大笔酬劳。”

“林述庆将军①被下毒杀害。袁世凯政府的陆军总长段祺瑞和首席顾问梁士诒设宴招待林将军。林述庆是辛亥革命领导人之一，指挥镇江义军参加南京战役，他是一个诚实的人，反对袁世凯的一些政策主张，袁向他行贿未果。林述庆的诚实却害他送了性命。他无法活到寿终正寝，在宴席上被下毒杀害。”

“袁世凯最臭名昭著的卑鄙行径当属杀害宋教仁。宋教仁先生是中国近年来最杰出的政治家之一，曾任农林总长，不幸被谋杀。他是一位真正的共和党人，反对袁世凯独裁统治，也敢于批评袁的政策。这位不幸的政治家在上海遭枪击。枪手被捕后供出指使他们杀人的是袁世凯的内阁总理（赵秉钧），总理因此在全国压力下引嫌辞职。”

---

① 林述庆（1881—1913），字颂亭，出生于闽安镇后山（西山村）一个贫苦家庭。北洋陆军上将。近代资产阶级革命者。1902 年入福建武备学堂，翌年加入革命团体——福建学生联合会。1906 年投奔新军第九镇统制、原福建武备学堂总办徐绍桢，任第 17 协 33 标 3 营管带，参加秘密革命活动。宣统元年（1909）改任第 18 协 36 标 1 营管带，驻扎江阴，加入同盟会。武昌起义爆发后，联络各营官兵于 11 月 7 日起义，光复镇江，成立镇江军政府，为都督。派人游说镇江江面“镜清”、“保民”、“楚观”等 14 艘军舰官兵起义，后参与攻克南京，被孙中山誉为“光复南京第一功”。南北和议告成后，袁世凯加以笼络，授予陆军中将加上将衔、总统府军事顾问。3 月 20 日，宋教仁被谋杀后，林对此非常气愤，常当众拍案叫骂，还表示要回南方召集旧部反袁复仇。4 月 10 日，袁世凯心腹、总统府秘书长梁士诒邀请林述庆单独赴家宴，在酒中置毒，林归家后中毒身亡，年仅 32 岁。

"你认为我们应该让这样一个人继续做我们的总统吗？显然你不会这样想的。"

"我希望美国人民能同情我们的行动。我们不是为战争而战争，我们是为在这个国家建立民主与宪政的基石，为自由的信念而战。"

# 民国官员赴美考察司法制度

1913 年 11 月 4 日

根据周日抵达美国的中国代表团成员罗童（Lo Tong）、胡成信（Hu Chen-shin）和宋发（Far Sung）所言，民国政府的多个部门正进行认真改革，各部负责人已派出多个考察团赴欧美学习观摩。他们回国后提供的考察报告，将为国会审议相关立法提案提供参考。昨夜，以上三人已动身前往华盛顿。他们将在那里深入了解美国司法体制，特别是关于法官、法庭、监狱和管教所的设置和运作情况。胡先生是司法部的高级书记官，毕业于天津大学。罗先生是司法部刑事厅长官，毕业于日本帝国大学。宋先生则来自财政部。

胡先生和罗先生都能够讲一口流利的英语。他们昨天出现在纽约华尔道夫（Waldorf）酒店，对这座城市进行了简短的访问。但他们均表示，当他们从华盛顿归来后，希望能够对我们的法庭和监狱系统进行一次细致完整的调研学习。他们将在华盛顿停留两到三个月。据胡先生介绍，他们在这个国家的停留时间取决于考察学习的具体情况。

"我们有许多领域需要学习，"胡先生说，"包括你们的司法系统、你们的监狱和公共法律事务。我们先前在巴黎和伦敦分别逗留了四天及一周，进行调研考察。但我们考察的重点在大西洋的这一端。我们希望在华盛顿对贵国司法部和最高法院进行考察学习，随后我们将会返回纽约，尽可能多地观摩学习你们的法庭、刑罚和管教所。"

"当然，由于时间关系，我们尚不能对贵国政府部门的各项政务处理系统和事权划分等进行研究。迄今为止，民国司法部仍然沿袭旧的体制。现在，我们不知道究竟是欧洲还是美国的司法体制更适合我们，以进行机构重组时参考。我们希望搞清楚司法体制的运转方式。一旦寻找到适合我们国情的体制，本代表团将向民国政府提出建议，无论是在刑事法或民事法方面。"

"北京的一切都秩序井然，"胡先生在回答提问时说道，"民国政府正在稳步前进，贸易逐渐繁荣起来。不只是北京，全国各地都是如此。内陆和沿海地区之

民国时期会审公廨审理案件的情形。

间开始有了贸易往来。”

“我们的国会将很快讨论死刑问题。旧中国采用斩首方式执行，近年来有许多观点反对这种残忍的处决方式。辛亥革命后，大多数死刑犯都执行枪决。我们正认真考虑引进电刑，并展开了许多讨论，比较哪种方法更加人道。”

“代表团将重点考察监狱。我们将竭尽全力，认真考察学习贵国管教所是如何工作的。当然，我们也会考察缓刑和无期徒刑的执行方式。去年，民国司法部召集各省司法官员召开会议，并讨论了与缓刑相关的问题。少年法庭也是我们颇感兴趣的问题之一。总之，我们的国会很快将推动司法改革。”

胡先生回答记者提问时说：“在天津大学，大多数教师都是美国人。它是中国目前最大的大学，现任校长是中国人，我们的学生正学习如何打棒球。”

# 孙中山策划再次发动革命

1914 年 5 月 10 日

特别报道

题记：孙中山特使马素来到英国伦敦，称共和已亡，袁世凯总统是独裁者，是“中国的韦尔塔”。而威尔逊总统拒绝承认墨西哥总统韦尔塔，却承认袁世凯政府，他对此表示吃惊。

伦敦5月9日电：

流亡日本的孙中山先生和他领导的中国同盟会正寻找良机再次推动革命。据孙中山先生任中华民国临时大总统时的私人秘书马素①预测，革命也许将在一年内爆发。马素先生作为落败的革命党人特使，目前正在伦敦，希望获得英国公众支持，声讨袁世凯。

马素接受《纽约时报》记者采访时宣称，袁世凯是“中国的韦尔塔”。他对威尔逊总统承认袁世凯感到不可思议。马素说，袁世凯进行政治谋杀，双手沾满革命党人的鲜血，罪行远甚于威尔逊总统拒绝承认的韦尔塔②。

马素说，“要想了解中国的现状，有必要回顾几年前的历史。满清王朝被推翻后，各国承认了中华民国。不久后，袁世凯解散国会，实行独裁。我很诧异各国的对华态度，为什么他们继续与袁世凯打交道。各国承认的应该是中华民国，而不是独裁者。而美国还是第一个承认中华民国的国家。”

“我党发动‘二次革命’的另一个原因是国民党理事长宋教仁先生在国会开会前夕被暗杀。调查发现，北京政府的高层领导参与此事，时任国务总理③涉嫌教唆杀人。有证据显示，袁世凯默许了此次暗杀。”

“我党要求彻底调查此案，但袁世凯总统拒绝了，更袒护赵秉钧总理，为其开脱。袁世凯还派军驻扎中国中部和南部地区城市，严防起义。同时，袁世凯未经国会同意，签署了《五国借款合同》④。这完全是违宪的。美国没有加入‘善后大借款’，我对此感到欣慰，因为借款违反了民国所有法律和原则。”

“去年5月，在签署‘善后大借款’合同后，中国陷入内战。由于袁世凯拥有充足资金和外国银行的支持，革命党人不幸失败了。之后，袁世凯不断迫害革命领袖、反袁人士和所有支持共和的人。”

---

① 马素曾任孙中山私人秘书，1912年任《民国西报》主笔。1914年赴英入伦敦大学政治经济学院，1915年赴美，任国民党在美国、加拿大和墨西哥代表。1920年任广州军政府驻华盛顿的外交代表。

② 韦尔塔（1850—1916），墨西哥政治家，1913—1914年任墨西哥总统，实行军人专制。美总统威尔逊要求韦尔塔下台被拒后，借口“坦皮科事件”对墨西哥开战。

③ 指赵秉钧。赵秉钧（1859—1914），1859年生于河南汝州，是中国近代警察制度的奠基人。1912年3月，袁世凯就任临时大总统时任内务总长，后任国务总理。1913年7月16日因宋教仁案辞职，改任直隶都督。1914年2月27日，在天津督署内中毒身亡。

④ 五国借款又称“善后大借款”。1913年4月26日，民国政府与英、法、德、俄、日五国银行团签订合同，借款总额2500万英镑，年息5厘，期限47年；债券9折出售，按84%实交，扣除6%的佣金，净收入2100万英镑。借款指定用途，扣除偿还到期的庚子赔款和各种外债、遣散各省军队、抵充政府行政费外，仅余760万英镑，而到期归还本息竟达6789万英镑。借款以中国盐税、海关税及直隶、山东、河南、江苏四省所指定的中央政府税项为担保。从1912年2月到1915年10月期间，民国政府实收105578046银元（计9982512英镑），只占借款总额的37%。作为抵押的关、盐两税统归五国银行团掌握，盐税收支由银行团聘用外籍顾问和会计，设立盐务稽核所负责稽核、监督、征解。

“袁世凯威胁议员，把他们关在国会内八天八夜。议员们滴水未进，被迫选袁为第一任正式总统。这之后袁世凯很快解散国会，实行独裁。旧官僚重新掌权，旧式科举制度恢复，并禁止西方新式教育。中华民国名存实亡。”

“中国在倒退，中国人在教育和其他方面所享有的自由甚至不如满清末年。现在，袁世凯还准备建立国教，公然违反民国宪法。种种倒行逆施不可能持续。我们虽然失败，但革命精神尚存。我们绝不放弃。”

“孙中山先生说，他将以推翻满清的方式来推翻袁世凯。孙先生派我们作为特使来到伦敦和巴黎，任务就是要向欧洲各国说明中国的现状，寻求各国支持。我知道袁世凯的同党以及善后大借款中的获利者对革命党人大肆诋毁。但是，袁世凯残酷迫害革命党人的行径只会让我们更团结、更严密、更坚定。孙中山先生有坚定的信心，决不允许自己毕生奋斗的事业被袁世凯毁掉。我们正寻找有利时机，也许一年后，也可能不到一年，中国将爆发二次革命。”

“我们还准备派特使赴美。令人不解的是，威尔逊总统认为墨西哥总统韦尔塔是杀人犯而不愿承认他，但却承认了袁世凯。袁世凯的所作所为比韦尔塔更恶劣。袁世凯得到威尔逊总统承认后不久，未经审判也未给出任何理由，就下令处决了张振武和方维两名革命军将领。袁世凯将张、方二人邀请到北京，由陆军总长设宴款待，宴会尚未结束，就将二人逮捕枪决。因此，我对威尔逊总统的承认感到非常困惑。”

马素原为《民国西报》[①] 主笔。去年 11 月，该报被袁世凯查封。马素险些被捕，他在法国外交官的帮助下逃到上海。上海法租界的警长得到消息，称有两名特务从北京赶来暗杀马素，马于是紧急逃往东京，后转来伦敦。《纽约时报》记者在伦敦见到马素。这位革命党特使在流亡中不忘心灵的慰藉，他的留声机里正放着唱片《你让我坠入爱河》(*You made me love you*)。

## 《民国西报》评袁世凯独裁

1914 年 8 月 9 日

毫无疑问，民国成立后，中国近几个月的政局进入了一个新阶段。自袁世凯

① 英文晚报《民国西报》(*The China Republican*) 创刊于 1912 年 4 月 6 日，每天下午出版，周日休刊。馆址设在英租界，即今天的上海博物院路。该报是同盟会在上海外侨和对华友好人士中宣传共和革命的重要宣传阵地。该报受孙中山直接领导，揭露军阀破坏共和的阴谋，反对帝国主义不平等条约，主要用英文撰稿，从 1913 年起兼用法文。总编为马素，副总编为韦玉等。

就任总统以来，中国国内政治和对外关系发生了许多大事，比过去历史上任何一个时期都多。对内，袁世凯总统显示的政策取向是要不断蚕食将他推举为总统的国民的利益。袁世凯政府的独裁专制与它无力保护国家主权完整，二者合而为一。

民国元年真是一个多事之秋，中国丢掉了外蒙古，西藏也面临着相似的命运。这在某种程度上动摇了中外人士对共和制度的信任，因为如果这种政体不能够有效地维护国家的领土完整和主权统一，那么建立这样一个具有内在凝聚力的共和国的希望就将会显得无限的渺茫。这种观点认为，在中国建立共和制度的时机并不成熟。乍看起来，这样的一种认识似乎很有说服力。但是，如果我们仔细思考，就会发现它实际上回避了问题的实质所在。问题是在过去一年中，究竟是一个什么样的政府在治理中国，才导致了各国人士认定民国的失败？

非常不幸的是，首届民国政府的官员们对于国民的真正需求置若罔闻，他们只关心自己的官位，而且个人野心越来越大。有识之士怎么可能指望一个无时无刻不在进行阴谋勾当的政府有能力保住外蒙古呢？

我们的同行《北京每日新闻》[①] 指控我们诽谤袁世凯大总统。首先，无论同行说了什么，它都失去了作为一个独立言论机构应该拥有的价值观。据我们所知，《北京每日新闻》不是一个独立的言论机构，而是由它的主子袁世凯所掌控的。因此，无论袁如何胡作非为，它都是一派颂扬之词。但是，我们必须因此赞扬我们自己，因为我们是在进行公然的诽谤，至少能够让袁总统知道是谁在反对他。我们是光明磊落的，并非当面表示善意，同时在背后策划阴谋。

刺杀宋教仁，设下鸿门宴谋害张振武和方维，这是袁世凯政府惯用的伎俩。从最早开始，我们就反对袁世凯当总统。我们清楚他的为人，无法信任他。中国人民对袁世凯也缺乏信心。大家都不会忘记，在 1898 年的戊戌变法中，袁世凯卑鄙无耻地背叛了光绪皇帝。在世界各国人士的眼中，义和团起义使中国蒙羞，并让我国负担了四亿五千万两白银的赔偿。而义和团起义是受压迫的中国人民对戊戌变法失败的反应，而袁世凯应对戊戌变法的失败承担最主要的责任。这次失败令中国蒙羞，并使我们至今仍屈辱地处于外国列强的监护之下。袁世凯在辛亥革命中的所作所为同样毫无光彩可言。

每当我们想到这些，对于这个数年来一直阻碍中国进步、不断为国家制造新痛苦、令国民几乎无法承受的人，我们除了谴责还能做什么呢？《民国西报》被称为国民党的机关报，我们属于国民党，支持国民党的政策主张，然而，我们不像《北京每日新闻》从袁世凯那里领取津贴那样从自己支持的政党获取财务支持。

---

①《北京每日新闻》（*The Peking Daily News*）又称《北京日报》，是 1909 年在北京创办的一份英文报纸。

作为国民党员，我们必须服从党的领袖孙中山先生。我们服从孙先生的一切决定，除了支持袁世凯。我们一贯对此持反对意见。对孙中山先生没有支持袁世凯无人抱怨。在过去一年中，孙先生给予了袁世凯太多的支持，而这些宝贵的政治信任和支持都被滥用。袁世凯不配获得这样的支持。

我们敢断言，当宋教仁先生被无情杀害后，连国民党内那些最坚定支持袁世凯的人也严重动摇了。我们从应桂馨家中搜查出的文件中发现了应桂馨与北京方面的电文往来，强烈暗示这是政府所为。袁世凯、国务总理赵秉钧和其他相关的人应对此作出澄清，如果他们能够澄清什么的话。他们没有理由抱怨国民党领导人不再支持他们，因为道德高尚的人是不会与杀人嫌疑犯有任何牵连的。

召集天主教会在北京举办祈祷弥撒，为我们这个国家祈福（如我们的同行《北京每日新闻》所报道的那样），这是毫无意义的。我们知道，袁世凯也知道，谁是杀人的凶手。伪君子勿需再掩饰，大丈夫就应该敢作敢当。如果事态再像今天这样发展下去，中国很快就需要大量的祈祷仪式了。当有关宋教仁先生被暗杀的文件被公之于众后，所有针对我们的攻击都将得到最有力的回答。这些文件必定让这件人类史上最令人震惊的阴谋昭然若揭。

——转自中国上海《民国西报》

## 《亚细亚日报》再次遭到炸弹袭击

1915 年 12 月 18 日

中国上海 12 月 17 日电：

今晚，上海《亚细亚日报》[①]（*The Asiatic Daily News*）大楼遭到一枚炸弹袭击。炸弹在该大楼的阳台上爆炸。炸弹明显是从街上扔向房顶的。由于威力不大，没有造成人员伤亡。

去年 9 月，该报创刊时即遭到炸弹袭击。当时，报纸大楼前门被炸毁，并造成 3 人死亡。自那以后，报社前门重修，并具有抗爆炸功能。据悉，该报再次遇袭是因其鼓吹取消共和，恢复帝制。

①《亚细亚日报》是袁世凯就任中华民国临时大总统后创办的御用报纸，分为北京、上海两地版。北京版创刊于 1912 年 6 月，曾发表大量鼓吹帝制和拥戴劝进的文牍、函电，为袁世凯复辟大造舆论。上海版创刊于 1915 年 9 月 10 日，公开宣布“以赞助帝制运动为宗旨”。革命党人于 1915 年 9 月 11 日和 12 月 17 日两次向该报投掷炸弹。袁世凯取消帝制后，该报停刊。

# 袁世凯宣布取消帝制

1916年3月25日

题记：民国总统袁世凯声明不能坐视国家毁灭，宣布放弃帝制，呼吁团结统一以免国家陷入内争。

华盛顿3月24日电：

中国公使馆今日收到北京政府来电，是袁世凯于3月21日签署的敕令。此前，袁世凯曾在中国短暂称帝，放弃帝制后，重任中华民国大总统。

电称，鉴于外交总长兼国务卿陆徵祥身兼事务繁多，免去其国务卿职务；任命徐世昌为国务卿。公使馆注意到，来电和21日签署的另一项敕令已未再使用“洪宪”纪元或“皇帝”称谓，而23日来电已重新使用“民国”纪元。

袁世凯在电文中谈及中国政体时表示，应恢复共和，这无疑是当今各国统治者所签署的官方文书中最引人注目的一份。耐人寻味的是，袁世凯在电文中语气几近谦卑，将中国目前所遭遇苦难的所有责任独揽于身。

袁世凯表示，“为自己德行的缺失而深感自责。”他说，“我希望效法古代先贤，独立承担所有的罪责，以顺应苍天仁爱恤民之德。”袁世凯在声明中最后说

1915年12月11日，袁世凯虚辞“国民代表大会”的劝进。次日，宣布承受帝位，改国号为“中华帝国”，以次年为“洪宪”元年。图为袁世凯（左二）称帝后在天坛祭天。

道，实不能坐视国家存亡而不顾，恳请全体将领及全国军民团结一致拥戴共和。

声明全文如后：“自民国创立以来，变故纷争不断，我顺应时代的召唤，肩挑国家重任。诸多有识之士从国家福祉出发，一致呼吁，唯有实现君主立宪制，方可确保国家的长治久安。广大民众也强烈要求恢复帝制，通过电报和请愿等方式向我发出最急迫的请求。临时立法院决定，中国政体诉诸公决，应由国民大会投票表决。故由各省区选举国民代表，召开国民大会。国民大会代表一致赞成君主立宪，推戴我为皇帝。中国主权在民，既经国民大会全体表决通过，我本人除接受之外更无讨论余地。”

“及至云南、贵州发生事变，我即签署命令，推迟实施帝制，并禁止继续呈递劝进请愿书。旋即提前召开立法院会议，广泛征求民意，以期局势恢复正常。我个人历经坎坷磨难，无欲无求，唯以拯救国家为己任。然而，一部分人却怀疑我贪恋高位，图谋特权。各方势力心怀异心，纷争不断，造成国家现在极度危急的局面。”

“我为自己德行的缺失深感自责。我有什么理由责怪他人呢？国民处境悲惨，将士不堪重负，商业凋零破败，此情此景令我感到极度的内疚。”

“临时立法院转陈民意代表拥戴之事，实不合时宜。鉴此，宣布取消12月11日接受称帝的敕令，各省区劝进贡表一律发还，由临时立法院销毁。立即停止所有称帝筹备事宜。”

“我诚望效法古代先贤，承揽所有罪责，以顺应苍天仁爱恤民之德。那些主张帝制的人，其本意是为巩固国家根基，惜方式谬误不当，其爱国之心足以害

帝制取消后，袁世凯在举国声讨中，于1916年6月6日死去。死后，北洋政府为他在河南项城修建了奢华的陵墓。图为陵墓全景。

国；那些反对帝制的人，其所作所为已超出表达政治观点的范围，希望他们勿矫枉过正，危及国家。吁求各方善良坦诚，抛除歧见，同心协力，共济时艰，使我神州大地免除同室操戈之祸，化动乱为祥和。”

附：袁世凯敕令原文

民国肇建，变故纷乘，薄德如予，躬膺巨艰。忧国之士，怵于祸至之无日，多主恢复帝制，以绝争端而策久安。癸丑以来，言不绝耳。予屡加呵斥，至为严峻。自上年时异势殊，几不可遏，佥谓中国国体，非实行君主立宪，决不足以图存，倘有葡、墨之争，必为越、缅之续。遂有多数人主张恢复帝制，言之成理，将吏士庶，同此悃忱，文电纷陈，迫切呼吁。予以原有之地位，应有维持国体之责，一再宣言，人不之谅。嗣经代行立法院议定由国民代表大会解决国体，各省区国民代表一致赞成君主立宪，并合词推戴。中国主权本于国民全体，既经国民代表大会全体表决，予更无讨论之余地。然终以骤跻大位，背弃誓词，道德信义，无以自解，掬诚辞让，以表素怀。乃该院坚谓元首誓词，根于地位，当随民意为从违，责备弥严，已至无可诿避，始以筹备为词，藉塞众望，并未实行。

及滇、黔变作，明令决计从缓，凡劝进之文，均不许呈递。旋即提前召集立法院，以期早日开会，征求意见，以俟转圜。予本忧患余生，无心问世，遁迹洹上，理乱不知。辛亥事起，谬为众论所推，勉出维持，力支危局，但知救国，不知其他。中国数千年来史册所载，帝王子孙之祸，历历可征，予独何心，贪恋高位？乃国民代表既不谅其辞让之诚，而一部分之人民，又疑为权利思想，性情隔阂，酿为厉阶。

诚不足以感人，明不足以烛物，实予不德，于人何尤？辜我生灵，劳我将士，以致群情惶惑，商业凋零。抚衷内省，良用矍然；屈己从人，予何惜焉？

代行立法院转陈推戴事件，予仍认为不合事宜，着将上年十二月十一日承认帝位之案，即行撤销，由政事堂将各省区推戴书，一律发还参政院代行立法院，转发销毁。所有筹备事宜，立即停止。

庶希古人罪己之诚，以洽上天好生之德，洗心涤虑，息事宁人。盖在主张帝制者，本图巩固国基，然爱国非其道，转足以害国；其反对帝制者，亦为发抒政见，然断不至矫枉过正，危及国家。务各激发天良，捐除意见，同心协力，共济时艰，使我神州华裔，免同室操戈之祸，化乖戾为祥和。

总之，万方有罪，在予一人！今承认之案，业已撤销，如有扰乱地方，自贻口实，则祸福皆由自召，本大总统本有统治全国之责，亦不能坐视沦胥而不顾也。方今闾阎困苦，纲纪凌夷，吏治不修，真才未进，言念及此，中夜以忧。长此因循，将何以国？嗣后文武百官，务当痛除积习，黾勉图功，凡应兴应革诸大端，各尽职守，实力进行，毋托空言，毋存私见。予惟以综核名实，信赏必罚，为制治之大纲，我将吏军民尚其共体兹意！此令。

# 前民国总理唐绍仪公开抨击袁世凯

1916 年 5 月 21 日

题记：唐绍仪是中华民国前总理。最近，两位美国女记者韦尔（Elsie F.Weil）和艾玛森（Gertrude Emerson）在上海对他进行了采访，这是唐绍仪三年来首次敞开心扉，畅谈时局。唐绍仪公开抨击袁世凯总统，他坦率地说，袁世凯已失去影响力，必须辞职。唐先生还是民国驻美国公使顾维钧的岳父。

唐绍仪怀抱他的爱孙照。（《纽约时报》原文插图）

一个又一个传闻总是私下里在上海偷偷播散。然而，今年 3 月末的一天，有个消息却公开传播出来。不管是在码头上衣裳褴褛、汗流浃背装卸重箱的苦力们，还是身着绫罗绸缎、站在柜台后优雅抽着银质水烟斗的商人，不管是穿着新式服装的中国人，还是昂首阔步、举止夸张的美国人，都在议论袁世凯取消帝制的消息[①]。辞职、退休、流放甚至死亡的字眼，都在人

① 1916 年 3 月 22 日，袁世凯宣布取消帝制，6 月 6 日袁病死。

们口中流传。上海是催生中国革命思想的摇篮。自袁世凯掌权以来，人们第一次敢于公开发表言论了。

## 中式打扮比任何西式服装更能衬托他的相貌不凡

唐绍仪先生是中华民国前总理、袁世凯拿破仑式梦想的坚决反对者，也是中国新思想的代表人物。唐绍仪先生自从与袁世凯公开决裂后，一直住在租界里。我们来到他位于靶子路（Range Road，*现名武进路*）的家里进行采访。唐宅是一幢方形砖瓦结构的洋房，宽敞明亮，弧形的露天阳台下，有一个美丽的花园。客厅里生着火，暖意融融。椅子有舒适的靠背，摆放恰到好处，低矮的茶几置于其间。

唐绍仪先生很快就过来了，与我们热情握手，像在其他类似场合一样，用有些正式的礼节问候我们，令人倍感亲切。尽管唐绍仪先生受过良好的西方教育，熟知西方礼仪，他仍是一个中国人，也是当今中国最杰出的思想者。他身穿中式服装，一袭青色绸缎长衫，灰绿色丝绸长裤，黑色小褂，黑色布鞋，头戴一顶黑色绸缎瓜皮帽。这身打扮比任何西式服装更能衬托他的非凡相貌。

他说，“你们远道而来，到我们这个饱受内乱折磨的贫穷国家采访，这是件好事。”

## 即使再发动 100 次革命，也必须保留共和制度

当我们问及他是否愿意评论袁世凯总统所作所为的重要意义时，他身体略向前倾，用手指转动着他的瓜皮小帽，眼镜后的目光变得深邃起来。

他毫不迟疑地回答道，“袁世凯总统已经颜面尽失，不得不辞职了。用你们美国人的话来说，他已经叫苦连天了，而我们还没怎么对他施加压力呢。我与袁世凯曾是挚友，因此我也给他发了一封很长的电报，督促他接受业已无法改变的现实，尽快辞职。我告诉他，他违背了自己就任总统时的誓词，再也无法获得中国人民的信任了。中国人现在认为他再也没有过去的勇气和能力了。我们也许无法拥戴袁世凯，但对于这位国家的领导人走到今天这一步，在中外都传为笑料，我们也同样感到遗憾。”

“我非常关注中国的现状将会产生什么样的后果，因为我曾经与袁世凯及其政府有过极其密切的关系。也许我是袁世凯时间最长的朋友。我离开北京去美国学习时只有 22 岁，那年袁世凯 24 岁。我们从那时起就是好朋友。1912 年 6 月我

辞去总理一职后，没有人再敢拍着桌子对他说话，没有人敢批评他或直言相谏。所有清醒的人都希望袁世凯辞职。即使我们再发动一百场革命，也必须保留共和制度。”

## 在任何一个国家，政府都掌握在少数人手里

我们问唐先生，“那怎么对待‘人民的意愿’呢？事实上，中国老百姓只要生活安康，是不会在意有什么样的政府的。”

“中国老百姓也许不在意，但有包括商人在内的几十万中国人真正关心中国的未来。在任何一个国家里，政府都是掌握在少数人手里的，在奉行民主的美国也是如此。中国人没有实质的宗教信仰、没有教堂，也不相信上帝。如果你问中国人他信仰何种宗教，95% 的人会告诉你‘我的良知’。我们中国人反对袁世凯，不仅是因为他试图建立一个君主国，更是因为他违背了对国家的承诺。”

“共和制对中国而言是最好的体制。中国人的精神从孔孟时代起就是民主精神。中国各地区和城镇都实行自治。在中国城镇中，常常十年间都没有行政长官。在我生长的村子里，40 年都没有一个村长。我认为中国是世界上最民主的国家。我们从来不像英国人那样去问‘你是谁’，‘你父亲是谁’。在中国，哪怕你是出身最低贱的苦力的孩子，只要你受过教育，都有可能获得国家最崇高的职位。通过考试的学生中有 90% 来自穷人家庭。”

“袁世凯辞职后，副总统（指黎元洪）将自动继任总统一职。我们将权力交付宪法和副总统，直到参众两院改革。副总统并非很聪明的人，但品行端良，相信他能保卫共和。民国可能需要两到三年才能良好运作。根据第一部宪法，总统任期为五年。如果袁世凯下台，副总统继任，时间当为两年半。届时将会完成新宪法的起草。现在的宪法太过繁冗，国会议员人数太多，需要精简一半。新宪法可能会采用法国模式，由总理组成负责任的内阁，总统拥有否决权。”

## 不能只从中国仆人和下属那里获得消息

当我们问及，为什么袁世凯放弃帝制之前十天，北京的外国使团似乎没有人能想到事情的演变时，唐先生脸上闪过些许笑意。

唐绍仪说，“北京使团的情报工作不太成功。他们的外交官们没有与民国的政府官员拉近距离。外国商人只与中国的买办打交道。欧洲人嫉妒日本人总是最先得知中国的政治消息，这是因为日本的领事官员和使节们非常聪明，知道与我

们的官员搞好关系。如果其他使团也这样做，而不是只从自己的中国仆人和下属职员那里获得消息，情况肯定会好一些。你们美国的驻华公使芮恩施博士并不了解我们，古德诺[①]也只是被当成了一个工具。古德诺是一个伟大的学者和教授，是一个伟大共和国家的公民，但他也被君主制所蒙蔽，因为他并不真正了解中国现状。”

“我的外国朋友常对我说，袁世凯是唯一能够统治中国的人。我告诉他们，我为我的国家感到遗憾。如果袁世凯明天死了，那中国该怎么办呢？”

## 即便日本现在是军国主义政府，但中日友好是两国利益最佳选择

记者大胆地问，“也许袁世凯比日本人要好。日本显然希望在中国获得更大利益，而袁世凯挡了日本人的道。”

唐绍仪回答道，“日本人的确想要推翻袁世凯，但这是出于私人原因。不论外界怎么说，日本是希望中国建立一个强有力的政府的。我们都必须向前看。一个强大的陆上邻居要好过一个虚弱的五流国家。日本在过去九个月中改变了看法。他们本可以轻而易举地向中国政府施压，要求通过包括第五号条款[②]在内的‘二十一条’的。”

“日本只需要 36 小时就能武力占领中国。日本在中国的边境上的朝鲜半岛和满洲里训练军队，拥有世界一流的交通设施，能快速集合海军和陆军进入中国领土。日本在数个战略要塞上都有优良的军队医院，去年在福州建立了三个拥有世界最先进设备的医院。日本在汉口等地还有装甲车库和军营。另外，许多日本人以商人身份做幌子，潜入中国政府部门，为日本政府收集数据情报。日本人比我们更了解中国的人口情况和地形。最近，天皇政府铁路部门发行了一本关于中国的旅行指南图书，里面关于中国的地图和统计数据非常准确详细，堪称奇迹。”

“然而日本人并不短视，不会只考虑眼前的可能性。日本有六千万人口，他们怎会如此没有理智地想到要征服一个拥有四万万人口的中国呢？历史表明，中国融合了包括鞑靼人、蒙古人、满人在内的异族，甚至所有来到中国土地上生活

---

① 古德诺（Frank Johnson Goodnow，1859—1939），美国政治学家和教育家，1859 年 1 月 18 日出生于纽约布鲁克林，1939 年 11 月 15 日在巴尔的摩去世。1883—1914 年在哥伦比亚大学教授法律，1914—1929 年任约翰·霍普金斯大学校长，先后教授行政法、历史和政治学。创建美国政治学会，1903 年成为该学会首任主席。1913 年曾到北京任民国政府法律顾问，1915 年发表《共和与君主论》，认为共和制度不适合中国。

② 1915 年 1 月 18 日，日本驻华公使日置益觐见袁世凯，递交“二十一条”要求的文件，要求袁政府“绝对保密，尽速答复”。尤其是其中第五号要求中国政府聘用日本人为政治、军事、财政等顾问，中日合办警政和兵工厂等，企图把中国完全置于日本控制之下。

的外国人也不例外。日本需要的是一个文明强大的邻居，一个能与之发展最佳商业和社会关系的国家。即便日本现在是激进的军国主义政府当权，中日两国迅速发展并保持友好往来也是两国利益的最佳选择。”

## 袁世凯吹嘘自己是拿破仑第二，但中国不需要拿破仑

这时唐夫人过来上茶，暂时打断了采访。唐夫人是一位魅力非凡的女主人。唐先生则尽主人之谊，将茶杯递给我们，并像慈父一样劝我们多吃些蛋糕，因为这是他的女儿亲手制作的。蛋糕非常美味。

唐先生问，“你们见过我的女儿了吗？就是顾维钧公使的夫人。我知道我的女婿就中国君主制的问题向美国媒体发表了声明。我希望他现在能回国，而不应再追随袁世凯了……你们喜欢中国茶吗？对不起，我这里没有牛奶。”

记者表示自己从不在茶里放牛奶。唐先生对此感到很有趣，因为他不知何故，一直误会所有外国人喝茶时都放牛奶。这个小插曲有了后续故事。我们离开上海时，一个信差来到我们住的饭店，送上两盒上等中国茶叶，作为记者访问中国的纪念品。

唐绍仪先生突然再次开口，“我们给了袁世凯四年时间，让他展示能为这个国家作的贡献。而他没能给予人民任何言论或行动上的自由。他强迫解散了国会，重新选举自己为终身大总统，将那些承诺帮助他登上帝位的人笼络在身边。袁世凯吹嘘自己梦想成为拿破仑第二，可是我们不需要在中国出现一个拿破仑。我们需要的是一个杰出领袖，能率领一个负责任的内阁治理国家。”

## 改革全是纸上谈兵

“袁世凯任大总统期间一事无成。盐税涨了，税银并没有流入私人口袋，而是任由政府挥霍。中国的穷人更穷了。税收急剧增长，其中 78% 都用于军队开支。总统时时提及对于教育问题的关注，但他从未推动任何教育发展。在我家乡的省，原来政府每年会拨出 60 万两白银用于教育，但袁世凯上台后，每年只剩下 20 万两白银了。其他省份情况也大致如此。更有些时候，政府完全不在教育事业上进行任何投入。”

“我可以大胆地预测，如果 78% 的岁入不是用于军事方面的挥霍而是投入教育事业中，就不会有革命爆发，袁世凯今天也许还能继续掌权。政府其他部门和领域的情况也是如此。改革全是纸上谈兵，像是满屋子纸片散落在地。袁世凯没

有对财政预算进行过任何实质性改革，也从未改进水道，建立国际通信系统，或是开发矿产等各种自然资源。他也没有采取任何措施，引导建立一个健康智慧的政府。”

## 民选领袖如此害怕民众极为奇怪

“优秀人才是无法与袁世凯总统共事的。袁不相信任何人，只相信他视力所及的人去执行他的命令。袁的策略就是让一个政党反对另一个政党，形成制衡。有时他会派同样的人去互相监视对方，向他报告彼此对某一计划的想法态度。袁世凯害怕炸弹和暗杀，于是把自己锁在高墙内。对于一位由人民选举出来的领袖而言，如此害怕面对公众是极为奇怪的。在他执政的四年间，走出官邸的次数不超过六次。他本应坐在敞篷车里，向他的子民表示自己对他们的信任，或者至少表明自己并不害怕他们。”

“当然，袁世凯是一个非常勤勉的人。他在工作日从不休息，但他对现实情况却所知甚少。尽管他一直承诺要引入西方式改革，但他对西方世界毫无了解。过去在我们还是朋友时，我常对他说，‘你应该戴上眼镜，仔细看看外面的世界。你从来没走出过中国，甚至没有真正出过省。除了那趟从汉口到南京的旅途，你对中国几乎一无所知。你的视野集中在一个狭隘的小圈子里，看不到外面的世界。’”

## 袁世凯的私生活是国家道德的耻辱

“我希望美国人民能注意一个至关重要的问题，就是中国的道德改革。我们希望有一个具有崇高道德理念的总统。袁世凯总统的私人生活是国家道德的耻辱。袁世凯本人就是父亲的偏房之子，因此他从未觉得这一道德体系有何不妥。袁世凯总统有 5 位夫人，共为他生育了 28 个孩子。他另外还有数个小妾和舞姬。一旦他去世，所有的孩子将会斗得你死我活，恨不得掐断对方的脖子。中国历史显示，在过去 400 年间，只有一个皇子不是死于暴力或其他非自然死亡。最大的原因就是缺乏有道德的家庭生活。”

“中国家庭的缺陷就在于一夫多妻制。妻妾成群是家族的悲哀。我们希望能让后世子孙明白，纳妾是一种罪行。”

“我们国家的另一缺点是过分重视死亡。袁世凯助长了这一风气，他花费巨额钱财修建自己的陵墓，为修建其在河南的先祖坟墓就花了 10 万美元。这种观念是不对的，而且浪费钱财。我当然希望我们的人民尊重死者，但这并不是要对死者的过分尊重和畏惧，甚至超过生者。这种观念是不对的。”

## 任何君主制拥护者都不是真正的爱国者

“还有一点，我不认为任何一个君主制拥护者是真正爱国，从心底对国家怀有无私感情的。恢复帝制的最初的六个倡议者全都是吸鸦片的大烟鬼！我是知道这些大烟鬼是什么样子的，除了那杆烟枪，他们什么也顾不上。你能指望这样的人如何在意自己的国家呢？我不是要辱骂吸食鸦片的人，因为我自己家中就有人吸鸦片，然而鸦片之恶甚于酗酒。酗酒让人变成野兽，而吸鸦片让人变得懒惰乏力，卑鄙狡诈。无论从哪一方面来看，这些支持君主制的大烟鬼们的意见都未见精妙之处。然而袁世凯恰恰就是听从了这六个最恶劣的大烟鬼的建议，形成了他复辟的整个计划。”

## 青年应为国家贡献更多活力

我们问唐绍仪先生是否有意在新政权建立后再度出山。我们知道，袁世凯总统曾允诺任命王芝祥为直隶总督，但后来又食言，任命了别人。直隶是北京所在地，1912年国民党同意妥协将国民政府定都北京，而北京正位于直隶省。时任总理的唐绍仪拒绝在任命书上签字，认为这违反了共和制的基本理念。当时唐绍仪抗议袁世凯违背作为总统的信约，袁对唐说，“我的好兄弟，你应该站在我的立场上想想，你应该非常清楚该怎么处理此事。”

第二天，唐绍仪就离开北京前往天津，一周后辞去总理一职。

唐简要地回答道，“出于道义考虑，我绝不会再担任政府职务。当然作为一个公民，我会倾我所能帮助政府。但我已经老了，不适合再出任公职。年轻人应该站出来，为这个国家贡献更年轻、更有活力的想法。”

## 唐绍仪喜爱收藏文物

采访结束后，唐绍仪先生引我们走过大厅，参观其他房间，向我们展示他的私人珍藏。这也许是全中国最好的私人收藏，各类宋明时期珍品、月光釉（Clair de Lune）、牛血红釉（Sang de Boeuf）、紫粉红釉（Peach blow）、青花瓷（Blue and White）等，都放在倚墙而立的博古架上，每个古董都有精心雕刻的柚木底架，放在绸缎作衬垫的粉色盒子里。唐先生用美学家的手指爱抚过每件藏品。这位伟大的政治家，永不妥协的理想主义者的光芒，这时突然淡去了。

他举起一个巨大青瓷花瓶，像海之仙女的颜色，浮雕是象征皇权的龙，龙身盘绕，五只金爪扣紧瓶身。

“这是我的至爱之物。”唐绍仪先生说，“这个花瓶非常珍稀。我手下花了五年时间才找到它，想在中国为它找一个可与这匹配的花瓶。摩根大通公司（J. P. Morgan）会不会有兴趣收藏它呢？”

看来至少有一些帝王之物是唐绍仪先生不憎恶的。

# 君主立宪制是中国的选择

1916年6月4日

梁士诒

题记：梁士诒被誉为“中国的大脑”、“王座背后的权臣”。他是唐绍仪1906年赴印度谈判西藏问题时的参赞。1907年出任大清邮传部铁路总局局长兼交通银行帮理，后署理大清邮传部大臣和交通银行总理，民国建立后出任袁世凯总统府秘书长。1913年5月至9月，任财政部次长。目前，梁士诒任海关税务司督办。梁士诒的政治实力体现在他对北京政府的控制。他能够对当局各个部门的事务施加影响。他巨大的个人影响力及对中国银行业和铁路系统的控制，使得他拥有取之不竭的权力资源。在当前的革命中，他为整个湖南的军队提供资金。最近的帝制复辟运动，被认为是他的策划。在共和制度下，他所能拥有的权力显然更大，但他没这样做，从而更证明他对帝制的拥护。而近来北京街头谣传梁士诒正秘密从事颠覆袁世凯的行动。他不会讲英语，这篇文章是中国前外长伍廷芳的儿子伍朝枢翻译给两位美国女记者看的。它写于最近的议会召开前不久[①]。

中国到底应该实行共和制还是君主制？国民会议的代表毫无异议地一致赞成

① 本文应成文于1916年3月22日袁世凯取消帝制之前。

中国采取君主立宪制，显然中国将成为一个君主立宪制国家[①]。民意表明，只有君主制才能将中国从内忧外患中挽救出来，带领她步入世界强国之林。

## 大总统是不是我们新皇帝的名字？

在中华泱泱五千年历史中，我们一直被专制官僚政府掌控。直到最近20年，西风东渐，我们开始意识到民选政府的必要性。包括政府官员们自己也对此表示认同。我们的政府相信，只有通过代议制才能造就富强的国家和良好的政府。然而，考虑到当下中国普通民众的素质，我们无法直接照搬教育水平较高的西方国家的民选政府模式。于是，我们的政府选择一种渐进方式，力求在现阶段既定环境之下，最大限度地实现民选政府的目标。

人们普遍认为，构成中国之脊梁的广大民众，他们是世界上最热爱和平、最容易统治的人民，但他们根本不知道“政治”二字为何意。真实的情况是，他们效忠君主，尊敬长官，并且只有最基本的要求，即官府能够保护他们的生命和财产，除此以外别无他求。即使官府并没有保护好他们的生命和财产，通常情况下，他们也不会揭竿而起反抗官府，而是重新寻找工作营生。

梁士诒

这种深植于民族血脉的国民特性能够从厘金的事例中找到更充分的证据。所谓“厘金”是向所有内陆交易的商品征收千分之一的税，在各省之间以及省内皆设有征税关卡。1853年，太平天国起义，全中国陷入一片混乱状态，清政府为镇压起义军，开始征收厘金。在此期间以及后来的辛亥革命，再到1913年失败的革命[②]，全国商业保持了相当的稳定。1913年海关税收款额未见任何波动。这些数据表明，尽管政局动荡、政府更替，但总体说来，多数中国老百姓的营生仍然保持在先前的水平。

① 1914年1月10日，袁世凯下令解散国会，先后代之以御用的“政治会议”、“约法会议”和“参政院”。袁世凯通过政治会议颁布了《咨询政治会议救国大计令》，为其彻底解散国会提供依据，并且据此设立约法会议。在约法会议上，颁布《中华民国约法》，通过《参政院组织法》和《立法院组织法》，通过了《修正大总统选举法》。参政院正副院长和参政员均由袁世凯任命。通过参政院，议决“国民代表大会”来决定变更国体问题。1915年12月11日，在袁世凯操纵下，各省国民代表共1993人全票赞成中国实行君主立宪制。

② 指孙中山发动的讨伐袁世凯的“二次革命”。

也许对国内的少数人来说可以谈论共和制，但对于大多数国民而言，这不是一个明智的想法。“大总统”是“President”的中文说法。有一次，当一名官员在内陆省份考察询问一名村民是否知道“大总统”的含义时，村民回答说：“这是不是我们新皇帝的名字？”而另一名村民经过启发，似乎有些明白了，他问道：“那我们的大总统是外国人还是中国人？”

## 忠君思想是维持国体的基石

美国实行共和制已有140年历史，而中国实行君主制已经有5000年历史。想要中国国体从根本上转变为共和制，就像强迫美国突然转变为君主制一样令人匪夷所思。而这中间还有其他的缘由。西方国家基本上都是宗教国家，无论在古代、中世纪还是现代，基督教在国家政治事务中始终扮演着极为重要的角色，尽管它的作用近来有所削弱。但是在中国，宗教从来没有发挥过如此强大的作用。相反，是一套儒家伦理道德体系将不同民族和不同地域紧密地联系起来。

在中国政治思想中始终占据主导地位的是儒家思想，提倡所谓“四德”和“五伦”，忠、孝、节、义是最基本的道德准则；君臣、父子、夫妇、兄弟、朋友是支撑社会的人伦关系。其中忠君是维系整套国家政治体系的基石，也是国家建立“德政”的核心。如果忠君思想不复存在，那么中国整套传统价值体系就将崩塌，国家便会陷入十分危险的境地。这一点特别对军队带来的危险不可低估。中国人的内心始终保持着这些基本的原则。然而，近年来，他们失去了立身处事的原则，失去了对君主的忠诚。因此，社会秩序变得一团糟。

## 民主不是随心所欲的通行证

现在南方的叛乱[①]是人为造成的，绝不能代表国民的意愿。如我们现在所能了解的，国民的唯一愿望便是保持国家的和平。在民选政府统治的国家，以适当方式组织起来的机构，如国会、商会以及媒体，能够帮助国民表达心声，代表民意。然而总会有一些个人在社会上没有政治力量，当他们诉求自身利益时，便会失望而归。我们当中一些受过思想启蒙的人士，自然明白自由不等于随心所欲的通行证，各种民意表达机构仅能在有限范围内施加有限的影响；但是，大多数未

① 指1915年12月袁世凯称帝后，唐继尧、蔡锷、李烈钧将军从云南发起的护国运动，南方各省纷纷响应，宣布独立。

上海四川路的美租界。

受过良好教育的人，他们质疑政府的管治，以为民选政府意味着每一个人都可以掌控国家事务。

在官僚阶级内部，也有人认为政府是在故意拖延向民选政府转变的步伐。正如在大多数国家一样，我们也有一个激进党和一个保守党。两党在不同政策之间出现的冲突，造成一种局面，给企图制造麻烦的人以可乘之机，这些人包括学生、记者，还有政客。目前，大约有 1900 名中国学生在日本的大学里深造，在过去数月，中国革命党人在东京集会，策动南方的这场革命，仅有寥寥百名学生到场（日本官方文件指出只有 700 名中国学生出席集会）。由此可见，受过良好教育的知识群体并不支持这场革命运动。

中国遇到的另一个问题，是一个其他国家从未遇到过的问题，便是外国租界问题。1897 年，中国与德国签订通商条约，随后在 1898 年，又与俄国、英国、法国签订通商条约。由于当时满清政府的失策，这些租界就这样建立起来。生活在租界内的中国人无法与外界自由交流他们的想法，最终变得与中国普通民众的生活隔离开来。仅在上海就有 25 万中国人居住在外国租界。由于中国政府在租界内没有行政权和司法权，一些对政府不满的人便躲在租界内制造麻烦，而政府对此也束手无策。媒体散播反政府舆论，由于租界的庇护而享有豁免权，政府也很难控制。另一个与当前叛乱相关的是短时间内我们很难妥善解决人口过多的难题，商业贸易匮乏，由此造成国民就业机会稀缺。

当前的叛乱，并非许多人想象的“南北之争”。在长江南北，并无界限之分。

北京政府中有 70% 的官员来自南方，并且很多人官居显赫。另外，也有许多北方人在南方担任要职。南、北双方之间并无根本分歧。此次叛乱也不是国策方针之争或主义之争，它仅仅是一些政治派系将小集团利益凌驾于国家利益之上所致。武力的争执最终只能由武力来解决。南方的军队毫无疑问将会被北京政府指挥的强大军力镇压下去。

## 中国宪政愿景

共和制的致命弱点是它的不稳定性。中国如果想要在世界各国的残酷竞争中存活下去，注定要走上君主立宪制的道路。正如总统令所颁布，恢复帝制将在平定叛乱、恢复全国和平后进行，而立宪计划也正在加速推进，预计两个月内即可完成。

至于具体程序，主要将经过三方之手。十人起草委员会目前正在起草宪法草案，随后将呈送至由 70 人组成的参政院，最终提交给立法院[①]获取批准。立法院是新近成立的，意在将去年选举产生用以讨论宪法的国民会议转变成一个立法机构，其法理依据是临时制宪会议为国民会议和立法院设计的各个环节流程，无论是选举区域、选举方法、选举资格或其他细节都完全一致。

目前，起草委员会尚未完成宪法起草，但我们可以肯定它将主要体现两个原则，即两院制和对违宪政府官员具有弹劾权。我们将建立一个责任内阁，与法国的模式比较类似，即总理和内阁阁员负责处理国务，而不是英国模式下的整个内阁问责制。我们还将建立一个与美国类似的审计署，同时将有一个行政法院[②]，负责受理行政诉讼。该法院的设计基于我们认为普通法院无法裁决行政事务。同样，在商事法院，我们将有法律专家对特定领域的案件进行仲裁。

审查预算是国会最重要的工作内容之一。众议院将负责对国家财政的必要监控。主要程序是由各省将预算支出先提交至中央政府相应各部，例如，司法预算提交司法部，以此类推。然后，由财政部将各部收集的预算支出进行汇总，提交内阁会议讨论，随后提交立法机构，可能叫国会或议会，也可能叫其

---

① 1914 年 5 月 1 日，袁世凯颁布《中华民国约法》，设立参政院，作为总统的咨询机构。1916 年 2 月 28 日，袁世凯颁令提前召集立法院，以国民会议复选当选人为立法院议员复选当选人。4 月 1 日，袁又颁令国民会议与立法院议员选举分别办理。至 6 月 6 日袁世凯去世，立法院仍未能成立。

② 指“平政院”。自清末立宪以来，西方法律制度逐渐传入中国，行政诉讼制度成为宪政制度的组成部分。1911 年 12 月 2 日《中华民国鄂州约法及官制草案》第 14 条规定：“人民得诉讼于法司求其审判；其对于行政官署所为违法损害权利之行为，则诉讼于行政审判院。”1912 年 3 月 11 日颁布的《中华民国临时约法》第 10 条规定：“人民对于官吏违法损害权利之行为，有陈诉于平政院之权。”1914 年 5 月 1 日，袁世凯颁布《中华民国约法》，由此建立中国历史上第一个行政诉讼审判机关平政院，主管行政诉讼，负责纠察行政官员违法不当行为，并就行政诉讼及弹劾事件行使审判权。

他名字。

立法机构将派出一个审查委员会进行审议，各部总长或其代表必须到场接受质询。但是，当审查委员会向众议院进行报告、相关议案已提交三读后，将不再允许政府代表出席。如果议案通过，将呈送参议院评审，并最终以法律形式呈送给国家元首。迄今为止，袁世凯未驳回过任何预算提案。但今年，军队开支和公务员薪水都将缩减。

在一个君主制国家，永远不可能期待君主是全能圣人。因此在政府职能中，必须有各部总长和民选国会加以制衡，而他们的权力也需要被法律清晰地界定。目前，总统手中掌握着整个政府权力，但将来他的权力将受到约束。他将拥有否决权及对重要官员的任免权，并有权召开国会、宣布休会以及在一定限制条件下解散议会。

当国会休会但国家出现紧急情况需要立即采取行动时，总统将有权颁布拥有法律效力的法令，直到下一次国会召开。此外，总统的权力还包括外交权、宣战权、请和权、赦免权、颁赏荣典权及签署极刑权。

国会有权通过或者驳回预算。当内阁各部总长违宪时，国会有权进行弹劾，有权审核所有收支账目。内阁有权启动议案，但国会议员在不涉及财政、国防的情况下也可启动议案。在美国模式下，国会议员有权启动财政开支议案，这可能导致金钱挥霍、政治腐败以及耗费大量时间等一系列严重后果。国民拥有的最大权利是自由，即人权、居住权、贸易自由、结社自由、宗教信仰自由和言论自由。所有适宜的民意表达机构都将被鼓励和承认——包括议会、国民会议、媒体、商会。商会对贸易纠纷进行的仲裁将拥有法律效应。

宪法起草委员会 10 名成员中包括 3 名外国人，他们是英国籍政治顾问莫理循博士、日本籍法律顾问贺长雄博士（Dr. Nagao Ariga）、美国籍法律顾问韦洛贝博士（Dr. W. F. Willoughby）。7 名中国成员是国务卿及外交总长陆徵祥、税务处督办梁士诒、审计署长孙宝琦、内务总长朱启钤、农商总长周自齐、司法总长章宗祥、财政次长龚心湛。立法院第一次会议将于 5 月 1 日召开。同时，将成立参议院，或者将现有参政院直接转变成参议院，或者通过选举或提名方式产生，以此实现两院制。

推行宪政后，中国政府将运转得更加有效。通过实现国家发展三大计划，即促进商业贸易、改革军队、实行全民教育，相信中国必将逐渐屹立于世界民族之巅。

# 伍廷芳寄望中国青年

1916年7月9日

题记：袁世凯总统去世后不久，前中国驻美公使伍廷芳[1]接受了两位美国女记者韦尔（Elsie F. Weil）和艾玛森（Gertrude Emerson）的采访。伍先生称，中国下一代国民的思想观念将有巨大改变，并取得伟大的成就。

伍廷芳。（《纽约时报》原文插图）

上海法租界春光明媚。垂柳吐出了翠绿的新芽，白色的玉兰花尽情绽放。鳞次栉比的西式小楼让人想起纽约的长岛（Long Island）。黄浦江上，破旧的小渔船与远洋巨轮交错而过。大马路上，人力车夫们拉着洋车在小轿车的队伍里穿梭不息。这个充满西方格调的东方大都市一切皆如往常。然而，从北方传来了消息，袁世凯宣布放弃帝制，回归共和。上海人对此毫不掩饰他们的喜悦之情。两年多来，革命党人再次有了言论的自由，而不必担心掉脑袋了。

北京传来的这条消息是我们此次政治采访的重要背景。我们驱车前往伍廷芳博士家，对他进行个人专访。伍博士是中国前驻美公使、孙中山组建临时政府时的外交总长、中国现代司法制度的创立者和一位退休的革命党人。他现居住在上海法租界内最好地段的一所宅子里。伍家寓所颇有纽约第五大道的风范，四周绿草如茵，围墙以铸铁栅栏筑成。室内的摆设富丽堂皇，正如赚足钱的股票经纪人在他们脑海里所憧憬的那样。

管家微笑着鞠躬行礼，引导我们进入客厅。客厅内铺着棕色地毯，柔软绵厚。黑漆雕花的家具，墙上挂着装裱的诗卷，金纸黑字，气势非凡。伍廷芳博士很快就

① 伍廷芳（1842—1922），清末民初杰出的外交家、法学家。本名叙，字文爵，号秩庸，后改名廷芳。祖籍广东新会，出生于新加坡，3岁随父回广州芳村定居，1874年自费留学英国，入伦敦学院攻读法学，获博士学位及大律师资格，成为中国近代第一个法学博士，后回香港任律师，成为香港立法局第一位华人议员。洋务运动开始后，1882年进入李鸿章幕府出任法律顾问，参与中法谈判、马关谈判等，1896年被清政府任命为驻美国、西班牙、秘鲁公使，签订中国第一个平等条约《中墨通商条约》。辛亥革命爆发后，任中华民国军政府外交总长，主持南北议和，促成迫清室退位。南京临时政府成立后，出任司法总长。1917年赴广州参加护法运动，任护法军政府外交总长、财政总长、广东省长。1922年，陈炯明叛变时，伍廷芳因惊愤成疾，逝世于广州。广州越秀山上有伍廷芳墓园。

出来了。他身穿一套洋红色的中式服装，上面是美丽的丝绣，头戴一顶瓜皮小帽。他在家中等候我们的到来。宾主分坐在黑色的小凳上，中间是一张小方桌。

## 讨论政治不是一件愉快的事

“请告诉我，”伍先生的英语好极了，语调轻快，说话间，他将头偏向我们，身体略略前倾，双手轻握方桌，“你们来中国多久了？准备从上海去哪里？准备在中国待多长时间？什么时候回美国呢？”

我们直接问他，并向他保证：“您为什么不再到美国访问呢？您一定会受到热烈欢迎的。”

“嗯，我现在不准备去，但以后会的。”他神情严肃地回答，“我告诉所有人，我会活到 200 岁。嗯，也许我得减去 50 岁，因为我希望在 200 岁前死去。不管怎么样，我保证将在 1959 年再去美国。你们听见了吗？到时候我在美国能见到你们吗？你们会在纽约、芝加哥还是旧金山呢？”我们调皮地说，会在旧金山码头欢迎他。他对这个答复表示满意。

“但是，1959 年实在太久远了，还要等很长的时间。那时候，任何事情都可能在中国发生。不如请您现在告诉我们，您对袁世凯放弃称帝有什么看法？”我们抓紧时间切入正题。

“你刚才说什么？”他眯缝着眼睛，将耳朵凑过来，“请你们谅解，我的听力有时不太好。”当不听为妙时，伍先生就经常耳聋，他就这样让粗鲁无礼的发问者感到为难或难堪。

我们俩可不管，同时大声地向他喊道，“您对袁世凯放弃称帝有什么看法呢？”

“哦，这次我听到了。”伍先生幽默地让步了，“中国现在处于转型期。事实上，我本人不想卷入到这些事情中去。讨论政治可不是一件愉快的事情。”

“可您是中国第一批、也是最著名的共和党人，又是南京政府时期的外交总长，对于中国取消帝制肯定有自己明确的看法吧！”我们不依不饶地追问他。

伍先生整了整自己的帽子，两只手更用力地握住方桌。他并不喜欢被两个美国女孩子这样苦苦相逼。她们本来应该只讨论上海是个多么可爱的城市，在这里购物多让人激动。如此唐突地提出这个问题来似乎不太礼貌，也不符合东方人的处事方式。

## 现在的北京政府不愿尝试新事物

“好吧，那我就告诉你们吧。”伍先生挥舞一下双手，把假想中的敌人赶跑了，

“我再也不想谈论政治了。我不是一个预言家，也不知道将来会发生什么事情。我确实有一些想法，”他的头狡猾地倒向另一侧，“但是，我不想说。可以这样讲，中国很快必将发生一次巨变。中国现在的进步太慢了，我们太落后了。辛亥革命后，我们以为会发生什么惊天动地的大事。年轻人的思想确实非常进步，但现在我们又退回到另一个极端了。革命兴起时，没有人会反对新的思想，激进分子总能抓住机会去推行和贯彻他们的想法。”

“现在的北京政府不愿再去尝试新事物了。政府里有许多在国外受过教育的人，但他们中大部分人都相当保守，反而成为了革新运动难以逾越的阻碍。可是，再过一二十年后，这些人会辞职或过世，那时，新来的人们肯定会引入进步的政策。”

## 北京的气息令人丧失革新的动力

“你们在北京时注意到北京不同寻常的东西吗？”他问道。

“宫廷的高墙吗？”我们猜道。

“不是。”

“满天的尘灰？”

“不是，再猜。”看到我们这么愚笨，伍先生显得很快活。

“蔬菜？动物？还是矿井？”我们两人中的一位脱口而出。这次猜谜，猜了20多个答案。

“都不是，是精神上的。”伍先生表情神秘地答道，“每一个城市都有自己独特的气息，就像人类身上的气味一样。巴黎、纽约、芝加哥，都有自己独特的气息。每个城市的气息各不相同。你们看，北京是一个古都，中国人在这里生活，不知经历了多少个朝代。只要你愿意，也可以变得很激进、很愿意改革，但是，你肯定会被这个城市无处不在的保守精神所影响，在不知不觉之间，自己就也变得保守起来。所有的政府官员都不再灵敏，从而丧失了革新的动力。”

“外国使团最早搬回北京，重新生活在这个城市历经无数朝代都不可撼动的保守和僵化的气氛当中。你们的驻华公使芮恩施博士来看我时，我警告过他，要仔细留心北京的特殊气氛。我告诉他，所有北京政府的同仁都会不自觉地在这种气氛的影响下变得保守。他们都被北京特殊的政治环境所影响了。能告诉我芮恩施博士现在怎么样了？是不是跟使团其他人一样，掉进这个陷阱里去了呢？”

我们感觉到，伍先生的提问里，似乎包含着宿命的无奈。

## 建立青年政府和迁都，可斩断北京的戈尔迪乌姆之结①

不待我们回答，他自顾自说下去，“我第一次去美国时，在那里生活了6年。回来时对革新充满热情。在美国，一切都是崭新的。人们每天都在谈论变化和革新。报纸上公然谴责不受欢迎的人，充满了对具有共和精神的爱国者的赞颂。我刚回国时，热切希望将陈旧过时的一切彻底清扫，包括修订国家司法制度、广泛传播社会科学知识启迪民智、选拔受过科学教育的专家进入政府部门工作、建立高效政府，等等。我满脑子都是美国精神，不断向在北京政府中当权的官员朋友们阐述自己的想法，全然不存半点私念。”

“他们会说，‘好的，我们一步步来做。’或者说‘嗯，真是个好主意，我们会尽快试一下。’他们总是有各种借口来敷衍我，给我含糊的、遥遥无期的承诺。这样过去六七个月后，我的热情也就被浇灭了。当有受过西方教育的新人怀抱理想和热情来到北京，像我当年一样热衷于谈论改革时，我就会慢吞吞地告诉他们，‘不对，这做不到。我们不可能做出这样的改变。’最后，当我意识到自己被北京的政治文化氛围毒害已严重落伍时，只得像我的许多同事一样告病还乡。北京最近有很多这样的病例，你们注意到了吗？”

伍廷芳着重强调，除非政府成员的大多数都是年轻人，他们对祖国的建设与进步具有巨大热情和崇高理想，否则，中国是不可能进行激进改革的。

“要消除北京的保守主义是非常困难的事，”伍廷芳说道，“我们必须立即斩断戈尔迪乌姆之结，将首都迁出北京。当然，此事极难。北京有外国使团，有他们的房屋和军营，还有大笔外国投资，这些都必须列入考虑范围之内。但是，至少中央政府可以迁到离北京两三英里远的地方。这是一个折中方案，聊胜于无。”

“我们为什么不能向日本学习呢？”伍先生突然收起嘲讽的口吻，“他们在400年前将首都由京都迁往东京。日本人相当聪明，我建议我的同胞们向隔海相望的邻居好好学习。”

## 与日本做朋友比做敌人好

“请告诉我们，”当伍先生提及日本时，我们迫不及待地打断他，“您是怎样

① “戈尔迪乌姆之结”（Gordian Knot）源自于古希腊典故。小亚细亚的北部城市戈尔迪乌姆卫城上矗立着宙斯神庙，庙中有一辆战车，在车轭和车辕之间用山茱萸绳结成了一个绳扣。绳扣上看不出绳头和绳尾，要想解开它，简直比登天还难。神谕说，如果谁能解开这个结就会成为亚细亚之王。此即有名的戈尔迪乌姆之结。几百年来，戈尔迪乌姆之结难住了世界上所有的智者和巧手工匠。公元前334年，亚历山大大帝率军到此，他凝视绳结，猛然间拔出宝剑，手起剑落，绳结断裂。

看待日本对华政策的？”

“请你们来告诉我吧。”他把问题又还给我们，“你们对日本对华政策有什么看法呢？”

我们自然回答道，有两种观点，一种是反对日本的；另一种观点认为中日是近邻，双方应保持友好关系。

“我介乎这两种观点之间。”伍先生似乎理清了思路，迅速作答，“我们当然不喜欢日本在‘二十一条’中威胁恐吓中国。如果一个国家因为拥有十倍于美国的陆海军实力，就要求美国让出加利福尼亚州作为其保护领地，你们能高兴吗？我们中国人也是这样想的，但是，我们非常无助。日本有强大的陆军和海军，而我们几乎什么都没有。我们也必须面对现实，与日本做朋友总比做敌人好。”

“我们在北京碰到许多年轻人，他们中许多人都认为日本对华意图绝非友善。我们与您的儿子进行过几次非常有意思的谈话，对他印象十分深刻。”

## 我们未来的希望寄托在青年身上

“他是一个好孩子！”提到儿子，伍先生双目放光，脸上全是一个父亲的骄傲。我们就是拿着他儿子伍朝枢[①]先生的信件才得以见到伍廷芳先生的。年轻的伍朝枢先生供职于北京政府的外交部，是中国当前最出色的外交官。据说，正是为了不影响儿子的远大前程，伍廷芳先生才保持着金子般的沉默。

“您对中国的新生深具信心吗？您是否认为，中国的年轻一代将为自己的国家作出了不起的贡献？”

“一定，一定会的。”伍廷芳先生讷讷地回答道，“我们的年轻人一定能够创造出中国的奇迹。当年轻一代掌权后，他们会取得了不起的成就。他们将破除旧思想，为中国带来明媚的阳光和清新的空气。我们有许多在国外，尤其是在美国接受教育的年轻人，他们可以把各种政治和科技知识带回来，推动中国走向现代化。我们未来的全部希望，都寄托在年轻人身上。”

① 伍朝枢（1887—1934），字梯云，广东新会人，生于天津。伍廷芳之子。曾留学美、英国，1912 年返国任湖北都督府外交司司长。1913 年当选为民国第一届国会众议院议员。1915 年任政事堂参议兼外交部参事。1917 年赴粤参加护法运动，1919 年春代表广州政府参加巴黎和会。1923 年任广东大元帅府外交部长。1924 年任国民党中央党部商务部长。1925 年任广东军政府外交部长。1927 年任南京国民政府外交部长。1929 年任驻美公使。1931 年任广东省政府主席、南京国民政府司法院院长（未就职）。1934 年 1 月 3 日病逝于香港，时年 47 岁。

# 北京政变①影响远东力量平衡

1917 年 6 月 10 日

加德纳·L. 哈丁（Gardner L. Harding）

1916 年 6 月 6 日，袁世凯去世。以后几乎整整一年，动荡、暴乱、政变等，一再冲击内忧外患的北京政府。袁世凯的继任者黎元洪总统是一个温和的自由主义者，在过去一年里，他执掌着一个尚能有效运转的临时政府，以典型中国式的中庸和妥协姿态，周旋于激进的南方军政府和守旧、令人厌恶的北洋军阀之间。但是，在两周以前，黎元洪免除了北洋军阀首领段祺瑞的国务总理职务，向北洋军阀发起了坚决的挑战。

袁世凯死后，产生了以黎元洪为总统、冯国璋为副总统、段祺瑞为国务总理的北京政权。图为段祺瑞的内阁成员：(右起)曹汝霖、刘冠雄、陆徵祥、段祺瑞、钱能训、段芝贵、朱深、傅增湘。

① 1916 年 8 月 21 日，段祺瑞因“再造共和”有功，出任国务总理兼陆军总长，掌握北京政府实权。1917 年 2 月 16 日，段祺瑞力主加入协约国，黎元洪反对，两人因对德宣战问题发生激烈冲突。3 月 4 日，段祺瑞及全体国务委员到总统府会商对德问题，促请总统黎元洪令驻协约国公使向驻在国政府磋商与德国绝交条件。黎元洪主张，绝交案应先提交国会审议。5 月 10 日，众议院开全院委员会审查对德宣战案，段祺瑞嗾使公民请愿团包围该院，迫于当日通过该案，并侮辱、殴打反对派议员。19 日，众议院议决缓议对德宣战案，须先改组内阁，各省督军要求解散国会。5 月 23 日，黎元洪免段祺瑞国务总理之职，以伍廷芳为代理总理。27 日，黎元洪任命李经羲为国务总理，随后，安徽、河南、浙江、山西、山东、陕西、福建、奉天、直隶和黑龙江等省纷纷宣布独立。6 月 14 日，张勋以调解黎、段冲突为名带兵进京，7 月 1 日拥清废帝溥仪复辟。

## 依法罢免，但引发军事政变

黎元洪此举完全符合宪法，他同时获得了国会与内阁大部分成员的坚定支持。然而，近来中国保守势力开始抬头。黎元洪对是否参加欧洲战争的态度一直摇摆不定。也许他有很好的理由，但是自从今年 3 月 14 日中德断交以来，中国政府迄今未就参战问题明确表态。北洋军阀的各位将领对是否站在协约国一方参加欧战这一关键问题也举棋不定，此事一直悬而未决。显然，他们没有真正意义上的独立外交政策。这次，他们利用参战问题挑起事端，要求北京政府尽快让段祺瑞复职。

过去一周，北洋军阀集结了一支强大的军队对抗北京政府。他们将黎元洪软禁在总统官邸，并派出一名保镖紧随黎的左右加以监视。北洋军阀赢得了中国 18 个省中 11 个省的支持，切断了北京与外地交通的 5 条主要干道，并控制了华北和中原地区，实力迅猛扩张，令世人瞩目。他们推出了一个独裁者和全套新内阁，不仅与总统和国会作对，也与新颁布的宪法和中国激进的青年运动作对，甚至与中国整个处于自由主义萌芽阶段的现行政治制度的目标与权威性作对。

## 黎元洪与段祺瑞

1911 年辛亥革命爆发后，黎元洪和段祺瑞分别为南、北两方军队指挥，他们在武昌城外进行了异常血腥和残酷的战斗。段祺瑞（*应为冯国璋*）下令在汉口纵火，给长江以南的人民造成极度的恐惧，为此恐怕也永远不能原谅他。段祺瑞将革命军死死地围困在武昌。尽管黎元洪率领的革命军勇气十足，但毕竟训练有限，战斗经验不足，最终被段祺瑞打败。如果论精明和残暴，当今中国无人比得上段祺瑞，正是他在辛亥革命后制造了南北军事对峙。正因如此，袁世凯重掌大权后，立即任命段祺瑞为陆军总长。

1915 年，袁世凯复辟帝制。尽管袁世凯竭尽全力诱惑和拉拢段祺瑞，并将其加封为亲王，但段顶住了旧主子的巨大压力，丝毫不为所动，并同其他中国人一起反对袁世凯复辟。我们永远无法获知段祺瑞为什么反对复辟，是因为他清醒地认识到袁世凯的皇冠如纸一般脆弱，还是因为他对共和制度真的忠心耿耿呢？但有一点很清楚，就是他的所作所为确实推动了中国的进步。

段祺瑞以政治家的独到眼光看到，他要么维持共和制，要么率领皖系军阀为袁世凯血战到底，二者必选其一。他选择了支持中国统一。据说，他当时乔装成苦力逃出北京城。1916 年 6 月，当昔日宿敌黎元洪做了总统后，他就成了国务总理最有力的候选人。

武昌起义爆发后，北洋军向革命军反扑，炮轰汉口，城内中弹起火。

第一次出任大总统的黎元洪。

因为袁世凯的倒行逆施和突然去世，整个北洋军阀都备受打击。而黎元洪奉行自由开放理念，不走极端，他把内阁中的其他职位都给了自由主义者，以此来回应时代进步的潮流。

## 这些人在中国伟大进程中只是匆匆过客

北京政府内部连续两天进行辩论，其间不时被两派的发言打断。中国政府终于在 3 月 14 日宣布断绝与德国的外交关系，这让美国国会感到很有面子。但在投票表决前，北京政府内部乌云密布，段祺瑞实际上已与内阁、国会和总统摊牌了。

是何种势力迅速膨胀以至于迅速打破了当时的权力平衡呢？段祺瑞的同伙们发动的势如破竹的军事政变给了我们答案。由政客和军阀组成的反动阵营坚定支持段祺瑞。那些支持中国自由开放的外国友人们也许对这些人发动的军事政变以及在此之后出现的混乱局势感到困惑不安，然而，这些暂时得势的人物在中国伟大进程中只不过是一些匆匆的过客，他们只是中国旧式腐朽领导阶级的代表。

## 段祺瑞明显要结盟日本而非美国

今年 3 月初，段祺瑞未与国会协商就企图与德国断交。段的盟友们开始插手其中。段祺瑞炮制了一封发给中国驻日公使①的电报，准备宣布中国决定与德国断交，并指示这位极度亲日的公使通过日本与协约国谈判。这就如同任命本野一郎②而不是伍廷芳为中国外长一样。尽管本野一郎肯定会非常乐意牵线搭桥，但黎元洪抢在电报发出前截获了它。

段祺瑞随即乘坐一辆专列避走天津，随行的有北京近一半新闻记者。毫无疑问，现在我们也能清楚看到，段祺瑞当时就在谋划政变了。表面看来，黎、段之间进行了和解。因为段祺瑞在两天后返回北京，在国会面前摆出最温和友善的姿态，并亲眼见证了中国政府自主决定与德国断交。中国政府这样做，与其说是日本授意，不如说是美国授意，而这也是美国必须认清的整件事情的核心所在。因为中国是唯一听从美国呼吁与德国断交的中立国。德国宣布实行“无限制潜艇战”后，促使美国最终决定参战。中国政府在黎元洪的领导下，在此问题上明确坚定地与美国外交政策保持了一致。

无论日本对中国的这一决定是否感到愤怒，段祺瑞都明显是要与日本结盟，而非与美国结盟。段祺瑞受挫后数周内，北京持自由主义思想的政治家们公开与他对抗，激烈争论参战问题。尽管在国会彻夜开会讨论时，段祺瑞派出的军警和流氓包围了国会，但国会还是拒绝了段祺瑞的参战提议，双方最终彻底决裂。绝大多数议员投票支持不参战，直到段祺瑞被免除国务总理职务。

## 陈友仁谴责段祺瑞“将中国出卖给日本”

两天后，中国最著名的英文报纸《京报》(*Peking Gezette*) 发表文章，用无可

---

① 指章宗祥。章宗祥（1879—1962），浙江省湖州人，字仲和。1899 年留学日本东京帝国大学，获明治大学法学士学位。1903 年回国后，在北京京师大学堂任教，清廷赐进士出身。曾任法律馆纂修官、工商部候补主事、民政部财例局提调、宪政编查馆编制局副局长、内阁法制院副使等职。辛亥革命后，受袁世凯派遣，随唐绍仪参加南北议和谈判。1912 年后任袁世凯总统府秘书、法制局局长、大理院院长等职。1914 年任司法总长。1916 年任驻日公使，在段祺瑞指使下，与日本政府秘密谈判，出卖国家领土与主权。1919 年初，代表北京政府参加巴黎和会。1919 年五四运动爆发，成为广大学生要求严惩的三大卖国贼之一。1920 年任中日合办的中华汇业银行总经理。1925 年任北京通商银行总经理。1928 年后，长期寓居青岛。抗日战争期间，再次充任日伪汉奸角色。抗日战争胜利后，迁居上海，并远走加拿大。

② 本野一郎（Motono Ichiro），1916 年至 1918 年任日本外相。

否认的铁证谴责段祺瑞试图“将中国出卖给日本”。段祺瑞立即逮捕了该报主编陈友仁①。陈友仁是一位接受西方教育的报人，是中国最独立、最强硬的报纸主编。段祺瑞处理这一事件的做法清楚地宣告，他的权力是凌驾于黎元洪总统之上的。5月22日，黎元洪顶住压力，免除了段祺瑞的国务总理职务，制止了段祺瑞和他的同伙妄图凌驾于国家宪法之上的不法行为。

段祺瑞的同伙们的回应也十分坚决。我们现在看到的，是一个各省自治的中国。徐世昌成为了新的独裁者，曹汝霖任外交总长，王士珍任国务总理，段祺瑞的弟弟任陆军总长②，汤化龙任内务总长，代表强势的反对派新政府重新获得权力。这些人曾随袁世凯的下台而下台，随后又通过段祺瑞重整旗鼓，形成了强势有力的政治和军事集团。事实上，袁世凯的所作所为已经教育了他们，即不论是共和制还是君主制，一个铁腕的领袖都能实现独裁。

## 徐世昌曾出任军咨大臣和东北王

新入内阁的所有政客都有丰富的从政经验，他们大致通过两种途径获得实权。例如，徐世昌在袁世凯时期曾任军咨大臣，这本来是一个清廷设立的职务，袁世凯重设此职并扩大其职权，就是为其取代总理一职。徐世昌在中国东北任钦差大臣时，为中国作过贡献。当时，中国正身陷中、日、俄三角斗争的外交泥淖中。日俄战争结束后，中国政府与美国合作，力图保持东北中立。清廷为此需要派出忠诚、强悍的大臣来到这块受尽外人欺凌的地方。1907年，清廷作出明智决定，任命徐世昌为钦差大臣兼东三省总督。在徐世昌和其继任锡良治理东北期间，东三省出现了前所未有的开明和强盛。锡良的任期直到1911年才结束。

## 曹汝霖为北京政府“四大金刚”之首

然而，事实上，本次政变的真正策划者却是曹汝霖。曹汝霖早年留学日本专攻法律，后被任命为国民政府外交总长，他是一个非常聪明的政治家，也是一批

① 陈友仁（1875—1944），祖籍广东兴梅，生于西印度群岛的特立尼达。1913年任交通部法律顾问、英文《京报》总编辑。1922年起任孙中山外事顾问、英文秘书。1926年被选为国民党第二届中央委员，任国民政府外交部长。1931年被选为国民党第四届中央委员，先后任广州国民政府、南京国民政府外交部长。1933年参加福州事变，任福建人民政府外交部长，后流亡巴黎。1938年回香港参加抗日活动，香港沦陷时被日军拘禁押解到上海，多次拒绝参加汪伪政府。1944年在上海病逝。

② 段祺瑞的弟弟未曾出任过陆军总长。此处似应指段芝贵。段芝贵（1869—1925），安徽合肥人。北洋武备学堂出身，留学日本。返国后，初任北洋新建陆军讲武堂教官，累迁至黑龙江署理巡抚。因奉献妓女杨翠喜行贿事件泄露，被撤职。他是袁世凯心腹，与段祺瑞关系密切，外界称段祺瑞为“老段”，称段芝贵为“小段”。1917年，讨伐张勋，后任京畿警备司令、陆军总长。1919年，改任京畿卫戍司令。1920年，参与直皖战争，任皖系前敌总司令，皖系战败，列名安福祸首。1925年，在天津病死。

曹汝霖。（《纽约时报》原文插图）

素以亲日闻名的中国政客的“领头羊”。1915年，日本向中国提出签署“二十一条”① 的最后通牒，作为外交次长的曹汝霖自始至终参与了这场对日外交交涉。面对日本的最后通牒，中国进行了艰难无望的斗争，时任外交总长陆徵祥头脑聪明但态度消极，却几乎赢得了抵抗日本的所有声誉。“二十一条”最关键条款是著名的“第五号”，日方在谈判最后关头，才同意该项延期再签。曹汝霖的政治对手一直宣称，曹向日本人秘密承诺，只要日方需要，马上可以启动第五号条款。因为这个指控，国会一再拒绝通过段祺瑞要求曹汝霖为外交总长的提名。

曹汝霖有一位日本妻子和许多日本亲戚。他在日本学习法律期间，成绩优异，回国后还时常回访日本。他在中国政界被称为“四大金刚”②，列为四位政府高官之首。这四人在思想和处世方式上均为地道的亲日派。曹汝霖现任北京政府交通总长兼交通银行总经理，在其任职期间，中国交通银行向日本巨额举债。陈友仁在其文章中评论道，中国债务陡增，加剧了时局危机。值得一提的是，正是“四大金刚”中的另一位，驻日公使章宗祥与段祺瑞合谋，要让中国在日本授意下参战。单就曹汝霖本人而言，大家公认他人品极佳，并非虚伪之徒，也没有任何证据显示其卖国。但是，他所推行的外交政策，其原因与结果却天下共知。

## 社会陷入以军力对抗宪政的蒙昧之中

王士珍成为代理国务总理，他过去曾当过陆军总长，是玩弄黑幕政治的高手，总是使事态更为复杂化，进而陷入僵局。段祺瑞的弟弟也是实力雄厚的皖系

① 1914年第一次世界大战爆发后，中国提出德国交还山东权益被拒。日本以进攻青岛德军为借口，不顾中国的中立地位和中方反对，悍然出兵山东，歼灭德军后，继续把持胶济铁路，随意征发中国民众和物资，禁止中国军队靠近。1915年1月18日，日本驻华公使日置益向袁世凯当面提出“二十一条”要求，并要求中国绝对保密。由于“二十一条”丧权辱国，袁世凯通过拖延手段寻求外交解决途径，同时暗中向外泄露有关内容。英美等国获悉条约内容后向日本施压，中国谈判代表多次拒绝条约部分内容，中国国内反日情绪高涨。鉴此，日本调整立场。5月7日，日方向中国发出最后通牒。袁世凯政府迫于其武力威胁，于5月9日晚11时接受日方部分要求，并发表声明称此约由于日本最后通牒而被迫同意。
② 指曹汝霖、陆宗舆、章宗祥、汪荣宝。

军阀首领，皖系军阀与直系军阀已成宿敌，他们瓜分了新政府的所有肥差。

段祺瑞宣布“重组”中国军队。但从根本上讲，这是不可能的，尤其当前是以武力操纵政治的时候。中国现今危机四伏，军队并不属于国家。中国现在有 10 至 12 个武装割据的军阀集团，他们各占一方，自行其是。

如果一个自由开放的中国政府具有任何实质意义的话，那么它必须对这些割据的军阀进行整合，让军队为国家服务。如果这一天真的到来，那么军阀们应该可以获得巨额的财富作为补偿。

旧制度的闸门已经关闭，军阀横行已成潮流。辛亥革命以来，中国军阀混战不断，社会陷入了以军事力量对抗宪政运动的落后与蒙昧之中。领导这次政变的首领们可能是一些能够自律或者有铁腕手段的人，但他们仍然难以掌握和驾驭掠夺成性的军队。从现在开始，他们所获得的任何权力都不能不仰仗于军阀的支持。

迄今为止，南方军政府在广州按兵未动。去年，当云南护国军发动讨袁战争时，占据两广的军阀陆荣廷和云南都督唐继尧顶住了北洋军阀的挑衅，两个南方军阀证明他们与其对手北洋军阀相比毫不逊色。事实上，南北军阀之间形成势均力敌的局面是非常可悲的。如果没有外国势力的支援，他们谁也无法战胜对方。而且，本次政变导致矛盾激化，南方军阀正准备进行抵抗，南北分离的阴影仍然笼罩着中国。

## 一个稳定的中国是美国利益之所在

然而，我们要考虑到日本这一日益重要的因素。一个分裂的中国，对于南北双方而言都是巨大的灾难。日本政府已对外宣称密切关注这次政变。任何一位公正的读者都能想明白，综合看来，中日领导人之间的联系是如此紧密，他们关于中国参与欧洲战争的看法也极为相近。我们不能忽视这一点。认为中国应与美国一道参战的人下台了，而亲日派得势。中国原本是响应美国向全世界发出的呼吁而与德国断交的，如果中国是在亲日独裁政权的率领下参战，而日本通过与中国签订某种秘密谅解备忘录而在华获得最大利益，相信美国人难以接受。

美国应警惕中国现在所发生的一切。远东地区的权力角逐从未停止，而美国迄今对此涉足很浅。我们无法得知一个动荡不安的中国是否符合日本的利益，但我们清楚一个稳定的中国是美国的利益之所在。

# 孩儿皇帝重新登基

1917 年 7 月 3 日

题记：黎元洪总统拒绝辞职，但宣统帝已重戴皇冠。美国高官表示“与我们无关”。中国加入协约国的计划中止。

《伦敦晨报》天津 7 月 2 日电：

黎元洪总统拒绝下台。张勋复辟的突然发生，使反对派不知所措。毫无疑问，张勋走得太远，恢复帝制，受到南、北两大政治力量的反对。除非清帝重新退位，否则内战不可避免。

天津 7 月 2 日电：

据北京报道，宣统皇帝已经重新回到黎元洪占据的皇宫，他的周围全是辫子军的将领们。宣统帝已颁发诏书，任命张勋将军为“御前议政大臣兼直隶总督”，并提名新内阁名单，其中包括进步党（progressive party）创始人康有为、前国务卿徐世昌。张勋还派人会见黎元洪逼其辞职，但黎氏没有理睬。清皇室册封他为“一等公”。

改革派梁启超称张勋政变为自取灭亡，并断言不会成功。在京的外国人在北京街上看见有许多部队出入，这是张勋政变的前奏。凌晨 3 点，孩儿皇帝被张勋的士兵带入皇宫。据报道，皇帝被立即加冕，未举行任何仪式。黎元洪总统恐已被叛军俘虏。

张勋政变非常令人意外，各国公使馆的多数使节和外交官都在北京城外度周末。据说，此次军事行动策划十分周密。

张勋于 1917 年 6 月带兵进京，趁黎元洪与段祺瑞发生矛盾，于 7 月 1 日扶持溥仪复辟，但仅 12 天便失败。

华盛顿 7 月 2 日电：

美国国务院今天宣布，美国驻华公使芮恩施来电，部分证实了中国首都发生政变、宣统帝重新登基之事。

6 月 21 日，在北京的外国公使馆收到通告称，在天津徐世昌调停下，经过艰难谈判，南方诸省已取消独立宣言。通告也承认安徽督军张勋掌握着临时政府的实际控制权。

中国驻美国公使馆于 6 月 25 日宣布，以李鸿章之子李经羲为总理重组内阁。据信，中国内乱即将开始。但是，从中国公使馆、日本使馆和国务院从北京收到的信息表明，那里的局势已经缓解。

由于中国准备与德国断交，内政出现危机。主战派包括督军团和政客，他们主张组建强有力的中央政府，但黎元洪总统、国会和共和党人形成主和派。国会宣布，他们不像前总理段祺瑞那样主张参战，但也不是非常反对战争，多数议员试图阻止通过参战决议。当段祺瑞提交主战提案后，形成僵局，黎元洪总统立即宣布将段解职。

段祺瑞被解职促成北洋势力重新聚集天津，他们是在北京会面并同意参战后来到天津的。这批掌握实权的督军团成员对恢复帝制充满怀疑，尤其是袁世凯死后，中国的共和制度已经基础牢固。

段祺瑞的解职在中国形成了一个三方角逐的局面，这三方包括保皇派、自由共和党人和保守派，而后者又与保皇派关系暧昧。由保皇派和保守派组成的北京政府没有恢复段祺瑞的权力，而是彻底抛弃他，决定恢复帝制。因为当他们推翻黎元洪后，发现无人能够行使最高权力。

随着张勋政变成功，此间官员预计，中国现代史上最严重的内战即将爆发。以自由共和党人为核心的南方诸省，包括文、武各界人士都决心捍卫共和，他们中许多领导人物都是在欧美接受教育，并受到有实力的军人的支持。

美国政府不会立即作出反应，高层人士表示“他们的所作所为与我们无关”。此言一出即令许多人吃惊，因为中国是按照美国建议对待对德绝交一事的。

华盛顿关心的是，如果北京政变导致内战爆发，日本方面对华有何企图。一位日本官员称，日本将对中国进行干预。如有必要，日本将保护本国和其他国家的利益。众所周知，一旦日本决定在华动武，它也不会寻求任何别国支持或援助。

最近，日本正以十分隐秘的方式进行军事调动。据中国报纸称，日军已在山东登陆，并俘虏了一些德国人。近日，日本国内有人煽动，应派遣更多部队奔赴中国东北地区。

此间官员表示，尽管恢复帝制的复辟行动遭到南方反对，发生暴力冲突实在难免，但在华外国人不会受到干扰。他们说，没有任何迹象表明会再发生拳乱那样的事件。如果南方省份武装反抗，尚不清楚国务院是否会承认他们的交战地位。

总而言之，北京政变的消息使美方官员大失所望。尽管有人怀疑有德国间谍在华活动，但是否有外国势力参与这次政变阴谋尚不得而知。显而易见的是，中国对德宣战从目前看被悬置了。

# 黎元洪逃入日本使馆避难①

1917年7月5日

题记：中国内战爆发，副总统冯国璋宣布抵制复辟，华南讨逆浪潮汹涌。

天津7月4日电：

昨晚9点，被免职的民国总统黎元洪和两名随从匆匆逃出总统府，进入日本驻华使馆寻求避难。日本方面考虑到事态的严重性，同意提供避难保护。

黎元洪在避难期间拒绝一切采访。据称，黎元洪从日本使馆通电副总统冯国璋，令其接任总统一职，并在南京组建临时政府。黎元洪还下令恢复段祺瑞国务总理的职务。

昨晚，前总理段祺瑞在前司法总长梁启超、前国会议长汤化龙陪同下来到直隶省马厂。马厂已有大批军队营集，由段祺瑞出任讨逆军总司令，筹划制止满清复辟。倪嗣冲和张怀芝受命分别从南方和山东省向徐州进发，准备向张勋大本营江苏徐州发起进攻。

根据此间报纸的最新消息，张勋发动复辟政变时，曾将黎元洪总统囚禁在总统府。

旧金山7月4日电：

据《华人世界》（*Chinese World*）报纸今天报道，北京的大街小巷都在谣传黎元洪总统已被谋杀，民国政府前高官纷纷宣布效忠复辟的大清朝廷。但谣言尚未获得证实。

中国国民总会（Chinese Nationalist League）收到电报称，中国正处于内战的阵痛中。今天，维护共和制度的南方军队与拥戴年轻的溥仪皇帝的北方军队发生激战。国民总会人士表示，据可靠消息，南北双方昨天首次交火。今天，来自国

① 1917年6月7日，长江巡阅使、安徽督军张勋奉黎元洪总统之命调停黎与国务总理段祺瑞之间因对德参战问题发生的“府院之争”。张勋打着维护京城治安旗号，率10营辫子军4000余人由江苏徐州开赴北京。14日抵京后，邀集保皇派康有为等策划清帝复辟。30日晚发动政变，拥废帝溥仪复辟。张勋的倒行逆施遭到全国人民谴责。孙中山与章炳麟等在上海发表宣言，号召各省革命党人兴师讨逆。段祺瑞组织讨逆军于7月3日在天津马厂誓师。各路讨伐军会攻北京。7月8日，张勋向“清廷”辞职，同时央求北京公使团出面调停。7月12日拂晓，讨逆军共5万人同时向北京市区发起进攻。辫子军孤立无援，大部缴械投降。张勋逃入荷兰使馆。溥仪宣布退位后逃入英国使馆。这场上演12天的复辟闹剧匆匆收锣。

民总会的消息称，黎元洪总统现身在北京，一切安全。根据有关电报，忠于总统的部队仍然牢牢地控制着局势。

伦敦7月4日电：

最近一份发自天津的电报称，黎元洪总统从总统府后门逃出，随即前往日本驻华使馆。黎向日本公使请求避难。根据有关国际法条款，黎的请求立刻获准。

今天，路透社上海电称，冯国璋副总统怒斥近期指他支持复辟的传闻，宣布他将尽快采取行动制止复辟。电报还称，“在上海的陆海军将领都坚定拥护共和，他们被禁止立即着手反击。段祺瑞有可能领导支持共和的军队反击复辟。”

“尽管中国各地出现紧张气氛，但上海目前一切平静。布匹拍卖活动暂停。”

上海7月4日电：

前民国总理唐绍仪在中国报刊刊登声明，称张勋复辟产生了世界性影响。他说，“请世界舆论判决此举是否正确。共和制度从未真正获得过实践的机会。真正的共和党人从一开始就被保守派压制。现在，全世界都在讨论自由，讨论如何从独裁中解放出来，而中国却走回老路。这对新中国是一次考验。”

各方均认为海军将支持共和党人，各地军队和地方政权也都宣布支持共和，反对复辟。但是，这也许只是出于维持上海和平的权宜之计。有人认为复辟计划周密，许多督军实际上支持复辟。

中国各大报纸同声谴责复辟，并预言复辟将是短命的。报纸称，举国上下都将站出来反击溥仪和张勋。

《大陆报》（*The China Press*）社论指出，目前问题的关键是看国民党能召集多少军队。《申报》（*The Shanghai Times*）认为，南北军事对抗迫在眉睫，内战规模很大程度上取决于副总统冯国璋的态度。

《字林西报》认为，中国南方各省不会赞成复辟，张勋复辟最直接后果是促使南方各省共和党人结成联盟。《文汇报》（*The Standard*）称，上海陆军与海军的分歧在周一消失了，他们都一致支持共和。

厦门7月4日电：

据称，粤军正向粤闽边界集结。

# 张勋复辟计划流产

1917年7月11日

题记：中国的独裁者计划强行取消与德国断交的行动。张勋的失败早在预料之中，讨逆军包围北京。南京政府下令驱逐皇帝。

伦敦7月10日电：

《字林西报》刊文称，据路透社发自上海的电报，中国帝制复辟运动领袖张勋元帅已被德国人收买。该报还称，如果复辟成功，中国将取消与德国断交的行动。

天津7月10日电：

张勋率领的“辫子军”在丰台附近被拥护共和的军队击败，伤亡惨重，目前已撤回北京皇城，共和军已兵临北京城下。

张勋先撤到天坛，后又率军撤入皇城。皇城的警察局长和宪兵队长已勒令张勋撤离皇城，否则将武力驱逐。

直隶督军曹锟所率的西路军前锋只离城数英里，而段祺瑞率领的军队驻扎在离北京东南数英里外。北京东南方向不时传来枪炮声。驻守张家口的军队把

1917年7月，段祺瑞的部队在北京街头歇息。

张勋复辟失败后，冯国璋（右）代行总统职，段祺瑞（左）重任国务总理。段祺瑞仍控制实权。

守住了北京西北出口，切断了张勋由此撤退的后路。双方一旦交火，势必是一场大战。

共和军的战机向紫禁城投掷炸弹，外国军队也已赶到增援。运载士兵的专列获准每日来往北京与天津之间，但必须接受检查。廊坊方向炮声隆隆，共和军宣称击毙 500 名辫子军，击伤无数，但据外国目击者估计，双方伤亡各约十人。

共和军领袖段祺瑞的首席顾问梁启超称，共和军已下定决心一定要驱逐张勋，不会与他达成任何妥协。段祺瑞在天津接受采访时对战事表示乐观。他认为帝制复辟运动在未来 24 小时内即会瓦解。段祺瑞接到冯国璋电报称已就任代总统。

张勋驻扎徐州的军队正就投降事与共和军方面进行谈判。运载保皇派伤兵的火车已抵达北京，士兵们说，辫子军仍在撤退中。共和军的战机在丰台投掷了炸弹，造成 4 个平民身亡。辫子军很快将撤至永定（Yung Ting），这里很快将有一场战役。

天津 7 月 10 日电：

由于张勋的军队控制了丰台的通讯设施，英国在北京和天津之间的军事电报线路被切断。有一位日本旅客乘坐火车时在丰台被流弹击伤。

华盛顿 7 月 10 日电：

据美驻华公使芮恩施报回的消息，企图在中国复辟满清帝制的张勋元帅今天将辫子军撤入北京城最古老和美丽的皇城和天坛。共和军包围了北京，相信很快将彻底摧毁复辟运动。7 月 8 日，北京与天津之间的通讯得以恢复。

张勋疯狂复辟计划在共和党人的一致声讨中化为泡影，他选择天坛和皇城作为最后的避难地，说明他为自身安全已不惜拿中国最珍贵的古老建筑作为挡箭牌。天坛是旧中国最神圣的朝廷祭祀场所，占地宽阔，寺庙的圆顶漆成蓝色。而皇城中随处可见无以复制的中国古代文物。

美国国务院另一封电报称，南京的共和政府宣布，根据宪法任命冯国璋为代总统，段祺瑞为总理。这份电报显示，民国政府已决定将溥仪皇帝及其家人和满族王爷们驱逐出北京，此决议将被监督执行。电报还称，张勋现正在北京与民国政府谈判，要求保障其人身安全。

## 北京事变调停失败

1917年7月13日

题记：日本拒绝张勋希望谈判的提议，六万军队包围北京城。各国使节提议前独裁者解除武装，这一要求遭到拒绝，使团担心可能出现大屠杀。

北京7月12日电：

据昨日发自天津的电报称，六万共和军（即段祺瑞的“讨逆军”）包围北京，军队装备有70挺重机枪。帝制复辟运动领袖张勋根本无法逃离首都。据称，张勋的“辫子军”正死守北京。截至《电讯报》消息发布时，调停人显然无法在共和党人和保皇派之间达成任何协议。

北京7月10日电（延误）：

外国使节要求张勋解除武装，张勋却称现在不能这样做，他的手下都害怕因此将被屠杀。他说，如果局势在两三天后缓和下来，他才可以作出解除武装的保证。张勋表示无意危害外国使团，除非共和军先发动攻势，否则他不会主动开火。

天津7月12日电：

复辟后出任清廷度支部尚书的张镇芳、陆军部尚书雷震春乘火车逃离北京时，在丰台被捕。另外一名将军[①]乔装打扮逃出北京，但在天津火车站意外被捕。

① 原文为Feng Lin-ko，似指冯德麟将军。冯德麟，原名冯玉奇，1867年出生于辽宁省海城市温香乡达连村，早年曾在县衙充当衙役，因与绿林交往被解职。中日甲午战争后，冯德麟兴兵控制辽河两岸地区，曾抗击沙俄军队侵略。1906年被清廷招抚，任统领。辛亥革命后，袁世凯将奉天巡防营改编为27师和28师，冯德麟任28师师长。1917年，冯德麟去北京支持张勋复辟，失败后在天津被捕。后在奉军27师师长张作霖周旋下，段祺瑞释放了冯德麟，并任其为总统府高等侍从武官。后来，冯德麟回到奉天，任“三陵督统”，即为皇家看守东陵、北陵、永陵的大臣。1926年8月11日去世，终年59岁。

关于伍廷芳发自上海的电报中自称就任外交总长[①]一事，“讨逆军”领袖段祺瑞说他已将伍廷芳免职。伍离京后，其一切行为均属无效。段祺瑞称自己在天津成立的内阁不日将迁往北京，并着手处理外交事务。

东京7月9日电：

日本外相石井菊次郎子爵（Viscount Montono）今天在国会说，他希望日本政府能明确宣布，日本绝未参与中国复辟帝制的行为。日本还拒绝了张勋提出的调停请求，仅仅将张勋的话带给讨逆军领袖段祺瑞。石井说，鉴于当前欧洲战事，中国形势如何发展难以预料，日本应团结起来争取战争的胜利。

据太平洋商务电报公司（Commercial Cable Company）昨天称，北京与天津之间的电报通讯完全中断。发往北京的电报由天津邮寄出去，可是铁路运输服务不太稳定。

# 孙中山畅谈中国时局

1917年7月15日

题记：一位美国商人对革命党人领导国家的前景感到乐观。

马斯特斯·麦克道尔（A. Masters MacDonell）是一名美国商人，他刚结束在中国四个月的访问回到美国。麦克道尔在华期间，数度与中华民国首任临时大总统孙中山会面。他认为，孙中山虽然无意再次出任总统，但所有事实都表明，他应该成为总统，因为他是这个职位的最佳人选。在近十年中，麦克道尔与在美国的中国知识分子过从甚密，其中包括孙中山、唐绍仪等人。

## 孙中山这个浪漫主义者是民国灵魂

麦克道尔先生认为，孙中山是中华民国的灵魂。接受《纽约时报》采访时，他描述了孙中山这个浪漫主义者对中国当前时局的看法，以及美国对华政策的考

① 张勋复辟期间，时任代国务总理伍廷芳拒绝签署解散国会令，携外交总长印信离开北京，南下上海，拒不与张勋合作。

虑。麦克道尔分析，中国目前的政治势力分裂为三派：一派是保守党，包括军人、政府官员和顽固反对革新的遗老遗少；一派是国民党，也称革命党；还有一派是进步党。

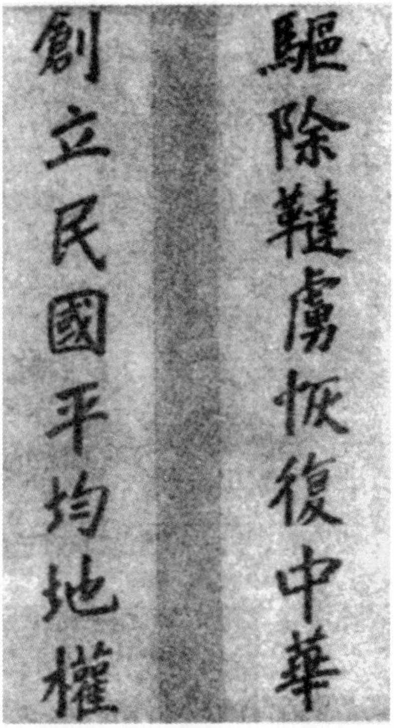

孙中山手写 16 字纲领。

麦克道尔先生说，“我今年 6 月 10 日离开中国。当时，半数进步党成员厌恶本党，转而加入国民党。人们普遍认为，现政府将倒台，形成保守党与革命党争权之势。张勋是保守党的旗帜人物，而革命党遵从孙中山的领导和建议。人们认为，代表现代思想的革命党一定能够夺回政权，因为它顺应时代潮流，奋力维护共和。”

“这显然不是保守党人愿意看到的结果。他们希望中国按照他们的意愿发展。双方冲突迫在眉睫。民众都支持革命党人的主张，革命党完全有理由相信自己必将赢得最后的胜利。旧军阀张勋率领一支四万人的辫子军，他梦想把自己年幼的女儿嫁给已经退位的瘦弱皇帝溥仪，并雄心勃勃地要恢复帝制，建立一个新王朝，由他摄政。这个想法注定失败，因为在今天的中国，只有张勋还在梦想帝制。”

“最近有两条非常重要的消息，已经通过中国官方的严厉审查被公布出来，一是孙中山被任命为中华民国军海陆军大元帅；另一条是段祺瑞政府将定都南京。这表明，革命党与保守党已形同水火，势不两立。保守党势力盘踞北方数省，革命党占据其他各省，并拥有全国大多数民众的支持。”

“今年 5 月初，中国各界就有传言，称革命一触即发。北京城内的下层百姓以为清王朝将复辟，为保全自身开始重新蓄发。在消息灵通的上海，民众惶恐不安，担心政府倒台后会重新引发内战。6 月以来，连外国普通游客都能感受到中国政府的软弱无能，但却不能明显感觉到革命风暴即将来袭。本地的商人们仍忙着打理自己的生意，政客们忙着应付即将到来的风暴。段祺瑞成为保守党领袖人物，革命党人视孙中山为领袖和指导。而这时的孙中山先生已远离政治，全心关注中国未来的工业发展。”

## 现实主义源自于解除中国的燃眉之急，理想主义意味着蕴藏于中国民众中的无限可能性

孙中山与宋庆龄合影。（《纽约时报》原文插图）

“我有幸在这个关键时刻与孙中山先生数次谋面。孙先生为人谦逊简朴，住在上海法租界的一栋小房子里。他唯一突显特殊的是前门设有岗哨，那里一直坐着一名持枪的警察。”

“我按响门铃，门很快打开，孙中山先生的秘书轻声询问来意。我被引到一间西式风格的会客室。刚一坐下，孙中山先生就走了进来。他中等身材，穿着浅咖啡色军服。我与他交谈几次后发现，孙先生的面部表情与一般中国人不同，异常生动、丰富，反映出他敏捷的思维。他说一口流畅优雅的美式英语，语调轻柔缓和。我觉得孙先生堪与拿破仑一比，两人都既是现实主义者，又是理想主义者。现实主义源自于当前中国的燃眉之急，而理想主义则是蕴藏于中国四万万民众中的无限可能性。”

“不一会儿，门又开了，孙夫人走进来。与传言不同的是，她是一位举止优雅、身材苗条的黑发女士，穿着当下巴黎最流行的纱质衣服。她微笑着，用我的母语向我问好，并向我询问纽约歌剧和戏剧界的新闻。她对时下的话题非常感兴趣。如果你知道她毕业于美国威斯里安女子学院[①]，并曾长期在美国游历，对这些就不足为奇了。第一次在这样的氛围里亲眼见到孙夫人，仍让我十分兴奋。”

“我向孙先生说明来意，希望听到他对中国时局的看法。孙先生谈得很直率，而因为我告诉孙先生，希望返回美国后把他的观点介绍给美国民众，他也很仔细地斟酌自己的用词。”

---

① 威斯里安女子学院创立于 1836 年，原名佐治亚女子学院，1843 年改名为威斯里安女子学院，附属于联合卫理公会教堂。学院位于美国佐治亚州梅肯市，濒临奥克穆尔吉河西岸。威斯里安女子学院学生一般都是南美富裕人家的小姐。校园环境清静、舒适，为来这里读书的女孩子提供了良好的学习和生活条件。宋霭龄、宋庆龄和宋美龄都曾在威斯里安女子学院读书。

## 根深蒂固的保守思想阻碍着改革，在中国缓慢推进改革是必要的

“孙先生是这样总结中国现状的，辛亥革命推翻帝制，为民国的建立扫清了道路。革命使中国人民从过去的苦难中解放出来，并将他们团结在一起。然而，中国根深蒂固的保守思想阻碍着我们积极改革，在中国缓慢推进改革是必要的。”

“孙先生说，中国人民过去无法参与政府决策。民国政府给予前朝官员一些高级职位是权宜之计，因此帝制时期的旧式官僚保留了从前的权力。例如，袁世凯就属于帝国旧制人物。袁世凯大量举债，其中很多钱都流入他自己的腰包。袁世凯还图谋复辟帝制，建立袁氏王朝。袁世凯的继任者黎元洪和袁相比，有更多的新思维，一直试图联合旧式官僚和新派官员建立联合政府，但这就像将油和水混合在一起，造成中国现在的乱象。中国被敌人重重包围，如果不尽快采取措施，就将灭亡。”

“孙中山先生接着说，中国正清扫屋子。旧官僚阶层已证明自己的无能，必须交出政权。土豪劣绅是旧时代的余孽，他们应该遣散仆人，过普通市民的生活。这两类人都意识到他们的末日即将来临。因此，当新政府决定抛弃他们，并力图建立起法律和秩序时，他们进行着绝望的斗争。中国必须依照人民的意愿重建政府，消除歧视和治外法权，作为一个现代国家真正行使自己的主权。中国应该认真规划国内的发展，并以其理性和智慧赢得其他国家的尊重。”

麦克道尔先生请孙中山先生谈他对中国对外关系的看法。孙先生回答道，“过去这些年里，由于政府软弱，也没有明确的外交政策，我们不仅割让领土，还出

1918 年孙中山在上海的寓所，当时是位于法租界莫里哀路 29 号（即今香山路 7 号）。

让了宝贵的国家资产，如铁路权和采矿权等。我们并不反对外国在中国采矿，但是外国不能控制我们的煤矿。因为政府无能，中国主权受到威胁却无力抵抗列强提出的无理要求。我一直反对中国参加世界大战[①]。我向北京政府和全世界陈述了我的理由。我个人愿意相信所有交战方公开发表的官方声明，他们宣称这次战争不是征服战争，而是为了维护弱小国家的主权。如果说战争是为了维护比利时、塞尔维亚和波兰的主权独立，那各国更应该尊重中国的独立和主权完整。”

# 段祺瑞组建新内阁[②]

1917年7月20日

题记：著名的共和党领袖在冯国璋领导下任职。

段祺瑞

华盛顿7月19日电：

民国驻美公使馆今天宣布，冯国璋领导下的民国新内阁组成。冯国璋由副总统升为总统，总理由段祺瑞出任。其他阁员名单如下：财政总长梁启超、内务总长汤化龙、司法总长林长民、交通总长曹汝霖、农工总长张国淦、教育总长范源濂。

梁启超是中国学界的旗帜人物和著名批评家，也是著名报人，他在袁世凯当总统时曾任司法总长，是中国推动改革的主要人物与共和党人。早在1898年康梁立宪运动时，梁启超就已崭露头角。戊戌变法失败后，他与康有为一起逃往日本，并在那里流

① 1917年5月，当段祺瑞与黎元洪两派为中国是否参加第一次世界大战辩论时，孙中山在出版的《中国存亡问题》一书中主张中国“维持严正之中立”。又致书参众两院，认为中国参战会引起国民盲目排外；参战若与土耳其作战（因为土耳其与德奥联盟），且必将引起国内回教徒叛离。

② 1917年2月16日，时任国务总理段祺瑞力主加入协约国，黎元洪总统反对，两人因对德宣战问题发生激烈冲突。5月10日，众议院审查对德宣战案，段祺瑞指使公民请愿团包围该院。19日，众议院议决缓议对德宣战案，须先改组内阁。各省督军即请解散国会。23日，段祺瑞被罢免国务总理。随后，安徽、河南、浙江、山西、山东、陕西、福建、奉天、直隶和黑龙江等省督军纷纷宣布独立。6月14日，张勋以调解黎、段冲突为名带兵进京，7月1日拥戴溥仪复辟帝制。2日，黎元洪重新起用段祺瑞为总理，令段兴师讨逆。3日，原副总统冯国璋在南京通电代理总统，段祺瑞以讨逆军总司令名义发出讨伐张勋通电，3日在马厂誓师，5日回天津正式就任国务总理。12日，讨逆军攻入北京，复辟乱平，黎元洪被迫去职。1917年7月17日，段祺瑞第二次组阁成功，史称“三造共和”。

亡很多年。

汤化龙曾为议会下院议长兼教育总长。

林长民曾任资政院秘书长。

曹汝霖曾被天津的临时政府提名为外交总长，他也是前政府内阁成员，是一位精明的政治家，属于亲日派。

张国淦在黎元洪当总统时曾任农工总长，范源濂继承他为教育总长，范曾留学海外。

## 首批日元贷款所购军火运抵中国[1]

1918年2月11日

上海2月10日电：

根据上周从北京传来的讯息，用日元贷款购买的首批军火，包括645挺机枪、324门野战山炮、5万支步枪和500万发子弹已运抵直隶秦皇岛。

## 民国新一届国会宣告成立[2]

1918年8月16日

美联社8月11日北京电：

今晨，中华民国举行新一届国会就职典礼，总统（冯国璋）及全体内阁成员出席。总统和总理（段祺瑞）分别致辞。整个仪式很短，仅20分钟即结束。所有通向国会的道路均有重兵把守。

---

① 1916年，段祺瑞为拉日本作为后台，特任亲日的章宗祥为驻日公使。此时，日本政府寺内正毅内阁刚刚成立，该内阁一改前届内阁用武力强迫中国的侵略方式，有意用向中国政府贷款的办法来控制中国政府，实行经济侵略。章宗祥到任后，以"弥补中日之间的裂痕"为己任，竭力与日本建立所谓的"友好关系"。为了向日本借款，章宗祥和日方多次密商，达成多笔借款协定。

② 1918年8月12日，也是第一届国会届满，临时参议院解散，安福国会正式成立。8月20日，406名众议院议员选举安福系领袖王揖唐为众议院议长，刘恩格为副议长。22日，168名参议院议员选举旧交通系领袖梁士诒为参议院议长，朱启钤为副议长。

# 张作霖要求新宪法有中国特色

1921 年 12 月 30 日

题记：张大帅说，中国在正确政府的领导下是有可能实现和平的。

美联社北京 12 月 28 日电：

张作霖大帅在接受采访时对民国政府最近的内阁改组表态称，如果有一个强有力的政府来领导中国，并能够同时解决国家的财政问题，国家就有可能实现统一。张大帅是奉天督军，推动北京政府重组，建立了以梁士诒为总理的新内阁。梁士诒于 12 月 18 日接替靳云鹏出任内阁总理。此间的外国媒体对张大帅的上述言论提出质疑，并指责了新入内阁的一些官员。

张大帅说："在中国建立西方式立宪政府的唯一结局就是以失败收场。因此，我们建议国会召开会议，制定一部具有中国特色的新宪法。如果官场腐败的状况不能获得纠正，各省仍然对中央政府缺乏信任，那么，中国的统一将无法实现。"

"我们已经将贪官污吏驱逐出政府。政府每年税收达到 3 亿两白银，而维持日常行政开支只需约 1 亿两，因而国家推进财政改革容易成功。"

据这里的中文报纸报道，张大帅正着手筹备明年的大选，计划推举徐世昌为总统，自己出任副总统。报道称，前总理靳云鹏与前直隶督军曹锟串通，合谋将徐世昌赶下总统之位。于是，徐世昌总统急召张作霖率奉军进入北京镇压叛乱，并将靳云鹏革职。报道还称，张大帅参与了同南方政府领导人孙中山先生的直接谈判，虽然张对此予以否认，但报纸仍然坚持这种说法。

所有中文报纸都要求出席华盛顿会议的中国代表团坚持在会上讨论日本对华"二十一条"和山东问题。

第三篇

# 维护国权

# 篇首语

以顾维钧、施肇基、伍朝枢为代表的一大批民国新生代外交官，留洋归来，精通国际时事，熟悉国际法，在谈判桌上据理力争，面对西方媒体理直气壮，气度不凡。国民示威抗议风起云涌，也为大老中国的政治生活吹进新风。更有数十万劳工背井离乡，远涉重洋，以他们特有的方式参加世界大战。帝国主义的欺负和压迫，压不垮正在觉醒的中国人民。我们的国民，他们以前所未有的精神风貌突然出现在世界政治舞台上，手挽着手，肩并着肩，为国家的独立和民族的解放一起呐喊。

# 日本对中国发出最后通牒

1913年9月12日①

北京9月11日电：

袁世凯总统及其顾问们正在认真考虑日本政府今日提出的要求，这实质上是最后通牒。它是先前发生一系列事件的直接后果，包括三名日侨在南京被杀②，一名日本领事官员和一名日本军官在汉口被严刑拷问虐待，一名日本军官在山东兖州被关押两天。日本要求中方对侮辱日本国旗进行道歉，对相关负责人员进行处罚，并且进行经济赔偿，具体数额将在之后确定。

日本公使馆说，上述要求是中国必须同意、不得拖延超过今日的最基本条款，否则日本将采取一切必要的行动。一名使馆工作人员私下说道，如果上述条款内容传到东京，那里的人们将会认为日本政府背叛了他们的信任，损伤了国家的荣誉。

人们认为，日本政府希望尽快解决纠纷的焦急程度不亚于中国政府。他们提出最低要求，既是出于对其他国家批评声音的忌惮，同时也为了中国政府能够迅速欣然地同意。

从南京方面传来消息，前清将领张勋及其部下拒绝承认民国国旗，仅悬挂镶有张勋名字的红色旗帜。近几个月来，报道一直认为张勋支持帝制，甚至有谣言说他打算亲自称帝。然而他现在的态度有所转变，据说很大程度上是因为袁世凯在他劫掠南京后对其进行通电斥责。

显然，日本提出的要求中的重要一项，便是张勋对日本领事馆公开道歉。根据可靠消息，袁世凯能否说服、怎样说服这个特立独行的江苏统领，满足日方要求，将是困扰民国政府的一大难题。

---

①“二次革命”中，8月9日，福建取消独立；8月13日，湖南取消独立；8月18日，南昌失陷，江西讨袁军失败；8月29日，芜湖陷落，安徽讨袁军失败；9月1日，江苏讨袁军失败；9月12日，熊克武放弃重庆。至此，在全国持续两月之久的“二次革命”，终告失败。

② 1912年3月10日，袁世凯任临时大总统后宣布改编前清江防军，任命张勋为统领。张勋不忘大清厚恩，仍保留发辫，并要求所属部队仍穿着清军服饰，被称为“辫子军”。1913年7月15日，黄兴在南京发动“二次革命”，张勋督师南伐，下令如果攻克南京则“三天不封刀”。7月14日进攻南京，至9月1日陷城，辫子兵大开杀戒，误杀日本侨民三名，引发日方交涉。9月28日，张勋亲临日本驻南京领事馆道歉。

# 英德海军集结山东沿岸

1914年7月30日

上海7月29日电：

英国远东舰队正在中国山东北部海岸威海卫集结。与此同时，德国舰队在威海卫以南200英里的青岛集结。英国舰队由“胜利”号战列舰、4艘巡洋舰、8艘驱逐舰、3艘潜艇、4艘鱼雷艇、10艘炮艇、1艘公文传送船和2条单桅帆船组成。德国舰队由“沙恩霍斯”号战列舰、“冯·施佩伯爵”号巡洋舰、3艘护卫舰、7艘炮艇和1艘鱼雷艇组成。

# 日英联军攻陷青岛

1914年11月7日

题记：日英联军在发动最后一次进攻后占领青岛。德国人展开谈判但最终投降。德军被围攻65天，占据青岛外围5000米战壕对抗日本军队和协约国战舰，双方损失惨重。围攻后期，协约国从战机上投掷炸弹。

东京11月7日上午11点25分电：

据官方消息，德国在华军事基地青岛向日英联军投降。官方消息称，最早的受降从昨天午夜开始，日英两国步兵进入德军第一道防线的中部军营，并抓获了200名战俘。进攻由渡边山田将军（Gen. Yoshimi Yamada）指挥，步兵和工程兵参与了战役。

今晨7时，德军在青岛气象局举白旗投降。德国人如此迅速地缴械投降，令协约国陆海军和日本民众都感到十分惊讶。

昨天，官方通讯在报道军事进展时称轰炸仍在进行，战机向被包围的港口投掷炸弹和传单。传单警告青岛居民不要参与任何军事行动。

日军总参谋部建议军队先攻克海泊河以南的5个德国军营，有德军炮兵和步兵严密防守这条防线。之后，再进攻伊尔蒂斯（Iltis）、俾斯麦（Bismarck）和毛

1914 年 11 月 7 日，日本军队趁第一次世界大战爆发之机，借口对德宣战，出兵侵占青岛。图为进攻青岛的日本炮兵阵地。

奇（Moltke）3 个军营[①]。海泊河以南的 5 个军营距日本战壕约 2400 英尺远。

截至昨天，此次军事行动完全伤亡人员名单显示，英军阵亡 2 名，伤 8 名，其中包括 2 名少校；日军阵亡 200 名，伤 878 名。截至德国投降，德、日双方的伤亡都相当惨重。

## 日英联军围困青岛长达 65 天

攻占青岛，意味着这场世界大战初期最具画面效果的战役结束。参战列强在两大洲和各岛屿殖民地涉及各方利益的战役仍在进行。一些军事要塞和城镇以和平方式占领。然而，青岛这个德国军事基地所爆发的军事冲突几乎复制了欧洲战场的一切特性，只是作战范围略逊一筹。青岛失守后，德国人丢掉了他们在亚洲大陆上最后的殖民地，也失去了德国在欧洲以外的最后一个战略据点。

在两个月的攻防战中，保卫青岛这个军事基地的任务几乎全由德国预备役军人承担。他们在中国生活或经商。战争爆发后，德军在青岛与日本人和由白人、印度人组成的英军在陆地和海上作战。双方损失未得而知，但英、日两国的官方

① 1897 年德国侵占青岛后，将青岛山命名为俾斯麦山，并修建军事设施作为青岛防卫体系中最重要的指挥通讯中心。山上建有大口径炮台，安装有两门 1885 式 210 毫米克虏伯式加农炮。伊尔蒂斯山（或称太平山、湛山）是为纪念 1898 年在上海附近水域沉没的德国军舰“伊尔蒂斯”号（Iltis）而命名。德军在东山炮台配备有两门固定式带有折角型钢板防盾的 1904 式 105 毫米轻型速射加农炮，该炮台在日德战争中表现顽强，有效迟滞了日军推进速度。另有汇泉角炮台是德军扼守青岛外海入口最重要的海防要塞，配备有两门 240 毫米加农炮和三门 150 毫米速射加农炮。该炮台德军作战顽强，多次击退日英联合舰队的攻击，并重创英军轻巡洋舰“凯旋”号和另一艘日军驱逐舰。

报告称，协约国方面为攻占青岛损失惨重。

## 8月23日宣战

8月23日，日本对德国宣战。第二天，日本舰队就驶向青岛。青岛为德国租界，为中国沿海城市，面积约117平方英里，有6万人口。

日本用将近一个月时间准备。欧洲和平刚刚破裂、英国刚刚参战，日本就着手准备。8月4日，英国政府请求日本确保英国在远东地区的航行安全。日本回复，只要德国还占领青岛，日本对此就无能为力。但是，如果英国政府默许日本从德国手中夺下青岛，并相信其最终将归还中国，日本愿意接受英国请求。

英国表示同意。于是，日本对德国发出最后通牒，限德国在8月24日即美国时间23日之前撤离青岛，解除当地战舰武装，将青岛交给日本。德国对此未作回复。因此，日本天皇下令对德宣战。宣战文告的重要一段如下：

"欧战爆发以来，日本沉痛地关注着这场灾难。日本严守中立，希望维持远东和平。但是，德国的行径迫使日本的盟友大英帝国采取战争行动。德国凭借胶州湾租界加紧备战，其战舰在亚洲东部海域巡逻，威胁到日本及其盟国的商业活动。"

"远东和平受到威胁，日本政府和大英帝国之间就此进行了坦诚而充分的协商，同意根据同盟条约，采取必要措施保护共同利益。日本方面期望通过和平方式实现这一目标。因此日本政府真诚地向德意志帝国政府提出了我们的要求。但直到最后一天，我们仍未收到德方同意的任何回复。"

尽管从法律上讲，日本所采取的行动是遵守1905年签署、1911年续签的《英日协议》，但德国方面却宣称，日本是抓住这个机会进行"报复"。同时，日本则谴责德

青岛的德国总督官邸。（今青岛市迎宾馆）

皇阴谋制造“黄祸”，谴责德国政府企图对华作战后将日本人赶出旅顺港。这一点在林伯爵（Count Hayashi）的备忘录里有充分体现。日本还指责德国企图挑起美日矛盾。

青岛是胶州湾重镇，自1900年以来修筑起10至12个现代军事堡垒。战争爆发后，这里驻有德军3个炮兵和步兵团、3至4个骑兵分队，总兵力约5000人，另有3架飞机和数挺机关枪。胶州湾里停泊有4艘小型战舰和1艘奥地利巡洋舰。

日本人周密策划，小心翼翼地向前推进。日本共运送了2.5万名士兵来此，并派出12艘战舰包围青岛港。日本早期向青岛运动时，还抢占了中国内陆一条铁路，以便更快捷地运送军队。这破坏了中国的中立。中国政府受德国人指使提出抗议。日本对此的回答是由于德国拥有铁路所有权，所以日方有权继续进行投送部队。英国参与围攻青岛的军队由一支东印度军队和几艘战舰组成。

9月2日，一万名日本士兵在山东登陆，并于同月25日占领德国军事前哨潍县（今潍坊市）。9月27日，日本俘获了部署在青岛南部战壕里的50名德军和4挺机关枪，28日占据城中高地，并计划在此架设防空炮台。9月29日，德国人炸桥。10月1日，2艘德国巡洋舰赶到青岛，向日本据点开炮。10月5日，德国人展开空袭，但被击退。10月7日，日本占领胶州铁路西部终点，两天后又夺取了另外两个军事要塞。

上周二，青岛与北京之间所有的通讯被中断。与此同时，上海报纸称，日本决定推迟决战。于是战事进入尾声。

## 妇女要求参加排雷

有关军事行动的具体内容仍是秘密。但是，日军发动的第一次大规模军事行动是排除德国人在胶州湾海域布防的水雷。100名采珠女主动请缨，表示可以潜入水下排雷而不被敌人发现。但她们的请求被拒绝，因为日本法律禁止妇女参战。在排雷行动中，至少有1艘日本扫雷船被炸沉。

官方从未公布远征军的人数，但据说超过3万人。英国一支分队由几百名英格兰绍斯沃尔德（Southwold）士兵和400名印度锡克教徒（Sikhs）组成，由巴纳迪斯顿准将（Brig. Gen. Nathaniel W. Barnardiston）指挥，隶属驻扎在华北的英军。据称英国军队投入了日本在青岛作战的重要战区。

10月17日，日本海军经历了最惨重的损失，“高千穗”号巡洋舰被德国鱼雷舰S-90击沉。

据消息称，10月23日，日军最终在青岛的亨利王子山（Prince Henry Mountain，即浮山）和青岛城附近的山上架起攻城加农炮，并做好掩护。德军在

1914 年 11 月，日军占领青岛时举行入城式。图为步兵联队。

青岛设有三道防线。第一道位于城郊，但军队似乎已撤离。德军主要驻守毛奇、俾斯麦和伊尔蒂斯三个军事堡垒，把持着环青岛的各险峻山脉的重要位置，并另有五个专门从事海岸防御的堡垒。

只有铁路穿过青岛山地，协约国军队可能就是沿着这条路径攻入青岛的。协约国军队一攻进青岛，德军防御工事立刻瓦解。

德国自 1897 年开始以租借名义从中国那里夺取青岛，那时英日两国尚未结盟。1900 年镇压义和团运动时，英日保持一致行动，也正是如此才阻止了八国联军统帅瓦德西伯爵（Count von Waldersee）在华扩张德国势力。

# “中国摩根”张振勋访谈录

1915 年 6 月 6 日

爱德华·马歇尔

当我向来访的民国贵宾张振勋[①]先生请教应如何解读中国时局时，他强调两

① 张振勋（1840—1916），著名华侨资本家。1840 年出生在广东大埔县。15 岁到印度尼西亚雅加达谋生，先后开办裕和、亚齐、笠旺、万裕兴垦殖公司，东兴矿务公司，广福、裕昌轮船公司等，成为南洋巨富。1892 年后，历任大清政府驻槟榔屿首任领事、新加坡总领事、中国通商银行总董、粤汉铁路总办、佛山铁路总办。1894 年，出资 300 万银元在山东烟台创办张裕葡萄酒公司。1910 年任全国商会联合会会长。1912 年后，历任袁世凯总统府顾问、农商部高级顾问、南洋宣慰使、华侨联合会名誉会长等。1915 年 4 月，张振勋率中国实业考察团到美国考察，适逢巴拿马万国商品博览会。张振勋将随身携带的张裕葡萄酒送展。张裕白兰地荣获国际金牌奖章，味美思和玫瑰香获优质奖章。1916 年 9 月 12 日病逝于雅加达。

点，一是中国这个世界上人口最多的国家正承受着日本扩张的巨大压力，二是当前正是美国向远东扩大贸易影响的大好时机。

张振勋

张先生的回答充满智慧。他是中国商会联合会访美代表团团长，同时还是民国总统顾问、农商部高级顾问、南洋宣慰使、中国内河港口筹委会高级专员，曾获颁民国二等嘉禾勋章。他以“中国摩根”著称。

我必须首先声明，采写这篇访谈录获得了李琪楚先生（Li Chi Chu，音译）的大力帮助。因为张振勋不讲英语，而李先生的英语十分流畅，非常热心地做了我的翻译。当我们交谈时，李的措辞十分精准。李先生与我约定，并要我明确，所述每个政治观点都只是李本人的观点，而不代表杰出的中国富商及作为政治家的他的上司的意见。

## 日本称霸中国威胁英美利益

我的第一个问题是经过仔细斟酌列出的，是想先请这位出色的先生回答一些试探性的问题。从回答看，毫无疑问，这是张振勋本人的看法。问题是这样的：“民国作为世界上最年轻的共和国，在其国家处于历史性危机时刻，是否欢迎美国这个成立时间最长的共和国的支援？”

李答，“从内心来讲，我们将贵国的共和体制视为我们效仿的典范。我们从各个方面都在借鉴贵国高效的管理机制。”

“我们认识到，只有通过你们提供给我们的模板，我们才能够从你们已经付出的努力中获益。我们殷切期望美国方面能够给予我们更多的支持。那样的话，你们可将年轻的民国视为需要保护的对象，而事实也是如此。”

“美国的门户开放政策对中国的利益是一种保护，也是这个政策，使我们更坚信并期待着美国能够为民国提供进一步的保护。目前，我们比以往任何时候都更需要获得这种保护。”

当话题再次转换到政治议题时，李再次声明，所有关于政治问题的观点，都只代表他个人的意见。

“自从我们离开北京后，日本对我们这个不幸国家提出的苛刻与特殊的要求（指‘二十一条’），使美国的友谊与支持比以往更加难能可贵。”

“实际上，我们正处于一种可怕的境地。我们从来就不是一个尚武的国家，相反，我们拥有世界上最热爱和平的人民。”

“正如《泰晤士报》4月1日的报道那样，如果接受日本的要求（我得到了一份日本要求的影印件，与他们提供给《泰晤士报》的内容完全相同），民国前途渺茫。”

“日本的最高要求是中国必须成为它的附庸国，它没有要求兼并中国，但它实际上提出的要求，比取消中国的独立地位还要严重。如果满足日本的要求，就意味着中国只剩下一种力，那就是劳动力，为日本谋取福利的劳动力。”

“它要求控制民国的警察、军队和商业贸易，并最终实现对中国的自然资源、交通运输和制造业进行全面垄断，而这根本不是为了中国的利益，只是为了日本自身的利益。”

“它索要一切，而回报只有一个，即在中国建立一个没有任何伪装的独裁政府。如果那样的话，民国政府不仅无法立足于世界，而且将蒙受奇耻大辱。”

“如此一来，中国极可能成为这次世界大战的最大受害者。因为她只能作为日本的从属国而服务于日本的盟友英国，并进而强化日本的国际地位。”

“因此，对于民国而言，美国的门户开放政策该置于何处呢？如果民国被日本彻底控制，正如他们明目张胆所计划的那样，那么，在华利益恐怕就只能由日本所独占了，而这对于你们的远东战略来说，不是致命的威胁吗？”

“欧战伊始，日本就曾经提出同样的要求，但遭到了英国的强烈反对。当我们的代表团到达旧金山时，我们就从可靠渠道了解到，英中两国的部长们本来准备发表一份联合声明，要求日本对其进行修改。”

“但是，英国现在能做什么呢？它正在为自身而战。在这场战争中，日本是它的盟国。我们每天都希望看到英国出面反对日本提出的要求，但我们的希望已经破灭。在以往的岁月里，大不列颠帝国曾经是公正的，中国信任英国，中国人民信任英国人民，但是，他们现在能做什么呢？”

“如果英国不要求日本作出修改，美国也不要求修改，在这个世界上就很难看到有什么力量能够拯救中国了。除非美国帮助我们，否则中国将面临灭顶之灾。”

“当然，如果英国意识到向我们提供援助的必要性，局面还是有可能挽回的，尽管它与日本一起卷进了欧战。事实上，如果不对日本的扩张野心进行控制的话，大不列颠帝国将不仅失去远东，而且还将失去欧洲，那它可就一败涂地了。我相信，所有中国人都相信，如果英国帮助日本的话，它将付出高昂的代价。”

“如果日本利用欧战机会乘虚而入，那无论从哪个方面讲，它都是既不诚实也不值得称道的，没有哪个国家会做如此下作之事。从道理上讲，这种情形如同一个彪形大汉去攻击一个 3 岁稚儿。对于作为共和国的民国，她只是一个刚刚学会走路的 3 岁稚儿。如果日本肯帮助我们，那是再善良慷慨不过了。国家之间就应该宽怀大度，就如同美国对古巴做的一样。”

“可是，日本不仅不帮助我们，还策划要扼紧我们的喉咙，阻止我们的成长。对此，我已无话可说。德国发动战争蹂躏欧洲，而日本军国主义是德国的翻版，因为日本军队直接受训于德国。”

我问道：“如果英国战败，这对于中国意味着什么？”

“我对这个可怕的前景不愿作出猜测。”

我又问：“如果英国与日本共同获得胜利，英国会不会感到它应对日本的协助作出补偿而决意不干预日本的远东政策呢？”

“我认为这种可能性是不存在的。日本可能会提出这样的要求，但英国决不会同意它那样做。”

“当然也有这种可能，即日本在加入协约国参战前即与英国签订了秘密协议，但是，我们相信，即便是有这样的密约，也不会促使英国接受日本所提出的如此苛刻的要求。”

“因为所有这些要求都损害了英国在远东的利益，也损害了美国和其他国家的利益。英国发现，接受日本帮助使它处于十分不利的境地。英国必须保护印度不受损害，很明显，印度比中国对它来说更重要，它须格外谨慎才是。如果中国受到损害，也许它能做的只是感到遗憾。”

## 接受日本要求将是我们民族的灾难

我问道：“中国现在有能力实现自治吗？”

“它当然是一个自治的政府。中国是世界文明古国，比日本的文明更加久远。当我们在桌上吃饭、坐在椅子上时，日本仍然在地板上坐着、在地板的席子上吃饭。”

我又问：“如果中华文明比日本优越，日本为何又发展得比你们更强大呢？”

“那是因为这样一个事实，即中国人民像美国人民一样热爱和平，我们希望在自己的土地上按照自己的方式生活，而绝不想使用强大的陆海军力量去侵占他国。”

“但是，日本已经是一个军国主义国家，它不得不为了满足自身的贪婪而对别国进行掠夺。它如同杀富济贫的穷人家庭一样，依赖自身有限的自然资源很难维持生存，因为它的消耗远远高于它实际拥有的资源，因此必须运用其强大的军事力量。日本陆海军选择以不道德的手段强迫可怜的中国为其巨大的军费开支埋单。换言之，日本对待中国如同一个持枪者对付一个手无寸铁并毫无防备的人。”

“尽管日本是英国的盟国，但日本是德国的复制品，它对待中国比英国对待中国还有失公允。它索取青岛是一种所谓公平的补偿吗？日本无权索取青岛。即使英国给予报偿，如果没有获得中国的认可，日本也绝不可能通过武力胁迫而得到。”

“比这更过分的是，日本提出现由德国在山东所拥有的一切权力划归日本，山东从德国占领转变为由日本占领。如果日本有意愿，它应被允许修建铁路，旅顺港和丹东到沈阳铁路的租赁期必须延长为99年。日本国民应被允许在南满和东蒙古地区居住，并有权租赁或拥有土地进行垦殖。日本的要求与现行法律是相背离的。”

“我必须解释为什么要阻止外国人拥有或租赁中国土地。中国人十分节俭，他们作为个体并不富裕，中国人钱不多，而来自外国的黄金可以在中国买很多东西。如果土地可以买卖，洋人会发疯似的抢购。”

“如果允许相对富裕的洋人在中国购买土地，而中国人又被大笔现金所诱惑，则洋人将很快拥有所有的土地，中国的土地资源将很快被销售殆尽。然后，中国人将成为佃户，中国人将像墨西哥人一样变成负债的奴工而苦不堪言，这将是我们民族的灾难。”

“日本另一项要求是在华拥有煤矿开采权，如果那样的话，日本将很快垄断中国的煤矿资源。”

“如果满足日本这些要求，即没有日本认可，修建南满和东蒙古铁路将不能向任何外国申请贷款。没有日本认可，民国政府将不能聘用任何政治、金融、军事顾问。”

“如果任由这些要求得到满足，并按照他们第五号第一款提出的聘用得力日本人作为民国政府政治、金融和军事顾问，这意味着专制，甚至连中国警察也要由日本人组织和培训了。如果任何问题不论大小都要按照日本人的满意程度才能解决，而不是依据是否正义来裁定，这简直就是对中国人民的暴政。”

“日本人的要求难以一一列举，总之，它将使中国丧失独立，使其降格为日本一个下属省，难道美国希望如此吗？如果日本完全控制中国，美国东方贸易的门户如何得以开放？此情此状真是坏透了，因为俄国人进入东北只是给中国上层阶级带来祸殃，但下层人民仍然过得下去，因为俄国人乐见利用这么多廉价的劳动力。如果日本人进来，则下层的中国苦力也将被日本人替代，那么中国人还有什么活路呢？尽管日本人发现本国劳力比中国劳工更昂贵一些，但日本人肯定愿意使用他们本国的劳力，这可以使他们牢牢地控制住攫取的土地，但失去生计的大批中国人口何去何从？”

## 美日两国在华形象有天壤之别

“日本另一项计划明显威胁着中国与其他国家的对外贸易。在日本很少有外国商店，我最近访问了日本，对此十分清楚。在日本控制下，同样情况将在中国发生。而中国现在有很多外国商行。以东北目前的棉花贸易而言，几乎所有华商都销售洋布，如果被日本人控制，则他们只可销售东洋商品。”

“美国对华贸易过去曾颇具规模，现正日益萎缩，并将逐步消失。日本人是小贩而非真正的商人，他们扛着货物走街串巷，而不像美国人或其他洋人那样。如果中国把一个省让给日本，那意味着美国将失去在那个省的贸易。”

“显而易见，军火贷款意味着日本对中国的绝对控制，甚至警察费用开支将被强加给中国的每家每户，这就赋予日本对每个中国人生杀予夺的权利，即将给他们自由或坐牢的权利。”

“我是一个商人，本不适合谈政治，但作为一个中国公民，从内心上讲为了中国的利益，我应该自由地表达我个人的意见。我虽无政治知识，但我相信，尽管日本人自以为聪明，但他们实际上失去了全体中国人民的信任。我认为，他们终将发现，失去中国人民信任的后果远比他们想象的要严重。我确信，这将抵消日本通过其雄心勃勃的计划所获得的任何成功。”

“美国政府过去很聪明，尽管他们的所作所为不是因其智慧，而是因为正确。以庚子赔款为例，所返还部分用于中国学生的教育，贵国也从中有所得，这才是正确的事情。”

“在中国，事实是如果一个旅行者是美国人，他本身就是一张通行证，而这不仅仅是针对在中国境内自由旅行，而是对当地人民内心而言，一个美国游客在华可以获得别国不可比拟的尊重。只有美国人才拥有如此之高的地位，很重要的一个原因，就是因为它主动返还了一部分庚子赔款。”

“甚至连一个苦力也会对你们美国人跷起大拇指，这比简单的尊重包含更深刻的含义，这是对崇高品德的赞许。而日本在中国人民心目中的形象与此有天壤之别。”

## 资助中国穷孩子读书是最大期待

“中国如果没有外来干涉，即使没有外援也会过得很好，它的未来是十分光明的。目前，它已成功地拥有一个稳定的政府，但突然被打断了。中国人信任袁世凯，他是一个非常能干的人，一个真正的大人物。如果不受外界困扰的话，他能够在困难的情况下驾驭新政府。即使麻烦丛生时，他所采取的坚定立场仍然得到了全中国人民的赞同。”

说到这里，这个年事已高、面容坦诚的中国人站起来，并在房间里来回踱步。我不得不承认，他为中国人民的事业所作的阐述很有说服力，尽管他说的每句话我都要通过翻译才能理解其涵义。他撩动了一下身上的灰色丝袍，并用手指弹了一下他穿的美国皮鞋。他的头发已经花白，脑后没有长辫，脸上布满了皱纹。他戴的眼镜样式很奇特。我问他，那么美国能做什么呢？

他回答说，“中国是一个富饶的国家，但我们的建设资金十分缺乏，你们可向我们提供资金支持，我们可以大量有价证券作为抵押。这不仅能使我们在与日本的谈判中继续坚持自己的权利，继续完成政府结构的改革，而且还可使我们建立起有生产能力的工商企业。”

“美国另一项可能提供给我们的服务就是这里的免费教育。很多年来，许多中国的穷孩子渴望获得学习机会，但他们没法挣到钱来支付自己的学费。我相信，这些穷学生的求知欲更强、学习更刻苦，比那些自己花钱来美国留学的中国阔少更聪明。事实上，美国的年轻人也同样如此，难道不是吗？我们尤其急需中国年轻人到美国留学，接受农业和工业方面的专业教育。”

## 中美建立商贸联盟有助于维护和平

“鉴于英国当前的处境，它无法帮助或保护中国，我们希望，美国应将此作为应尽之责，不仅在纸面上而且在实际上帮助维护中国的利益。”

“如果美国这样做，不仅中国将十分感激，而且美国也将从另一方面有所获得，例如维持其作为世界大国的地位而无人敢提出质疑。我不得不告诉你，目前你们的地位是如此强大，而我们又是如此弱小，尽管你们在中国受到尊敬和赞赏，但也有许多批评美国的声音。”

“英国人和德国人对我们说，美国人只会做口头文章，而他们是在实实在在地工作。如果美国人像英国人和德国人那样努力促进对华贸易的话，它将很快垄断中国的市场。”

“中国商会联合会代表团 1910 年访问太平洋沿岸地区时，双方即达成共识，即中美商业往来只有在商船航线建立、合作银行开业、为两国贸易商展示本国商品的会展中心已经建成的情况下，才有可能获得迅速的发展。”

“虽然中美之间首次会谈就达成了这样的共识，可是当我们试图再与你们细谈时，其他人却因为你们的迟误而获得实惠，他们抢先建立了对其有利并有损于你们的类似机制。”

“特别是日本从中得到好处。日本立即向中国提出建立合资企业，共同投资、共同管理，并居然做成了。日本因此获得了巨大的利益，而中国实际上更愿意与美国伙伴进行合作。”

“中国仍然愿意与贵国商人建立这样的合作关系，这种愿望在此次对贵国愉快而有益的访问中尤感强烈。”

“如果美国也像日本所做的那样与中国投资商合作，哪怕只做到日本人做的一半，以促进国际贸易的发展，那对于世界商业的发展将是巨大的贡献。你们一直谈在华建立汇兑银行，但我们认为条件还不成熟，因为它不是双方真正的合作之道。”

“我认为，在伟大的美利坚共和国和亚洲最年轻的共和国之间建立商业联盟，世界上没有任何一件事能像这样有助于促进和维护世界和平。如果建立了这种联盟，其他国家的扩张野心即可收敛。”

“美国因此获取的直接利益将是巨大的。扩大通商将使中国迅速成长为一个制造大国，美国将向中国输送机械设备，中国将因此刺激内部需求的增长，对美国商品的接受程度也将与美国国内更趋一致。”

“中国在前进，我们的确很快就取得进步。七年以前，甚至四年以前，所有中国人都在穿长袍马褂，和我现在一样，我是因为人老了，改不了，而今所有年轻人都穿美式服装，我自己的儿子就是这样。”

“我不明白，你们为什么还犹豫不决，为什么不抓住这个放在家门口的机会。当然，为抓住机遇，你们必须研究中国市场的实际需求，而不是仅仅向我们推销你们积压的物资。你们有必要设计出适合我们中国市场的产品。”

## 《恰克图条约》签字

1915 年 8 月 22 日

北京 6 月 8 日电：

俄国、中国和蒙古的代表最终签署了决定蒙古命运的《恰克图条约》，此前他们在西伯利亚的恰克图讨价还价了近一年。

1912年中国革命导致蒙古宣布独立，俄国立即承认其为一自治国家，日本后对内蒙古施以影响。根据目前达成的协议，中国将对蒙古保留正常的宗主权，俄国和中国同意不再干涉蒙古的内部行政事务。三国代表将于明天签署该条约。

## 中国从欧洲战争中获益

1915年8月22日

“目前的战争被证明对中国有利。长期以来，西方国家一直向中国人灌输这样一种想法，即离开了他们的指导和资金支持，中国便不能正常地运转。然而，自从战争转移了欧洲列强的注意力后，中国突然发现，它并不需要外人的指导和帮助，一样可以良好地运转。这极大地提升了它的独立自主性，从而必将对国民生活和国家前途产生非常积极的效果。”

斯利尼瓦斯·维吉尔（Srinivas R.Wagel）先生上周接受《纽约时报》记者采访时这样说道。维吉尔先生来自东印度，在上海《字林西报》担任财经编辑长达五年，最近刚从中国来到纽约。他是中国财经事务权威，有两部专著即《中国金融论》（*Finance in China*）和《中国的货币和银行》（*Chinese Currency and Banking*），第三本著作《中国税收论》（*Taxation in China*）即将出版。他将在美国停留数月，进行有关经济主题的写作与演讲。

《字林西报》财经编辑斯利尼瓦斯·维吉尔。（《纽约时报》原文插图）

维吉尔先生说，“中国就像一个被好几个家伙共同欺压的人，突然，这几个家伙放开受他们欺负的人而自相残杀。于是，这个人迅速站起来，重新获得自由与独立。中国的情况就是如此。”

“中国在一段时间内将不再被外界干扰，它将有机会解决一些自身问题，并获得力量。例如，在金融财政领域，中国过去被迫相信，如果没有外界援助，它便无法正常运转。但自从大战爆发以来，中国便无法从外获得贷款，无法以原有方式融资。”

“那么，到底发生了什么呢？中国自己设法找到了资金来源。中国人民能够从他们的储蓄箱中提供资金，而这表现出他们对袁世凯总统建立的中央政府充满信心。”

“这些钱主要是银元，当然也有一些金元。中国正在筹集这些资金。这次全国性筹资额对于美国而言并不是很多，但对中国已经足够。这个国家现在知道，如果列强不对它进行骚扰，即使没有外国贷款，它也可以设法正常运转。”

“关于进出口贸易，战争极大地减少了出口量，而进口贸易也遭受很大挫折。中国过去被教育，它必须依靠这些进口才能存活。但是，虽然进口商品不再如先前那样运进来，中国经济却依然能够良好地运转，并卓有成效。中国过去习惯购买它并无支付能力的商品，致使国家债务越积越多，仅仅支付利息都成为一个很大的问题。”

“中国没有任何有形的东西可以偿还债务，既然战争中止了进口贸易，这对于中国来说未尝不是一件好事。贸易关系的改变对这个国家更为有利。至少在面粉和棉纱两个方面，中国已受益于战争而扩大生产。战前，面粉和棉纱的产量有限，但去年的产量已大大增加。”

“中国从战争中上了深刻的一课，它学到了不依靠外国帮助而自立前行。这样的结果是，一种国民精神在政府当局和国民之中传播开来，这种精神以前由于外人的阻碍是难以发生和成长的，而列强们现正忙于互相厮杀，他们不再有时间抑制中国独立的国民精神。既然中国只能依靠自己，它就靠自己全然应付了下来。这也正是战争为中国带来的好处，即整个民族的觉醒。”

“而对于袁世凯总统，他为中国带来了自1845年以来最强有力的政府。中国从那时起成为西方殖民扩张的牺牲品，南京和厦门被迫开埠通商。”

“袁世凯在对日谈判中表现出的果断、坚定，充分证明了自己的能力。必须记得，列强在与中国打交道时，都无一例外地想从它身上

申大面粉公司，1910年由顾馨一、王一亭等合资开办。创办时资本为27.9万元。

榨取尽可能多的油水。但是，日本在这次谈判中对待中国的方式，却远比任何欧洲列强要柔和许多。无论是英国、德国，还是其他国家，如果换做它们，在条款中提出的要求一定会苛刻很多。”

“现在，中国人民团结一心，对日本提出的这些特权要求都拒绝应允。他们想要不惜与之一战。这时，总统先生表现出了他的政治魄力。因为他明白，与日本作战意味着中国的灭亡。他知道，能够最大限度保障中国利益的方式是与日本谈判，并在避免战争的前提下尽可能减少日本提出的要求。”

“目前，中国陆军拥有五万到六万名训练有素的士兵。这样的数量不足以对抗日本，但却已足够保卫政府。因此，袁世凯放话，任何要求对日发动战争的游行示威都将被武力镇压。”

“事实上，他有足够实力采取这样的立场，加之他在中国人中所拥有的人格魅力——他被人民尊重和信任。正因如此，中国才能远离战乱的灾难。日本可在两个月内扫荡中国，它拥有强大的海军，可派遣百万大军进入中国。而中国除了几艘巡洋舰和炮艇外，几乎没有海军。”

我们的记者问道：“日本在条款中向中国提出的要求，是否足以使中国变成日本的殖民地？”

维吉尔先生回答说，“我们有足够理由相信，中国不会成为日本的附属国。日本不想与欧洲或美国制造麻烦，它意识到如果触犯中国主权，那么可能引起欧洲列强的联合反对，或是美国的介入。”

“并不是说日本惧怕美国。它不想与美国发生冲突的原因主要出于经济方面的考虑。美国从日本购买丝绸和茶叶，足足养活了四分之一的日本人口。”

“而对于中国来说，同样有经济原因使得日本不敢对中国相逼太甚。日本制造业之所以能够存活，主要仰仗于中国市场。日美贸易主要是原材料而非制成品。日本不希望中国人抵制日货。最近，由于日本提出的条约要求，在中国国内确实出现了一些抵制日货的情况，但这种抵制不会持久。”

“那种认为日本想占领菲律宾的想法是错误的，至少它不会付出与美国作战的代价来获得菲律宾。日本真正想要的是一大片资源丰富但人口稀少的区域，如此便可进行殖民开拓，比如满洲就相当符合日本的胃口，而它也正在那里进行大规模的殖民开拓。”

在回答民国政府施政情况时，维吉尔先生说，中国目前仅仅是一个名义上的共和国。他说，“民国在1912年2月成立，1913年便出现叛乱。因此共和制政府并没有机会获得充分的组织建设。现在的政府实质上只是一个独裁政府。”

“总统亲自任命内阁成员，并不对任何人负责。现在中国没有议会，事实上，议会从1913年起就不存在了。以前的议会也不是西方人理解的立法机构，而是一个勾心斗角、策划阴谋的窝子，所以它必然被解散。现在，正在进行一些工作，希望将政府体制确定下来，以便更好运转。同时，明年可能试探性地重开议会。”

谈到欧战，维吉尔先生说，这场战争可能会为白种人和有色人种之间加深相互理解铺平道路。

他提到，“白种人一直坚持这样一种看法，即只有他们才是最高尚的种族，而有色人种具有人类所有让人厌恶的品质。”

“但这次战争证明，许多白种人同样具有有色人种可能具有的恶劣品质和邪恶性格。比如，英国人发现德国人是如此可耻，而德国人发现英国人异常卑鄙。”

“在白种人互相揭发其丑陋嘴脸的同时，他们中一些有识之士也改变了对有色人种的看法。那些与英国人、法国人在战壕中并肩作战的有色人种，难道他们没有表现出如同英法士兵一样的勇敢和崇高精神吗？”

“战前，白种人说他们不会和有色人种并肩作战，因为这样会贬低他们。然而今天，那些手握刺刀、冲锋枪与有色人种肩并肩战斗的白种人，并没有发现他们的尊严有所损害。那么，战争结束之后，如果白种人还需要和有色人种一起工作，他们还会重新拾回先前的偏见吗？”

“每个时期都有不同的思想潮流。我相信，这场战争将使白种人比有色人种高贵的想法永远成为过去。”

## 中国有能力处理好自己的事情

1915年12月10日

杰瑞米·W.金克斯[①]

近日，在上海发生的一场旨在破坏中国和平的暴动失败了[②]。对于喜欢研究远东事务的美国人来说，这次暴动有以下四个值得关注的要点。

第一，中国军民有能力在短时间内妥善地平息暴动，表明中国政府的处置非常果断和冷静，具有良好的决断力。

① 杰瑞米·W.金克斯（Jeremiah W. Jenks），法学博士，纽约大学公共事务系和远东事务研究主任。
② 1915年12月5日，国民党在上海发动“肇和”舰起义失败，直接导致护国战争的爆发。

第二，这场所幸被挫败的暴动是在上海的租界内进行谋划与展开的。根据条约，中国政府官员和军人是禁止进入租界执行公务的。

第三，所有报道都认为，这次暴动未能获得公众的同情和支持。《泰晤士报》驻沪记者在他的报道中一贯对中国当局进行犀利的批评，他把此次暴动称为“哑剧革命”。《纽约太阳报》（*New York Sun*）认为暴动的策划者只是一群冲动的年轻人，即便在中国的激进分子中也没有名气和影响力。这些青年集合了几百名劳工，准备对停在法租界外的中国“肇和”号巡洋舰和警察的军械库发动进攻，但以失败告终。

第四，也是最重要的事实，东京来电显示，日本海军舰队正紧急驶往上海。

## 中国最大进步是警务体系的建立

我仔细阅读了上海事件的所有报道，还看了几份来自北京和上海的电报，北京官方对整个事件进行了详细说明。所有官方或非官方报道都证明，暴动的策划者是先将武器存放在租界内，而后使用这些武器来进行颠覆中国现政权的暴动，这也同样危及法租界其他居民的人身财产安全。这是一件非常严重的事。

回顾中西方交往史，我们不难回想到，西方在 19 世纪中叶以自己的方式敲开了中国的大门，中国被迫在条约规定开埠的口岸设立“租界”，并让渡了国家主权中至关重要的警察司法权。这些年的事实证明，暂时让渡这些司法管辖权完

警察学员的合影。

全必要，中国也从中获利巨大。任何熟知中国情况的人士都无法否认这一事实。

当时，清朝统治者并不情愿开放中国，西方国家不得不用尽全力来猛敲中国大门。1860 年和 1900 年后，中国发生了巨大的变化和改善。最显著的进步也许就是国家和地方警务体系的建立和完善。中国警察能力的提高最近也得到了辛博悌（Lennox Simpson）① 的赞誉。辛博悌是英国人，长期生活在中国，是众多真正了解中国事务的外国人之一。阅读过东方文学的读者也许更熟悉普特南·威尔（Putnam Weale）这个名字，这是辛博悌的笔名，他以这个名字撰写了许多有关中国的上乘作品。

## 日本版“门罗主义”指唯有日本有资格帮助中国恢复秩序

今年 1 月 18 日，日本对华提出“二十一条”，其第五号中的一项条款 ② 因受到各国抗议而最终迟滞。该条款要求中国将警察交由日本管治。我注意到，12 月 3 日的《星期六晚邮报》（*The Saturday Evening Post*）上有发自日本的两篇报道，信息丰富，引人注目。报道预测日本将再次向中国提出“二十一条”第五号的条款要求。报道称：“正在京都参加天皇即位典礼的日本驻华公使 ③ 接到命令，提前赶回了北京。这是一个信号，即将发生一些有意思的事情。”

《星期六晚邮报》驻日记者在报道中还称：“在日本人眼里，袁世凯总统不是一个受欢迎的人。事实上，没有任何中国人能比袁世凯更让日本人厌恶了。日本人将过去 20 年间在中国受到的所有严重阻碍都归咎于袁世凯。”报道还描述了袁世凯总统对日本和日本人的看法和感受。我完全不相信这是总统本人的真实感受，但报道称袁世凯认为日本人对其怀有强烈的敌意，我认为这句话倒是真的。希望日本国内睿智而负有责任感的政治家们并不这样想。

报道还称，只要袁氏当政，日本就不可能实现其对华政策目标。日本人只能寄希望于最大限度地钳制袁世凯，或者让袁提前下台。美国并没有卷入这场国际

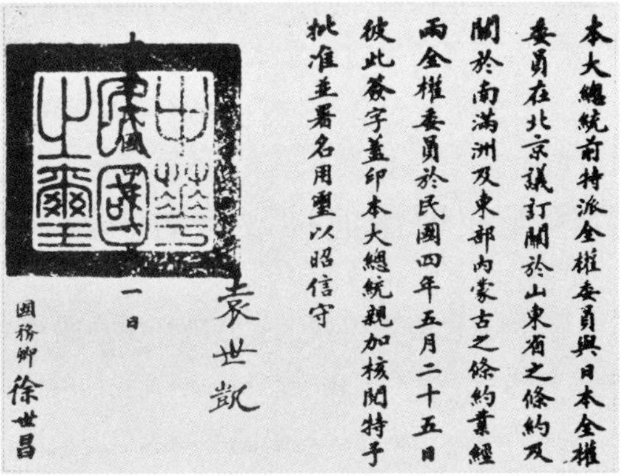
本大總統前特派全權委員與日本全權委員在北京議訂關於山東省之條約及關於南滿洲及東部內蒙古之條約業經兩全權委員於民國四年五月二十五日彼此簽字蓋印本大總統親加核閱特予批准並署名用璽以昭信守

袁世凱

一日

國務卿 徐世昌

袁世凯批准“二十一条”的文书。

① 也译为兴顺，民末清初英国《每日电讯报》驻华记者。

② 第三款规定，须将必要地方之警察作为中日合办，或在此等地方之警察署内必须聘用多数日本人，以资全面筹划改良中国警察机关。

③ 指日本驻华公使日置益。

纷争，这使美国占据了有利地位，可以表明其支持中国新的共和政府的态度。日本人表面上热衷于维护中国和平，但如果袁世凯不接受日本提出的条件，麻烦就会随之而生。毫无疑问，如果当前中国的和平局面被打破，日本人将会乘机一举修正与中国的各项条约。

日本宣布了亚洲版“门罗主义”，近年来广受国内支持。根据这一理论，如果中国再次爆发革命，只有日本有资格出面镇压并帮助中国恢复正常秩序。日本独享在华政治利益，而西方只能争取宗教、社会和商业利益。同理，美国独享在南美的政治权益，而日本也只能考虑其他方面了。

## 中国行使司法权勿需日本指导

据可靠消息，日本驻华公使带着国内指示返回北京，要与中国重新谈判“二十一条”的第五号条款。日本人从未放弃这一条款。事实终将证明这些条款是不合理的。我希望日方即便出于自身利益，而非对中国的和平和利益的考量也能认清这一点。

中美日为何不能达成谅解，商讨各种合法范围内的在华利益呢？伪造对袁世凯总统和其他中国官员的采访，或曲解他们有关日本的印象观感，对各方相互的善意理解不会有任何帮助。日本对中国提出的要求里有哪些是符合中国利益或正义准则，而需要中国作出让步的呢？

中国不应对第五条款或其中任何一项作出让步，这既是出于中国自身利益考虑，也符合中国与其他缔约方的公平原则。上海暴动的教训就是，任何他国干涉中国警察管理监控的行为都会损害中国的和平和秩序。中国完全有能力独立行使司法权，不需要包括日本在内的任何国家的指导和“合作”。

## 外国无权评论何种政府对中国有利

美国人已经意识到，恶意破坏中立的行为多么可耻和令人愤怒。庆幸的是，美国警察完全受本国政府控制，尽管我们的法律存在巨大漏洞，难以对犯罪行为实行合理的制裁。然而，与中国不同的是，美国没有租界，也就没有外国人能够在租界内公开或秘密策划阴谋，威胁美国的主权独立。

清朝末年和民国建立之初，中国动乱的策划地主要在上海和东京，东京是策划总部，上海则是行动大本营。一些头脑冲动的年轻人和劳工们设法从国外获得枪支弹药，存放在租界里，并在这个庇护所里精心策划各种威胁中国和平稳定的阴谋。这是我们不能忽视的事实。而另一个更重要的事实是，上海暴动得到了孙中山先生的授权。孙中山现在流亡日本，曾一度按照日本人的意愿与袁世凯作对。如果日本真诚严肃地履行其对华友好的承诺，它就应该积极有效地帮助中国，使其成为自己国家的主人，而不是威胁或暗示中国，日本将采取进一步的干涉政策。

如果将中国对日关系与墨西哥对美关系进行对比，我认为应该是这样的，如果我们通常所说的亚洲版“门罗主义”意指保护中国而不是损害其利益，那么对于希望维持亚洲总体和平的美国来说，这不是不可接受的。事实上，正是海约翰①和鲁特②提出了亚洲版的“门罗主义”理念并广泛宣传。但是，问题就在于，日本版“门罗主义”糅进了日本人自己的政策和理念，而这些都是美国人永远也不会加诸其拉美邻居身上的。日本人在朝鲜半岛和中国东三省的所作所为已为自己留下恶名，使中国无法接受日本的干涉。中国人很自然地将日本对华干涉和在华扩大政治影响力的行为视为蓄谋已久的主权侵犯。

我相信美国和日本可在许多方面合作，共同促进中国的发展。但这些合作必须基于中国的同意，基于美日都承认中国是一个独立主权国家的事实，并尊重其尊严。日本驻美公使珍田舍己（Viscount Chinda）能力卓越，中国驻美公使顾维钧是中国最出色的外交官，都是合适的谈判对象。这是一个需要各方精诚合作的时代，如果日本迈出正确步伐，远东局势将呈现出新气象。我们应至少使各方达成共识，确保日本在华合法权益，巩固美日友好关系，并最大限度地维护中国的和平和主权独立。

日本和美国都无权评论什么样的政府、君主制或共和体制对中国最有利。这是中国人民应自主决定的事情。上海事件告诫我们，中国完全有能力处理好自己的事务，其他国家也应这样看待中国。

# 美国远东事务专家谈中日条约

1915年12月19日

题记：著名远东事务专家乔治·T. 莱德教授（Professor George

---

① 即约翰·海伊（John Milton Hay，1838—1905），曾任美国国务卿。在对华事务上，反对列强划分势力范围，主张“门户开放，利益均沾”。

② 伊莱休·鲁特（Elihu Root，1845—1937），美国战争部长，继海约翰后任国务卿，曾获诺贝尔和平奖。

Trumbull Ladd）近期就袁世凯政权变动[①]背景下一些具有特殊意义的重要问题发表看法。

## 公正、欣赏与宽容，是制止战争的最好方式

乔治·T. 莱德教授。（《纽约时报》原文插图）

比起通过狡诈的外交途径、纸上谈兵的条约、国际调停甚至海牙国际会议等方式来阻止战争的罪行和惨剧，有一种更好、更有效的方式。这种方式很容易说明，本身也具备操作性，但在所有可预见的方式中，这种方式又是在实际中最难进行谈判的。这让我想起，在某次部长级会议上通过多项旨在减少人类恶行的决议。会议接近尾声时，有一位睿智的资深阁员缓缓站起，提出一项弃绝人类原罪的提案。如果一个国家能够更多地欣赏另一个国家的优秀品质和杰出成就，能够以宽容的心态来看待对方的缺陷和不足，即使无法慷慨待人，但能秉持公正，那么各国之间就不会爆发战争。再没有别的方式比这更能制止战争了。

此时此刻，在美国处理与勇敢、有趣而令人尊敬的"新日本"之间的关系时，我们尤其有必要这样提醒自己。我这样说，是因为我了解自己所说的事实，而且我可以对这些话的真实性和准确性负起全部的责任。

## 日本亲美情绪恶化

我于 1906 年下半年至 1907 年第三次访问日本，尽管最忠诚和最有学识的日本友人们都对最近旧金山学校委员会[②]的所作所为感到吃惊和愤慨，但日本人仍然尊敬和热爱美国，这种感情历经一代人，比西方其他国家对美国的感情更为深厚。在所有场合中，无论在官方宴会上，在日常授课的讲台上，抑或是普通学校的节日里，美日两国国旗总是并列悬挂，或以友好的方式间隔悬挂在一起。

---

① 指袁世凯称帝。

② 1906 年，美国加利福尼亚州旧金山学校委员会宣布，将对所有日本留学生采取隔离政策。日本掀起激烈的反美示威，政府也强烈要求美国政府对此作出解释。美国总统罗斯福亲自说服旧金山学校委员会撤销了上述排日规定，事态得以缓和。

然而，无法否认的事实是，这种亲切的感情有了很大改变。总体来说，大部分日本人，不论官方还是民间，公开或私下，都带着对美国的怒意或憎恶。只有少数受过良好教育的日本人，他们在美国有私人朋友，与其共同生活并平等、友好相处过，才看到我们的其他优点。我认为，造成这种危险而令人担忧局面的责任，更多在美方，而非日方。

## 日本的对华政策被夸张和歪曲

数年前，日本在朝鲜半岛的行动[①]被一种歪曲和夸张的方式传播到国外，而这一邪恶手段再次被不遗余力地运用在宣传日本对华行为上，也将产生类似后果。我们不必讨论日本对朝鲜的行为被讹传所带来的具体影响，最近的有关声明已将有关事实记录在案。根据消息来源和事情的性质判断，我们完全可以说，这些反日宣传大都是煽动，其目的是通过与腐败的朝鲜李氏王朝勾结，妄图继续控制朝鲜半岛的资源。这些无耻的煽动者不仅利用外国记者和短期到访的外国客人，而且利用常驻朝鲜的传教士来实现他们的阴谋。

我们必须痛苦地承认，这些人中大部分是美国人。每一位爱国的美国公民，尤其是那些极度反对战争，甚至反对备战的人都需要查明有关的指控，他们宣称日本近期正胁迫中国接受苛刻而不公正的让步，或认为即使日本还未破坏与美国就所谓“门户开放”原则达成的谅解，也准备侵犯中国了。但是，我们如果没有快速回顾远东历史，也就无法评判或真正查明远东这两个国家最近签署条约的有关情况。

## 中国政府对于外国人从来都采取敌视态度

我希望说明的第一点是，中国政府对于外国人从来都采取敌视态度，当其他国家希望与中国建立公平、友好关系时，中国的回应毫无道理可言。中国人的自负到了可笑的程度，只有开放口岸中那些接受过外国培训的买办阶级以及少数虔诚改信基督教的华人除外。

在中国不时会有一两个胆小怕事的县令，他们却能够残忍无比地对待落入他职权范围内的外国人。我们只需回顾一下清朝统治的历史，从开国到义和团运动，再到慈禧“老佛爷”和她最宠爱的太监以及李鸿章之流臭名昭著的合谋，从清朝被

① 1910年8月22日，日本伊藤博文政府迫使朝鲜政府签订《日韩合并条约》。《日韩合并条约》全文共8条，其主要内容是：朝鲜将其全部主权永久让与日本；日本对朝鲜王室给予“尊重”；日本将其控制朝鲜外交大权的“统监府”改为“总督府”，总督直属日本天皇，并由其负责掌管朝鲜立法、司法和行政权力。条约的签署标志着日本正式吞并朝鲜。

耻辱终结的历史就能看到我所有说法的事实依据。

中国毫无理由地仇视和不信任外国“侵略者”。无论这些“侵略者”出于和平的善意或打着战争旗号，中国人的确从外国人那里遭受了无数的耻辱，然而这也无法掩盖一个客观的事实，那就是中国至今也完全没有实现爱国主义的启蒙，中国外交政策是傲慢与脆弱、狡诈与愚昧的混合体。中国为落后而焦虑，这一落后往往伴随着毫无预兆的起义和大范围的抢掠屠杀。中国在列强之间相互妒忌和矛盾冲突的夹缝中周旋，时而也能成功地生存。她与各国签署了丧权辱国的条约但对公众隐瞒，一旦找到合适时机，就宣布废约。

## 中国目前的改革未从实质上改变现状

尽管中国全心全意地要进行彻底和充满希望的改革，但其内政的现状和对各国态度几乎还没有任何实质上的改变或改善。在说这些时，我充分认识到自己与主流观点的不同。但是对于中国任何真诚和坚定的自我发展的努力，我无意进行任何贬低或是保留我的同情心。毫无疑问，中国对于认识帝国之外的世界的兴趣大大增加了。也有迹象表明，现代的社会和政治意识的启蒙思想、基督教的道德观念正在中国形成，我们对此感到欣喜。但中国从整体而言，仍软弱无力，也不愿像曾经那样进行改革。事实上，中国在某些方面的情况甚至比十年前更糟糕，袁世凯统治下的中国就像慈禧太后治下时一样无耻狡诈、残忍无道。

有一位极有信用的证人的观察和描述可印证我的上述言论。他刚刚在中国的心脏地带访问了三个月。他深怀对中国的强烈同情，对日本的意图和行径感到万分焦虑。而十年以前，他也怀着与现在几乎一样的心情。他写道，“中国的情况比十年前更为恶化，政府远比原来专制，各类强盗行径比先前更加猖狂。”

我的另一位朋友也刚结束一段中国之旅。他告诉我，所到之处，民众皆充满了对袁世凯政府的不满和不信任，对于外国人的恐惧和仇恨并未减轻。现政府建筑在恐惧的基础之上，也只是出于恐惧，义和团运动才未在更大范围内重演。难道这个世界竟如此快就遗忘了 15 年前的悲惨一幕吗?

## 中国无论称为帝国或民国，无论是光绪或袁世凯统治，都无法切实履行国际义务

上述思考让我不可避免地得出如下结论：中国，无论称其为帝国或是民国，无论在光绪或袁世凯统治下，都无法与外国签署公平、公正的条约并切实

履行义务，或是以自由之身崛起于世界民族之林。只有通过长期平等相待，同时施以强力和威慑，各国才有可能实现将中国带入文明社会大家庭的崇高目标。不仅在教育和传教方面如此，在政治和商业方面亦是如此。

在这里，我要再次引用一位朋友的话，他在远东地区生活了三十多年，熟知这里的人民和政治事务。他写道："这些年来，我已养成习惯，询问那些熟悉中国事务的人，看他们哪怕能给出一个例子，证明中国倡议建立的新秩序能够成功有效地运作。我指的是在中国人自己的管理和控制下有效地运作。至今为止，我没有听到过一个这样成功的事例。"

这位朋友还说："正如我们所看到的，日本是唯一有能力实现国家秩序的东方国家。如果墨西哥的动乱威胁到南北美洲的和平——当然，我们是假设墨西哥大到足以产生这种影响的话，那么难道本地区高度组织有序的国家会无动于衷吗？而这恰恰是远东的现状。日本人高度自治的国家组织系统应获得整个文明世界的尊重和鼓励。日本可能也应从其行为中获益，但其他国家，最主要是中国人自己也会获益。"

## 日本三次卷入战争皆因中国的软弱和欺骗

日本在其卷入的三次对外战争中，每次都并非自己情愿，而且都耗费了巨大财力和人民的生命，这都是因为清政府的软弱和欺骗。

日清战争爆发在于清政府寻求与对美政策相同的对日政策，这导致美国也卷入朝鲜事务。清政府宣布对朝鲜的宗主权，怂恿朝鲜针对外国人的抢掠和屠杀行为，但拒绝对此负责。美国有意忽视这段历史，是违背公平、强硬外交原则的典型事例。这使得美国在妥协退让后长期陷于被动。

由于慈禧太后和李鸿章的软弱腐朽，俄、清密谋勾结，意图消除日本对朝鲜的影响。由此，日本在强大的沙俄面前面临着严峻的生存威胁，导致两国爆发严重冲突。

此外，也是由于中国对德国的软弱，致使日本卷入目前正在激烈进行的欧洲战争。现在有谁能预言，欧战是否会影响到日本的利益甚至是主权完整呢？

## 日中面对西方强权共荣共衰

我相信，最近日本采取了被广泛质疑、非公平的武力威胁方式，与不情愿的中国政府狡诈多变的领导人签署了"二十一条"。日本的行为将被证明是合理的。

当然，日本的激进分子和机会主义者们通过恐吓和贿赂（通常是贿赂政府官员，因为按照规矩，中国官员的手掌必须被紧握或是被润滑）获得利益分成后，不愿意看到其他国家在华占据更优越的地位。

然而，日本人中也包括品行高尚的政府官员和商人，他们对亚洲的现状和未来持有更崇高、深远的看法。即便在日本对华作战时，这些人也没有忽视中国自身的最终利益。让睡眼惺忪的中国人“坐直身子，开始学习”，开始准备，才可能避免吞下懒惰和无所作为的苦果。因为日本不能坐视列强通过控制资源、侵占土地或以武力占领中国港口来威胁和支配中国政府。

这些情况即使近期不一定发生，但从长远来看，面对西方强权，日中这两个伟大国家或并肩屹立，或同时陨落。

## 反日游行缘自德国公使的挑唆

然而，有一个非常特别而具说服力的理由表明，中日条约（“二十一条”）应尽可能立即、彻底、全面和永久性地实施。因为情况紧急，机遇难得。即使从我们自己最近的经验也很难判断德国武力夺取胶州湾将对中国带来何种影响。

中国人崇尚务实和效率，中国人和我们美国人都知道，没有任何民族能在效率方面超过德国。德国人在开发山东半岛时充分展示了他们的高效率。中国人非常惧怕德国人。但德国政府毫不掩饰对日本的憎恶之情，也不掩饰德国征服欧洲后将惩罚日本、恢复在华权益的意图。更有甚者，德国对中国政府仍有很强的影响力，而且正有效地应用其传统宣传手段来加强对华控制，激起中国人对协约国，特别是对美国和日本的疑虑与仇恨。

为充分说明这一点，请允许我引用最近在东京传媒上公布的可靠消息。消息称:“据查证，最近2000名旅日中国学生针对中日条约谈判的游行示威[①]，起因于德国驻华公使辛慈（von Hintze）的阴谋挑拨。在中日北京谈判前夕，似乎是辛慈公使向袁世凯进言，指出通过中国留学生抗议日本的好处所在。袁世凯最终同意向其驻日特工发出密令。辛慈担心如果由驻北京的外国使团出资会被很快察觉，

---

① 指1915年留日学生反对“二十一条”的斗争。1915年1月18日，日本大隈内阁向中国提出“二十一条”要求。这一秘密披露后，引起留日中国学生的极大震动，各省积极分子立即行动，准备召开大会。2月11日下午，留日中国学生2000余人冒雨在中华基督教青年会馆举行全体大会，抗议日本帝国主义的侵略行径，讨论挽救办法，最后通过五条决议:（一）电政府强硬拒绝该条件并将该条件公之人民;（二）以文字警告及励导海内外国民;（三）留日学生对外之宣言;（四）设立分机关于京沪，以便进行一是;（五）准备归国之办法。革命先驱李大钊当时在早稻田大学留学，他以强烈的爱国思想和献身精神投入了这场挽救祖国危亡的斗争，担任留日学生总会文事委员会编辑主任。他泣血陈词的《警告全国父老书》是根据大会决议第二条为警告和励导国民而写，反映了留日学生“羁身异域，切齿国仇，回望神州，仰天悲愤”的心情，控诉日本的侵略野心，要求政府秉国民公意，拒绝日本要求。这次留学生的爱国行动遭到袁世凯政府的打压，留日学生总会被严令解散。

于是建议西门子公司的舒克特（Schuckert）这位最近陷入海军丑闻的臭名昭著的德国人出资支持学生运动。有消息称，一些参加运动的学生开始疑心其中的阴谋，并后悔自己的轻率举动。另一方面，袁世凯总统的特务继续在东京郊区举行会议，筹划第二次游行示威。”

## 日本因维护自身利益而蒙羞

除此之外，其他一些事件也加剧了日本人急躁、不妥协和过于紧张的情绪。其中最严重的，是中国政府一贯以来的狡诈善变、行动迟缓和诡计多端，这使得日本保护自身利益和中国利益的努力受到羞辱与打击。

各国掠夺中国资源的计划违背中日两国的利益。英、美尤其热衷于制订和推动这类计划，这是日本外交无法承受或克服的困难，因为英美两国政府都公开宣称与日本有特殊友好关系。这些国家再次采取在诋毁日本对朝鲜行动时曾用过的伎俩，让一些传教士脱离本职，滥用特权，花费 1000 多日元向美国国务院发电报、提建议。电报费当然是由中国人或德国人支付的。这一伎俩虽不光彩，但却十分成功。

我们一方面要考虑到情况的紧迫性，同时也必须考虑到面临的机遇，尤其在日本与德、俄关系方面。德国现在两手握得满满的，而且看起来在未来相当长一段时间都会安全地掌握其所得。至少近期内，德国不会再将手伸向新目标或去翻腾旧账。而俄国签署《朴次茅斯和约》后立即着手处理未来可能发生的各种冲突，并相当成功。而且，俄日两国已成为坚定的盟友，两国在对华利益上虽不完全相同，但并非敌对关系。

## 中国已割让出满洲和山东权益

鉴于上述历史和现状，我们才可以去认识并理解中日近期签订的“条约”。让我们看一下这个条约的主要内容和特殊条款，以便真正认识它。

认为中国由于签署条约而将丧失对满洲和山东的所有权完全是无稽之谈。日本接管上述地区时，中国并非其权益的所有者。由于中国政府的懦弱、腐朽，满洲的权益已被割让给俄国，中国银行家和政府官员都在与俄国同行们合作，共同开采矿产、林地和兴建铁路。日俄条约规定所有这些权益都是两国的“战利品”，北京政府也最终承认了这一条约。

事实上，中国政府出于对德国的恐惧，才将山东半岛及青岛基地的权益割让给日本。山东权益是德国从中国夺得的，属于德国而非中国，这也是日本加入协约国对德作战的战利品。日本没有任何法律或道德义务要将这些权益归还给中国。日本对德最后通牒中宣称，最终将山东归还中国，这是在特定条件下针对德国而非中国所言。德国没有同意这些条件，因此现在日本没有任何承诺，保证要将山东归还给中国。

但是满洲权益和山东权益是分别割让给俄国和德国的，这并非不受限定继承的不动产。因此，日本应对满洲和山东权益的所有者提出租借要求，而非对中国。由于自身的懦弱和腐朽，中国已割让出了这两个地区。

## 应将租借权延至 2002 年、2007 年

现在，包括旅顺港在内的满洲租借期只有 25 年。在这之后，中国将恢复行使完全的司法权和所有权，但前提条件是中国必须偿还租借期间内投入本地的所有开支，包括利息在内。

辽东半岛价值巨大，满洲其他地方的铁路、矿产和各项资产也异常丰富，但中国完全没有可能以自身财力或尚未开发的资源按照条约规定赎回。中国只好无限期延长租借期，或向外国大举借债，然而这必须以中国其他已开发的资产作抵押。

有些人明白这对于俄、日两国的经济和战略利益意味着什么，对于俄、日平静、礼貌地接受美国国务卿诺克斯要求由几个外国财团接手这些商业利益的虚伪提议，他们也表示尊重。但他们一定感到奇怪，为何日本没有表现出焦虑和犹豫就接受这样的险恶建议。

尤其是现在，日本边境已扩展到鸭绿江边，满洲铁路和矿山存在巨大经济利益，日本的战略安危也系于对此不受干扰地开发和利用。并且，如果义和团运动再次爆发，或发生类似的起义，成千上万西方国民的安全就只能依靠这些铁路来运送日俄军队得以维持了。因为如同墨西哥一样，中国政府无力保护各国在华公民的生命和财产安全。

日本人唯一应做的事就是坚持将割让地区租借权延长至公元 2002 年和 2007 年，即民国 91 年和 96 年。条约有关满洲的有三项条款：一是如果外国要在中日两国共同利益所在地区投资修建铁路、开采煤矿或建造铁厂，应优先考虑日本资本；二是如未经日本政府同意，中国政府不得没收或接管中日共同投资经营的汉冶萍公司；三是在南满和东蒙古将新增商埠，口岸置于中国政府自行制订的规则管理之下。

## 日本驱逐德国是防止列强在华获取租界

对于日中两国长久利益而言，如何安排和治理山东半岛及其附近海域比满洲条款更显重要。该地区的军事基地由外国控制，将导致外国掌控远东商业利益，威胁日中两国领土完整和主权。因此，条约中的有关条款非常公平合理。在“山东省条款”前言中称，日本从德国获得土地、权益和财产，要求中国政府对于日德处置上述资产的最终条约概行承认。

同时，条款规定，战争结束后，胶州湾租借地完全置于日本管辖之下。日本在满足如下条件时可将胶州湾归还中国：一是胶州湾全部开放为通商口岸；二是由日本政府指定一个区域为日租界，日本在此行使完全司法管辖权；三是如列强要求，可建立一个国际租界；四是处理胶州湾德国房产和其他资产的相关条件与程序，日中两国政府应在实施前达成共识。其中第三项更进一步对“门户开放”作出规定：“中国政府允诺，为外国人居住贸易起见，从速自开山东省内各主要城市为商埠。”

另有一项针对未来中日安全和利益的重要条款中规定，凡山东省内并其沿海一带土地及各岛屿，概不让与或租与别国。中国对条约签署表示欢迎，因为条约要求日本动用全部海军力量反抗德国恢复青岛军事基地，防止其他国家眼见中国政府软弱腐朽便采取类似德国的政策从中国获取租界。

## 第五号条款以委婉方式提出

如非对中日两国当前在南满和东蒙古的经济和道义利益及该地区经济民生情况了如指掌，就无从正确评判中日条约各项细则的公正合理之处。然而，我坚信，如果我们了解更多情况，就能得出更为公正的判断，对于日本在形势紧急、正是对华施压良机时依旧保持克制，并撤销和调整各项对华要求的做法表示惊叹和敬意。

应予注意的是，在日本外相加藤高明（Baron Kato）授意驻华公使日置益向中方提出的条约中，第五号条款是以“愿望”而非要求的委婉方式提出。日方多次表示：“第五号中各项条款的性质与前四号完全不同。”然而意在诋毁日本的人紧紧纠缠第五号不放，因为这尤能激起各国对日本的疑虑和讥讽。

日本对华建议，各国已在华建立和经营的宗教和教育机构，其自由行动权利不受影响。在我看来，北京的传教士和基督教“教育家们”对此所采取的立场和发出的声音极不妥当。美国人应能记得，过去50年来，日本一直保护和支持境内的传教士，其中大部分是美国人，他们中没有一个牺牲者。相反，中国却杀害了无数传教士和改信基督教的华人教民。今天的日本与美国所一贯坚持的立场是一致的，即坚持宗教信仰自由。

## 日本外交堪称典范

到此，我想可以对日中近期签署条约的动机、程序及最终确定的条款作一个总结。从两方面来看，日中关系在地理及其他领域都处于特殊危险的境地。

其一，与外界印象不同，日本人了解真相，即中国政府软弱无力，总统地位岌岌可危，随时可能下台。而如果中国现政府被颠覆，社会制度瓦解，日本将不可避免承担更大责任。

其二，中国仅有共和之名。中国实际上仍然只是一个人的政府，袁世凯在实施独裁专制。但是，欧洲战场的不确定因素在增多，为应对不可预知的紧急情况，必须准备采取迅速果断的行动。我们现在就必须采取措施，抵消德国对华的强大影响力。如果德国取得战争胜利，哪怕只是与协约国方面打成平手，也会出现“天怒之日”（day of wrath）。为阻止这一天到来，相关准备工作迫在眉睫。

日中最终达成的条约条款将比目前各方所期待的更为公平、合理。官方文本已经公之于众，了解本国地理与历史知识的中国学生可自行判断是否认可或反对条约。条约也已译成英文出版。日本最忠实的朋友们也无法否认，日本在谈判中不必要地加入了某些令人不悦的条款，不幸还轻率地威胁要使用武力。但在当前形势下，这些都只是瑕疵。以西方文明世界通行规则衡量，日本外交传统和近期行为仍堪称文明国家的典范。

# 成千上万华工运往欧洲[1]

1917 年 2 月 25 日

题记：成千上万名中国劳工被送到法国的军工厂和农场工作，只有最强壮的劳工才能被选中。合同规定支付双倍薪水，如客死异乡，须将

① 1917 年，一直保持中立的中国向德国宣战，参加第一次世界大战。随后，约 14 万名来自山东、河北、河南、江苏、浙江、福建等省，年龄 20—35 岁的中国劳工，通过北京政府设立的招募站与英、法政府签订劳工合同，集体开赴欧洲西线战场。他们有的挖战壕，有的在码头和铁路货场干苦力，有的在军工厂做工，其中许多人死于轰炸、空袭和流感。还有些华工甚至在赴欧途中丧生，如 1917 年 2 月 24 日，运送华工的法国“阿陀斯”号（Athos）邮轮在地中海被德国潜艇击沉，543 名华工死亡。

遗体运回中国。

据一家在华从事制造和贸易业的英国公司代表说，被选中的中国技工或半技术工人从天津港运往法国，每周至少有一千人。从印度支那运到法国的劳工也几乎是这个数量。他们主要在法国的军工厂里工作。这位代表现正访问该公司位于纽约的分部。

## 华工实际上被当成货物运输

他说，“华工乘船来到法国，每艘船上约有两三千人。装运两千名华工并不需要一艘大船，因为他们实际上是被当成货物运输过来的。船上分配给每名华工的空间可能还不如一个白人的坟墓大。”

“只有最好的劳工才可能被选上，由天津来到法国。这些人中很多都有六英尺高。大部分华工都曾在中国境内的英国工厂或现代建筑工地上接受过培训。也有一些是农民，他们能够帮助法国提高农业产量。”

“将华工从天津运往法国已持续一年多时间，前往法国的中国和印度支那劳工总数可能早已超过十万人。”

## 华工日薪 20 至 25 美分

“所有这些中国人在招募时，合同规定工资在我们看来非常低廉，同时规定如果他们不幸死亡，法国政府必须将他们的遗体运回中国，并详细规定了劳工丧葬所需的一切物品，如死后必须有一身新衣服，因为这将是他在另一个世界的形象；必须有类似米饭、烧鹅和猪肉这样的食物在身旁以供亡灵享用。此外，其他一些葬礼仪式也必须忠实遵照执行，如烧纸钱串、纸房子、纸轿子等等。”

“在中国的英国工厂向掌握机器运作技术的中国工人每天支付 12.5 美分，而将中国劳工招募到法国的合同规定日工资为 20 至 25 美分。有这些已足够招到华工了，只要一有船，他们就会马上被运走。”

## 三名华工抵过两名欧洲工人

“毫无疑问，这些华工对增强战争期间的法国生产力意义重大。他们非常勤劳，尽管没有欧洲人那样充沛的精力，但他们愿意长时间工作，而且对个人生活的要求很少。这些精心挑选的中国劳工比普通中国工人要更聪明。可以这样说，在技术要求较低的行业，如弹药制造厂里，三名华工基本上抵得过两名欧洲工人。而在农业生产领域，他们甚至比欧洲人更强。”

“中国拥有源源不断的劳动力，完全符合法国人的标准。大量华工被送往法国，对中国工业的影响几乎可以忽略不计。”

“运送华工的每艘船上都有几个会讲中文的欧洲人，通常是英国人。这些人也是工头，向华工翻译各项指令。这些中国人一旦到了外国，能非常迅速地掌握外语，就不再需要翻译了。”

“在天津及其附近招募华工的英、法两国官员和平民能够毫不费劲就招到他们想要的人。他们也从未采用诱拐或欺骗的方式来招募工人。”

## 目前还没有女人相伴

“几乎可以肯定的是，在战争结束前，华工们就会在法国甚至可能是欧洲所有国家，建立起自己的移民群体。来到外国土地上的中国人最初总希望有朝一日重回故土，然而一旦他在这里立稳足，就会扎根于这片新土地，就像他们在美国一样。等稳定一段时间后，他们就返回家乡娶妻，很快下一代就诞生了，孩子们身上的东方特征就会慢慢消失。到目前为止，还没有女人跟着劳工离开天津，来到异乡。”

“法国从印度支那运回的越南人大多数都是士兵，他们被送上前线作战。但我知道，现在有更多印度支那人来到法国，在军工厂或农场中劳作。”

# 中国即将加入协约国

1917年3月3日

题记：北京政府正与协约国谈判，希望能减少“拳乱赔款”，并提高进口关税。

据伦敦《泰晤士报》3月2日北京报道：

协约国各驻华公使向民国政府提交备忘录，支持中国对德立场，并表示如果中国能与德国和奥匈帝国彻底断交，协约国方面将积极考虑在战争期间暂停偿付“拳乱赔款”（Boxer Indemnity，即庚子赔款），并修改中国关税。鉴于美德关系迟迟未见明朗，如果协约国方面不对民国政府释放善意，并对中国加入协约国表示欢迎，那么中国政府对下一步行动也将犹豫不决。毋庸明言，德国正倾尽全力组建联盟，防止内部分裂。协约国公使对华采取的适时行动也许取得了他们意料的效果。

另据华盛顿 3 月 2 日电：

民国政府与协约国之间关于中国加入对同盟国作战的谈判正在北京进行。本报获悉，谈判成功与否完全取决于协约国方面能否给予中国奖励，从而获得他们所需的中国合作。现在看来，只要协约国明确同意在庚子赔款条约方面放宽对华要求，中国就极可能与德国断交，并对德宣战。

今天，从官方和外交使团传来的消息扫清了上月以来盘踞在远东上空的疑云。之前，仅偶尔有北京方面语意含混的电报和德国帝国议会（Reichstag）的消息提及“中国放弃中立地位”，从中隐约看出，德国方面正全力阻止中国参战，协约国方面正拉拢中国，而中国对于是否放弃当前和平状态踌躇不决，尽管中国的和平并无足够的保障。

民国政府希望完全免除从现在起至 1940 年每年高达 3000 万美元的庚子赔款。如果中国参战，她将拒绝支付对德国和奥匈帝国的赔款。有消息称，协约国已同意中国延期支付赔款，以防中国不满。但也有一种说法是，代表协约国谈判的法国和比利时已同意完全免除赔款的消息尚未获得证实。

庚子赔款数目巨大，在民国政府总开支中占据重要份额。如能与协约国达成满意协议，将极大缓解民国政府的财政困境。

与此同时，中国还希望协约国方面同意中国提高关税，因为在现有条约规定下，中国关税不仅未达到 5%，而且其以 1897 年、1898 年和 1899 年的平均价格为基础。美国长期以来一直呼吁签署庚子赔款条约的其他十六国同意提高中国关税，但仅有英国和日本完全同意。其他国家都对此附加极为苛刻的限制条件。

协约国如此期盼中国参战，除增加参战军队数量之外，更希望中国在战后最大限度开放贸易市场。英法两国牵头与中国本地实业家签署协议，将招募超过十万华工赴英法支援，其中主要是赴法国做工，这将大大增加协约国的劳动力。许多华工在赴法航行中淹死，“阿陀斯”号（Athos）事件发生后，中国对德国潜艇战提出抗议，并第一次明确威胁要断绝对德关系。

目前大约有 3000 名德国人在华居住。一旦中国宣战，这些德国人将被安置进入集中营。

# 中国对德、奥两国宣战

1917 年 8 月 18 日

北京 8 月 14 日电：

今日上午 10 点，民国政府正式对德国和奥匈帝国宣战。宣战文告和其他相关文件中并未提及民国政府与协约国关系。民国政府表示，中国参战完全是自主决定的。北京和华北其他城市对宣战一事表现平淡，因为这个问题持续争论的时间太长，人们的热情已经消磨殆尽。

荷兰驻华公使馆接管了奥地利在华权益，并接收了奥地利在华驻军。德华银行（Deutsches Asiatische Bank）关门停业。在天津的中国军队接管了奥地利租界、德国银行和军营，未引发任何冲突。

民国政府颁布公告，允许德、奥两国公民五日内离华。如在华德国商人不损害中国利益，可在十日内进行登记。敌国物资未经允许禁止在中国各地流通。公告还规定从事敌对行为的人士将被拘留。

中华民国代总统冯国璋签署宣战文告。文告回顾了中国规劝德国调整潜艇战政策的努力，并称，出于对国际法的尊重和保护中国公民人身和财产权目的，中国必须与德国断交，并被迫对德、奥宣战，因为德、奥两国一道实施了潜艇战政策，未进行任何修改。宣战文告称，中国废除与同盟国之间签署的一切条约和协议。中国将遵守《海牙公约》(Hague Conventions）和其他关于战争人权的国际条约。文告表示，中国宣战目的是为了更快实现和平。

冯国璋表示，“中国人民尚未从最近的政治动荡中恢复，而新的灾难又降临到人民头上。作为中华民国总统，我对人民未来的苦难深感同情。”

1917 年 8 月 14 日，段祺瑞政府决定参加第一次世界大战，对德、奥宣战。图为参战纪念章。

“事态已发展到无法回避的地步，我迫不得已作出宣战的重大决定。中国不能损害国际法的尊严，中国在国际社会中的地位不能被贬低，世界和平与人类幸福的进程不能被迟误。”

“因此，希望国民共度时艰，维系巩固中华民国作为国际社会大家庭一员应享的幸福和权益。”

# 大战将激发中国巨大潜力

1917 年 10 月 14 日

题记：中国的熟练技术工人和丰富原材料对于协约国取得战争胜利具有重大意义。20 万中国劳工将奔赴法国。

中国对德宣战迄未引起协约国足够重视。但远东问题专家、《今日中国》（*Present Day China*）作者加德纳·哈丁（Gardner L. Harding）的看法是战争结束、世界和平重现时，中国将证明自己参战的巨大意义。哈丁在美国亚洲联合会（The Asiatic Association）刊物上新近发表的亚洲问题论文称，协约国应对中国加入到他们一方作战而深感庆幸，主要依据以下五个重要理由：一是中国的熟练工人可以前往欧洲做工；二是中国取之不尽的原材料、金属矿产可用于弹药制造；三是中国可以训练出大批优秀的士兵；四是中国的粮食供应能力不应小觑；五是中国对协约国的友好态度意味着远东的稳定，无须担心东方问题。这对于世界保持永久和平至关重要。

## 中国劳工开赴欧洲前线

哈丁写道，“中国认识到，必须在防止新的战争发生前结束本场战争。由此，中国在向协约国提出任何条件之前，甚至在与德国断交前就已向法国派出由 10 万劳工组成的远征军。这个数目相当于弗兰奇爵士［Sir John French，英国远征军（British Expeditionary Force）司令，负责指挥欧洲战场的英军］那支微不足道的小小英国军队了。2 月 1 日，中国劳工加入了法军挖筑战壕的队伍，解除了前线数千名法国士兵的劳作之苦。”

“我们目前急需将中国劳工数量扩充至20万，这一数字很快就能达到。我从一位从上海圣约翰大学（St. John's College）退职后到华工远征军团（Chinese Expeditionary Labor Corps）负责的老朋友那里了解到华工奔赴英法前线的实情。英国从其海军基地、山东威海卫共招募1100名劳工。根据英方与中国政府签署的协议，劳工抵达英国时，每人将获得两身新衣服、一套铺盖、一个帆布包、饭盒（劳工大队有自己的厨师和全部中式厨具）、新鞋、雨衣、帽子等，合计价值约10美元。有一名外国医生、三名外国官员和一名领队（都是能够说中文并在中国长期生活过的英国人）与他们同行。工头和其他管理人员全是华人。所有人都身穿平民服装，整个劳工军团完全是非军事化的。中国劳工获得保证，绝对不用上前线参加战斗。战争结束时，劳工们能够带着丰厚的收入回到中国。”

## 中国煤铁资源潜力巨大

“毫无疑问，中国的劳动力对于协约国当前和未来的作战是巨大贡献。如果要让中国发挥作用，协约国从现在起就应该更多地依赖深埋在中国富饶大地之下的巨大煤矿资源，并将其用于战争。德国总参谋部（German General Staff）也是如此规划的。”

“湖北大冶在远东人人皆知，那里蕴藏着丰富的优质铁矿。据李希霍芬[①]估计，这里的铁矿储藏量超过200万吨。虽然大冶铁矿的表层迄今都未得到充分开发，但已经日产1500吨矿石，其中一半被运到汉冶萍煤铁厂[②]宏大的铸造和冶炼车间。汉冶萍位于长江边的汉阳，与汉口相邻。另一半铁矿石被运往日本分送至日本位于若松（Wakamatsu）的钢铁厂和著名的室兰钢厂（Muroran Steel Works）。运送到日本的矿石所炼钢铁大部分都被协约国订购，经俄国运至协约国前线。显然，日本获利丰厚。”

“中国所需要的仅仅是正确的合作方式，这样才可充分利用其潜能巨大的工业原材料资源，并将其转化为高速增长的出口贸易。去年，中国一级铁矿石和铁制品总产量还不到75万吨，但却出口了50万吨。因此，问题并不在于出口，而

---

① 李希霍芬（Ferdinand von Richthofen，1833—1905），德国地理学家、地质学家。曾任波恩大学、莱比锡大学和柏林大学教授、柏林大学校长。1868年9月至1872年5月，李希霍芬到中国进行地质地理考察，历时四年，走遍大半个中国。他于1877—1912年出版的《中国》（5卷，附地图集2卷）一书是第一部系统阐述中国地质基础和自然地理特征的重要著作，并创立中国黄土风成的理论。这套巨著是他四年考察的丰富实际资料研究的结晶，为中国地质地理研究作了奠基性、开创性的贡献，是近代中国和西方进行科学交流的先驱。

② 汉冶萍煤铁厂由汉阳铁厂、大冶铁矿和江西萍乡煤矿三部分组成，1908年由盛宣怀奏请清政府批准合并汉阳铁厂、大冶铁矿、萍乡煤矿而成立，是中国第一代钢铁联合企业。到辛亥革命前夕，该公司员工7000多人，年产钢近7万吨、铁矿50万吨、煤60万吨，占当时全国年钢产量的90%以上。1938年，因为抗战将厂迁往重庆，为重庆钢铁集团前身。

是要提高产量。只要协约国有兴趣，并与中国矿产资源委员会合作实地考察，势必发现中国在各个方面蓬勃的创造力。协约国方面只需与中国开展铁矿开发合作，即能马上获益。”

“负责矿产的农商总长谷钟秀是一位年轻杰出的非党派人士。他派专家在六个月内考察了六个主要铁矿石富藏省份，收集数据，分析潜在产量。分析结果表明，如果协约国有此意愿，中国明年的铁矿石产量能够翻倍。而协约国如果对华提供足够贷款和技术援助，产量将增长四倍。”

“中国每年还生产超过1000万吨煤，其中包括著名产煤地萍乡和开滦，这两地的煤矿质量居亚洲之首。萍乡煤矿由日本人掌握。开滦煤矿公司与英国合作，由日本人管理，正全力生产并供给协约国。在这种情况下，中国去年出口煤超过200万吨，其数量还可能进一步提升。”

## 中国的粮食供给能力

“最重要的是，如果我们承认士兵问题和协约国补给问题存在巨大风险，那么中国在此方面确是拥有丰富的储备资源。中国在过去半世纪以来，甚至可以说在过去50个世纪以来断断续续地遭受饥荒，使得现在的中国政府严格限制谷物出口。中国生产并出口小麦以及著名的东北大豆。只要我们觉得这是美味食品，那么，中国完全可以大量供给欧洲。中国在现有情况下仍大量走私出口冻肉、坚果、糖、通心粉、面条、果脯、蔬菜、鱼肉罐头和皮蛋等。而且最重要的是，中国还在非法出口小麦。”

“如果民国政府鼓励小麦出口，那么明年其出口量将在现在每年300万美元的基础上翻倍或增长三倍。当然，中国的农业生产如要获得真正的高速发展，其改造河床、灌溉系统和大量植树等工程尚需十年时间。如果中国调整其粮食控制政策，它对欧美的粮食出口就将出现数倍的增长。”

# 协约国同意民国延迟还债

1917年11月9日

华盛顿11月8日电：

美国驻华公使通知民国政府，美国对民国推迟偿还庚子赔款并改变关税税则不持异议，此让步已获盟国认可。中国向驻华使馆提出的三条迫切要求是：

第一，协助民国收取 5% 进口关税；

第二，作为例外，俄罗斯同意推迟偿付三分之一的款项，其他大国则同意民国政府推迟五年偿还庚子赔款；

第三，必要时，中国军队可经由天津租界通过。

因美国未参与中国军队驻扎天津的原协议，故未在新安排协议上签字。

# 德皇威廉二世掠夺中国财物

1918 年 1 月 6 日

W.W. 坎贝尔[①]

题记：尽管有法国人的榜样在前，但威廉二世拒绝将天文仪器归还中国，并将它们摆在波茨坦王宫前作为装饰。

德国威廉二世蓄意从一个虚弱无力的国家手中掠夺了他们的天文仪器。16 年来，威廉二世（Kaiser Wilhelm）的所作所为让世界各国天文学家都深感痛心。我认为，现在是让更多公众了解这一情况的时候了。

1900 年，八国联军攻入北京，多国军队参与了大肆掠夺中国宝藏的野蛮行径。在北京城楼上有一个天文观象台[②]，里面收藏有许多精致美丽的天文仪器。这些仪器都是数百年前由法国人设计制造的，具有浓郁的法兰西风格，由当时的耶稣会士带到中国。

这批仪器包括大型天体仪（Globes）、玑衡抚辰仪（armillary spheres）、地平经仪（Astrolabes）以及用来测量天体角度的大型球体，所有这些巨型仪器都以青铜铸成。其中，大约有八九件仪器被德法远征军从北京城楼上拆卸下来。平定义和团后，他们把仪器运回了欧洲。

① 本文作者坎贝尔（W. W. Campbell），是加利福尼亚州立大学利克天文台台长。

② 北京古观象台是世界上现存古天文台中持续观测时间最长的一座。从明正统初年到 1929 年为止，这座古观象台持续进行天文观测近 500 年。观象台总高约 14 米，台顶观测场面积 400 平方米，台下是古朴的四合院。清朝康熙和乾隆年间制造的玑衡抚辰仪、象限仪、黄道经纬仪、赤道经纬仪、纪限仪、地平经纬仪、地平经仪、天体仪等 8 架青铜天文仪器至今依旧矗立在观象台上。

大型天体仪、玑衡抚辰仪、地平经仪。（《纽约时报》原文插图）

美国赴华远征军司令查飞将军（General Adna R. Chaffee）不仅将义和团逐出了美军在北京的防卫区，而且坚决反对联军总司令、德国人瓦德西伯爵将天文仪器从北京城楼上搬走。对义和团叛乱事件感兴趣的人应该记得，在瓦德西伯爵和德国远征军来华前，整个镇压行动实质上或者说已经完全结束了。

查飞将军在信件中强烈抗议后来者的劫掠行为，他说进行战斗和开启通往北京之门的人并没有参与劫掠，反而是这些没有经历残酷战斗和重重困境的后来者进行了劫掠。这些言论激怒了瓦德西伯爵。查飞将军的勇敢抗议得到了美国政府的支持，但我们不得不通过外交途径平息日耳曼人的怒气。对于美国政府和我们的远征军而言，事件已经了结。

五件天文仪器被运到德国，三四件运往法国。法国政府拒绝接受这份掠夺的战利品，将其归还中国。这些仪器很快重新放回原来的位置。然而德意志政府有没有把他们的这份战利品归还中国呢？没有。那么，他们是被放在柏林博物馆了吗？也没有。他们在波茨坦王宫前的草坪上打好了地基，这些从中国掠夺来的仪器将被永久放置于此。[①]

1905 年，我在那里看到了这些仪器，它们被放在无忧宫（Sans Souci）著名的橘园前。文章配发的照片上是橘园一角，可以看到放在草坪前的三件仪器。另一幅照片则是这些天文仪器在被掠夺走之前放在北京城楼上时的情景。

如果这些仪器被带回美国，放在白宫草坪前，我们的政府和人民该作何感想？威尔逊总统将掠夺品放在自家草坪前，能安稳入睡吗？德国各地仍存在着“皇帝不会犯错误”的思维。两个德国天文学家甚至给我寄来圣诞卡片，上面是波茨坦王宫前中国天文仪器的照片。圣诞精神从何而来呢？

---

① 德军优先得到纪限仪、地平经仪、玑衡抚辰仪等五件仪器，法国分到地平经纬仪、黄道经纬仪、赤道经纬仪、象限仪、简仪和一件漏壶。两国军队都将仪器搬运到各自使馆。法国政府后迫于各方压力，于 1902 年将一直藏在使馆中的 5 件仪器归还中国。但德国却将仪器运回本国。1919 年，中国在巴黎和会上提出的德国应归还曾掠走的天文仪器的要求最终写入《凡尔赛和约》。这些天文仪器于 1920 年 6 月被归还中国，1921 年 4 月运回北京。

三件从中国盗走的天文仪器被放在德国波茨坦王宫前。在德国军队盗走前，天文仪器被安放在北京古观象台。（《纽约时报》原文插图）

五件被掠走的天文仪器的基座仍被完好保存在北京城楼的古观象台里。10至15年前，似乎德国政府中一位官员曾提议将仪器归还中国，但德国外交官显然没能胜任这项任务，尽管他们在许多类似的问题上有丰富的经验。

一个世纪前，在战败国掠夺财物并将其运回战胜国首都的做法比比皆是。然而，西方文明世界里的这位强势君主却成为文明倒退的活生生的代表人物，这对于许多人而言是令人相当震惊的事。

我们可以从掠夺中国财物一事看到威廉二世性格中的另一面。1900年8月2日，德国远征军即将向北京进发之时，德国皇帝在布莱梅（Bremen）向远征军发表了演讲，以下是摘自德国《工人日报》（*Illustrirte Zeitung*）的部分演讲内容："……我清楚地知道你们将与一伙装备精良、勇敢而残忍的叛乱分子进行战斗。请记住，遇到他们时，绝不能轻饶，也不要接受俘虏，用你们的武器去战斗，这样一千年后都不会再有中国人胆敢轻视德国。保持你们的英勇作风，上帝与你们每一个人同在，德意志民族与你们同在，我的祝福与你们同在。去开启文明之路吧！出发！再见，同志们！"这就是一个手握重权的君主对待毫无防备能力的民族的方式。

德国议员赫尔·里希特（Herr Richter）在国会大厦里高声宣读义和团时期在华的德国士兵写给家里的信件。里希特将信件称为"Hunnenbriefe"，即"德国士兵的来信"。从这些信中可以看出，威廉二世有关"绝不轻饶"、"不接受俘虏"的指示被不折不扣地执行着。值得一提的是，这些德国士兵们在1914—1917年间也忠实执行着德国皇帝的命令。

威廉二世这一演讲与他在德国入侵比利时的祈祷在精神实质上是一致的，美联社每月都对他的祈祷进行报道。威廉二世言必称上帝和神，然而仅仅是战神，或是军队之神。哪位听众又曾听到威廉二世在哪次祈祷中提到过耶稣基督呢？这些祈祷最令人注目的地方就是，它从头至尾都没有提及耶稣基督。基督精神在威廉二世对待中国时就不曾出现，在过去3年中，它似乎在这位战争狂人的脑海中没有容身之处。

## 苏俄抗议中国庇护白俄残部

1918年5月31日

题记：苏俄要求中国将谢米诺夫驱除出满洲或同意苏俄红军越过中俄边境予以打击[①]。美国驻俄大使弗兰西斯发表蓝辛国务卿的声明，解释美国对苏俄的态度。

美联社5月26日莫斯科电：

苏俄外长契切林[②]再次对中国提出抗议，指责民国政府庇护西伯利亚白匪领袖谢米诺夫将军（General Semenoff）从事反苏行动。苏俄在抗议中要求民国政府禁止谢米诺夫将军将满洲作为反苏基地，并强调，如果民国政府自认无能力处理此问题，也可允许苏俄红军越过中俄国境打击谢米诺夫的军队。看来，赤俄决心一劳永逸地解决中俄边境险恶局势。尽管如此，苏俄政府还是表达了对中国的友好，将此表述为“友好而紧急的请求”。

美联社沃洛格达（Vologda，俄罗斯欧洲部分北部城市）5月25日电：美国驻俄大使弗朗西斯（Ambassador Francis）公布了蓝辛国务卿（Secretary Lansing）的声明，否认美国领事资助西伯利亚的反布尔什维克领袖谢米诺夫将军，或是其他在西伯利亚从事反革命运动的人士。声明称，美国政府曾经收到西伯利亚数个此类团体的请求，但未予理会。美国特别拒绝了谢米诺夫将军提出由美国提供工程师予以协助的请求，并禁止美国工程师协助谢米诺夫将军或对俄国内战任何一方提供协助。

---

① 1917年俄国十月社会主义革命后，以沙俄海军上将高尔察克为首的俄国资产阶级、贵族、旧官吏在西伯利亚鄂木斯克组建反革命政权。沙俄将军谢米诺夫也在俄国东部成立“远东共和国”。这些反革命政权先后被红军击败，残部逃往中国后被称为“白俄”，大都寄居在哈尔滨、沈阳、大连、北京、天津、上海、汉口等城市，总数约20万人。

② 契切林（G. V. Chicherin，1872—1936），苏联早期著名的外交家，1905年加入俄国社会民主党，十月社会主义革命后回国，加入布尔什维克。历任全俄中央执行委员会和苏联中央执行委员会委员，1918—1930年任苏俄外交人民委员，曾率苏联代表团出席热那亚会议和洛桑会议，为新生苏维埃政权争取国际承认、提高国际地位作出重要贡献。

声明称，美国政府对俄国的友好态度并未因苏俄收回对美的外交礼遇而改变（这显然指苏俄拒绝转交美国驻俄使馆与其驻西伯利亚领馆之间的电报一事）。蓝辛国务卿在其声明中还表示，“美国国务院代表政府传递美国对俄国的善意，只要苏俄拒绝接受同盟国方面的独裁统治，美国对俄国的友好即不会更改。”

蓝辛国务卿的声明是针对苏俄外交部指责美国驻海参崴（Vladivostok）领事馆资助西伯利亚反布尔什维克运动而发表的。美国驻俄大使弗朗西斯上月曾否认苏俄方面的这一指责。5 月 9 日，美国政府指示驻俄大使向布尔什维克政府表明，这一指责毫无依据。

# 顾维钧解释中国参战原因

1918 年 10 月 2 日

昨天，在纽约格林伍德公墓的自由坛[①]举行了一场纪念活动，数千人兴高采烈地聚在一起。人们无不被现场的中国客人所展现的东方风采和东方精神所打动。中国驻美公使顾维钧博士在活动上阐述了中国对于自由事业的贡献。

出席活动的中国客人无论男女老少都穿着中国传统服装，行为举止也是中国式的。然而，他们都接受了美国现代思想的熏陶。顾公使先生本人以学贯中西著称，我们有时甚至忘记他是来自东方的使节，因为 1909 年时，他就是哥伦比亚大学的杰出演说家。

顾维钧注视着中国国旗冉冉升起。升旗仪式后，顾公使说，“1917 年 8 月 14 日，中国宣布参战。这不是一个随意的决定，而是理性的选择。尽管中国远离战场的中心，但一直认为自己对于世界大战负有实际责任。德国自 1897 年起就侵犯中国山东省沿海地区。这里是孔子故里，一直是中国的圣地。”

“1900 年，德国军队对中国人民犯下滔天罪行，他们杀害无辜男子，对妇女儿童施虐。德国人在中国肆意横行，中国人永远都不会忘记德国军国主义的残暴和罪恶。”

“然而，中国参战并非出于报复心理。中国还有其他的考量。德国人冷血入侵尊崇和平的比利时，毫不留情地进攻优雅美丽的法国，之后，又在公海上以惨

① 自由坛（Altar of Liberty），位于纽约格林伍德公墓（Greenwood Cemetery），纪念独立战争长岛战役牺牲者。公墓占地 478 英亩，公墓内有教堂、火葬场、墓地、室内骨灰寄存和室内墓地（分为遗体和骨灰墓两种），施行 24 小时保安系统维护。

无人道的战争手段向对手和中立国发起残酷的潜艇战，毫无预警地击沉商船，视人命如草芥。事实摆在人们面前，再也没有任何人道主义精神和法律可以阻止德国人的血腥暴行。中国人民清楚地意识到，如果德国在战争中获胜，世界将会变成什么样子。”

“这一切让中国人民明白，战争已不再是欧洲的政治斗争了，而是为人类庄严神圣的道德准则而战。中国人满怀愤慨之情。因此，当美国政府宣布与德国断绝外交关系并号召其他中立国认真思考自己的立场时，已做好准备的中国成为了第一个作出响应的国家。为此，我们感到自豪。”

“如同伟大的美利坚合众国一样，中国参战并非出于一己私利，也不要求物质回报。中国业已收回德国在华权益，日本与中国同为协约国成员，也已承诺会将德国权利归还中国。”

## 中国可派出百万人参战

顾维钧公使表示，目前有20万中国人在西线为协约国工作。“可以说，中国不仅向欧洲提供了装备充足的船只和劳工，还将派出上百万士兵参战。同样，中国自然资源丰富，可以将大量煤、铁、铜、锌、锑、钨等开采出来，成为制造武器弹药的重要原料。此外，中国粮食产量增长迅速，是世界上最大的粮仓，可以有力地保障协约国军队的后勤供应。”

“美国人民为人类自由事业奋斗的热情激励了所有并肩作战的盟国的人民。我想特别指出，华人不管身在美国或在中国本土，他们在美国精神激励下，都在踊跃购买美国政府发行的‘自由公债’（Liberty Bonds）。而且，我相信，只要你们继续发债，中国人民就一定会继续购买。这是人类历史上规模最大的战争，我们希望这也是最后的一次。”

出席活动的中国使馆官员还包括容揆参赞[①]、武常（Wu Chang，音译）三秘、朱立山（Tsu Li Sun，音译）随员、王叶慈（Yates Wang，音译）、弗朗西斯·潘（Pan Francis Shah）、容清扬（Yung Ching Yang，音译）、代理领事常康实（Chain Kwang Shi，音译）等人。

---

① 容揆（1861—1943），广东新会人，为容闳的侄子，清末民初外交家，历任中国驻美公使馆参赞、代办。1873年，12岁的容揆作为第二批留美幼童赴美留学，就读春田中学。当清政府召回幼童时，他与谭耀勋拒绝回国。1880年，容揆虽已被哈佛大学录取，却依照叔叔容闳的意思前往耶鲁大学就读。毕业后基本上一直在中国驻美国公使馆工作，直到逝世。容揆在华盛顿中国公使馆历任翻译、一等秘书、参赞、代办等职务。1911年，由清廷委派持国书前往巴拿马参加庆典，途中清廷被推翻，容揆滞留美国。

# 中日在巴黎和会上爆发争端

1919年2月16日

约翰·沃尔克·哈灵顿（John Walker Harrington）

题记：有关胶州湾归还中国的问题在巴黎和会上引起关注。

胶州湾归还问题成为巴黎和会上中国外交面临的首要难题。对于中国代表团来说，这个问题必须在巴黎和会铺着绿色绒布的台面上获得解决。当然，这个问题与会上讨论的其他由大战引发的争端同样复杂。然而，对于西方人来说，它更为令人困惑。

## 青岛市内居住的日本人已达到2.6万人

胶州湾起初是德国的占领地，也是德国在华经营的重要据点，现在掌握在日本人手中。日本人表示，已做好准备，愿意在一定条件下将这块从德国人手中夺来的土地归还中国。亲华分子认为，使用“胶州湾”的称谓是个幌子，是政治迷惑行为，使之从表面上看起来似乎不那么重要。而这个伪装的背后，隐藏着青岛问题。

义和团运动平息后，德国迫使中国割让青岛要塞和附近的胶州湾地区，在此建立起了一个庞大的贸易殖民地和德国银行系统。德国人竭尽所能，妄图将胶州湾永久纳于自己的势力范围。大战爆发初期，一个德国交响乐团来到青岛，在“霍伯肯”号（Hoboken）邮轮上驻扎下来，开始舒服的生活。他们不时举办音乐会，丰富当地的夜生活，极力宣传这个城市的德国品位。

青岛是德国在远东精心建设的文化堡垒，但宣战不久即被日本攻占。当时的青岛有5.8万名中国人和250名日本居民，现在市内居住的日本人已达到2.6万人，而且每天都有新的日本人来到青岛。

日本宣布自己继承了德国对青岛的租借权。在日本人看来，中国在战争中行动迟缓。日本国内一些资深政客认为，中国对德宣战太晚，对取得大战的最终胜利所起的作用有限。基于这个原因，日本人觉得没什么理由将他们在黄海沿岸抢夺到的既得利益交还中国。

然而，中国人所担忧的不只是青岛，而是胶州湾这一大片战略要地。现在，整个胶州湾地区都被日本人控制。胶州湾地区自青岛市往外延伸，延绵数百英里，包括亚洲最好的港口。所有这些土地、港口和海滩，都是山东省最富饶的部分，蕴含丰富的铁矿和其他矿产资源，几乎未经开发。日本人计划从青岛修建通往山东各地的铁路。中国人认为，日本人计划中的新铁路势必与原有铁路线形成竞争。

## 日本的梦想与计划

正如诗人吉卜林诗中所写："东方就是东方，西方就是西方，它们永不交会。"[①] 因此，我们很难按照西方的思维来准确解释这个问题。然而，如果我们接受中国对于美国内战的稍显偏颇的说法，倒是可以找到一个类比来作一说明。假设古巴与西印度群岛组成一个王国，这个王国的人民雄心勃勃，梦想领土扩张。于是，古巴军队利用美国南北双方处于内战的良好时机，抢占了美国的新奥尔良港口，并在路易斯安娜州及其周边建立起自己的势力范围，还力图将势力大幅向美国腹地扩张，控制美国内陆的数条铁路。再设想一下，古巴得手后，随即宣布自己是处于内乱的美利坚合众国的天然监护人，并向全世界广而告之。

按照这种对日本对华行动的极端诠释，我们再来看一下日本天皇提议将胶州归还中国的各项条款：

如果在本次战争结束时，日本被允以完全自主处理胶州湾事务，它将在以下条件下同意将胶州湾归还中国：一是开放胶州湾作为商业港口；二是建立一个日本租界；三是如果列强希望，可以再建立一个国际租界；四是在胶州湾归还中国前签订一个协议，处理德国在胶州湾的各类公产。

而且，中日之间还须签订一个包含以下条款的协议，可谓耐人寻味："中国完全同意日、德达成的由日本处理德国在山东所有权利、利益和租界的协议，同意修建连接烟台（Cheefoo）或龙口（Lungkow）与胶济铁路的一条铁路，日本资本家将作为修建该铁路的财政顾问。山东省将开放一定数量的新区域，供外国人居住和经商。中国最终将不再割让或划分山东省内任何土地、沿岸地区及岛屿给列强。"

这就是日本力图在华保持的特殊权益。一些日本领导人对于英、美关于中国权利发表的谈话表示遗憾。他们将中国视为被美国宠坏的孩子，认为美国人对中

① 吉卜林（Rudyard Kipling，1865—1936），英国小说家、诗人。此句摘自"The Ballad of East and West"：Oh，East is East，and West is West，and never the twain shall meet。

国有些感情用事，这种情绪使得美国人的认知出现了偏差。

## 美中商会揭露日本目的是完全吞并青岛并事实上控制山东全省

去年12月，美中商会向美国驻华公使发函，体现了居住在中国的一些美国人的对华态度。美中商会的一些成员在青岛有商业利益。商会主席道拉先生（J. Harold Dollar）供职于罗伯特·道拉（Robert Dollar）轮船公司，副主席斯普拉格先生（W. C. Sprague）供职于标准石油公司（Standard Oil），财务主管盖拉格先生（J. W. Gallagher）供职于美国钢铁公司（United States Steel Products Company），审计主管鲍威尔先生（J.B.Powell）供职于米拉德（Millard）公司。该信在纽约的远东局（Far East Bureau of New York）许多官员中广泛传阅，远东局局长是金克斯博士（Dr. Jeremiah W. Jenks）。[①]

信中说，"我们认为，按目前形势发展，中日这些协议条款实际上将青岛及其腹地完全置于日本统治之下。从商业角度看，日本政府达到了完全吞并青岛并在事实上控制山东全省的目的。因为日本准备划为己有的租界是青岛的商业中心区，也就是青岛港附近区域、海关和筹划中的铁路货运枢纽。预留给国际租界的区域是现在的居民区，根据中日条约的第四项看，这个区域甚至包括了公共屠宰场和电厂，毫无商业价值。"

"显而易见，日本人将重点投资商店、银行、学校、茶舍和私人住宅，他们精心设计这些项目并快速实施，目的完全是为了更有效地刺激该地区的商贸发展。日本人控制了这里的码头、铁路和海关，这与日本控制大连和满洲的情况类似，而那里的情况充分说明，美国或其他任何国家希望保持门户开放、从事对华商贸往来将完全没有可能。"

"因此，我们要求，如果非日本公司在青岛和山东全境没有获得与日本企业同等的商业机会，胶州湾就不应该被国际化或归还中国政府。而且在任何情况下，如果让日本选择其租界地址，所有码头、铁路和海关都不应完全置于日本的控制之下。"

纽约大学远东贸易事务讲师、美国远东事务局官员霍吉斯（G.Charles Hodges）说，以汉口为例，日本人善于充分利用对华签约提供的便利，他们在汉口修建了一所所谓的学校，学校竣工后，立即派驻由一名日本少将率领的部队。当

① 见前注，杰瑞米·W. 金克斯（Jeremiah W. Jenks），法学博士，是纽约大学公共事务系和远东事务研究主任。

中国当局询问驻军用意时，日本人回答说这是一所军事学院。在这个所谓的学校里，还装备了一个无线电台。据称，该电台发送出的强大电波，不仅干扰到中国所有无线电台，甚至连海上电波都受到影响。

另一个事例是日本封锁辽河河口，其目的是破坏牛庄港[①]。另有已证实的消息称，一些中国人将日本人控制的铁路沿线地带当成了抢掠财物的好去处，日本官员利用此事大做文章，严厉指责中国官方纵容这种破坏行为，暗示日本不排除采取强硬手段对付这些强盗，即为日本在铁路沿线驻军开辟了道路。

## 日本强调其战争贡献，轻视中国谈判地位

日本人极力强调他们无意以任何方式在华获得特权，那些对日本干预中国事务的指控都是出于偏见或感情用事。日本人的想法是他们至少应该在东亚占据首要位置，所采取的政策类似美国的“门罗主义”，即以下述三点为基础：一是日本作为协约国成员在四年战争中一直全权处理东亚事务；二是日本1915年所提出的对华要求得到了中国的同意；三是日本与美国签署的特别条约，如《蓝辛—石井协定》[②]。

日本前首相大隈重信（Count Okuma）曾半官方地向中国提出“二十一条”。在许多日本人眼中，现任首相原敬[③]非常民主，因为他是日本历史上首位平民首相。但是，原敬却要求中国严格遵守所有条约和协议。日本参加巴黎和会的代表牧野伸显男爵（Baron Makino Nobuaki）近日在巴黎发表言论，坚决否认日本以任何方式剥夺中国在和谈中发言的权利。

日本人认为，如果中国与日本或其他列强所签署的协议作废，那么整个历史进程也就毫无意义。根据日本人所言，当俄国人大举进犯东亚时，是日本以高达10亿美元的经济损失和30万国民的牺牲为代价保全了中国，使之免受沙俄的奴役和统治。日本目睹了列强在华划分势力范围的激烈角逐，认为中国早晚将丧失国家主权。

一位日本作家近日撰文称，“当文明世界奋起反抗德国时，日本承担了亚洲

① 牛庄位于辽宁省海城市，是东北地区最早开放的商埠。1858年（咸丰八年）6月25日，英、法、美、俄强迫清政府签订《天津条约》，牛庄、登州、台湾、潮州、琼州被列入五口通商口岸。1861年4月3日牛庄正式开埠后，英国在牛庄设立领事馆。米德斯领事乘船考察辽河时，发现牛庄河道狭窄，码头不堪重负，船舶出入困难，于是开始在营口筑港，因此营口又有牛庄和牛口的古称。1945年以后，因新河道开通，阻塞了旧河道，牛庄港被废弃。

② 指Ishii-Lansing Agreement，1917年11月由美国国务卿蓝辛与日本外相石井菊次郎签订的外交换文。双方在协定中重申在中国尊重“门户开放”、“机会均等”及维持中国政权及领土完整等多项原则。同时，美国承认日本由于“地理上的接近”，在中国享有“特殊利益”。该协定于1923年被废除，为华盛顿会议中达成的《九国公约》所取代。

③ 原敬（Hara Takashi，1856—1921），1918—1921年任日本第19任首相，任内被暗杀。

战场最关键的作战任务，摧毁了德国势力。战争伊始，日本就向中国的山东省派出军队，与英军并肩作战，削弱了德国对青岛的统治。日本派出军舰封锁胶州湾，在中国东部海域驱逐敌舰，占领了德国在南中国海的据点，并为协约国军队进入澳大利亚和新西兰护航。如果不是日本所作的贡献，协约国海军可能就不得不从激战中的大西洋海域分兵，前来保护由亚丁湾至上海的国际海上通道。"

"德国本想以胶州湾为根据地蚕食中国，将其势力扩展到这个软弱无序的国家全境。现在大战结束了，而中国一直是被动采取行动，并无重要贡献，它有什么资格可以在此谈判条件呢？"

大隈前首相暗示，日本将在谈判桌上坚决维持它在中国的特权。与此同时，日本又拒绝承认要将中国置为其附庸国的意图。日本人仅以寥寥数语，就一笔带过了日本将原属德国的加罗林群岛（Caroline）、马绍尔群岛（Marshall）、莱德隆群岛（Ladrone，即马里亚纳群岛）划归自己名下的事实。大隈前首相轻描淡写说，这些岛屿并不重要，没多少价值。然而事实上，这些岛屿位于夏威夷群岛和菲律宾之间，与关岛（Guam）、新几内亚（New Guinea）和澳大利亚的距离都很近，具有特殊意义。虽然岛屿的商业和农业资源不算丰富，但在未来几年，它们在其他方面的价值将逐步体现出来。

## "东方门罗主义"的新定义

日本著名政治评论家浮田博士（K. Ukita）最近给所谓最新版"亚洲主义"下了定义，称其大致相当于"东方门罗主义"。浮田博士认为，"亚洲主义"可以接受白人作为亚洲的一员，但反对欧美列强侵犯亚洲的利益，或是由其他欧美国家取代早前在亚洲称霸的老牌欧美国家。"亚洲主义"同样反对"重新瓜分亚洲或是亚洲的某一部分，并在亚洲建立新的殖民地或附属国，因为这样将破坏亚洲的和平并威胁日本安全。"

作者最近接触到的一些日本上层人士称，"亚洲主义"并不像美国的"门罗主义"那样富于包容性。"门罗主义"包括了整个美洲，而在亚洲，英国统治印度，法国占据印度支那，美国控制菲律宾。考虑到这些，"亚洲主义"可援引《蓝辛—石井协定》为依据。"为平息不时流传之歪曲报道"，根据《蓝辛—石井协定》，"美国及日本政府承认，领土的邻近产生国与国间的特殊关系，因此，美国政府承认日本在中国，特别在中国之与日本属地接壤的部分，有特殊利益。"

"但中国的领土主权继续存留不受损害，且美国政府对于日本帝国政府的一再保证具有十分信心，即日本虽因地理关系得有特殊利益，但日本政府并无意对于其他国家的通商加以歧视，或对于中国与其他国家所订条约所许诺的通商权利加以蔑视。”

“美国及日本政府否认两国政府有任何意图对中国的独立或领土完整加以任何侵害。两国政府并宣告，两国政府永远遵守所谓‘门户开放’或在华工商业机会均等的原则。”

本周早些时候，由于日本重申坚持关于山东问题的《中日密约》①，并坚定认为日本有权占领太平洋的马绍尔群岛和加罗林群岛，中日争端将愈演愈烈。据消息称，日本威胁中国，声称如果日本关于山东的要求未获得满足，日本将发动对华战争。这使得巴黎和会气氛紧张。

凡尔赛宫在重绘世界地图，各国的雄心壮志都在此频频引发争端。人们怀着极高的兴趣观察着中国问题的下一步解决方案。

## 中国学生强烈抗议巴黎和会决定

1919年5月8日

美联社东京5月7日电：

星期天（这一天为5月4日，译注）晚上，一群中国学生攻击了被控亲日的民国内阁成员宅邸（指五四运动中“火攻赵家楼”和“痛打章宗祥”）。他们的行动在北京乃至全中国都激起了强烈的反响，民众的情绪十分激昂。民国教育总长②已宣布辞职，抗议政府拘押示威学生。民国教育部要求政府立即释放这些学生。

另据美联社东京5月7日电：

日本通知中国，当前北京的反日情绪有可能导致双方误会。同时，日本政府

① 1918年3月，章宗祥被段祺瑞任命为驻日公使，随后在段的指使下，曾与日本先后签订了《中日军事协定》《山东问题换文》《满蒙四铁路借款预备合同》《济顺、高徐二铁路借款预备合同》《参战借款契约》等。其中,《山东问题换文》（日称《山东善后协定》）于1918年9月24日经章宗祥答复交换照会而成，即“中日密约”，规定胶济铁路“归中日两国合办经营”、“巡警养成所内，应聘用日本人”等项。对此，章答复“中国政府，对于日本政府右列之提议，欣然同意，特此奉复”，由此出卖了青岛和山东权益。上述密约严重损害中国权益和民族尊严。

② 此说不确。1919年5月8日，蔡元培宣布辞去北京大学校长一职，9日离京南下，并发表《告北大同学诸君》公开信。北京地区28所学校联合派代表到教育部要求挽留蔡元培。10日，北大推举马叙伦、马寅初、李大钊等人约见教育总长要求挽留蔡元培。11日，全北京学校教职员工联合会成立，选举代表到教育部挽留蔡元培。15日，上海地区31个学校组成学联发表《宣言》挺蔡。面对巨大压力，北京政府教育总长傅增湘于5月15日自动请辞，获得徐世昌总统批准。

上海商界为支持学生、抗议巴黎和会的决定罢市游行。

建议中国政府立即制止今天将在北京召开的“国耻大会”。

今天，中国在东京的留学生汇聚在中国驻日使馆外，举行游行示威，抗议巴黎和会决定将山东权益由德国转让给日本。学生们向使馆窗户扔石头，几名学生与警察发生冲突时受伤。

# 日使称中国收回山东没有法律依据

1919 年 5 月 16 日

华盛顿 5 月 15 日电：

今天，《纽约时报》授权对日本驻美大使石井菊次郎子爵（Viscount Kikujiro Ishii）进行采访。石井详细谈论了山东问题，第一次公开介绍日本在巴黎和会前发表声明的重要细节。石井指出，一旦细节谈妥，日本会立即将山东归还中国。

## 中国宣称对德宣战即废除了 1898 年租借条约并无法律依据

石井子爵说，“无论新闻界如何评述，我都对日美关系的发展感到乐观，因为我们两国之间没有根本的利益冲突。唯一重要的问题是中国，尤其是所谓山东问题。解决这个问题的最好办法，就是将真相告诉美国人民。事实胜于雄辩。”

“日本围攻山东两个月后，终于将德国人赶了出去。日本作为战胜国接受德国租借地权益转让时，主动提出将它交还中国，而德国在巴黎和会上也同意这一做法。显然，日本自愿归还山东将使中国获得最大利益，因为单靠中国自己，完全无力在75年后恢复它在山东的领土主权。”

“中日1915年签署的条约（指‘二十一条’，译注）使得中国无须付出人员伤亡和财产损失就能够获取重要利益。因此，1915年条约并非一个不平等条约，而是对于中国非常有利的条约。因此，它也是完全符合中国领土完整与主权利益的。”

“还有另外一种形式的租界，即经济租界。日本现在掌管着德国在山东的经济租界。日本在此再次体现了善意，即提议将军事和民事机构，包括军队和警察都撤出胶济铁路沿线地区，由中日双方合资经营胶济铁路，而非德占期间完全由德方经营。”

“1914年，当日本出兵武力攻取胶州时，中国还是中立国。当时，日本对山东的进攻引发了中国抗议。作为战胜国，日本从1914年11月起就占据了胶济铁路沿线。”

“至日本占领胶济铁路三年后的1917年，中国才对德宣战，而且这个宣战仅仅流于纸面的形式，因为当时在中国境内已经没有德国军队，中国也没有派出任何军队赴海外作战。中国的宣战对于从1914年就已经爆发的大战没有起到任何作用。”

“因此，根据日本比中国早三年对德宣战并实际接管德国在山东权益的事实，中国宣称对德宣战即废除了1898年租借条约的说法并无法律依据。”

“这些都是不争的事实。我请美国公众根据上述事实自行判断，日本的所作所为是否存在丝毫的不公正。我只能说，也许日本对中国过于慷慨了。”

## 将继续对朝鲜实行仁慈和友善的治理

关于日本对华政策以及朝鲜半岛的革命运动，石井子爵是这样说的，“日本真诚认同美国提出的门户开放和机会均等原则，这些不仅适用于中国，也适用于西伯利亚。既然日美两国之间有如此真诚的合作，我认为两国在亚洲事务中没有发生冲突的可能性。”

“关于朝鲜半岛，许多在朝鲜的美国人都亲眼见证了日本对朝鲜的成功治理。诚然，在所谓朝鲜人民自决问题上，有一些朝鲜人希望获得独立。日本已做好准备，将继续对朝鲜实行仁慈和友善的治理。随着朝鲜的发展进步，朝鲜人民可以自由参与到国家管理中来。”

## 中国学生割指抗议巴黎和约

1919年5月22日

五四运动时的纪念章。

美联社东京5月21日电：

今天，东京的中国留学生领袖割破自己的手指，用鲜血联名签署决议，号召中国在日本4000名留学生立即返回祖国，共同抗议巴黎和会关于山东问题的决议，抗议日本对华侵略野心。

## 苏俄愿援助“解放”中国

1920年4月1日

题记：苏俄政府向民国政府表示，对沙俄在中国犯下的滔天罪行深感憎恶，苏俄宣布，将废除所有不平等条约，并将沙俄在汉口的工厂归还中国。

3月31日伦敦电：

3月29日，英国伦敦《泰晤士报》北京电称，民国政府收到苏俄代表詹森（Commissionary Jansen）从伊尔库茨克发出的信息，宣布红军正向东挺进，“要从高尔察克、谢米诺夫、霍尔瓦特（Horvath）等白匪匪帮和他们的日本同伙手中解放西伯利亚的工人和农民，并建立永久的和平”。

詹森表示，苏俄政府对于沙俄在中国犯下的罪行感到憎恶，将废除沙俄与中国签署的所有不平等条约，废止帝俄在华攫取的一切不正当权益。苏俄表示，将废除 1901 年《辛丑条约》和庚子赔款，取消在华的治外法权、东正教传教士特权和采矿权，并敦促北京政府重开中东铁路筑路谈判。

《泰晤士报》称，苏俄方面还表示，将无偿归还沙俄在汉口的茶厂，唯一条件就是中国人民能够完全自主决定自己的政府体制。

《泰晤士报》说，苏俄暗示，苏俄红军已做好准备，愿将中国从帝国主义和资本主义的奴役中解放出来。该报评称，毫无疑问，中方将接受苏俄的所有提议。布尔什维克成功地赢得了中国人民的好感，未来两国关系发展势必非常融洽。

## 芮恩施说中国是开启和平大门的钥匙

1921 年 10 月 2 日

题记：前美驻华公使芮恩施说，中国问题是和平的关键因素，中国会在华盛顿会议[①] 上提出最棘手的难题。

芮恩施博士说，“不论军备限制能在多大程度上减轻各国经济负担，都只是头痛医头的做法。华盛顿会议有关当前防止战争再度爆发的决议都将是表面的。不论各国军事规模作出怎样调整，引发战争的国际经济竞争和各国妒忌之心并未停息。然而，华盛顿会议将寻求解决中国问题的方式，这倒是触及战争根源了。如果中国问题能得以解决，会议才能真正具有重要意义。”

---

① 华盛顿会议于 1921 年 11 月 12 日至 1922 年 2 月 6 日召开，有美、英、法、意、日、比、荷、葡和中国代表团参加。北京政府派出施肇基、顾维钧、王宠惠三人为全权代表，余日章、蒋梦麟为国民代表，共 130 多人组成的庞大代表团出席。原计划还有广州政府外交次长伍朝枢为代表，但未赴会。华盛顿会议实质上是巴黎会议的继续。因为巴黎和会虽然暂时调整了帝国主义国家在西方的关系，但它们在东亚、太平洋地区的矛盾仍然十分尖锐，日美之间的矛盾尤为激烈。华盛顿会议目的是要解决《凡尔赛和约》未能解决的帝国主义列强之间关于海军力量对比和在远东、太平洋地区特别是在中国的利益冲突。会议成果主要体现为 3 个重要条约，即《四国公约》《限制海军军备条约》《九国公约》。其中，《关于中国事件应适用各原则及政策之条约》《九国公约》规定尊重中国主权与独立及领土与行政完整；给予中国完全无阻碍之机会，以发展并维持一有力的巩固的政府；切实设立并维持各国在中国全境之商务实业机会均等之原则。这就确认了“门户开放”、“机会均等”为列强对华政策的基本原则。此外，中国和日本于 1922 年 2 月 4 日在华盛顿签订了《解决山东问题悬案条约》及其附约。条约规定，日本将德国旧租借地交还中国，中国将该地全部开为商埠；原驻青岛、胶济铁路及其支线的日军应立即撤退；青岛海关归还中国；胶济铁路及其支线归还中国等。附约中规定了对日本人和外国侨民的许多特殊权利，但是中国通过该条约收回了山东半岛主权和胶济铁路权益。华盛顿会议所形成的华盛顿体系暂时调整了第一次世界大战后帝国主义列强在远东、太平洋地区的关系，确立了它们在东方实力对比的新格局，承认了美国的优势地位，使日本受到一定抑制。毛泽东曾经评价华盛顿会议使中国“重新回到被几个帝国主义国家共同支配的状态”。

"只要制造战争的势力继续驻守中国，太平洋地区就难有和平保障。当前的形势是，各国相互猜忌，摩擦不断加剧。如果各国行为不受到监管，那么他们最终会互相残杀。"

"除非各国采取明确行动来控制这种情绪，否则灾祸将无法避免。与会各国如在经济特权问题上采取明确行动，他们是有能力消除战争威胁的。"

"中国真正的分裂尚未开始。各国在华划分势力范围一事常常被误解为中国已在某些地区放弃国家主权。然而，势力范围绝不比未来各国对华提出的要求更过分。现在已有一些条约使得中国出让某些地方的特权了。显然，如果此类条约获得批准，就会形成影响力，理由是其已长期存在。其他类似的要求也就会相继提出，使得条约外延不断扩大，特权地区将成为真正政治意义上的势力范围，最终成为列强管控的真正独立地区。一旦此类势力范围获得承认，中国的分裂就成为必然了。"

## 经济特权的危害

"中国在华盛顿会议上最关键的是要求得到各国保证，防止任何经济特权和势力的进一步扩张。不论与会各国政府如何着力强调自己对中国没有政治权益要求，或是对华各项要求是为了维护中国主权，一旦他们下决心掌握或扩展在华经济特权，中国的政治独立很快将成为一纸空文。问题并不在于制定新的国际对华政策，而是要有效实施业已被各国庄重承认和一再宣称的政策。所有相关国家都明确宣布支持'门户开放'政策。然而，他们是否积极支持政策的全面实施才是问题关键所在。此次会议的重任并不在于与会各国同意采取新的对华政策，而在于确保一直以来被忽视的旧的对华政策能在任何情况下都得以明确无误地执行。"

"对地方经济的掌控与政治掌控同样重要，在铁路权方面更是如此。尽管修筑铁路是经济行为，但如果一国政府对别国铁路拥有所有权和运营权，则是将政治与经济混为一谈，将会酿成极大恶果，而且政治行为最终将占据上风。日本控制山东省铁路因此成为整个山东问题的症结所在。除日本控制的南满铁路和法国控制的一小段云南至安南（Annam，即越南）的滇越铁路之外，山东铁路是唯一处于外国人控制之下的中国铁路。其他国家向中国提供修筑铁路贷款，但在其他任何情况下，铁路的所有权和运营权都归中国所有。"

"日本一贯宣称他们从未觊觎山东省的政治权益。这一辩解就好像别国占领美国的宾夕法尼亚州，却表示他愿意放弃对该州一切政治权益，而只要求控制费城和宾州铁路系统作为回报一样。于是乎如果中国与日本就山东问题[①]进行谈判，就等于宣布放弃其铁路权益。所有关于山东主权的问题的讨论都偏离了这一主题。即使日本人不这样表述，但其将铁路控制在手里，就确保拥有了山东主权。铁路沿线的军队就是为军事占领而设的。”

## 拒绝联合控制

“关于山东主权问题的讨论仅限于方圆只有200平方英里的胶州湾租界。在与日本进行的任何谈判中，铁路这一山东主权的核心问题都不会被触及。日本人坚持认为中国应该同意以合作作为谈判基础，由两国共管山东省内铁路。然而，中国在所有此类合作中的经验业已表明，这是非常不可靠的，因为中国人知道谁将获得最终的控制权。与此同时，日本通过延长军事占领期将铁路牢牢控制在自己手里，并以此为经济后盾，企图将山东全境置于日本势力范围之内。”

“日本在山东省的所作所为与其他列强在各个时期的做法均不相同，它企图将中国内陆铁路的所有权和经营权控制在自己手中，并且宣布自己拥有全面经济特权。这颇让人费解，因为日本提出，作为其归还山东‘领土权益’的回报，它应该拥有某种明确的经济特权。事实上，日本从来也没拥有过中国领土权益，即使在满洲里也没有过，更不要说在山东了。而日本对华日益膨胀的经济特权需求构成了对中国主权的真正威胁。”

“基于上述事实，即将召开的华盛顿会议不仅应在中国对山东铁路控制权上给予中国支持，还应确保各国对华经济利益均等的总体协议得到有效执行，利益均等原则之前在某些领域已经被弃用了。各国有必要通过以下协议来实现这一原

---

① “山东问题”是指日本于1914年借对德宣战之机强占山东胶州湾及胶济铁路的归还问题。胶济铁路是山东问题中最关键、难度也最大的问题，亦是中日之间长期争执的主要焦点。中国代表团要求收回胶济铁路，日本则提出胶济铁路由中日合办，双方分歧较大。中日双方决定先从较简单的问题着手，再集中讨论铁路问题。12月5日，日本宣布：放弃中德1898年条约中规定的用人、投资、供给物料等优先权；对中国一直坚持的立场予以承认。经过坚决抗争，中国收回了青岛海关。在讨论官产、公产问题时，在英美调停下，中国经过再三争执，基本得到解决。但国民代表蒋梦麟、余日章认为局势危急，发电回国表示应速通告全国死力抗拒，举行国民示威运动。12月12日，北京40余所学校的数千学生游行示威，要求尊重民意，将鲁案提交华盛顿大会，无条件收回胶济铁路等。12月14日，日本代表提出借款赎路的办法，要求中国向日本银行家筹借一笔长期贷款来赎买铁路，在贷款使用期间应使用由日本金融家推荐的总工程师、车务长和会计师各一人，仍企图长期控制这条铁路。中方认为，铁路已修好并已在运行，根本不需要铁路借款。中方首先坚持用现款赎路，但中国当时不具有这一实力。为推进谈判，中国作出一定让步。日本政府在中方坚持下，同时受到中国舆论坚决反对和美英压力，不得不表示退让。1922年1月18日，日本代表同意中国以国库券赎路，期限15年，5年后可先行付清；该路雇中日会计长各一人，职权相同，并雇日人为车务长。美英都迫切希望中日交涉取得成果，因此对日本方案表示满意，遂转而对中国施加影响，极力劝说中方接受。北京政府明白日本提案是“最后办法”，“虽不能完全满国人之望，特事势如斯”，于是在1月27日正式电令中国代表签字。经过两个多月，30多轮艰难谈判，中国利用当时较为有利的国际形势和列强矛盾，在中国人民的坚决斗争下，迫使日本在山东问题上作出一定程度的让步，在法律形式上结束了日本对山东的军事占领和政治控制。

则：鉴于正式国际条约中已多次申明‘机会均等’和中国主权完整的原则，各国应承诺不使用任何现行和将来的特殊条约谋求在华任何地区的经济特权。”

“新的协议将废除旧有规则，这些旧规则有时仅以中国官员致外国使节的非正式信件为依据。例如，中国外交总长在1914年曾致信法国驻华公使，对于法租界事件得以友好解决表示高兴。同时，为了促进两国总体良好气氛，外交总长在信函结尾写道，如中国需为广西省发展筹集外资，将优先考虑法国资本。这一类协议或是其他含糊和模棱两可的协议，如类似美日双方均保留各自解释的《蓝辛—石井协议》等，都将由明确详尽的‘门户开放’原则取代。”

“如果山东铁路权和日本在山东经济特权扩张这两个问题未能得到彻底清查和解决，将会引来无穷的麻烦。另外，中国应要求提高关税自主权，以此获得更充足的国家税收。中国还应要求废除治外法权。然而，不论这些多么重要，都还不是最核心的问题。无论各方如何一再含糊其词地重申对华总体政策，真正重要的是要切实承诺废除特权，并保证中国利益不受侵害。在华盛顿会议召开之前，对于‘放弃政治权益，保留经济特权’的口号一定要多加留意。目前来看，日本并没有政治权益要放弃，而保留经济特权最终却必将带来政治恶果。”

“公正解决上述问题符合美国和美国人民利益。不论美国是否继续坚持维护‘门户开放’政策，所有问题的解决最终都将归结到这一原则上。中国问题成为华盛顿会议的重要议题，所有关注中国形势的美国人都将怀着极大兴趣来观察会议将产生什么样的结果。”

## 徐世昌感谢美国总统电贺民国国庆

1921年10月18日

华盛顿10月17日电：

美国国务院今天公布了中华民国总统徐世昌致美国总统哈丁的电报。徐总统对哈丁总统在中华民国成立十周年大庆之际致电祝贺表示感谢。

“谨以中国人民和政府的名义”，感谢电写道，“向尊敬的阁下，并通过阁下向伟大的美国人民表示衷心的感谢，感谢贵国在我们隆重庆祝中华民国诞生十周年之际致电祝贺，对你们在积极致力于推动太平洋地区各国和平与正义事业时始终不忘我们的真诚善意深感欣慰。”

# 中国代表团抵华盛顿受到欢迎

1921 年 10 月 31 日

题记：中国近百人代表团抵达华盛顿时受到热烈欢迎，美国政府举行正式欢迎仪式。

10 月 30 日华盛顿电：

今晚，由近百人组成的中国政府代表团抵达华盛顿，出席有关远东和太平洋问题的华盛顿会议。代表团受到热烈欢迎。

数千人聚集在华盛顿联合车站（Union Station）等候专列到来，大家并不知道列车的具体抵达时间，一些人已经等候了好几个小时。华盛顿人比平时更加兴奋，热切希望对中国代表团到来表示欢迎。

中国代表团几位最重要的代表并不在这列火车上。车上为首的是 M.T. 梁先生，中文名字是梁如浩[①]。梁先生是最早在美国接受教育的中国学生之一，英语说得非常流利。他被视为中国共和革命的先驱之一。

这列火车上的中国代表团其他重要成员包括助理顾问蔡廷干[②]中将和罗文干[③]中将、代表团参赞钟文耀[④]。蔡廷干和钟先生都曾在美国接受教育。罗文干先生曾在牛

① 梁如浩（1861—1941），广东香山人，民国第二任外交总长。1873 年与唐绍仪、周长龄等第三批幼童赴美留学，1881 年归国，曾任关内铁路运输处处长、北宁铁路总办、唐山路矿学堂（今西南交通大学）总督（校长）。曾负责修筑京汉铁路高碑店至梁格庄支线，兼关内外铁路总办、天津海关监督、牛庄海关道、天津海关道、上海海关道、外务部右丞。民国建立后，任陆徵祥及赵秉钧内阁外交总长。1921 年，任华盛顿会议中国代表团高等顾问。1925 年加入扶轮社，晚年退休后寓居天津，任华洋义赈会会长。1941 年 10 月去世。

② 蔡廷干（1861—1935），广东香山人，第二批留学幼童。1873 年赴美，1881 年奉调回国。在大沽水雷学堂学习鱼雷理论和操作技术。后任"福龙"号鱼雷艇管带（武职正四品）并赏绘花翎顶戴，率"福龙"号参加甲午海战。威海卫北洋水师基地沦陷后被俘，曾被押送大阪囚禁。1901 年入袁世凯幕府，以英语娴熟和国际知识丰富受袁倚重。1911 年 11 月 16 日，《泰晤士报》发表记者莫理循的《蔡廷干上校来访接谈纪录》，报道蔡廷干去武汉与黎元洪秘密谈判经过。1912 年 2 月 16 日，蔡廷干致函莫理循："随函附上孙逸仙致袁宫保的电报，他们同意由我去剪掉总理（大总统）的辫子，而不去叫理发师傅，因为他会感到难为情，这是你的独家新闻。"第二天，莫理循即发表新闻："今天下午，蔡当着一位秘书和袁的儿子袁云台的面，剪掉了袁世凯的辫子。"后被袁世凯擢升为"高等军事参议，中将海军副司令兼大总统府副礼官"。1921 年，蔡廷干以税务处会办身份担任出席华盛顿国际税务会议中国代表的顾问。1927 年退出政坛，1935 年 9 月 20 日病逝于北平。

③ 罗文干（1888—1941），广东番禺人，1904 年赴英国留学，入牛津大学专攻法律，归国后曾任广东审判厅厅长、广东高等检察厅厅长。1913 年任北京政府总检察厅检察长。1919 年在英国考获大律师资格。归国后，兼北京大学法律教授。1921 年出席华盛顿会议，任中国代表团司法部专门委员，力主收回领事裁判权，在尤为关键的山东问题交涉中立场强硬，从法律角度指出"二十一条"等中日条约的不合法性。任财政总长期间曾解除英籍税务司爱格兰的职务，是中国近代史上破天荒的举动，引起轰动。后因"对奥匈帝国借款案"蒙受冤屈，三入牢狱，史称"罗文干案"。以后曾两度出任外长，抗战期间为国民参政会参政员、西南联合大学教授，1941 年 10 月病逝于广东乐昌。

④ 钟文耀是晚清第一批官费留美幼童，广东香山人。1879 年进耶鲁大学，曾为校划艇队舵手，带领耶鲁划艇队在与哈佛大学举行的年度比赛中两度获胜。后曾任驻日使馆参赞、代办，驻小吕宋总领事，上海轮船招商局总办。民国成立后，曾任沪宁、沪杭甬铁路管理局局长。

福开森

津大学学习法律，也是伦敦内殿律师公会（Inner Temple）成员。

助理国务卿布里斯、海军作战部代理部长威廉姆斯少将等美国政府和海陆军军官们到车站迎接中国代表团。麦克唐纳上校和泰勒少校从旧金山陪同代表团来到华盛顿。其他前往车站迎接中国代表团的还有民国总统府顾问福开森博士[①]和前美国驻华公使芮恩施博士。中国驻美使馆参赞容揆的夫人最先迎上前去欢迎梁如浩先生。容夫人是一位美国人。

布里斯助理国务卿向代表团致欢迎辞，随后陪同代表团走向联合车站东口。所有人在此列队欢迎，军乐队奏中美两国国歌。代表团在美国军方摩托车队的护送下离开车站。弗吉尼亚州梅尔堡（Fort Myer）第三骑兵队向代表团敬礼，并尾随车队行进。华盛顿中国学校的学生们手持中美两国国旗欢呼雀跃，营集在车站广场上的人群中爆发出阵阵掌声。

车队向中国驻美使馆疾驰，会议期间，梁如浩先生将住在这里。接着，车队将前往莫兰夫人（Mrs. F. Berger Moran）位于马萨诸塞大道 2315 号的寓所。中国政府已将此租下，蔡廷干将军下榻于此。代表团其他成员将住在 Q 大街的开罗饭店（Hotel Cairo），饭店位于第 16 和第 17 大街之间。

饭店客人和代表团的友人在大厅等候。代表团成员陈台的夫人（Mrs.Ty Chen，音译）受到特别重视，她穿着皮毛大衣，手捧一大束玫瑰花。今天抵达华盛顿的中国代表团的正式名单上有 92 人，有些成员并未包括在名单内。由此看来，代表团总人数至少有 100 名。

梁如浩先生抵达中国驻美使馆后表示，代表团全体成员对于美国人民给予他们的热烈欢迎非常感动，这将加深中美两国友谊。他还说："在中国，没有任何外国人像美国人那样受到欢迎和尊敬。我们欢迎美国人来中国，并给予他们礼遇。中美互访将使两国间业已存在多年的友谊延续下去。"

梁先生并未深谈中国代表团此次与会目的。他说："中国认为，为了建立亚洲永

① 福开森（John Calvin Ferguson，1866—1945），教育家、文物专家、慈善家、社会活动家。出生于加拿大安大略城，父为教会牧师，自幼随家移居美国。1886 年毕业于波士顿大学，参加社会福音运动（Social Gospel）来到中国。1887 年到南京，热爱中国文化，汉语流利。1888 年出任汇文书院（南京大学前身）院长，1897 年出任南洋公学（上海交通大学前身）校长。1900 年入湖广总督张之洞幕府时，参与策划东南互保。1902 年参与修订中国对日、对美条约。1908 年任邮传部顾问，1910 年中原大旱时募得赈灾款上百万美元。民国建立后，历任总统府、总理府政治顾问。1921 年华盛顿会议期间为中国代表团成员、顾问。1943 年福开森被日本遣送回美国，1945 年在波士顿去世。

久和平，必须消除一切争端。我们希望此次会议能公正对待中国。”

关于中国现在的内部冲突，梁先生表示，美国对于中国目前困难的报道过于夸大其辞。他认为中国南北政府之间并不存在根本分歧。南北贸易与寻常无异，双方一直保持沟通。

# 施肇基在哥伦比亚大学发表演讲

1921 年 11 月 2 日

题记：施公使称，列强正在中国问题上铤而走险，对中华民国施以武力威胁只会导致战争。寄望军备谈判取得成功，民国为寻求国家发展而奋斗，希望得到美国援助。

民国驻美公使施肇基博士[①]昨晚在哥伦比亚大学说，中国要甩脱“东亚病夫”的帽子，所有中国人都渴望在“门户开放”的政策下实现国家的独立与发展。

施公使称，“中国的发展，如果坚持正确的方向，必将对世界的和平与发展作出巨大的贡献。然而，中国的发展进程如果受到外界干扰，将可能衍生成为世界的威胁。有两种途径可从中国获得利益：一条途径是通过武力征服中国，世界大战的实践证明，这条路走不通；另一条途径是通过中国自身的努力实现社会经济的全面进步和发展，那将不仅惠及中美两国，而且惠及整个世界。”

“中国的发展并非儿戏，因为它不仅对美国实现世界领导作用至关重要，而且我们还须铭记，无论你们是否参与中国的进步与发展，它的每个发展阶段都将持续影响美国自身的商业状况。”

哥伦比亚教职员工聆听了施公使的演讲，他们说这是中国代表团参加华盛顿会议的政治宣言。

---

① 施肇基（Alfred Sao-ke Sze，1877—1958），祖籍浙江，中国近代著名外交家。1888 年入上海圣约翰大学，1893 年随清国驻美国公使杨儒赴美任翻译生，1902 年获康奈尔大学文学硕士学位、哲学博士学位。回国，入湖广总督张之洞幕府。1905 年，随同端方、戴鸿慈出使各国考察宪政。辛亥革命爆发前，施肇基被任命为大清国驻美国、西班牙和秘鲁公使，未赴任。1912 年，任唐绍仪内阁交通及财政总长。1914 年至 1920 年，任驻英国公使，其间作为中国代表团代表出席巴黎和会。1921 年，转任驻美公使，任华盛顿会议中国代表团首席代表。1923 年曾一度回国任外长。1924 年任出席日内瓦国际禁烟会议全权代表。1929 年再任驻英公使。1930 年出席国际联盟会议，任中国全权代表兼国联理事会全权代表。1933 年再任驻美公使，翌年（1934 年）使馆升格，出任大使。1937 年辞职回国。抗日战争爆发后，任国际救济会宣传组主任兼上海防疫协会董事长。1941 年赴美，任中国物资供应委员会副主任委员。1945 年出席旧金山会议任高级顾问。1948 年至 1950 年任国际复兴开发银行顾问委员会委员。1958 年在美国逝世。著有《施肇基回忆录》。

## 赞赏机会均等的门户开放政策

施博士谈到华盛顿会议时说："中国全身心地投入到这次会议中来，对美国人民为给亚太地区和整个世界带来福祉的良好意愿表示高度的赞赏。"

"美国对华政策十分友好并且深具建设性，我们对美国这种有益亚洲和平的善举深感欣慰。"

"自建国以来，美国外交政策有两个重要支柱，其中之一就是海约翰国务卿25年前提出的机会均等的门户开放政策。"

"我也知道，《门罗宣言》的宗旨就是为了实现美国自身发展的同时，确保美洲的新生共和国不受到外来侵略。你们并不想对别国称霸，你们只希望世界上所有国家能够在美洲大陆的商业与工业发展上平等竞争。"

## 中国的发展需要和平

"我们深知，你们实行的门户开放政策与《门罗宣言》的原则是完全一致的，你们也正在致力于帮助亚洲实现自身发展。我们正在从事的事业是共同的事业。我们渴求实现独立发展的权利，力图确保我们民族的生存权不受侵害。而这也是你们希望我们享有的权利。"

"你们在对南美、墨西哥、古巴、加拿大的外交关系中已经充分展示了这个原则并从中获益，你们致力于为新兴国家创造和平的环境，这种环境充满正义与公平的理想。我们相信，太平洋地区各国最终将与你们持有完全相同的理念。你们的努力将得到中国四万万人民的全力支持，中国人民的友谊和信任将使你们的努力上升到新的、最高的境界。"

施公使谈到中国的发展时说，"中国需要大力发展工矿业；需要修建高速公路、铁路和运河；需要疏浚港口、改造江河；她广阔的沙漠地区需要浇灌，需要将荒漠改造为良田。中国需要和平。"

"如果没有外来侵略，没有外来势力在政治、经济和主权、领土等问题上干涉中国内政，中国必能实现自身的独立与发展。一个繁荣昌盛的中国必将对世界的和平与发展作出应有的贡献，为我们的邻国和远方友邦带来巨大利益。"

## 中国面临的险恶形势对世界和平繁荣构成威胁

施公使回顾了中国在大战中发挥的作用。他说，"中国参战在很大成分上是因为美国发挥了榜样作用”。他谈到，这次大战对改变中国人传统观念有巨大影响，对国家实现工业转型也有积极作用。他通过与美国成长和发展历史的比较，重点谈了中国的财政状况。

他说：“实际上，许多国家的财政状况都十分糟糕。也许你们已读到纽约报纸最近的报道，说中国最大的法资银行——中法实业银行[①]开张数年后终于倒闭。在此我想提请注意的是，一是这家银行由法国人而非中国人管理，二是当这家银行数月前倒闭时，是中国银行家出来救市，以免中国整个金融系统出现崩盘。”

施公使说：“你们知道的是，中国的财政困境使其难以应付它的内部事务，更不可能在银行家们自身难保时出手拯救法国银行。然而，中国金融界愿意救助法国银行的事实表明，中国人确有良好的意愿在世界经济重建中扮演积极角色。问题在于中国缺少机会，中国脆弱的国防力量招惹外敌的窥探，勾引起它们贪婪的欲望。”

施公使总结道：“中国当前面临的这种险恶形势对世界和平繁荣的未来构成了威胁。这种状况能否改变，取决于各国在本月华盛顿国际和平会议中的态度。”

## 顾维钧就华盛顿会议表明中国立场

1921 年 11 月 15 日

题记：顾维钧表示，中国必须获得政治独立，确保领土完整。

美联社 11 月 14 日华盛顿电：

今天，出席华盛顿会议的中国代表团成员、中国驻英公使顾维钧表示，中国代表团将就远东问题中有关中国部分提出建议，建议将基于以下原则：

一、实现远东和平是中国恢复独立自主的政治进程之基础。

二、中国必须通过开发本国丰富的自然资源来实现国家的经济复苏。

三、中国必须确保国家领土完整、不受侵犯。各国必须停止利用租界加大侵犯中国主权的行为。

---

① 中法实业银行（Banque Industrielle de China）是民国第一家中外合办银行。1913 年，由东方汇理银行向北京政府建议，中法合资建立。资本总额 4500 万法郎，中方认股三分之一，实际由法方垫支，法方拥有管理全权。总行在巴黎，设上海和北京、天津分行。其职能为发行货币及吸收储蓄存款等，承办法国对华的铁路和实业借款。1918 年 7 月，因经营失败停业。1925 年，改组后复业，改为中法工商银行（Banque Franco-Chinoise pour Ie Commerce et L’ Industrie）。

四、中国必须拥有完全的政治独立，不受任何外部势力干涉。

顾维钧说，具体建议尚未最后成型，将待华盛顿会议决定讨论远东形势的日程而定。

顾维钧强调，中国无意提出过分要求，中方的建议将局限于中国认为必须解决的重大问题。他说，“世界不是一夜建成的。中国的现状也不可能立即获得改观。我们需要解决的问题太多了，并不期望在这次会议上实现所有愿望。”

顾维钧博士在谈及中国资源开发和经济复苏所面临的诸多困难时说，中国必须拥有自己修筑和管理铁路的权力。他还特别强调，受列强控制，中国仅能向进口商品征收5%的关税。顾认为关税制度应每10年进行一次调整，而中国现行的关税制度已经20多年未调整过了。

顾维钧说，列强在华设立租界，给中国经济加上了一道沉重的枷锁。但他同时也指出，要立即改变这种情况希望不大。顾希望此次会议能够就此达成协议，废止牺牲中国主权的租界制度。这位政治家表示，“如果能以上述精神解决中国面临的严峻问题，那么中方将对此次会议抱有很高期待。”

“我们希望通过美国人民和报纸再次表达中国政府和人民对美国的信心和信任。我们看到，‘门户开放’原则和支持中国政治独立和领土主权完整的观念深深地植根于美国历史传统之中，并且已经深入人心。中国的目标是在确保国家安全的前提下，实现自由、独立的发展。”

# 民国政府要求取缔在华外国邮政

1921年11月26日

华盛顿11月25日电：

今天，民国政府通过其驻美公使施肇基向远东和太平洋问题委员会提出，外国在华邮政系统的存在是对中国领土和主权管辖完整的侵犯。

针对该委员会将讨论治外法权议题，中国代表团在小组委员会上指出，造成民国政府国家税收流失的原因之一是外国邮政局的存在。施肇基说，在中国领土上建立外国邮政不仅侵害中国领土完整，也不断提示中国人他们尚处于外国霸权的控制之下，这不仅损害民国政府的尊严，也危及民国的财政。当然，他承认，过去也许可以认为外国在华建立邮政系统是出于商业原因，但这个理由现已不能成立，因为民国现已建立完善的邮政体系。[1]

外国在华所建邮局情况如下：日本 124 个、法国 13 个、英国 12 个、美国在上海建有 1 个。施先生指出，目前仍有鸦片通过外国邮局进入中国，我们现在希望完全控制国家邮政系统，这也是为了确保国家领土完整的必要方略。

## 民国政府的抗议声明

施公使说，“正如顾维钧先生在委员会上所指出的那样，中国不仅遭受领土和管辖权的缺失，而且其主权完整也受到侵犯。”

“这些侵犯包括外国军队驻扎中国境内、外国士兵在铁路沿线设立据点把守、架设有线和无线通讯网、设立外国邮政局、设立外国警察系统。我首先讲外国邮局问题。”

“基于以下诸点，中国要求与会各位立即同意废除所有外国在华邮局。”

“一、我国已在全国范围内建立了国家邮政体系，并与世界上所有其他国家保持必要的通邮关系。邮政属于政府管治范畴。1921 年 10 月 12 日，民国政府颁布的邮政公告开宗明义地指出，邮政由国家垄断经营。”

“二、外国邮政局的存在干扰中国邮政运行与管理，并使中国发展独立邮政事业遇到障碍，更重要的是它侵蚀和剥夺了民国政府合法的财政税收。”

“三、外国邮政局在华存在直接侵犯了中国的领土和主权管辖的完整及其他合法权利。”

## 外国在华开设邮政并无任何条约依据

“19 世纪 60 年代，中国开始五口通商，外国邮政局即在通商口岸设立分支机构。但是，外国在华开设邮政并无任何条约依据，因此，中国政府对其存在与发展难以容忍。”

“与此同时，我们在中国海关与各国之间建立了定期的邮政货运联系，邮政业务主要分布在中国沿海港口，有些达到长江上游地区。这些邮政业务逐年发展

① 辛亥革命后，“大清邮政”改名为“中华邮政”，1912 年开办了收寄商务传单、保险信函业务；1913 年开办了代售印花税票业务；1914 年创设火车行动邮局；1918 年开办国际回信邮票券业务；1919 年开办邮政储金和邮转电报业务；1920 年开办国际保险信函和箱匣业务；1921 年开办航空邮务。中华邮政的邮路分为邮差线、航船线、铁路线及航空线等。邮运工具除利用其他部门的交通工具外，还自备了兽力车、手推车、冰车及自行车、汽车、摩托车、轮船等。中华邮政在管理上有统一的规章制度，责任明确，网点设置比较合理，并有经常的监察制度，财务管理有严格的稽核。早期的中华邮政，洋人垄断了一切重要岗位，工资比中国职员高出十数倍乃至数十倍。

1896年，中国第一间邮局——大清邮政总局设于上海，于是上海成了全国的邮运中心，也是中国对外国际邮运的枢纽。图为1922年建于四川路的上海邮政大楼，至今仍为上海邮政总局。

已经形成正常的运营机制。根据满清政府1896年3月20日发布的诏令，清国邮政体系独特有效，由海关司直接掌控。1911年5月28日，满清政府再次发布诏令，邮政系统归海关司管理，同时设立一个独立系统，由邮传部大臣直接管理。自此，国家邮政成为中央政府一个独立的行政机构。”

“1914年3月1日，中国参加万国邮政联盟，自那年9月1日起，中国成为万国邮政联盟成员并延续至今。”

“因为万国邮政联盟不承认一国在他国拥有邮政，中国代表团将此问题带到1920年10月1日召开的万国邮政联盟大会，但撤邮问题被认为是各国邮政对其分支机构的管治范围，而外国邮政分支机构不是万国邮政联盟的成员，因此未形成任何决定，这一问题被搁置。”

## 中国邮政发展概述

“尽管中国邮政价格便宜，但是，由于中国境内缺乏现代化的邮政配套设施，长途投递成本过高。尽管如此，营业盈余已逐步增加，全部利润都投入继续改善服务条件，特别是在一些内陆村镇开设新的邮政所，并进一步扩大邮政业务。1920年的收入为1267万9121.98银元，花销为1046万7053.07银元，全年赢利为221万2068.91银元。”

“挂号商包、挂号信、快信等一旦丢失，邮政局一律赔偿。1920 年，共有 3700 万件物品通过邮寄，其中只有 400 件丢失，占九万分之一。”

“过去 4 年中，挂号信发信量下降 30%，但是，其他邮寄方式增加 50%，这表明公众对非挂号服务的信心在增加。”

“中国邮政拥有 3000 多名可以讲外语的雇员，每个有外国人居住的地方都有充足的翻译人员适应其需要。”

“中国邮政效率得益于选任得力职员并建立健全的管理方法而获得保证。邮政员工必须通过智力和体能考试才能上岗任职，邮政局长从最优秀的职员中选拔产生，而不从其他公共服务部门调配。如果发现有贪污渎职行为一律开除，但这从未发生过。”

“全国邮政系统实行统一垂直领导，即使出现地方叛乱或发生革命，邮政局照常运转，为民众提供正常服务而无须更换职员或被其他机构控制。”

“近年来，尽管中国发生各种动乱，但该系统仍然稳定发展，原因就是它完全受政府的指导和控制。”

“自 1911 年到 1920 年共十年间，中国信件投递量增长了 3 倍，由 1 亿 2653 万 9228 件增长到 4 亿 88 万 6935 件；包裹服务量也由 15 万 4740 件增加至 421 万 6200 件，增长 27 倍。”

“现在，邮局遍布中国村镇，即使不具备建立邮局条件的边远地区至少也有

20 世纪 20 年代上海的邮递员整装从邮局出发投送邮件。

邮政代理所或邮箱。全国邮政局数目从 1917 年的 9103 个增至 1920 年的 10460 个。乡村邮箱也由 1917 年的 4890 个增至 1920 年的 20856 个。这使邮政点的设置总数达到 31316 个，比四年前增加了两倍。”

## 外国邮政在华存在已无必要

“威洛比先生（Willoughby）在他做过仔细研究后撰写的《外国在华权力与利益》中指出，考察 1920 年的中国邮政，中国政府应该是得分的。总体而言，邮政服务运转有效，也取得良好收益，尽管中国不得不接受外国邮局仍在其境内存在的现实。”

“目前，中国邮政运营有效，但外国政府仍在华设有相当多的邮政机构。仅仅日本在华邮局就可分为以下几类：一等邮局 7 个，二等邮局 23 个，三等邮局 4 个，未分类邮局 10 个，邮政分局 3 个，中心邮箱服务所 1 个，邮政代理点 33 个，邮箱 33 个，乡村邮政所 10 个。”

“这些邮局自己发行邮票，从各方面都与中国邮政形成业务竞争。而且，这些邮局大多设在人口密集和工商业最集中的地区。大量挤占中国邮政业务，并且不承担任何责任和义务。他们不会在偏远地区建立站点。”

“因此，应郑重指出，如果说过去外国邮局在华有存在必要，现在已无任何必要。根据 1902 年《美国对外关系》第 225 页所述，美国驻华公使在 1902 年向美国政府的报告中说：‘基于我曾做过的调查，我敢负责任地说，除在上海外，外国在华邮局已无必要。因为清国海关管辖的中国邮政遍布各地，并且有能够令人满意的服务，它们正从沿海向内地有效延伸。’”

“根据近期出版的《中国商业手册》，中国邮政服务在过去十年间顺利快速发展，因此，外国在华邮局已无必要。”

## 在中国领土建立外国邮政应受谴责

“外国邮政的存在并无任何条约和法律根据。针对这一点，美国驻华公使在 1902 年 4 月 20 日向美国政府的报告中说，外国在华建立邮政主要基于政治考虑，一是他们想插手清廷内政，并企图影响大清国的未来设计；二是嫉妒其他国家，有攀比心理。建立这些邮局并未征得中国同意，并有欺侮之意。因为它们原本是不应营利的，它们的建立从物质上说使中国邮政受到干扰，并使中国邮政的发展处于尴尬境地，损害了中国主权，也与我们的对华政策不相一致。因此，我没有发现美国在华建立邮局的任何理由。”

“综上所述，外国邮局的存在不仅导致我国财政损失，而且阻碍了中国邮政的正常发展，侵犯主权和领土完整，也并不符合中国人民的需要，降低了民国政府的威信和尊严。在中国领土建立外国邮局应该受到谴责。”

# 列强同意撤出外国在华邮局

1921 年 11 月 29 日

题记：除日本外，所有大国都同意在中国保证提供稳定邮政服务后撤除在华邮局，而日本代表团正等待东京答复。民国驻美国公使施肇基对外国在华驻军提出抗议。

华盛顿 11 月 28 日电：

今天，在远东和太平洋问题委员会讨论时，除日本外，各大国都有条件地同意于 1923 年 1 月 1 日前撤除在华邮局。日本代表对委员会报告不持异议，但声称它对撤出外国邮局的时间表尚未做好准备，将在请示东京后再作回应。

中国代表团对此表示欢迎，称事情取得进展，并要求外国对未经中方同意在华建立的各种力量存在，如军队、警察局、电报局、无线电站等一律取消。委员会决定在接下来的会议中就此进行讨论。委员会还决定成立一个常设小组委员会，由各大国派员参加。委员会宣布休会至 11 月 29 日上午 11 点钟复会。

中国代表团发现，通过第一轮较量，已为今后的政治交涉奠定了很好的基础，并确立了基本原则，对解决其他问题，如撤出外国军队和中止其他带有侵略、损害中国领土和主权完整的行为，也就铺平了道路。

## 外国邮政和外国驻军损害中国主权

英国首先在华设立邮局，他们未经中国政府同意，采取单方面行动。其他大国逐渐效仿。民国政府发现，大量的税收落进了外国邮局的口袋。

外国邮局的存在不仅侵犯中国领土完整，还特别令人难堪，因为它们不断地提醒中国人，他们的国家主权和行政完整受到了损害。中国代表团指出，外国邮政和外国军队的存在，降低了民国政府的威望，使其很难维持共和制度。

中国代表团的陈辞很容易被各大国代表团接受。他们都认可中国自身建立的邮局发展很快，因此没有必要非要在中国领土上拥有自己的邮局来发送信件。

中国驻美公使施肇基今天还就反对外国军队驻扎中国领土作了陈述，但最终未能说服各国。施公使辩论道，这些军队在华驻扎（外国公使馆的卫兵除外）未经中国认可，侵犯了中国主权。因此，所有外国军队应立即撤出。他说，在外国公使馆派驻卫兵虽有条约保护，但也应设定撤出时间。各国的行动必须对现有条约进行修订后才可能生效，届时，中方将要求列强提出条约修改方案。

## 外国驻军总数约有 5000 名

据估计，除东北地区和山东省外，外国在华驻军总数约 5000 名。施公使宣读了 1921 年至 1922 年年鉴。据称，在华外国驻军士兵总数为 4953 名，另有 180 名军官和 99 挺机关枪。这些军队驻扎在长城以内，其中美军 1464 名，军官 60 名，机关枪 28 挺；英军 1006 名，军官 38 名；法军 1214 名；日军 1097 名，军官 61 名。

此外，日本军队还驻扎在中国东北地区和山东省，近些年在汉口也派有少量驻军。日本在中国东北地区驻扎有一个整师；根据去年 4 月统计，日本在山东省驻军有 4 个营，约 525 名，驻扎在天津至济南铁路沿线。另外，还有日本

上海的英国军人举行阅兵仪式。

宪兵队在铁路沿线巡逻。在汉口，日本维持有一个营的兵力，与一些特遣分队共同执勤。

施公使在通报各国驻华兵力后表明中国政府立场：一是现在华驻扎的所有外国军队应全部撤出；二是取消 1901 年 9 月 7 日签署的协议第 7 条和第 9 条，即外国在华公使馆卫兵和其他外国军队应在华盛顿条约生效一年后全部撤出。

## 中国司法主权有望恢复

为了华盛顿会议取得中国人期待的实际效果，恢复中国独立完整的司法管辖权，远东和太平洋问题委员会正就涉华治外法权问题起草一份决议草案。此问题今晚获得最高当局的高度重视，可能将于明天提交陈述。草案正由小组委员会起草。据称，草案原则基本遵循了中方的愿望，因为小组委员会深知会议主办方的期望。预计该决议将被一致通过，正如今天讨论的外国在华邮局问题一样。

据报道，远东和太平洋问题委员会已制定出议事日程，并按照预定方案紧密行事，目前要考虑的主要问题涉及中国领土及主权完整。委员会已接受总体原则，对何种问题具体运用何种原则，也已安排进有关日程。

远东和太平洋问题委员会中国海关小组委员会宣布将于明天开会，中国代表团发言人宣称，对会议结果充满信心，即会议将会对中国要求的平等关税安排和关税自治予以充分考虑。

据报道，中国代表团在会前带来的另一个议题是外国在华势力范围。英国代表团发言人称，大会决议原则已经确定，即通过“门户开放”和“机会均等”原则，废除外国在华势力范围。一位中方发言人称，中国不会对任何国家带有敌意，因此，也不会受任何特殊势力的影响。

# 》善后大借款系列报道

## 中国是列强利益碰撞的火药桶

1913年2月16日

弗雷德里克·麦考密克（Frederick McCormick）[①]

题记：中国目前的政治环境比过去任何时候都更为凶险。她未来的命运，实际上掌握在俄、英、法、日四大列强的手中。

自1900年东亚形势巨变以来，特别是中华民国宪政制政府建立以来，中国的国际政治环境从来没有像现在这样凶险。中国能否作为一个领土完整的民族国家继续存在下去，都成为了一个疑问。如果要避免分裂，除非她能向冷酷无情和精于算计的欧洲的首相们证明，自己是一枚令人恐怖且足以使列强同归于尽的政治炸弹。

热衷于扩张军事实力、梦想建立大陆型帝国的日本，已经对中国失望了；当中国于1911年宣布推翻帝制、建立民国后，期待中国实现工业化、商业化、非政治化的资本主义同盟（Capitalistic Allies）也失望了。对于列强而言，中国仍是一个沉重的政治负担。这就是中国在世界政治格局中所处的现状。

列强对于是否承认中华民国政府的态度即可印证上述观点。中华民国政府期盼获得列强的承认，并重新修订条约，以期改变中国在地缘政治格局中所处的劣势，改变由于自身国力衰弱、政策错误和过去的坏运气所造成的外交被动局面。

① 本文作者弗雷德里克·麦考密克（1878—1951）出生于美国密苏里州布鲁克菲尔德。1900年至1922年，麦考密克为美国派驻远东新闻记者，曾为美联社等媒体对八国联军镇压义和团、日俄战争和辛亥革命等重大事件撰写新闻稿和评论文章，后为广播电台太平洋事务新闻评论员，并成为著名期刊文章撰稿人。著有《中华民国》（*The Flowery Republic*，New York，1913），《日本威胁》（*The Menace of Japan*，Boston，1917）。1951年8月5日在加利福尼亚州保马瓦利去世。

中国认为，如果这样发展下去，在不远的未来，中国即可逐渐与列强平起平坐。

民国政府的愿望极大地打动了单纯的美国人民。然而，问题在于俄、英、法、日四国对中国的未来毫无信心。他们主要有四个方面的担忧。首先，他们认为这只不过是中国领导人和其同情者给既有的“中国问题”加上了一个新面具；其次，中国目前在各方面都身陷困境，令人同情；再次，现在还看不到中国努力摆脱困境的前景；最后，中国的未来面临各种未知与不确定性。

## 中国问题的历史背景

从 17 世纪到 19 世纪 200 年间，中国边境警钟长鸣，沙皇俄国侵占了阿穆尔河（即黑龙江，译注）流域，英国征服了印度，法国侵入印度支那，日本吞并朝鲜半岛。四大列强推行的中国进程，与清政府的绥靖政策相对应，其结果是沙俄在中国领土上挥舞它的国旗；英国从印度干涉西藏事务，势力直达中缅边界，侵占香港并深入中国北方港口；法国侵占了安南[①]和东京[②]，法国国旗插到了中国南海的海岸；日本侵吞了琉球群岛、台湾和朝鲜半岛，日本国旗也即将在中国满洲的上空升起。

俄、英、法、日四大列强将中国牢牢地包围在猎掌之中。1911 年的革命对这个凶险的形势没有任何改变。中国的命运被牢牢地掌握在四强手中，世界上其他国家对此影响十分有限，中国只能指望自己救自己了。

## 列强在华形成利益割据

本文将尽力说明中国今天这一局面是如何形成的，野心瓜分中国的各列强之间关系如何。

起初是贸易利益吸引欧洲列强汇聚东亚。德国从海上进攻攫取山东后，列强原来在华建立的力量均势被打破，瓜分中国领土成为首要目标，以商业利益为重也转化为以工业利益为重。五大国在中国划出各自势力范围，形成利益割据，到 1903 年一直相安无事。到了 1903 年，英、法两国的经济利益在中国西南地区发生冲突，于是两国结成利益同盟。

尽管英国人是“门户开放”政策的始作俑者，但德国人认为英法同盟实际上形成了对华垄断。1908 年，德国插足进来，形成了三国垄断之势。美国人继承了英国“门

① 安南（Annam），指旧时越南中部四省，首府顺化。
② 东京（Tongking），指旧时越南北部十六省，首府河内。

户开放”政策的衣钵，却发现自己被欧洲列强拒于中国大门之外，于是在1909年加入进来，成为平等一员，由此四国资本和政治形成联盟。

## 是瓜分中国，还是维持中国主权？

日、俄两国由于俄方谋求对华特殊利益而爆发战争。日俄战争的结果是重新改划列强在华势力范围地图。是彻底瓜分中国，还是继续维持中国主权，这两种力量的对峙日益清晰成型。

对中国危害较小的国家继续秉持资本主义理念，希望中国的发展立足于领土完整的基础之上，同时对所有国家开放门户。真正邪恶的政治力量是由那些君主立宪国家组立的同盟，他们打着开拓边疆的旗号走到一起。英国与日本结盟，将两国在华势力范围从帕米尔高原延展到东西伯利亚乌苏里江边。法国沿缅甸边界挤入海南，打破了这条线。法国还与俄国结盟，共同分享从帕米尔高原至朝鲜半岛的广大领域。作为交换，法国同意与俄共享广东至缅甸地区。四大国占据了中国所有邻国的首都，并不约而同地将势力范围向中国内陆推进。在日本认可下，欧洲列强在华已牢固地建立了自己的政治地位。中国未来的命运，也就成为欧洲政治的一部分了。

“中国问题”首先从贸易问题演进为领土和边界问题，然后是中国金融与工业的发展；起初是英、法矛盾，而后是英、法、德，再之后是美国与英、法、德之间的矛盾，最后是英、法、德、美四个资本主义国家与俄、日两个非资本主义国家之间的问题。这就是中国的现状，从中不难看出，中国的命运已经掌握在四大国手中，她没有外援，只能自救。

## 保持中国统一的力量只有中国自身

俄国宣称，日本并没有破坏列强在华特权，只是重建了特权。1910年7月4日，日本通过日俄条约，无视中国领土完整与主权，成为列强瓜分中国利益俱乐部的平等成员。日本进而更将其利益向英、俄、法传统势力范围延伸，乃至扩展至中国全境。如何规划与应对中国的未来走向，是日本能否成为东亚领袖国家的关键。

英、美等资本主义国家对中国命运有一定的影响力。最可能破坏中国统一的力量主要来自对她有领土野心的俄、日两国，而能保持中国统一的力量只有中国自身。英、美等国的力量只是外部因素，而中国自身力量将成为中国救亡运动能否成功的关键。

资本主义国家的同盟决定了世界政治经济格局。金融财阀宣称经济利益应高于政治利益，如此可消除战争威胁，挽救中国的分裂。在这个同盟之外的日、俄两国对其在华利益深感担忧，谋求挤入资本主义国家对华利益同盟，而同盟从原则上也并不排斥。1912 年 6 月 20 日，英、法、德、美四国同意俄、日参加对华借款。俄国宣称，对华借款不能损害俄国在中国东北、外蒙古和西北地区的特殊利益；日本宣称，借款不能损害日本在南满、东蒙古的特殊利益。日俄战争后，日本在华势力迅速扩张的事实表明，日本期望成为列强对华同盟的领袖，最终主宰中国事务。

## 日本掌握着中国命运的钥匙

1911 年中国革命爆发后，日本在列强中的地位变得更为复杂，它不得不面对日中关系的新变化。日本曾对清王朝抱持信心，不管是继续维持王朝统治或实行君主立宪，都予支持，避免中国突然被列强瓜分，为此颇费苦心。现在，日本必须接受清朝覆灭的事实。然而，中国革命爆发和 1911 年至 1912 年内战后，南、北尚能维持统一，袁世凯政府与国民党人还能联合对外，主要却是出于对日本的恐惧。

中国革命使其外交关系进入一个敏感期。民国元年元月，日本向北京的保皇派伸出橄榄枝，提出援助意向但未得逞。于是，日本向南方革命党人试探，宣称将提供援助，缔结联盟，共同建立“亚洲的东亚”。但民国革命家们毅然与中国古老传统决裂，不勾结外敌，并迅速与袁世凯达成妥协，向世界宣示了对袁的完全信任。而这之前，他们将袁世凯称为机会主义者、骑墙派和革命的叛徒。

日本未能与中国签订协议，旋即联手俄国。日、俄采取协调政策，密切关注中国革命形势的发展，以及国际社会对外蒙分裂的反应。六国银团在巴黎签署协议后①，日本于 1912 年 7 月派桂太郎②赴圣彼得堡，与俄国签订了一项新的谅解协

① 1912 年 6 月，美、英、法、德、俄、日六国银行团在巴黎签订三个秘密协议，主要内容包括：中国政府必须就借款的使用目的事先向六国银团提供说明，并取得六国政府的同意；任何在中国要进行的事宜必须由六国银团一致同意；日、俄两国如果认为任何利用借款所进行的事宜违反日、俄两国的利益，有权反对并撤出六国协议。

② 桂太郎（Count Katsura Tarou,1848—1913），出生于日本山口县，是长州藩士桂与一右卫门次子。1870 年赴德国留学，学习军事和军制，1873 年归国后在日本著名政治家山县有朋领导下推动日本军事近代化改革，被视为山县的掌门弟子。曾任日本驻德国公使馆副武官，1885 年 5 月晋升陆军少将，1886 年成为陆军省次官。中日甲午战争时任第三师团司令，1896 年为第二任台湾总督，1898—1900 年任日本陆军大臣，晋升陆军大将，1901 年第一次组阁，1902 年 2 月 27 日升伯爵。在日英同盟、日俄战争、日韩合并等事件中发挥主导作用。1906 年 1 月 7 日第一次桂内阁总辞职，1907 年 9 月受封侯爵，1907 年 7 月 14 日第二次组阁。1911 年 4 月升公爵，1911 年 8 月辞职。1912 年 12 月第三次组阁，遭到强烈反对，1913 年 2 月下台，10 月 10 日去世，享年 65 岁。

议，相互确认两国在华北和蒙古的特权，以及共同参与对华借款事宜。这是一份有步骤、渐进式割据和瓜分中国的备忘录，日、俄以此划分了其在华北和蒙古的势力范围。

日本与任何列强签署的任何政策和行动协定，都旨在确保并增进其在东亚的政治利益和影响力。日本是列强对华同盟成员，在华占据了有利地位。由此可以看出，一个强大、富于侵略性和无法抵抗的日本，对于中国革命党和爱国志士们是多么可怕的力量。日本掌握着中国命运的钥匙。

## 当中国终于走向世界，却发现自己孤独地站在与世界对立的位置上

西方很少有人能看清中国的现状。对于西方列强而言，中国大陆也许是世界上最危险的地区。中国曾经按照自己的方式独立发展，力图在国际社会寻求到有利的地位。但是，中国当前的弱势非常明显，她必须按照西方设定的规则行事。西方国家的财富、实力和繁荣已经达到巅峰。而年轻的中华民国则刚刚成立，人民尚未脱离愚昧状态，没有熟练的劳工和全国通用的语言，各省之间交通不畅，没有统一的货币、税收和国家信用，没有足够的通讯工具，也没有促进国家经济发展的货币资本。中国森林稀少，江河经常决堤泛滥，冲走成熟的庄稼和村民，人民食不果腹。中国没有训练有素的行政官员，却又经常拒绝外国的建议和忠告。可能需要 10 至 20 年时间，中国才可能建立一个管理有效的政府，而要形成中国变革所急需的中央集权，也许需要更长的时间。

如果能像日本一样，中国在半个世纪前就登上国际政治舞台，那么所谓的“中国问题”可能早解决了。但是，当中国终于走向世界时，却发现自己孤独地站在与世界对立的位置上。中国在与现代文明抗争。从西方各国政府发表的言论以及列强对中国资源的野蛮掠夺就可看出中国是何等的危险。中国要求得到承认、要求给予公平待遇的希望落空了。美、英、德等国对于妄图侵占中国领土的列强束手无策，在对华同盟中的政策影响力非常有限。中国也不会再出现满清八旗那样的铁血民族，或再现蒙古铁骑横扫欧洲的雄风，能够将妄图侵犯中国领土的异族驱逐出去。中国除了获得强国的怜悯和同情，一无所有。

## 被各种议定书、条约、协议绑死，中国早已失去自由之身

以中国安全和未来幸福为己任的中国政治家们肩负着国家与民族的重任，他

们希望立即获得列强的承认。但是，这为时过早，而且这种想法对中国民众也非常危险。多数列强对华怀有诚意和忧虑。美国在中国事务中只能充当调解人而非主导者，美国只有先行限制或放弃自身对华权益才可能独自承认中国。新中国的领导人和少数“知情人士”并不指望立即获得美国的承认，认为时机不成熟，因此，他们避免涉及这一问题。

然而，对于美国政府而言，承认中华民国的问题却难以避免。美国是否应在民国政府稳固之前就抢先承认她呢？美国不应先于其他列强承认中国。如果单是因为民国政府与美国政府有相似政治元素，或单纯考虑到中国历史与政治处境，相信这个问题不会很快提上日程。根本的问题是，中国的情况与历史上或当前任何一个国家的情况都完全不同。

列强认为，承认民国政府不会使她的国际处境和地位有任何改善。中国的现状和处境不是假想，而是现实。尽管各国可以向中国提供帮助，但中国仍旧完全被充满野心的列强环绕禁锢，如同一个尚未爆炸的火药桶，危机只是得到暂时的控制。中国已被各国强加给她的各类议定书、条约、协议、协定绑得死死的，早已失去自由之身。无论是作为帝国或是共和国，中国在与列强签订的所有条款中都获得承认。所有记录在案的文件都表示承认中国，这一事实无法随意抹杀。然而，列强对于改变中国现状却无能为力，因为命运掌握在中国人自己手中。

## 革命并未损及中国的贷款信誉

中国人及其中国的同情者都认为，如果民国政府获得承认，她就可以对外借款，并从此摆脱列强的束缚和勒索。然而，承认中国和借款不是同一个问题，虽然二者有政治关联。中国与贷款国之间的政治关系由列强说了算，中国完全不可能利用承认问题来赢得借款。当中国同意巨额借款数额后，各国金融、商业和其他利益集团马上会敦促政府承认民国政府，以便获得发行债券和在中国使用贷款的利益。

由此看来，承认中华民国政府就与贷款发生了政治上的联系。中国未来是否能够保持领土完整，并非是否承认民国政府的关键，商业利益才是关键。此次金融信贷数额太过庞大，让中国人对未来产生希望。革命并未损及中国的信誉，中国人民仍然是勤劳、坚韧、宽厚的人民，中国仍然拥有丰富的自然资源，而她仍然还在列强的掌控之中。无论中国走向何方，这些基本要素都没有改变。即使有一天面对列强瓜分中国的绝望处境，中国仍可对贷款人和投资者说：“列强已是中国更全面和更安全的担保人。”

## 中国将恢复它在世界上的地位

中国绝不缺少摆脱悲惨命运的机会。中国曾经在王朝体制下达到过人类所知的荣耀巅峰，然后在这一体制下衰老腐朽。当蒙古大军横扫西亚时，中国人能够随心所欲地吸纳边境残留蛮夷，并稳步向前发展，达到前所未有的繁荣昌盛。当时，地球上再也找不出比中国人更为满足的庞大人口。中国站在曾经无与伦比而今古老枯朽的制度基础上，准备迎接更新、更快的发展。她对自己的历史有清晰的认识，也正在吸收西方的元素。这将是中国的黄金时代。中国如果能正确使用自己的资源，发挥出自己的巨大能力，就一定能够实现团结、尊严、有政治威慑的生存。中国将恢复她在世界上的地位。

# 威尔逊总统反对对华借款

1913 年 3 月 19 日特别报道

题记：总统否决了“六国借款”和诺克斯“金元外交”政策。总统称“六国借款”合同条款不妥，将使美国陷入干涉中华民国事务的旋涡，美国将通过其他方式帮助中国。纽约财团曾询问美国政府立场，威尔逊总统①的声明让他们松了一口气。

华盛顿 3 月 18 日电：

威尔逊总统今天下午在白宫发表声明，正式宣布美国政府退出计划向中国借贷巨额资金的“六国银行团”。声明也否决了塔夫脱总统时代国务卿诺克斯提出的“金元外交”政策。

威尔逊表示，即使借款合同中要求监督中国弱势政府的财政政策，美国仍坚

① 伍德罗·威尔逊（Thomas Woodrow Wilson，1856—1924），出生于弗吉尼亚州一个大学教授家庭。1879 年毕业于普林斯顿大学，1886 年在约翰·霍普金斯大学获得博士学位，1902 年就任普林斯顿大学校长。1910 年任新泽西州州长，1912 年当选为美国第 28 任总统，1916 年连任。第一次世界大战结束前夕，威尔逊提出《公正与和平》十四点方案，史称“威尔逊主义”。威尔逊主义根据启蒙运动时期以人为本的理念，认为人类可通过教育和学习克服固有缺点而日臻高尚，各国人民之间可用和谐的眼光看待分歧，达成谅解，友好解决矛盾，避免战争。此外，“国家之间的利益矛盾是非零和的”，即国家之间可以通过合作与协调的手段来解决相互矛盾，建立集体安全体制，用集体安全来替代大国均势，以此规避冲突和战争，实现双赢。实现途径是建立保卫世界和平的国际组织。1920 年，获得诺贝尔和平奖。1924 年 2 月 3 日，因中风逝世，享年 67 岁。

办公桌前的威尔逊总统。（摄于1913年）

持“不介入外国联盟”政策。他特别指出政府如果支持此类担保和管理之借款，其所应承担之责任将十分明显。这种责任将有悖于美国人民政府赖以生存之各项原则。

以下是威尔逊总统声明：

（1）美国政府声明退出与其他五国银行合作向中国提供总值1.25亿美元借款，以及要求中国同意偿还和支付的特别条款的行为。

（2）美国不同意借款条件，并拒绝继续参与借款行为，因为美国认为这将干涉中国政治事务。

（3）美国认为借款条件违背了美国基本原则。

（4）美国声明愿意帮助中国的发展。

（5）美国声明赞同中国建立共和制度。

（6）美国声明愿意推动就国家银行事务立法，免除美国银行和企业家限制，使之更好参与各国银行和商业界在华贸易竞争。

## 布莱恩国务卿与威尔逊总统商谈

美国政府今天召开内阁会议，讨论威尔逊总统关于退出六国银行团一事的决定。因为此举表明政府不仅在中国事务上，也在对中美洲事务中放弃了塔夫脱总统时代的“金元外交”政策。周日，布莱恩（William Jennings Bryan，1860—

1925）国务卿在前往欧洲前与总统就此事进行了讨论。

威尔逊总统亲自撰写了这一新政策的声明。这一声明可能于明天或周四正式公布。政府内阁有消息透露，总统已下令将声明交与媒体。声明如下：

> 我们获知，一些美国银行在上届政府的指示下，参与到中国政府所希望获得的借款中（总额约为1.25亿美元）。
>
> 现任政府希望美国银行参与六国银行团的借款行为，因为政府希望以这种实在的方式向中国表达善意，也希望美国资本进入这个伟大的国家。美国应与其他国家共同承担对华政治责任，加强对华工商业联系，并促进与中国的外交关系发展。
>
> 美国各银行也向美国现任政府询及是否同样要求其参加对华借款。各银行与政府接触代表表示，只有政府明确要求，银行才会参与借款行为。政府拒绝提出这一要求，因为政府不同意六国银行团提出的美方责任条款。
>
> 对华借款条件几乎干涉了中国行政独立的各个方面。美国政府认为其不应成为这类借款条件的参与方。
>
> 按照对华借款条件，美国政府的责任似乎是要求美国银行参与借款行为，并以不恰当的方式强行干涉一个伟大东方国家的财政和政治事务，而这个东方国家正在觉醒，意识到其实力和对国民的义务。借款条件不仅包括一些陈腐过时和繁缛苛细的专门税款，也包括任命外国官员监督税款。
>
> 美国政府如若支持如此担保和管理之借款，其所应承担之责任十分明显。此种责任将有悖于我人民政府赖以生存之各项原则。美国政府非常希望能以任何方式帮助伟大的中国人民，这些帮助应与中国古老的传统一致，并促进中国的自由发展。我们这一时代最重要的事件就是中国人民的觉醒并能在自由政府管理下发挥自身能力。美国人民深切赞同这种觉醒和愿望。美国人民当然希望慷慨地加入各国，向中国开放，帮助中国开发其无与伦比的原始资源，为世界所用。
>
> 美国政府非常希望提升与中华民国之间广泛而深入的贸易往来。
>
> 现任政府将推动和支持必要立法，以给予美国企业家、制造商、承包商、银行和其他金融机构所需便利，否则他们在与别国工商业竞争时处于劣势。这是政府的职责。这是美国人民在参与中国发展中的实质利益所在。

我们的利益在于门户开放——这是友谊和互利之门，这是我们唯一愿意通行的门。

## 银行家要求政府表态

3月9日，摩根公司（J. P. Morgan&Co.）的亨利·戴维森（Henry P. Davison）和维拉德·斯特雷特（Willard D. Straight），坤洛公司（Kuhn Loed & Co.)的保罗·沃伯格（Paul M. Warburg）向布莱恩国务卿递交请求，希望了解政府是否希望美国财团参与对华借款。威尔逊总统正是应此要求发表了声明。借款总额为1.25亿美元，美国财团承担其中的2500万美元。戴维森和沃伯格向布莱恩国务卿表示，除非美国政府明确要求，否则美国财团不会参与其中。

今天的声明表明，纽约的银行家们不会参与银行团。美国财团的退出不会让其难堪。因为银行团协议条款中已经写明，在某些条件下财团可以退出银行团，其中一项就是没有政府支持。

在借款合同中，六国可任命本国代表监督中国课税征收、利息支付，代表们还可以监督中国如何使用借款，即中国必须以合同规定的方式使用借款。中国接受了一些非常苛刻的条款。借款谈判迟迟未能达成一致，主要也是因为中国人对条款不满。

内阁今天会议对借款问题的讨论表明，政府希望美国新的政策可以推动中国的门户开放，使希望在中国投资的美国银行家和商人独立行事。会议反对诺克斯"金元外交"的一项内容就是其推动少数美国银行垄断对华借款。

威尔逊总统在其声明中承诺政府将推动和支持必要立法，以给予美国企业家、制造商、承包商、银行和其他金融机构必要的便利。这是特别针对美国企业家抱怨他们在国外必须通过外国银行做生意的问题。问题主要存在于中美洲和南美洲，英国和德国银行抢占了该地区的主要外国银行业。

美国银行法不允许本国银行在别国建立分行。威尔逊总统这一声明意味着他将推动国会通过立法，允许美国主要银行在国外开设分行。与拉美有生意往来的美国企业家认为，由于他们必须通过外国银行来进行交易，其货物售出价和其他商业机密就很容易为竞争对手所获知。

## "金元外交"的终结

威尔逊政府今天声明中宣布的政策意味着"金元外交"的终结，至少是在他四年任期内的终结。“金元外交”的理念基础是，美国政府有责任运用一切资源为本国企业家、制造商、承包商和银行家在国外赢得商业机会。

威尔逊总统声明中的一段内容暗示，美国有意尽早承认中华民国政府。毋庸置疑，美国政府可能会很快采取行动，但目前官方对此尚无表态。

## 银行家们松了一口气

考虑到对华借款合同条款，银行家们非常愿意退出银行团。借款谈判旷日持久，现在显然已有结果。美国财团在诺克斯国务卿的鼓励下，加入借款银行团。财团以摩根公司为首，包括第一国民银行（First National Bank）、花旗银行（National City Bank of New York）和坤洛公司。他们与英、法、德三国财团一同向中国借款。借款最初设定为三亿美元，用于中国改革币制、军队及内政发展。上述四国每国提供四分之一款项。

维拉德·斯特雷特曾任美国驻沈阳领事，现供职于摩根公司。他与公司同事亨利·戴维森代表美国财团全程参与借款谈判。戴维森昨晚生病缺席，斯特雷特认真阅读了威尔逊总统的声明，但并未发表意见。有其他方面消息称，美国财团非常愿意退出银行团借款计划，至少在国际局势明朗化之前是这样。欧洲现在财政紧张，银行团的外国银行家们正期望借款谈判被无限期搁置。

借款谈判已达成过几次协议，但其后又数度重启。原因是各国之间无法形成共识，以及中国各界的反对。当谈判最终达成总额为三亿美元的借款时，俄日又要求加入银行团，于是谈判又继续进行。最终各方就参与国和借款财团达成一

花旗银行发行的钞票。除了花旗银行，汇丰银行、美国友华银行等外国银行都是中国当时的发钞银行。

致，形成所谓“六国银行团”。

在很长一段时期内，中国政府都拒绝签订借款协议，因为中国经过认真研究，认为六国银行团无权要求监督盐务官营。中方认为银行团也无权要求监管中国使用借款的方式。正当各方就此进行争论时，一位熟知中国事务的美国大学教授兼工程师温德尔·杰克逊（A.Wendell Jackson）筹措了一笔独立借款，总额为5000万美元，贷款由以克里斯浦公司（C.Birch Crisp & Co.）为首的伦敦银行提供，其中一半将提供给中国政府。尽管英国民众并未购买这些债券，杰克逊对华借款以失败告终，但这一事件仍在中国与六国银行团之间掀起了新的风浪。随着中国开始赔偿外国在义和团运动中的损失，借款协议中的平衡条款被取消了。

杰克逊借款风波后，中国再次向六国银行团提出1.25亿美元的借款请求，并暂时放弃了相对不太紧迫的自身发展计划。六国要求中国将大部分借款用来支付军饷和赔偿列强在义和团运动中的损失。中国迫切需要安抚久未发饷的士兵，同时期望4月召开的国会大会能同意政府的巨额借款。

美国银行家们在借款问题上一直与欧洲站在一起，因为美国政府要求他们这样做，而银行家们也非常乐意被允许分享借款的收益。

# 威尔逊总统希望与中国进行友好贸易往来

1913年3月23日

题记：总统反对参与六国银行团的强制性协议，对华贸易应对所有美国人敞开大门。有消息称，威尔逊总统将发表新声明阐述其立场。

华盛顿3月22日电：

威尔逊总统近日发表退出六国银行团的声明，但并不意味着美国将不再参与远东事务。

威尔逊总统今天接见了中国临时政府任命的负责在华建造1000英里货运铁路的铁路委员会技术顾问乔治·布朗森·李（George Bronson Rea）等人，非正式谈及对华政策。

李先生对威尔逊总统表示，在没有美国政府支持的情况下，美国资本已参与到对华铁路投资当中。他非常希望知道，美国政府能在多大程度上保护美国企业家的利益。

## 美国对华政策要循序渐进

威尔逊总统表示，美国对华政策将在经过认真的考量后逐步实施。受到接见的人士们认为，威尔逊政府不会停止对美国在华商业利益的保护，并将采取积极措施，推动美在华商业利益。

威尔逊总统认为，美国不参与任何对华特别协议，反而能使美国对中国政治前途拥有发言权，并更好地帮助中国维持主权独立。美国不参加那些野心勃勃的多国银行团，才可能作为中国政府公正无私的朋友，赢得中国人民的信任，更好地帮助中国。如果参加多国贷款，美国将被禁锢在列强的共同协议之中。

美国只部分阐明了其对华政策，迄今只表示反对干涉中国内部事务。官方暗示，威尔逊总统很快将发表一个新的声明，表明美国政府希望与新生的中华民国发展更为公平合理的商业和贸易关系。

# 中国签署借款合同可能引发起义

1913 年 4 月 28 日

题记：尽管遭到国会反对，民国政府今天清晨还是签署了借款合同，借款总额为 1.25 亿美元。国民党反对袁世凯与五国银行团借款合同。

北京 4 月 27 日电：

由于五国借款纷争，中国的“为国祈祷日”① 并不平静。中国与列强五国刚刚在黎明前签署总额为 1.25 亿美元的借款合同，双方将在今晚讨论合同细节。

民国国会参、众两院议员聚集在袁世凯政府与五国银行团谈判地点英国汇丰银行门前。参议院副议长（王正廷）是议会召集人，他将与签约各方会面商谈。副议长称，大多数国会议员认为借款合同不合法。

① 民国初期，基督教在中国发展到相当规模，据统计，1915 年中国大陆建立的教会学校包括 36 所大学、2000 所中学、5000 所小学，学生总数超过 40 万，约占当时全国学生总数的 1/4。教会医院遍布全国各地。民初国会议员中有 60 多位是基督徒。民国政府正式承认基督教与佛教、道教和伊斯兰教同为合法宗教。1913 年 4 月 27 日，中国基督徒推动全国教会共同为国家祈祷，是为“国家祈祷日”。1914 年 10 月 18 日，又共同为欧洲和平祈祷，是为“欧战和平祈祷日”。

从清末开始，各方就借款问题已经进行了各种形式的争论。人们担心此次借款会像当年湖广铁路借款一样，激发新一轮革命。

现在的情况是：五国银行团与中国的借款合同实际上是五国与袁世凯内阁签署的，而内阁完全掌控在袁世凯手中。袁氏内阁坚称，由于国会的常设大会尚未成立，因此政府有权签署这一合同，由省议会通过借款合同是合法的。在美国退出银行团后，合同经省议会批准后又进行了一些修改。

国民党作为国会第一大党①，准备通过议会程序或用武力推翻袁世凯，但袁世凯总统牢牢控制着北洋军队，这两种做法皆不可行。国民党人也不愿意退回南京另建国会，因为那样只会造成南北分裂局面。

中国僵局已成定局。国民党方面担心，既然借款合同已签署，参与借款的英、法、德、俄、日中的一些国家会考虑尽早承认中华民国政府，这样袁世凯的地位将得到进一步巩固。尽管民国国会议长尚未选出，一个令人关注的问题是美国政府会不会抢在其他各国之前承认中国政府。

国民党有可能试图否决借款合同，以此试验其与袁世凯抗争的实力。

---

① 1894年，孙中山赴夏威夷檀香山号召华侨亲友11月24日创立“兴中会”革命救国组织。根据中国国民党传统，将这一天确定为创党日（党庆）。1895年，兴中会联合华兴会、光复会等几个重要革命团体，于日本东京组成同盟会。武昌起义成功后，同盟会成为合法组织。1912年8月25日，在北京安庆会馆联合数个小型政党组成国民党。1913年初，国民党在代理理事长宋教仁领导下，于全国选举中在参议院与众议院皆获得最多席次，成为国会最大党。同年3月20日，宋教仁被暗杀。同年7月12日，孙中山等人发动“二次革命”失败，国民党于11月4日被袁世凯宣布解散。1914年7月，孙中山等人于东京另组中华革命党，重新成为革命政党。

# 》“二十一条”系列报道

## 美国获得日本对华索价要点

1915年1月27日

华盛顿1月26日电：

国务院接获美驻华公使芮恩施的电报，谈及日本要求中国废除一些外国租界并划分新租界一事（指日本政府于1915年1月18日向袁世凯提出“二十一条”）。芮恩施称，中日正就此进行谈判，他分析了谈判情况并提出建议。电报引起美国务院高度重视。

芮恩施认为，目前最需要弄清楚的是，如果中国满足日本要求，其主权是否会受到侵害，美国是否能维持在华“门户开放”政策。国务院迄未向《纽约时报》透露日本对华要求的内容、性质、谈判进展等情况。

日本为取得满蒙铁路的修建权，曾提出划分从长春和洮南府[①]至胶州湾一线为日租界。满蒙铁路将横跨整个租界，连接胶州湾至西伯利亚。这条铁路最初引起了英美两国的贷款兴趣，后来演变成四国贷款，进而变成六国贷款，但最终未能成行。鉴于不认同铁路运作条款和列强对铁路的不同态度，威尔逊总统拒绝了美国银行参与这项总值为1.25亿美元的贷款。

1913年3月，威尔逊总统宣布美政府拒绝美国银行参加六国贷款。他在这一声明中提出了“门户开放”原则。他说：“我们的利益在于门户开放——这是友谊和互利之门。这是我们唯一愿意通行的门。”

① 清行政区名，辖境约当今吉林省洮安、通榆、大安、镇赉、白城等县市和内蒙古自治区突泉县。1918年废。

## 日本对中国进行威胁

1915年2月8日

北京2月7日电：

民国驻日公使称，日本威胁将使用武力迫使中国袁世凯政府接受日本对华要求。然而中国官方并没有认真对待这一威胁。

中国公众和媒体都呼吁袁世凯总统任由日本通过武力获得其要求的条款，因为中国无力反抗，但他们同时要求袁拒绝接受屈辱的租界条款。有报道称袁总统准备接受日本要求划分租界的部分条款，因为这些租界不划给日本，也可能给其他任何国家。但袁世凯坚决拒绝接受任何有损中国主权的要求。民国政府按日本要求，在谈判中不向外界泄露条款内容。中国仍对日本修改有关条款抱有希望。

## 日本对华要求全部内容曝光

1915年2月19日

芝加哥2月18日电：

日本向中国提出在华军事、财政职位要求。中国希望美国提出建议。

《芝加哥先驱报》(*Chicago Herald*)从中国方面拿到了日本对华要求的全部内容，对比来看，日方提供给美国务院的条款中删除了最关键的几项内容。

日本对华要求主要内容包括：中国政府允诺，凡山东省内并其沿海一带土地及各岛屿不得租借与别国，中国中央政府须聘用日本人，充为财政、军事等各顾问。

条款全文翻译如下：

**第一号**

为维持东亚和平，加强两国友好关系，兹以定条款如下：

第一款　中国政府允诺，日后日本国政府拟向德国政府协定之

1915年5月25日，“二十一条”签字时中日代表合影。左起（中方）：对外次长曹汝霖、外交部长陆徵祥、秘书施履步；（日方）参赞小幡酉吉、驻华公使日置益、书记官参赞高尾。

所有德国关于山东省依据条约，或其他关系，对中国政府享有一切权利让与等项处分，概行承认。

第二款　中国政府允诺，凡山东省沿海一带土地及各岛屿，概不租与别国。

第三款　中国政府允准，日本国建造由烟台或龙口接连胶济路线之铁路。

第四款　中国政府允诺，从速自开山东省各主要城市作为商埠。

**第二号**

为确保日本在南满洲和内蒙古东部享有优越地位，兹议定条款如下：

第一款　将旅顺、大连租借期限并南满洲及安奉两铁路期限，均展至九十九年为期。

第二款　日本国臣民在南满洲及内蒙古东部，为商工业，或为耕作，可得其需要土地之租借权或所有权。

第三款　日本国臣民得在南满洲及内蒙古东部，任便宜居住往来，并经营商工业。

第四款　中国政府允将南满洲及内蒙古东部各矿开采权，许与日本国臣民。

第五款　中国政府应允，关于左开各项，先经日本国政府同意而后办理：

一、在南满洲及内蒙古东部允准他国人建造铁路，或借用款项之时。

二、将南满洲及内蒙古东部各项税课作抵、由他国借款之时。

第六款　中国政府在南满洲及内蒙古东部聘用政治、财政、军事各顾问教习，必须先向日本国政府商议。

第七款　日本国政府掌控吉长铁路，以九十九年为期。

**第三号**

第一款　中日同意俟将来相当机会，将汉冶萍公司作为两国合办事业。

第二款　所有属于汉冶萍公司各矿之附近矿山，如未经中日两国同意，一概不准该公司以外之人开采；凡欲措办无论直接间接对该公司恐有影响之举，必须先经中日两国同意。

**第四号**

为切实保全中国领土之目的，兹议定条款如下：

中国沿岸港湾及岛屿，一概不让与或租与他国。

**第五号**

第一款　在中国中央政府，须聘用日本人，充为政治财政军事等各顾问。

第二款　所有中国内地所设日本医院、寺院、学校等，概允其土地所有权。

第三款　日中合办必要地方之警察，或在此等地方之警察署，须聘用多数日本人。

第四款　中国向日本采办所需军械半数以上，或在中国设立中日合办之军械厂。

第五款　中国允将接连武昌与九江、南昌路线之铁路，及南昌、杭州，南昌、潮州各路线铁路之建造权许与日本国。

第六款　在福建省内筹办铁路，矿山及整顿海口、船厂，如需外国资本时，先向日本国协议。

第七款　日本国人在中国有布教之权。

**《芝加哥先驱报》从美国官方获得消息称，威尔逊总统已决定就日对华提**

出的权益要求向日本政府提出抗议，明天的内阁会议将商讨抗议措辞。

**译注：**

对比发现，《纽约时报》刊出“二十一条”内容，除数处细节缺失或文意省略，几与真实版本一致。“二十一条”全本如下：

**第一号**

日本国政府及中国政府，互愿维持东亚全局之和平，并期将现存两国友好善邻之关系益加巩固，兹以定条款如下：

第一款　中国政府允诺，日后日本国政府拟向德国政府协定之所有德国关于山东省依据条约，或其他关系，对中国政府享有一切权利、利益让与等项处分，概行承认。

第二款　中国政府允诺，凡山东省内并其沿海一带土地及各岛屿，无论何项名目，概不让与或租与别国。

第三款　中国政府允准，日本国建造由烟台或龙口接连胶济路线之铁路。

第四款　中国政府允诺，为外国人居住贸易起见，从速自开山东省内各主要城市作为商埠；其应开地方另行协定。

**第二号**

日本国政府及中国政府，因中国承认日本国在南满洲及东部内蒙古享有优越地位，兹议定条款如下：

第一款　两订约国互相约定，将旅顺、大连租借期限并南满洲及安奉两铁路期限，均展至九十九年为期。

第二款　日本国臣民在南满洲及东部内蒙古，为盖造商工业应用之房厂，或为耕作，可得其需要土地之租借权或所有权。

第三款　日本国臣民得在南满洲及东部内蒙古，任便居住往来，并经营商工业等各项生意。

第四款　中国政府允将在南满洲及东部内蒙古各矿开采权，许与日本国臣民。至于拟开各矿，另行商订。

第五款　中国政府应允，关于左开各项，先经日本国政府同意而后办理：

一、在南满洲及东部内蒙古允准他国人建造铁路，或为建造铁路向他国借用款项之时。

二、将南满洲及东部内蒙古各项税课作抵，由他国借款之时。

第六款　中国政府允诺，如中国政府在南满洲及东部内蒙古聘用政治、财政、军事各顾问教习，必须先向日本国政府商议。

第七款　中国政府允将吉长铁路管理经营事宜，委任日本国政府，其年限自本约画押之日起，以九十九年为期。

**第三号**

日本国政府及中国政府，顾于日本国资本家与汉冶萍公司现有密切关系，且愿增进两国共通利益，兹议定条款如左：

第一款　两缔约国互相约定，俟将来相当机会，将汉冶萍公司作为两国合办事业；并允如未经日本国政府之同意，所有属于该公司一切权利产业，中国政府不得自行处分，亦不得使该公司任意处分。

第二款　中国政府允准，所有属于汉冶萍公司各矿之附近矿山，如未经该公司同意，一概不准该公司以外之人开采；并允此外凡欲措办无论直接间接对该公司恐有影响之举，必须先经该公司同意。

**第四号**

日本政府及中国政府为切实保全中国领土之目的，兹定立专条如下：

中国政府允准所有中国沿岸港湾及岛屿，一概不让与或租与他国。

**第五号**

第一款　在中国中央政府，须聘用日本人，充为政治财政军事等各顾问。

第二款　所有中国内地所设日本病院、寺院、学校等，概允其土地所有权。

第三款　向来日中两国，屡起警察案件，以致酿成轇轕之事不少，因此须将必要地方之警察，作为日中合办，或在此等地方之警察署，须聘用多数日本人，以资全面筹划改良中国警察机关。

第四款　中国向日本采办一定数量之军械（譬如在中国政府所需军械之半数以上），或在中国设立中日合办之军械厂聘用日本技师，并采买日本材料。

第五款　中国允将接连武昌与九江、南昌路线之铁路，及南昌、杭州，南昌、潮州各路线铁路之建造权许与日本国。

第六款　在福建省内筹办铁路、矿山及整顿海口（船厂在内），如需外国资本之时，先向日本国协议。

第七款　中国允认日本国人在中国有布教之权。

# 国会授权威尔逊全权处理对日政策

1915 年 2 月 19 日

华盛顿 2 月 18 日电：

民国政府命令其驻美、英、法、俄各国公使向驻在国政府转交日本要求在华租界和特权的备忘录，希望各国协助恢复中国在山东主权。

中国驻美公使夏偕复刚向美国务院提交了这一备忘录。对比这份备忘录与日本外务省 2 月 9 日向美、英、法、俄等国驻日使节提供的版本可以看出，中方版本包括了七八条日方未向美通报的内容。

美国政府正在考虑指示美驻日大使和驻北京公使通过非正式渠道了解中日正就哪个版本进行谈判。但事实上也许没有必要，因为日本的对华要求条款已经引起公众注意，很快我们就能看到对于两个不同版本的解释。

美政府高官拒绝评论日本提出的各项要求条款，国务卿布莱恩宣称，国务院正在考虑这一问题，对此暂时不发表看法。布莱恩否认之前有消息称美国已向日本发去外交照会。但他表示，自中日谈判开始以来，美国与其他各国一样，保持对此事的知情权。除此之外，美国并未发表任何看法或采取外交行动。

美官方认为，中国提交的备忘录比日方提出的早了许多，因此后者的版本可能才是中日谈判的基础。要么之前提出的条款是临时性的或是口头上的，要么就是日本已经放弃了这些条款要求。

日本提供的备忘录版本昨天被公之于众。在美国分析人士看来，在这一版本中，日本要求获得在南满、内蒙古和山东的租界和特权，与美国提出的维护中国主权和“门户开放”两项原则并不相悖。

中日政府和外交官员将日本对华条款视为最高机密。但据消息灵通人士称，日本还要求获得中国福建省和江西省的特权，包括新的铁路建造权和采矿权，任命政治、财政和军事顾问或贷款时必须征得日本同意等。据称这几项要求仅限于福建和江西两省，而非整个中国。但又有报道认为，日本对华的第一号条款就已经损害到了整个中国的利益。

在日本提供给各国的备忘录版本中，日本严格将其要求的特权限制在其在华“势力范围”内，条款主要有如下内容：

在山东，中国不得将山东省一带土地及各岛屿让与或租与别国。日本将建造胶州至烟台铁路，作为连接胶济铁路的支线。

在满洲和内蒙古，日本延长租借南满洲和安奉铁路的期限。另有关于日本顾问、投资、租界等四项要求。

在福建，中国不得让与或租借任何福建沿岸港湾及岛屿。

今天，美国政府指出，美国倡导“门户开放”政策，是为了防止在各国势力范围内出现对别国的歧视和不公正待遇。

众议院议员赫布森（Hobson）今天试图通过一项决议，请国务院提供此事相关信息。而众议院外事委员会主席弗拉德（Henry De La Warr Flood，1865—1921）和共和党主席曼因（James R. Mann，1856—1922）都表示，威尔逊总统应有全权独立处理此事。

曼因说：“此时此刻，众议院和美国人民都应该完全信赖威尔逊总统。国会不应在未掌握完全信息的情况下干预外交事务。威尔逊是美国人民选举出来的总统，相信他定会维护美国权益和远东和平。我们现在要做的就是信任政府。”

# 威尔逊总统将递交对日照会

1915 年 2 月 20 日

题记：美担心日本对华“二十一条”破坏“门户开放”原则，希望英国对日本施加影响，确保日本遵守这一原则。

华盛顿 2 月 19 日电：

今天，威尔逊总统与内阁召开会议，讨论日本政府对华要求。会议决定向日本递交照会，就日本违反“门户开放”原则提出交涉。1906 年，日美两国政府曾互换照会，就“门户开放”原则达成谅解。

《纽约时报》晚间得到消息，英国政府对日本对华要求、中日谈判对中日关系和中国未来发展产生的影响表示关注。英国政府极可能与日本就对华政策进行磋商，其结果将对日本政府产生巨大影响。

今天内阁会议上公布的日本对华要求有 21 项条款，而早前日本提供给美、英、法、俄等国驻日使节的备忘录仅 11 项。《纽约时报》今早公布了全文版本。日本要求获得在中国南满洲、内蒙古东部和其他地区的特权，这些特权超出了商业利益范畴，还包括控制中国政治事务的要求。这不仅违背了美国“门户开放”原则，也侵犯了中国的主权。

## 美国推迟对日本“二十一条”表态

1915 年 2 月 21 日

题记：日本方面宣称其要减少驻满洲部队，而非增兵。美国需等战争形势明了后再对日表态。

华盛顿 2 月 20 日电：

迫于欧洲战事压力[①]，美政府推迟了对中日“二十一条”谈判的官方表态，迄未对中国、日本或其他列强进行交涉或递交照会。美国务院仍在确认双方谈判的文本，尚未指示其驻外使节正式与中国或日本政府谈论此事。

政府官员对中日分别向美国提供的备忘录进行了对比。中方版本有 21 项条款，其核心内容与近日被公之于众的文本一致，对华权益要求远高于日方版本。日本提供的版本仅有 11 条，并未损害到美“门户开放”原则。仍有官员认为中方备忘录不是最终版本。美对此高度关注，并希望获得更多信息。中日谈判可能旷日持久，日后也可再近距离进行审视。欧洲当前局势几乎牵制了美国的全部注意力。

① 1914 年，德军在夏季攻势中先后在卢森堡和比利时得手，并于 9 月 3 日攻至巴黎城下。但经过马恩河战役、佛兰德会战后，双方战线基本稳定了下来。1915 年春，英法联军发动香巴尼战役和阿杜瓦战役，被德军击败，德军更于 4 月在世界战争史上首次施放毒气，双方损失极为惨重。战事僵持，处于胶着对峙状态。

# 读者来信：日本人的辩解

1915 年 2 月 26 日

题记：高峰让吉[1]2 月 23 日致信《纽约时报》，辩称日本对华要求并未违背“门户开放”原则。

贵报评论员文章《关于日本对华要求》质疑日本的对华态度，声称日本损害了欧美各国的在华利益。这是对事实的严重歪曲，而且得出了不公正的结论。我希望我的言论没有冒犯谁。勿容忽视的是，日本在与中国谈判中提出的任何一项主张都没有损害中国的主权，没有违背“门户开放”原则。

首先，是德国以武力夺取胶州湾，利用中国的软弱强行确定租借期为 99 年。而后，德国完善了胶州湾的军事建设，在中国海岸建立了一个面向亚洲的强大的德国军事堡垒。

其次，这并非德国第一次损害中国主权和日本在华利益。早在日清战争结束后，德国就与法、俄合谋，迫使日本放弃旅顺港。日清战争粉碎了中国“夜郎自大”的神话，结束了中国对朝鲜的宗主权。日本这样做，只是为了在朝鲜半岛建立一个安全屏障，防止中国今后利用它在朝鲜的宗主权来进犯日本。

最后，日本迫于德、法、俄三国压力从旅顺港耻辱地撤退，但仅仅过了很短时间，俄国就在德国支持下抢占了旅顺港，进而占领大连，并开始在朝鲜采伐森林，面对日本建立了一个更强大的俄国军事堡垒。德、俄的欺骗行径不仅玩弄了中国，而且直接威胁到日本，致使日俄战争爆发，由日本将俄国驱逐出满洲。

日本在这个过程中做错了什么？日本有什么损害中国的行为，或是从中国抢占了一寸土地吗？日本违反了什么国际条约吗？日本接管俄国的满洲铁路权益，只是为了自卫，并且保护日本贸易通向世界的商业道路。中国对胶州湾和满洲领土的主权没有受到破坏，日本只是在履行她对协约国的战争责任，在战争结束以后[2]才可能讨论胶州湾的归还事宜。因为现在日本正会同英国等盟国共同对德作战，日本绝不可能让德国重占胶州湾。同样的道理，胶济铁路也不能再由德国控制。

---

① 高峰让吉（Jokichi Takamine，1854—1922），日本旅美化学家，曾与东京市长共同向美国华盛顿特区赠送三千多棵樱花树。

② 指第一次世界大战，日本与德国处于交战地位。

对于日本对华提出的其他条款，任何支持“门户开放”政策的人都会同意，中国应该宣布其沿岸港湾及岛屿一概不让与或租与他国。所有秉持公平理念的人都应为此给予掌声。中国有理由拒绝诱惑，不可为换取商业贷款而出让或典当国家经济命脉或军事战略要地。

## 读者来信：周先生的反驳

1915 年 2 月 28 日

哥伦比亚大学周先生（J. K. Choy）来信称，日本高峰让吉先生致《纽约时报》的信误导了美国人民，从中也无从看出日本侵犯中国主权的正义性。高峰让吉先生认为俄、德两国侵犯中国主权在先，这并不能作为日本提出对华侵略要求的借口，因为它完全侵犯了中国的神圣主权。日本的强词夺理，就如同德国宣称打破比利时的中立是因为英国人正准备这样做，这改变不了德国侵犯比利时的违法事实。显然，日本的要求不仅破坏了“门户开放”原则，更是对中国独立和主权的粗暴侵犯。

## 日本首相就“二十一条”发表谈话

1915 年 2 月 28 日

题记：日本首相表示日本尊重中国主权，无意破坏“门户开放”原则并希望与美国发展友好关系。

2 月 27 日东京电：

日本首相大隈重信[①]27 日在与两位访日美国学者谈话时表示，日本对华提出的各项要求并无意侵犯中国权益，无意损害“门户开放”原则。日本希望中国保

① 大隈重信（Okuma Shigenobu，1838—1922），明治维新志士之一，是日本早稻田大学的创始人，提出“保全学术之独立，有效地利用学术，造就模范国民”的建校宗旨，倡导“在野精神、进取精神和庶民精神”。曾两度出任日本内阁总理大臣，所主导的政治和财政改革取得很大成功，为日本建立近代工业、巩固国家财政和未来的腾飞打下坚实基础。

持真正有尊严的独立，不要成为其他任何国家的猎物。

大隈首相说，中国的独立自主与繁荣有益于日本和亚洲的和平。日本外交政策的优先目标就是维持亚洲的和平。日本无意侵犯别国权益。即使中国接受了日本的要求，也不会损害到各国在中国的利益。近来有人蓄意制造事端，妄图挑拨日美两国关系，引发冲突，这是完全不可能实现的。

大隈首相称，日本与英国对在华机会均等和维护中国主权方面有深刻共识，这与美国“门户开放”原则是一致的。相信美国的企业家们会发现，中国市场对他们是完全开放的。日本决无意运用不公平的手段来垄断中国市场。

## 中华会所宣布联合抵制日货

1915 年 2 月 28 日

旧金山 2 月 27 日电：

中华会所[①]特聘律师麦克纳布（John L. McNab）今天发表声明称，为抗议日本对华提出侵略要求，旧金山华人宣布联合抵制所有日本企业和商店，拒绝购买日货。麦克纳布称，《联合行动宣言》已通过广播传达到所有中华会所，居住在包括洛基山脉以西和墨西哥边境以南所有州的华侨，将响应会所的号召。

① 中华会所，英文注册为“Chinese Six Company”。1862 年，旧金山各华裔会馆联合起来，在加利福尼亚州注册成立，约定协调彼此利益，共同团结对外。

# 》关于《巴黎和约》的读者来信系列

## 日本把什么福音送给中国？

1919 年 5 月 20 日

题记：K. P. 王先生给《纽约时报》发来读者来信，对比格罗先生进行驳斥。

致《纽约时报》编辑：

贵报在专栏中刊登了比格罗先生（Poultney Bigelow）对我 5 月 9 日刊于贵报文章的回复。我怀着惊奇和诧异的心情读完该文，感到惊奇的是，我深信具有美国精神、秉持美国建国原则和遵循自由传统的美国人不可能支持日本的对华政策，因为它们之间是大相径庭的；感到诧异是，比格罗先生的论据前后不一，而且缺乏逻辑联系。

比格罗先生说："日本解放了中国。她在解除了俄国对华威胁后，又以同样的勇气解除了德国对华威胁。每个真正的中国人现在都在赞颂日本，因为日本把'天皇版门罗主义'传播到了孔孟之邦。欧洲白人不能再将远东当作它们耀武扬威的舞台了。"

比格罗先生的这番言论忘记了中国现正处于日本的威胁之中，这种威胁远比先前俄国和德国加之于中国的威胁更加危险、更加可怕。日本绝非为维护中国的利益与德、俄交战，而只是为它自己。朝鲜、满洲和山东的事实无不证明，日本妄图取代德、俄，而且其对华侵略政策的范围更广泛、目标更远大。

如果比格罗先生真是一名历史和国际法学者，那他应该认真反省自己对"门罗主义"这一美国原则的理解。门罗总统的主张是要警告欧洲帝国主义国家不要干涉美洲新生共和国家的内政与发展。"门罗主义"的要旨，在过去和现在都是欧洲国家和美国自身必须对中南美洲小国和弱国采取不干涉政策，不破坏那里正在兴起的民主思潮。这一美国原则近年来却被日本人歪曲滥用。日本人宣称的“亚洲门罗主义”是不允许其他任何国家侵犯中国主权，而应由日本独占中国。如此滥用“门罗主义”应激起每个真正美国人的义愤，而比格罗先生却居然与日本人持同一观点！

令人最感诧异的是，比格罗先生说：“从北极到赤道，日本胜利的太阳旗在高高飘扬。从萨哈林群岛到台湾、从朝鲜或满洲，只要这一旗帜升上天空，人们都会迅速发现，这代表了警察、学校和有序的管理……简而言之，这是文明的福音。”

比格罗先生的“有序管理”指的是强加于占领区人民头上的强制性法律；“警察”指的是残暴镇压占领区人民的军事统治；“学校”指的是禁止当地人民学习母语、禁止接受高等教育和毫不留情的文化灭绝；而所谓“文明的福音”指的是血腥屠杀当地人民的无耻暴行。日本人对朝鲜人民实行的恐怖统治，连德国人也不敢恭维。

我且把比格罗先生情绪化的论调留给他自己判断好了。我们中国人只向这个国家珍视美国宪法精神的人民发出呼吁。对于那些试图为日本辩护但又毫不了解中日矛盾真相的人们，我建议他们闭嘴。他们如果真正具备现代意识、呼吸过自由空气，就应认识到自己目前所持的立场是完全错误而且过时的。

# “门罗主义”奠定美国领土扩张基础

1919 年 5 月 23 日

题记：比格罗先生回答 K. P. 王先生的答复，称中国将会颂扬日本。

致《纽约时报》编辑：

王先生不同意我的说法。但是，王先生为人诚实宽容，就像我遇到的所有中国人一样。对于贵报 5 月 20 日社论，王先生是这样说的：“我把比格罗先生情绪化的论调留给他自己判断好了。”这让我如释重负。因为当我坚持表示美国应给予居美华人和他们的妻子完全公民权时，我毫无怨言地接受了我同胞们的谩骂。

中国人在许多方面领先于我们，尤其是在宗教信仰和道德观方面。来自佛陀之国的几百万僧侣可以给予我们奇迹般的帮助，尤其是可以为我们在饮食卫生方面树立榜样。我们必须将外国教会所拥有的全部款项立刻转交北京政府，并让他们树起“净化纽约”的标语来！

王先生能否允许我纠正一下他关于“门罗主义”的说法呢？我们美国人知道自己的教科书上对此说了些什么，我们也知道这一政治信条暗含的主要意思是“山姆大叔”是唯一有权在西半球实现扩张的国家，他可以从容而为之。从门罗先生明确宣布他的著名训令后，美国领土迅速扩张，包括了西印度洋群岛、巴拿马地峡和墨西哥的大片土地，更不必说阿拉斯加了。整个拉丁美洲的人民都诚心诚意地憎恶我们，只是我们不知道罢了。其实，我们也不在乎。

那么，亲爱的王先生，请与一位仅因为高寿就足以赢得孔教之邦尊敬的老人一起虔诚祈祷吧。您向德皇威廉二世提出了一个高贵的请求，您让我们以为这个劫掠了比利时的国家会对山东大发善心。我亲爱的王先生，请您耐心些。中国现在所需要的是好的道路，是获得内部的发展。

中国需要电报和现代通讯的电线杆，犹如每一个靠压榨农民为生的旧官僚头上都需要插上美丽的羽毛。日本现在已同意不再向德意志皇帝和帮助过他的布尔什维克们施加压力。而众人皆知的是，所有政治转型都会为众多的人带来伤害，尤其是那些失去权势和既得利益的人。让我诚实小心地对中国人说一句悄悄话，将来有一天，你们将赞颂日本，如果不是赞颂那个希望中日两国都好的美国的话。

写于纽约哈得逊河畔莫尔登（Malden-on-Hudson）

# 建议比格罗先生去中国看看

1919年6月1日

题记：弗雷德里克·麦考密克（Frederick McCormick）致信《纽约时报》，对波尔特尼·比格罗进行回复。

致《纽约时报》编辑：

住在纽约哈得逊河畔莫尔登（Malden-on-Hudson）的人说话了。这位先生名叫波尔特尼·比格罗，他的言论刊登在《纽约时报》上，让住在美国大陆另一端的我有幸拜读到了。

比格罗先生浓墨重彩，声音洪亮。他在5月12日的文章中说，“K. P. 王先生说日本像怪兽一样捕食伟大的中华帝国时，不曾担心会伤害到我们的感情。”沉睡在哈得逊河畔莫尔登的巨人从梦中惊醒了。

比格罗先生说，“每个真正的中国人现在都在赞颂日本，因为日本把‘天皇版门罗主义’传播到了孔孟之邦。欧洲白人不能再将远东当作它们耀武扬威的舞台了。”他接着说，“过去40年中，我从个人接触中观察到了中国的四次进步，她的进步令人充满希望。”

他的意思是中国赞颂日本之名是因为充满希望吗？我去过中国，也曾给《纽约时报》撰写过稿件。但是，我从未见到有任何一个“中国人”因“天皇版门罗主义”的虚假道义而去赞颂日本。而且，据我所知，胶州湾被日本军事占领。朝鲜也是这样一个地方，它因为被军事占领而沦落为日本的附庸国。

愿上帝保佑我的灵魂！丰臣秀吉一定会非常乐意听到有人说中国人赞颂日本之名的；引清军入关的吴三桂也一定愿意听到发自哈得逊河畔莫尔登的声音的。

比格罗先生说：“日本解放了中国。她消除了德国的对华威胁。”我想到的是比利时、英国、法国、塞尔维亚、罗马尼亚和俄国在兴登堡防线（Hindenburg line）和皮亚韦（Piave）河边的战斗，更不提美国与意大利了。相比而言，日本不过是寻机赶跑了一小群驻扎在青岛的可怜德国士兵而已。即使日本从未到过胶州湾，德国人也会像撤离比利时和其他地方一样撤离胶州湾的，因为所有这些都已经明确写进巴黎和约了。

比格罗先生接着说，不论在何处，只要太阳旗高高飘扬，人们都会迅速发现，这代表了警察、学校、医院、电话、港口、开垦荒地和有序管理，简而言之，“这就是文明的福音”。是什么样的福音呢？这听起来很像《匹克威克外传》中不知弗知大律师要使匹克威克先生相信，世界有一类人是怎样地值得他“完全信赖”。按照这样的逻辑，这说的难道不正是德皇威廉二世这样的人吗？威廉二世对占领区人民所做的难道比日本人少吗？

比格罗先生说：“中国需要这些东西，而日本可以提供给她。”这是可以肯定的。难道威廉二世没有这样说吗？他说：“妈的，拿着。你需要它。”于是他们照办，拿着了。毫无疑问，日本人太礼貌了，所以没这样说。他们仅仅这样做就足够了。

比格罗先生还发现，“日本作为扩张主义者和殖民者已经有长期历史——几乎已经有半个世纪之久了。从北极到赤道，等等。”其实，并没有那么久远，而且日本占领的都是一些不起眼的小国家，其他国家对此也没有兴趣，直到日本占领朝鲜。于是比格罗先生说：“如果德国占据胶州湾，那么它将以山东为军事基地，进而占领整个中国。德国将会像对待波兰、丹麦和法国一样，以其惯有的非正义的方式统治中国。”

威廉二世肯定有扩张野心，他显然是一个不折不扣的暴君。但是，与此同时，比格罗先生也不得不承认，如果威廉二世能够从胶州湾出发去征服中国，那他一定知道，去侵犯美国、英国、法国、俄国、意大利、西班牙、斯堪的那维亚半岛甚至非洲、南美、墨西哥、加拿大和古巴，都比绕半个地球到黄河边来捡铜钱更简单有利。此外，威廉二世可能还应该操心西藏和巴格达的公路吧。

比格罗先生有没有看出，朝鲜人对日本的看法与波兰人、丹麦人和法国人对德国的看法之间有什么差别吗？如果比格罗先生看出来了，我可以大胆地说，他看到了《纽约时报》的读者们都没发现的东西。比格罗先生有没有听说，朝鲜最近的反日斗争达到了巅峰呢？日本的统治至今没能让朝鲜人民像波兰人、丹麦人和法国人一样屈服投降。

比格罗先生似乎也注意到了，确实有人给萨哈林群岛带去了医疗卫生系统，但却不是日本人。日本人从来没有给中国带去医疗系统，难道比格罗先生看到日本给萨哈林或是台湾带去了什么吗？也许他看到医疗体系的福音被传到了千岛群岛（Kuriles）？

比格罗先生说：“所以，我亲爱的王先生，请回中国吧，去旅游考察一下。”比格罗先生甚至不是日本协会（The Japan Society）的成员，而我是！他也不是旭日勋章（Order of the Rising Sun）的佩戴者，我也不是。对于我而言，我希望“亲爱的王先生”珍惜在美国的生活，继续讨论中国。当任何人准备根据他们自己的臆断给予我们“需要”的东西时，王先生能第一个挺身而出，将“迷失大军”（The Lost Battlalion）指挥官的答案告诉他们，就像告诉波尔特尼·比格罗先生一样。王先生也许出于礼貌没有这样说，但我非常乐意建议比格罗先生去中国走一走。

写于圣莫尼卡（Santa Monica，加利福尼亚州）

# 中国拒签《凡尔赛和约》是明智的

1919 年 8 月 3 日

题记：1919 年 7 月 11 日，署名为哈佛大学伍德（G. Zay Wood）的读者向本报发来此信。

致《纽约时报》编辑：

6 月 28 日，中国拒绝在《凡尔赛和约》上签字。美国报刊近来对此密集报道，辩论激烈，让人眼花缭乱。有报道称，中国政府怀疑国际联盟不能主持公道。即使不了解这个报道的消息来源，我也可以说，它们是无稽之谈。中国和谈代表根据首都的指示拒绝在和约上签字，此举获得了全中国人民的支持。无论结果如何，中国采取这一行动都有法律和道义上的依据。

签字还是不签字，这是个问题。自从英、法、美“三人会议”（big three）决定将德国在山东的权益和租界转让给日本而非归还中国那一天起，中国代表团就面临这一问题。中国代表团当即请求会议修改这项决定，同时向北京政府发报请示下一步行动方略。北京政府指示中国代表团在和约上签字，但如果和会不同意修改山东条款，中国应对此项提出保留声明。于是，《凡尔赛和约》在巴黎和会全会上周知各盟国并递交德国代表团后，中国代表团团长陆徵祥宣读如下保留声明：“中国代表团请求表达对三大国政府首脑会议决议的失望。中国代表团相信，全体中国国民也同样对此表示失望。决议显然没有考虑到中国的权益、公正和国家安全。对此，中国代表团已经再三重申，并在三人会议的听证会上阐明了中方的观点，希望决议能修改有关条款。如果条款未能修改，那么，中国代表团现在有义务对此提出保留。”

5 月 6 日，中国代表团在全会上提出这一保留声明后，又全力以赴争取“三

1919 年在法国巴黎凡尔赛宫举行的巴黎和会。

人会议”能就此作出修改。当这一要求被拒绝后，中国代表团建议，在签署《和约》时，在中方签名前加上“有关山东问题的第 156、157 和 188 号条款，以 5 月 6 日全会保留声明为准”。6 月 27 日，法国外长毕勋（M. Pichon）代表“三人会议”正式通知中国代表团，否决这一建议。

我们现在还不清楚到底是谁对这项否决负责，也不知道究竟他是根据哪一项国际法或外交公约的条款作出这一决定的。据报道，美国总统威尔逊是赞同中国代表团在签名处附上保留声明的，但“三人会议”的最终决定却是“中国代表团要么毫无保留地在和约上签字，要么就不签”。

中国代表团希望在中方签名前加上保留声明的建议未能得到“三人会议”的同意。中方也明白，如果不在和约上签字就什么也得不到。代表团在最后一刻仍试图达成妥协，试图做到既签署和约，又捍卫国家的荣誉、尊严和主权。中国代表团请求，允许他们在和约签署时发表一个公告。“三人会议”裁决结果是：“中国可在和约签署之后发表公告，但不能在此之前发表。”中国代表团认为，这一程序无法保护中国的权益。

6 月 28 日，当这一个历史性的时刻来到时，中国代表团集体缺席，场面十分引人注目。中国代表团发表的官方声明中称：“鉴于中方所有恳切的调解努力和所有真诚的退让都以失败告终，中国代表团除坚持国家权益，别无他路可选。和谈无视中国在山东问题上的合法权益，今天又迫使中国无法在和约上签字，因为签字将使中方放弃权益、正义和爱国责任。中国代表团将此事提交给世界人民，请求公正裁决。”

中国代表团无数次希望达成妥协的努力都失败了，最终以拒绝在《凡尔赛和约》上签字而告终。这一决定是北京政府的特别指示，中国代表们经过最慎重的考虑后采取的。不可思议的是，中国拒绝在和约上签字已成事实后，报纸上竟然称中国官方对此举存在意见分歧。

如果我们更深入地仔细思考一下，就很容易看出中国拒绝与德国签署和约的政治智慧。必须承认，中国不签署和约就几乎得不到任何好处。然而，中国也没有什么可失去的了。

一方面，中国在法律上不会受山东条款制约，因为这一条款根本是巴黎和会几个大国操控会议、违背正义原则的危险典范。无论日本以武力占领山东一年或一百年，只要中国没承认和约，日本在法律上就不能在山东获得任何权益，如同英美在未经法国同意的情况下将阿尔萨斯—洛林（Alsace-Lorraine）地区夺走，同样无法获得该地区任何权益一样。

另一方面，中国拒绝承认山东条款的同时，获得了德国放弃的一切权益。中国显然不受《凡尔赛和约》制约，但德国却受此制约，因为德国签署并批准了《和约》。一旦其他同盟国与德国一样批准《凡尔赛和约》，《和约》中与中国相关的第 128 至 134 号条款[①]就立即生效。因此，中国无须担心汉口租界问题、义和团赔偿问题以及所有德国必须承担的责任。

有意思的是，关于山东条款，中国也不能指望从德国那里得到更多好处了。德国签署和批准《和约》后，显然将履行各项条款。德国因此不能单独与中国签订条约，也不能签订与《和约》条款相违背的条约。《和约》规定“德国放弃所有权益、地产和特权，让与日本”，德国必须照办。如果中国与德国单独签署和平条约，除非德国违背《凡尔赛和约》，否则也无法修改山东条款。换句话说，即使中国在外交上巧妙周旋可能获得更多利益，但也改变不了《和约》中已经规定好的东西。这就是《和约》在法律方面最有意思的情况。

既然事实如此明显，为什么还有报道说中国各方对此存在意见分歧，认为北京政府害怕因拒签带来的危险后果呢？有一种说法是，由于中国政府未能在和约上签字，因此中国与德国仍处于交战状态。但是，中国完全没必要为此担忧。因为德国出于经济和商业利益上的考虑，将会比预想的更快恢复到和平状态。

报道还称，中国拒绝在《凡尔赛和约》上签字，使得中国被排除在国际联盟之外，无法从中获得任何权益。这种说法也不对，因为正如中国代表团建议的那样，如果中国在《奥地利和约》上签字，那么她同样可以成为国际联盟成员。对中国而言，如果她能坚持尊严、维持主权和领土完整并拒绝承认《凡尔赛和约》中的山东条款，那么她是否加入国际联盟又有什么区别呢？

即使中国现在或将来永远都不是国际联盟成员，中国也可根据《凡尔赛和约》第 17 款寻求国际联盟的支持，因为此款是关于解决联盟成员与非联盟成员之间纠纷的。中国向国际联盟提出的第一个问题可能就是山东条款，我很怀疑山东条款是否能得到修改。综上所述，对于中国来说，唯一安全的方法就是现在中国代表团所做的，拒绝在对德和约上签字，由此拒绝承认《和约》中有关山东条款的合法性，通过中国现正广泛使用的经济手段来纠正这一错误。这可能需要花几个月甚至几年的时间，但只要中国人学会“坚持”，他们将会赢得最后的胜利。

---

①《凡尔赛和约》草案第 120、129、131—134 条，第 8 章第一附件等款项废除了德国在华领事裁判权，取消了中国须向德国支付的辛丑赔款，而且要求德国归还在庚子战争中掠走的天文仪器，归还山东以外的租界地，赔偿第一次世界大战期间给中国造成的人力、物力损失。

# 日本人在误导世界

1919年8月3日

题记：1919年8月3日，署名为“康奈尔大学H. H. C.”的读者自纽约伊萨卡向本报发来此信。

《纽约时报》编辑：

请允许我就今天《纽约时报》上刊出的社论发表意见，对社论中的一些叙述作出澄清。众所周知，日本对华政治、经济和商业往来中所谓的条约权力，实际上是日本对华进行残酷掠夺的有力工具。毋庸多言，日本与邻国打交道的全部历史证明了它的虚伪。中国理想主义者过去对日本抱有的幻想已经破灭，中国最终学会在对日交往中保持警惕，因为日本从根本上讲就是一个缺乏道德持续力的国家。

正因如此，对于日本最近宣布“保证恢复中国在山东的完全管辖权。日本与各列强一样，仅保留在此的一些商业特权”等花言巧语，中国人民非常警觉。中国人完全有理由相信，事实上，全世界都完全有理由相信，日本最近的说法与它过去与中国打交道时惯用的伎俩没什么不同。

如果日本愿意像它再三重申的那样，将在10年或20年后把它垂涎已久的山东权益归还中国，那么日本为什么还要在巴黎和会上全力以赴、不顾廉耻地争取山东权益呢？如果日本会最终放弃它在富庶的山东省的所有权益，那么全世界都会奇怪，为什么日本还要不断把日本国民移居此地呢？山东省已经有4000万庞大的人口，而日本移民数量仅在青岛一个城市就从1913年的350人增长到了今天的5万人。日本还在胶济铁路沿线建立了各种民事和军事行政机构，向山东市场大量投放日元。简而言之，就是要在这里建造一个日本的殖民地。这又如何解释呢？

日本提供的所有情况都自相矛盾。日本移民先驱们携妻儿西行至此，他们在分配到的土地上耕作，难道没有在新土地上永久扎根的想法吗？说真的，如果这些人在很短时间里又要重回故乡，那他们在这片陌生的土地上费心费力、不知疲倦地劳作岂不是很荒唐吗？

当我们了解到日本人在山东所作所为的真相后，就不难解释它所谓的“保证”是什么涵义。事实再清楚不过了，日本是在误导世界舆论。而且，日本在其“保证”中非常注意遣词用句，仅仅表示将归还中国的“政治管辖权”，而保留“某些商业特权”。即使日本以最大诚意提出“保证”，也可以继续实际控制山东全省。日本人将仍然控制山东丰富的矿产，控制连接辽东半岛及附近各战略要塞的铁路，控制工业和民生物资。日本人妄图吞食掉果实，只把空空的果壳留给中国。一位中国代表团的代表说，即使日本人遵守这一保证，中国也只不过得到“一个幻影，而不是这个富足省份的任何实质价值”。这话说得一点都没错。

保证或不保证的结果都一样。即使日本履行承诺，中国人民也完全有权利要求归还德国在山东的权益，因为中国在对同盟国宣战后已经废除了有关条约。将本该属于中国的权益转让给其他国家的做法，完全违背了一切关于权益和正义的法律条约。日本无论如何都无权这样做。有辩解称，只有将山东权益转让给日本，国际联盟才能建立起来。这种说法毫无道理，与建立国际联盟的基本原则完全背道而驰。

第四篇

# 西风东渐

# 篇首语

回顾百年历史，长期闭关锁国的中国，得以有今日盛景，很重要一条是参与全球化。民国初年的中国，虽然挂着“亚洲第一个民主共和国”的招牌，但是，仍然受制于帝国主义列强，而被迫参与全球化。列强在华争夺利益，不断撕扯和摇晃着这个沉睡的巨人。国民付出巨大牺牲，但也终因剧痛而苏醒。这个过程是新思潮、新事物、新制度引进、磨合、吸收、消化的过程。西风东渐，不仅改变着中国的面貌，而且打碎了千百年来禁锢国民的精神枷锁。改革开放运动就是思想解放运动。如果没有急剧变革的100年，科学与民主的启蒙不能完成，复兴与进步也无从谈起。虽然百年历史上也出现过倒退和野蛮，但是终究不能阻止历史的前进、人民的进步、思想的解放。面对世界上一切先进、文明与优秀的东西，我们需要虚怀若谷、海纳百川和宽容大度，在学习中继承、改造和弘扬我们民族文化的优良传统，并创造性地解决我们面临的种种问题。

# 新式医学院将落户上海

1911 年 7 月 17 日

麻省 7 月 16 日电：

在中国建立一所旨在引进西方现代医学和卫生学体系的新式学院[①]即将成为现实。明年 2 月，新的医学院将在上海开学。

这是由哈佛医学院一些医生们发起筹备的建设项目，他们中的爱德华兹博士（Martin Russ Edwards）将出任这所医学院的院长，与他一起奔赴上海的还有 15 名来自哈佛医学院的年轻助手们。塔夫脱总统和哈佛大学校长艾利渥特（Emeritus Eliot）对这个项目提供了支持。

爱德华兹博士表示相信，这个医学院的建立，将成为中国杜绝令人恐怖的瘟疫、霍乱和麻风病的开端。

# 西风吹过中国

1912 年 9 月 1 日

如今，当人们谈论起中国事件，不由自主地总会提到“中国的觉醒”以及“新时代到来”之类的说法。然而，对于我们大多数人而言，这样的说法毕竟是空洞的，它们无法提供实证的事例。

## 约瑟夫·基根，中国革命的见证者

然而，如果我们恰巧听到某人亲口叙述他本人亲历的中国的觉醒，那便是另一回事了。他看到中国这条沉睡了若干个世纪的巨龙翻身伸了个懒腰，揉揉惺忪的睡眼，问道：“现在是什么时候？”然后突然从床上跳起来，飞快地穿上衣服——提醒一下，这是美国制造的衣服——然后，在今日世界实现了自尊和独立

① 即中国哈佛医学院，后因资金渠道单一、本土化不足等原因于 1913 年停办。

基根－罗森克兰茨公司驻华商务代表约瑟夫·基根。（《纽约时报》原文插图）

的民族之林中找到自己的一席之地。

辛亥革命将中华民国变为现实，正是这样的一个事件。而美国人目睹了这一切的发生，他们看到这条打着呼噜昏睡的远东巨龙正在苏醒，他们知道迫使这条巨龙沉沦的数个世纪已经远去，现在，一个伟大的事件将要发生。

身居纽约的美国人，对于如何理解他们所目睹的这一切充满疑问。基根－罗森克兰茨公司（Keegan & Rosencrantz）的约瑟夫·基根（Joseph. J.Keegan），是这家美国制造商的驻华代表。14 年前，当他第一次来到中国时，巨龙还在熟睡。两个月前，当他离开时，中国已在觉醒，并且用一种连乐观的基根先生 14 年前也无法想象的方式扶摇直上。

他曾经旅行到过中国各地，了解那里繁忙的通商口岸，发现那隐藏在海岸背后的繁华都市，探访那遥远而平静的乡村。最重要的是，他了解和懂得中国人。当他第一次来到远东开展业务时，他决定学习中文。这样做的结果是，当其他人还在徒劳地试图让中国商人明白他们究竟在说什么时，基根先生已经可以到中国商人家中拜访，用他们的语言与主人愉快地交谈，并赢得他们的信任，从他们那里获知那些不愿意告诉外国人的想法、他们关于国家发展的观点、他们的希望以及他们对未来的理想。

毫无疑问，当这个真诚而热情的小伙子提到“中国在觉醒”、“旧王朝已土崩瓦解”这些老生常谈的字眼时，便不再显得空洞无物了。

## 崇尚外国现在成为了一种风潮

基根先生见证了中国革命的兴起以及清王朝的覆灭，见证了接受西方进步思想的革命党人从一次次耻辱的失败中崛起，将政权掌握在自己手中。七年前，他竭尽全力试图纠正弥漫在中国的反美情绪以及由此而生的抵制美货；然而今天，他有幸在中国亲眼见到，拥有美国人的身份已成为一张凡事畅通无阻的通行证。

“在中国人中，崇尚外国现在成为了一种风潮。”基根简明扼要地总结了当前的情形。“并且，要想走在潮流的最前端，就一定要亲美。”一名《泰晤士报》记者听了基根先生的观点后补充道。

在华南地区，后一说法显得尤为贴切。这里，人们态度的反转表现得最强烈，美国人突然成为了最受欢迎的人群。这里的人们捐赠大量资金支持革命党，将革命党人的胜利向顽固守旧的北方推进，最终促成了中华民国的诞生。看起来，亲美观念也将从这里逐渐传播到北方，横扫之前的一切社会思潮。

“在华南，人们对美国人确实非常友好。”当记者在拉姆斯俱乐部①找到基根先生的时候，他这样说。基根先生再次向东方进发前，他的公司总部设在拉姆斯俱乐部。

“你们可以看到，华南地区的中国人不光与前往广州的美国人和其他国家的外国人接触越来越密切，他们很多人还有身在美国或者曾居住在美国的亲戚。通过这种方式，他们逐渐了解了这个国家，并且对西方的观点变得越来越容易接受了。”

## 革命使得中国人感受到从未有过的团结

“所以，中国的革命起源自南方，是再正常不过了。这里的富商巨贾为革命出资，并且非常拥戴民国政府。”

“这些富商中，韦玉②是最为活跃的一位银行家，他虽然是香港居民和华人立法局成员，但同时也是一位极富热情的爱国者，绝不允许任何事情损害他祖国的利益。他为革命捐助了大量资金，并且极有可能在新政权中担任高职。”

“韦玉和其他华南富商的捐款，使得革命横扫一切阻碍，也使取得成功变为可能。对于盘踞在华北地区的清军而言，来自华南的金钱攻势使得他们变节支持革命是最常见不过了。这些贫穷的士兵们已很长时间没有领过一分钱军饷了，因此，他们对于大清帝国毫无忠诚可言。”

“为什么会这样？直到今天为止，中国从没有产生过凝聚力。革命使得中国人感受到从未有过的团结。在帝王统治下，这里只是一片由众多省份组成的、巨大的、死气沉沉的土地，而现在，它成为了一个真正的朝气蓬勃的共和国。”

“我想，在过去数年，遍及华南并迅速蔓延的亲美思潮，在很大程度上是辛亥革命取得胜利的重要原因。中国革命党人一直在密切关注着美国，他们认识到

---

① Lambs Club，1874年在纽约创建的著名会所。

② 韦玉（Sir Boshan Wei-Yuk，1849—1921），香港银行家、商人及政治家，字宝珊，祖籍广东香山，生于香港，父亲韦光（1825—1879）为有利银行买办。1867年前往英国留学，是近代首批留学西欧的华人学生。1872年返港加入有利银行，是香港早期少数热心参与社会公职的华人。1882年选为太平绅士。1896年至1917年出任香港定例局（后改称立法局）议员。1898年，英国根据《展拓香港界址专条》派兵进驻新界，遭遇新界乡民激烈反抗，最后经韦玉等人协助调停，新界纳入香港版图。韦玉多次代表香港与内地交涉，深得清廷信任。另外，辛亥革命爆发后，广东水师提督李准向胡汉民投降时，以韦玉为保证人，协助政权平稳过渡。为表扬韦宝珊，袁世凯在1912年向他授予三等嘉禾勋章。1917年退休，淡出政坛，1921年12月16日病逝。他是历史上第三位获得英廷册封的勋爵爵位的华人。

美国的民主共和制度是一个巨大的成功，于是反躬自问，为什么中国的国民党不可以取得同样的成功？现在，中华民国已经建立，他们有理由相信，这里将会朝着美国的方向发展。”

“这种倾向非常明显。从厦门、广州等通商口岸开始，逐步向内陆地区延伸，直到最遥远的边区。如果你看见整条船的美国服饰——成千上万的西服——从海岸运向内陆地区，你便知道，这种趋势是不可阻挡的。”

## 服饰是中国最显著的变化

“服饰是中国最显著的变化。你知道，中国人长久以来的服饰风格和我们有着多大的差别，你完全不能想象一个华人没有穿戴中国服饰是什么样子。但是现在，一切都改变了。崇尚外国成为一种风潮，身着西式服装成为了一个人时尚的标志。”

“每一个中国人都在抛弃传统服饰。如果这种崇尚西方的倾向继续发展下去，对于全球服装市场的影响将是令人惊讶的。”

“我们知道，迄今为止，从法国的里昂（Lyons）到英国的兰开夏（Lancashire）的厂商们向中国供应的丝绸和布料在中国大受欢迎。但是，如果中国人喜好厚重布料制成的西式服饰的倾向持续增长，那么必然会造成丝绸制品货运量的下降，而来自英国的布拉德福德（Bradford）和法国的鲁贝（Roubaix）等地的出口将激增，从而弥补里昂和兰开夏的损失。如果美国厂商能够抓住机会，为中国人提供适销对路的商品，那么我们的对华贸易额必将出现极大的提升。”

民国初年上海男孩的装束。

“不只是衣服，如果中国人想变得更加摩登，他们还必须抛弃他们用丝绸和棉布做的鞋，换上皮鞋，并装配许多他们以前知之甚少的摩登品，例如袜子、领带、礼帽和各种各样的配饰。值得注意的是，正如我先前所说，那些除了中国传统服饰之外再没有穿过其他衣服的中国人，他们正在上班时间拼命穿戴自己最值钱的传统服饰，以便尽快把它们穿破，好去购买外国人身上穿戴的那种新式服饰。”

“确实，看到美国和美国人在中国越发受到青睐，这种感觉真的十分美妙。在上海，这已经变得十分普遍。比如，理发店门口悬挂的广告上写着，他们可以修剪‘美式发型’。”

“中国的这种变化，不仅体现在男士们身上，女士们的改变程度也不相上下。再过几年，我相信，美丽的中国女人将穿戴得和我们的女士们完全一样。”

## 如果认你这张脸一切事都好办

“美国人应该获得与中国的贸易机会。尽管大部分中国商人都有绅士派头，但并非他们中的所有人都如同天使。在他们当中，也存在着一些品行不端之徒，这就像在其他任何一个国家一样。但是，如果你赢得了他们的信任，他们便会非常友好地对待你，这是一条通用原则。”

“这是一个关于脸面的问题。如果他们认了你的面子，一切事情都好办。我一直在努力平等地对待他们，随后，我发现他们也会用同样的方式对待我。”

“所有的美国人都需要与中国进行贸易，这是一条常识。那么究竟什么是出口贸易呢？其实，依然无外‘常识’二字。”

# 中国正在成为美国的翻版

1912 年 11 月 10 日

王景春[①]说：“我们许多国民党人，都从美国大学毕业，生活方式完全美国化，除了在南京搞革命、反对帝制，实际上也像其他美国毕业生一样喜欢讨论橄榄球比赛。”王景春拥有耶鲁大学硕士和博士学位，是推翻这个世界上最古老帝国的革命元老，现重返美国参加上个月在波士顿召开的第五届国际商业大会（The Fifth International Congress of Chambers of Commerce）。

王景春是出席巴拿马太平洋世博会（Panama-Pacific International Exposition）的

① 王景春（1882—1956），河北滦县人。北京汇文大学毕业后，先后入美国耶鲁大学、伊利诺伊州大学学习，获博士学位。1912 年任南京临时政府外交部参事。同年至 1913 年任京奉路、京汉路局副局长。其后代表中国政府参加在波士顿召开的第五届国际商业大会。1914 年 7 月至 1916 年在交通部任职。1917 年任第五届中日关税会议委员，京汉、京奉路局局长。1919 年出席巴黎和会任专门委员。1920 年任中东路技术管理局中方代表、东省铁路公司理事、交通部路政司司长。1922 年任中东路会办。1925 年出席国际电信邮政会议，回国后任邮政电信会议总代表。1928 年至 1930 年任中东路理事长。1931 年至抗战期间任国民政府派驻伦敦购料委员会委员。1949 年后去美国，1956 年 6 月 17 日病逝。

王景春。（《纽约时报》原文插图）

中国代表，是京奉铁路局副局长，此外还拥有一大堆头衔，实在让人难以记全。但是，当他谈起新建立的民国时眉飞色舞，令人印象深刻。王景春是个充满激情的人，他讲述的事情让人很难相信竟然发生在发展迟缓的东方。他预言要发生的事情，即使你深受感染，仍然难以置信。

## 新民国蹒跚学步，但预示着美好未来

“中国正在成为一个新的美国。”他断言，而且列举了一大堆论据来支持这个观点。他讲述了铁路沿线各省发生的变化，展现了一个难以想象的进步的中国，一个堪为亚洲发展先驱的中国，一个突破日本遏制继续向前发展的中国。

“中国的进步，就意味着日本的倒退！”这是一个令西方人难以理解的概念。对我们来说，中国是一个“保守落后”的典型，而日本，它的每一寸脚步都在前进。难道我们的眼睛被蒙蔽了？我问道：“这是否只是你们的梦想？”

“当然不是。”对于王博士来说，今天的中国就是远东的美国，她意味着一切的可能性，绝非梦想。新生的共和国可能刚刚开始走路，但在这位耶鲁毕业生以及无数留美中国学生的眼里，这样的开端已经成为一个良好的基础，并且预示着美好的未来。

他并没有将他的精彩描述局限于满洲或南京。无论他是否在修饰中国政客的观点，关于中国铁路的发展前景，关于中国人民对待外国，特别是美国的态度变化，这位民国公民都给出了积极的看法。他说：“中国国民的性格正在发生改变。”即使他的说法只有一半当真，那么这个变化也是惊人的。

## 大连还是秦皇岛，出海口的选择

当谈起他身为京奉铁路局副局长的见闻时，王博士谈道，中国试图实现满洲发展，但只是徒劳地与日本对抗。日本仅仅出于本国利益来经营这片区域。

他描绘的中国是如此惊人地快速发展着，他为祖国所取的昵称“另一个美国”一点儿都不夸张。在曼哈顿酒店（Hotel Manhattan）的走廊上，他告诉记者，

“京奉铁路[①] 在好几年前就已经竣工，是中国最早的铁路之一，它成功地改变了中国人对铁路的抵制。但更重要的是，它只是中国铁路大规划中的一个枢纽。未来另一个将对中国以及满洲发展发挥重要影响的铁路枢纽工程，是修建从哈尔滨通往北京的铁路。”

“日本坚决反对修建这条线路。如果你摊开地图就会看到，这条线将使铁路贯穿北满至中国海岸，而这正是日本人极力避免的。尽管这条铁路对满洲的发展十分有利，但日本人妄图把贸易限制在他们控制的南满铁路范围之内。”

“如果与南满铁路沈阳以北地段相连，大连以南 150 英里的秦皇岛港将作为出海口。但在目前局势下，日本人希望从满洲运出的货物通过南满铁路到大连，然后通过海路运往中国内地。这样，日本控制的南满铁路即可收取从哈尔滨到大连出海口的全部货运费用。如果货物通过中国规划的新铁路线运往秦皇岛，他们将会减少收益。”王博士强调，他引用此例是希望记者了解日本在满洲实行所谓“门户开放”政策的真相。

## 铁路和机车是引领中国现代化梦想的火车头

日俄战争胜利的兴奋消退后，日本政客对满洲会有不同认识。

“甚至在已经建成的京奉线，日本人也不断制造障碍。在沈阳以北有一条中国管理的铁路支线〔即奉（天）梅（河口）铁路〕延伸到南满铁路范围，穿过了满洲一个比较富裕的地区。为通过这条支线将货物运往中国内地，货车必须在沈阳从南满铁路换挂京奉铁路，两个火车站之间的交换距离不超过半英里，而每吨货日本人竟然收取 4 美元。”

“诚然，站在日本人的角度，他们可以以此达成不错的交易。日本将满洲视为它的战利品，不允许日本之外的其他人染指获利。但是，我认为，当日俄战争胜利的兴奋消退以后，日本政客会有不同认识，他们将不再视满洲为军事占领区，而是一片需要开拓和发展的区域。在这种情况下，他们将会允许其他国家，特别是中国在此享有同等的开发机会。”

照王博士的看法，中国这个长久沉睡的国家今天反倒成为了一个受到日本阻碍的前进者。从西方观点出发，记者对王博士描绘的场景感到吃惊。

---

① 京奉铁路在中国近代铁路史上有重要历史地位，对中国近代社会的历史进程有很大影响。京奉铁路又名关内外铁路，起自北京正阳门东车站，止于奉天城（沈阳）站，干线长 842 公里，另建支线数条。于 1898 年 10 月正式开工，1912 年至奉天全线通车。由于英、俄两国激烈争夺修建贷款权，大清政府举棋不定。最后由英、俄两国直接谈判，以互换照会方式订立谋求路权互不妨碍协议。英国人金达任总管兼总工程师。

## 留学生为国家修铁路，也为自己挣钱谋生

王景春将谈话转到中国其他地方。他说，“新铁路的修建工程正在全中国范围内热火朝天地进行，即使今天没有铁路的地方，也在积极的规划之中。其中，有一些规划由美国工程师帮助制定，另一些则由在美国受过教育的中国人来做。”说到这里，王博士笑了，“这些留学生不仅将修筑铁路作为中国的发展途径，而且也作为他们挣钱的手段。美国将他们培育为工程师，他们回到祖国后希望以此谋生。因此，铁路建设工作必须由他们来完成。”

“不要忘记，曾经有数千名中国人到美国留学，现在这里还有 800 名中国学生，而未来几年还将有成千上万的中国学生来到这里。毫无疑问，现在的中国深受美国影响。我们的政府模式是美国式的，宪法是美国式的，我们中许多人感觉就像是美国人。”

## 打开天府之国的大门

“在所有铁路规划中，最重要的是通往富饶的四川省和云南省的铁路。一旦这几条线路修筑完成，我们就将拥有一个真正意义上的国家铁路网。现在北方主要有京汉路和津浦路两条线，京汉路的延伸已有规划，准备从汉口通往华南重镇广州，但更重要的一条规划线路，是从汉口直达四川腹地。”

“四川是我国最大、物产最丰的省份，它每年的生产总值相当于整个日本和朝鲜之和。四川的富饶堪与法兰西平原相媲美，它是一个真正的天府之国，矿藏十分丰富，铜矿和其他有价值的矿物俯拾皆是。”

“问题是如何为这些宝藏进入市场寻找到道路。在汉口上游，某些规模的船只可以通航，但要到达天府之国还有几百英里的距离。”

“在这段路上，已开始兴建的川汉铁路①将发挥重要作用。我希望它能在五年内建成。现在，产品出川都是通过人力，要搬运数百英里。一旦铁路建成，这种景象将不复存在。”

“除了四川铁路，规划中的另外两条重要线路是从广州通往云南，以及从广州向北与川汉线连通的粤汉铁路②。此外，我们计划在北方将北京与蒙古、新疆连

---

① 川汉铁路是晚清末年计划建设的一条铁路线，最初计划从成都起，经内江、重庆、万县、奉节、秭归、宜昌，至汉口，全长 3000 公里。川汉铁路自晚清提出修建，直到宜万铁路于 2010 年 12 月 22 日正式通车，全路才算真正贯通，湖北、四川两省人民追求了百年的梦想才终于实现。

② 粤汉铁路是京广铁路南段广州到武昌间的一条铁路旧称，全长 1095 公里。1896 年 10 月，清政府下旨修建粤汉铁路。但因耗资巨大，工程一再延迟，直到 1936 年 8 月，粤汉铁路才全线贯通。1936 年 9 月 1 日，当第一列粤汉铁路的列车从武昌开出时，时速只有 35 公里，需要运行 44 小时才能到达广州。2009 年 11 月，武广高速铁路全线建成，设计时速 350 公里，全程最短运行时间为 3 小时。

中国火车站拥挤的人群。（《纽约时报》原文插图）

接起来。所有这些规划意味着修建上千英里的铁路。但是，我有信心，火车十年后将会疾驰在我们规划的铁路线上。”

## 铁道旁不许拴马，但农民不予理睬

“不太久远以前，当中国第一条铁路修建时，受到了沿线居民的重重阻碍。那时候，摆在铁路工程师和筑路工人面前的是各种阻碍和困难，然而现在他们遇到的只有帮助。”

“你可以看到一个最有力的证据，铁路沿线居民从前贫困潦倒，现在突然变得开始富裕起来。他们不再被迫将价值五角的商品以一角的低价贱卖。居住在京奉铁路沿线的人民，现在对这条铁路交口称赞，而他们从前曾使用暴力阻挠铁路施工。”

“记得有一次，一队工人在铁道旁竖立了几根电线杆，一个对铁路规章制度一无所知的当地农民却将马拴在电线杆上。工人们解开缰绳将马赶走。当农民回来牵马时，发现马不在了，勃然大怒，而工人们回答，铁路规定不许将马拴在铁道沿线。”

1876年10月，清朝地方官员因害怕承担变革的责任，以18万两银子将淞沪铁路拆毁。后因时势所迫，清政府委派盛宣怀再筑，于1898年9月1日完工通车。

“被激怒的农民回到村里，召集亲朋乡邻，讲述了事情经过。于是，他们倾巢而出，破坏了好几英里的铁轨。这本来仅是个误会，却带来如此大的损失。”

“如今的中国正在发生确凿的变化。我承认，中国人已落后于世界。但是，当我们开始着手做某件事后，便一定能够做成。我们从一堆阻挡视线的巨石缝隙中往外窥探了一眼，于是，辽阔的平原向我们展开。”

## 中国的前方有光明未来

“自辛亥革命胜利后，中国已推行了一些改革措施，如果你还记得中国的往昔，你会觉得今天的这一切变化真是不可思议。”

“以历法为例，当一些进步人士建议弃用农历以与世界历法接轨时，许多人认为这个改变绝无可能，因为我们已经使用农历数千年了。后来发生了什么？中国在两天之内便开始使用公历，没有出现任何反对或激愤，什么都没有发生。它就这样改变了。”

“同样，中国人还留长辫吗？而仅仅几年前，没有人相信这可能发生。”

“鸦片呢？当一些中国人提议根除鸦片时，几乎没人相信。他们认为，中国人一直抽食鸦片，程度甚深，因此未来也必将如此。看看发生了什么？现在美国抽鸦片的人比中国还多。从前，吸食鸦片被视作地位的象征，而现在则是犯罪。抽鸦片的人被社会排斥，无法找到工作。事实上，在中国已很难买到鸦片。”

“是什么带来这些改变？是民意。鸦片买卖在五年之内便被打压下去，这样的成绩比你们美国人在处理酒精买卖上的表现还要优秀。你们是雷声大雨点小，最后什么也没做。”

“而你们也该知道，当中国发生这些改变时，我们还处在美国许多年以前的状态。当铁路刚刚在英美出现时，难道没有反对声吗？难道没有许多人抱怨机车带出的煤渣会毁坏庄稼、巨大噪音会吓跑森林中的鸟儿吗？所以，中国人起初带着怀疑眼光去看待这些新事物是非常正常的，因为你们也同样如此。但现在，我们已行进在这条前进的道路上，便不会停止。中国的前方，有光明美好的未来。”

## 商业归商业，政治归政治

“我们现在需要的，是与美国以及其他国家的贸易往来，是真正的贸易，而不是掺杂在国际政治游戏中的所谓贸易。”

“我们拥有我们国民自己需要的政治。到目前为止，洋人在华的行为记录并不完美，有些美国人以及其他国家的人士，无论对他的祖国还是对中国都没有公平对待。我们需要的是正直诚实、光明磊落的外国朋友。唯有如此，我们才会以同样方式对待他们。”

“从今以后，我们希望能够明确，商业归商业，政治归政治。当我们需要资金时，我们指的是资本，而不是资本所附加的一大堆丑陋不堪的政治索求。筹集资金对于一个欠缺发展经验的国家来说，本来已经很难了；如果再掺杂政治因素，那就太难承受了。”

“对于中国人来说，和你们谈生意过于曲折。当我们认为你在谈论金融问题时，你却突然转向政治；于是我们和你谈政治，而你却又突然再转回商业领域。我们和你们的银行家商谈，银行家告诉我们应去找美国国务院；当我们把注意力转向国务院时，你们却又谈起贷款来。”

“如今，我们商人的做事方式是直来直往，我们不能理解这样的交易。中国的政府，我必须承认它时常发生变动，但从来就不是一个生意人。”

## 美中两个太平洋共和国必将实现共同发展

“并且，我们非常希望与美国发展贸易关系。在中国，我们对于美国人民给予的帮助非常感激，我们从未忘记海约翰、罗斯福和塔夫脱为我们所做的一切。你们现在忙于国内政治，可能已经遗忘这些事，但我保证，我们从未忘记。”

“我相信，美国和中国这两个太平洋地区的伟大共和国必将实现共同的发展。

她们都是和平的爱好者，都有成功的潜质。我们希望正直的美国人来到中国，对我们平等相待。我们需要的，不是试图在最短时间内榨干中国穷人血汗的商人，而是愿意长期经营获得合理盈利的商人。”

“这便是中国现在最需要的。我想告诉你，美国人一定会从一个新生的中国获得极大收益，因为中国正在成为另一个美国。”

# 女人服饰的变化是另一场革命

1913年8月3日

难道中国也有时尚吗？也许对你来说，当这个想法从头脑中蹦出来时，你无疑会像世界上大多数人一样，从来不认为那里会有什么时尚的东西，在那里顽固存在了无数个世纪、无数个朝代的社会风俗怎么可能允许他们的服饰顺应潮流的变化呢？

## 西洋服饰激发中国女性的时尚观念

虽然老古董固然还在，但是，新生事物却如雨后春笋令人吃惊地萌生出来。尽管遗老遗少们仍在嘲笑和阻拦，但是，西洋时装潮流正飞速进入这个古老的国度，与其说是年轻人们在接受它们，不如说是他们在逐渐地适应。

端庄秀丽的中国女士可以随意穿着洋装又不遭人嘲笑的那一天还没来到，也许它永远不会来到。但是，有一些勇敢的女士正试图尝试，虽然她们总会遭到不同程度的非难。即使是一位在中国很有名的西方教育家的夫人，她也发现，如果穿戴西洋服饰，那么想在中国人面前保持高尚形象也是一件极困难的事。多年来，她的丈夫一直穿戴中国服饰，直到最近才开始穿西装。她也准备试着改穿西洋服装。

然而，排斥西洋服饰对于中国女性来说不是大的困扰，因为洋装并非为展现中国女人的美丽而量身打造，娇小玲珑的东方女性也许不一定适合西洋女装。不过，西洋服饰风格正在对中国女性服饰产生巨大影响，而且逐渐被大众所了解，由此激发了中国女性的时尚观念。而今悬挂在商店橱窗里的新潮女装琳琅满目，与往昔风格大相异趣，富有当地特色的新式服饰设计证明，时尚元素正被引进中

初到上海不久的丝厂小女工，她们的装扮已经很快跟上了都市的潮流。

国，它们与西方一样令人耳目一新。

上海是远东的纽约。当你漫步南京路这个上海的第五大道时，或是走在福州路这个中国最华丽炫目的城市街道时，你会发现，新款鞋与旧款鞋并排摆放在鞋店里，显得十分古怪。橱窗里，先是一排柔软光滑的旧款女鞋，小而尖，呈船形，是专为旧式裹足女人穿的；另一排是设计优雅、形状自然的低跟便鞋，专为天足妇女制作。

然而，更强烈的对比在另一个橱窗。这里只有皮鞋，而其中只有很少一部分是为那些遗留在旧时代的小脚女人穿用，其他大部分皮鞋都拥有相同的款式和造型，粗看起来似乎和过去的绸缎布鞋一样，但注意了，它们是高跟鞋，简洁明快的时尚风格一点不输西方时髦女鞋，同样拥有不可思议的女性魅力。

## 穿上新鞋的中国女人健步如飞

中国女鞋外表看很像西方的水泵，脚背上很少有皮制鞋舌，鞋面上有绸缎做成的装饰。

理论上讲，中国制鞋业在很多年前就使用皮革；然而，事实上直到辛亥革命后，皮鞋才开始流行。首先是男人开始穿皮鞋，包括那些坚持穿长袍大褂的中国

穿着旧式服饰的女孩。（《纽约时报》原文插图）

男人。随后女人也开始穿皮鞋。照东方思维，这已经侵犯了男人的特权，而这个突飞猛进的进步在过去4000年中是根本无法想象的。

追赶时尚的中国新女性甚至穿上了西洋鞋。她们不愿意再穿中式的皮鞋，制鞋必须真材实料，通常由中国制造，但式样让美国人看来非常眼熟！

中国男人不大情愿看到他们女人服饰的巨大变化，对在大街上招摇过市的中国新女性深怀厌恶，认为她们在公然对抗传统习俗，虽然身装中式服装，脚下却穿一双西洋鞋，走起路来大步流星，而不是轻步蹒跚、小心翼翼，真是“非常不守妇道”的行为。

小脚女人不是在行走，她们是在蹒跚挪动，就像站在高跷上一样。然而，即使是一个天足的女人，如果她身穿普通中式女鞋，再裹一条狭小得把人捆住的旗袍（事实上除了女仆和小孩外，所有中国女人都至少有一条这样的旗袍），当她们迈着小步向前，谁也搞不清楚她到底能向前走多远。

但是，当她们穿上西洋长筒靴时，情况就大变了。即使是极具冲击力的高跟鞋，她们行走起来也轻松灵活，快步如飞。西洋筒靴挑战着中国旗袍裙摆的极限。

## 旗袍革命是妇女解放的开端

现在应该可以这么说了，即无论西方女性以何种眼光看待中国传统旗袍，它们都应该逐渐淡出舞台，这些有黑色眼睛的东方女人们对此也不会过于伤感。因为她们穿这种裙子已经太久太久，即使不为其他，仅仅为了表明她们也可以参与到服装革命中来，她们也可以换上下摆宽松、与传统旗袍完全不同的裙子。更重要的原因，是中国女性希望从今以后能够大步行走，而不是再踽踽独行，传统旗袍已不再能满足她们的要求，至少必须加大裙摆的宽度。

无论如何争论，最后的结果是商店橱窗里挂满了半土半洋的新式旗袍，下面的裙摆变得宽大了，有些甚至像时钟一样可以在臀部调节大小，突出女性的身

最新式的衣服，宽裙摆、短上衣、高领子、白棉手套。（《纽约时报》原文插图）

段效果。然而店家在解释这一设计时，一本正经地说，这是为了适应胸衣下端结构而设计的。

中国裙装的颜色也相当古怪，据说是习俗流传下来的。在西方，黑色在很大程度上为男性专有，但是在中国，它却毋庸置疑地归属于女性。确实，有时我们看到她们穿粉红色的旗袍，但那只是在她的婚礼大典上。

上海的服装店主们正悄悄地把葬礼一样的黑色从许多新旗袍上去除掉，但到目前为止也仅仅敢使用暗棕色。他们主要在样式上动脑筋，比如添加衣褶、装上松紧带、大量使用花边和刺绣。旧旗袍的形状像一个管子，是用一块方方正正的布料缝制而成，裙摆和上围的宽度相同。而这些在上海商店橱窗内陈列的新裙子，即使对最大胆前卫的女性来讲，其离经叛道的激烈程度，丝毫不亚于一次革命。

有一点特别要提请中国的女士们注意，就是虽然这里设计的新旗袍和西方的裙子差不多，但中国妇女一般不穿衬裙。因此，为更好地适应这种情况，首先要把腿部照顾到。这似乎是必须动脑筋想一想的。

## 宽松上衣使得女学生们欢呼雀跃

我们把注意力从旗袍移到上衣。中国人的颜色搭配不喜欢过于强烈的色彩对比，上衣颜色总是不同灰度的绿色或蓝色，用一些小巧优雅的装饰来点缀，通常是将花朵的图案编织到绸缎上。中国传统女装再次表现出狭小包裹的倾向，旧式上衣做得非常紧身，不同于西方妇女穿着舒适的想法，特别是中国女人要束胸。

许多中国妇女患有肺结核多与此陋习有关。随着新事物层出不穷，宽松的、特别是保护肺部不受压迫的上衣正在成为潮流，这使得在上海学习卫生学的中国女学生们欢呼雀跃。同时，服装店主们也在将新式的女上衣变得更短，比以前要短很多。

最近流行的是，上衣两侧开衩没太大变化，但衣领变得更高了。事实上，这些在胸前开口的衣领，被提高得几乎要遮住她们的耳朵和脸颊了。

在冬天，衣领和整件上衣都会衬上羊毛保暖；在夏天，会在绸缎的边缘镶上蕾丝边。当然，在权贵最高层的小圈子里，女士们拒绝将衣领弄高，她们对这项创新嗤之以鼻，称其“简直难以忍受”。

## 发型、头饰和礼帽

旧式的包头，上面缀着珍珠。（《纽约时报》原文插图）

除了用西方化妆品往脸颊涂脂抹粉外，她们还浑身喷洒香水，甚至涂上口红。在发型上，中国女性仍然保有自身特点。和西方女性不同，中国女士们最光彩夺目的打扮不在礼帽上，因为她们从来不戴礼帽！

中国妇女的发型越来越明显地开始逐渐背离旧传统。女士们发型发生的革命，丝毫不亚于男性剪掉辫子。

从前，没有人会质疑女性头上椭圆形黑色包头的美观和实用。通常情况下，美丽、珍贵的宝玉或金簪会插在包头上。光洁的头发整齐地裹住她的头顶，额际的头发被小心地剃去，全部头发整齐地向后梳成一股，从细长的颈部往上，盘成一个漂亮的发髻，并插入一支发簪固定起来。

随着潮流演变，虽然有上百万的中国女性仍然沿用旧式发型，但是，也有一些勇敢的新女性开始作出新的尝试，她们把头发分成两股，向后梳成一对花辫，整齐地盘卷在头顶上。这种发型需要用新式发卡夹住头发，并且要用西洋发饰来装扮。

尽管礼帽还没在中国打开市场，但这个西方流行物件已蓄势待发。一种源自日本的潇洒小帽受到上海的骑师和高尔夫球手们的追捧。这说明，这种用白羊毛编成、带有绸缎装饰、精致优雅的西洋小帽正在向中国走来。

## 至少有29件衣服才能满足换季需要

考虑到中国妇女装束习俗在不同季节有不同的变化，而且在用料上远比西方妇女讲究，西方生产厂商可以做到的，就是根据季节的变化增加款式。

然而，对于中国女士们来说，根据时间和场合的不同，其着装要求也实在太多。她估计得有半打以上不同款式、不同厚薄的皮裘衣物才能合乎体面地适当轮换，依次适应不同季节，从寒冬到酷暑。为确保体面，防止其他女人在背后说三道四,一位中国女士必须在衣柜里至少保有29件衣服，才可能满足换季的需要。

这一服饰法则不仅适用于达官贵人的夫人和小姐们，也适用于贫苦人家的妇女，只是程度轻些而已。由此造成的一个后果是大多数穷苦人家或不那么成功的人士，他们的妻子必须将上一个季节的衣服典当出去，才可能换来下一个季节可穿的衣服。

贴身衣服怎么办？其实，这个话题可以直接忽略，因为事实上，中国妇女从来不穿内衣！对于她们来说，包括三围、样式等，统统不存在。在她们眼里，服装只分为衣服和裤子。如果要添置衣物，只需要增加上衣和裤子的数量就足够了，最多再加上一件应景的旗袍。

## 长筒袜风靡一时

然而，时装的潮流难以抵挡，变革终归还是发生了。不是在她们的内衣上，而是在袜子上达成了折中的意见。确切地说，中国人原来习惯穿短袜，但世界上还有比西式皮鞋搭配中式女短袜更可笑的事情吗?

于是，西式长筒袜在这里风靡一时，为欧洲和美国的长筒袜生产商们带来了大量订单。他们现正忙于设计新的款式，以设法满足千百万只中国金莲小脚的迫切需要。这种足部的残疾，没有给上海女装店的店主们带来任何

两种与美国妇女完全不同的发型。她们脚穿西洋皮鞋，土洋结合。(《纽约时报》原文插图)

生意上的烦恼。

事实是，虽然很少有人在认真地打扮自己，但是，由于中国四季明显，换季需要产生了很大的服装需求，中国女性也因此承受着令西方女性难以想象的经济负担。现在，随着西洋服装时尚的引入和变换，中国女士们梳妆打扮的花销更大了，这是任何一个美国人用脚趾头都能想到的悲哀结果。

# 亚洲复兴是当今世界最重要的事件

1913 年 11 月 23 日

题记：亚洲的全面复兴来自于其在政治、教育、经济、社会和宗教等各方面的巨大改革和进步。这是 G.S. 艾迪（George Sherwood Eddy）在他的新书《亚洲新时代》（*The New Era in Asia*）中得出的结论。

艾迪先生担任基督教青年会（Young Men Christian Association）亚洲地区干事长，学术研究方向是现代化运动。本书以他在印度及周边国家乃至整个亚洲共 17 年的生活经历为基础写成，由卫理公会出版社（Methodist Book Concern）出版。

艾迪 1891 年毕业于耶鲁大学，1896 年在普林斯顿大学完成神学课程后来到印度。除短期回纽约外，艾迪几乎一直在那里生活。1912—1913 年，在约翰·R. 莫特博士（Dr. John R. Mott）陪同下，艾迪先生展开他最后一次亚洲之旅，足迹遍布印度、缅甸、锡兰（今斯里兰卡，译注）、海峡殖民地（Straits Settlements）[①]、中国、朝鲜半岛和日本。他的旅行在本书中都有总结。

## 亚洲今天的变化在许多方面都比欧洲 15 世纪文艺复兴更为广泛而深刻

亚洲每年都会有新变化，但再没有比去年这次旅行让我看到如此深刻而广泛的变迁。中国建立了共和制国家，日本的君主立宪制进步明显，朝鲜半岛也正在适应新的统治，巴尔干战争改变了奥斯曼帝国的版图，并对近东事务产生影响。

---

① 海峡殖民地（Straits Settlements），是英国在 1826 年至 1946 年间对位于马来半岛三个重要港口和马来群岛各殖民地的管理建制。最初由新加坡、槟城和马六甲三个英属港口组成，因此当时被华人称为三洲府。

艾迪。（《纽约时报》原文插图）

亚洲正在经历根本性的变迁，一个崭新的亚洲正在逐渐成形。亚洲的复兴和改革，让欧洲人看到了一个新时代。在这之前，还没有任何人预见到这一变化的重要性。亚洲今天的变化，在许多方面都比欧洲 15 世纪的文艺复兴更为广泛而深刻。亚洲近几十年的变迁，是当今世界所面对的最重要的事件。

整个亚洲都正在经历着伟大的觉醒。西方文明创造的各项准则，正为古老的东方所采用，给东方带来的巨大变化正如当年在西方发生的一样。亚洲的觉醒是如此广泛而深入，完全可以将其称为“亚洲复兴”。而且，“亚洲复兴”更为丰富，它将思想的复兴、宗教的改革与 19 世纪的科学和工业革命完美结合，比五个世纪前的欧洲文艺复兴更加波澜壮阔、更强有力、更重要。

欧洲在 15 世纪时人口不到 1 亿，而亚洲现在的人口已超过 9 亿。亚洲人口占全球人口的一半，是现在欧洲人口的两倍多、南北美洲人口总和的 5 倍多。亚洲的复兴和变革，发生在最近这几十年中，其速度之快也远甚于欧洲大陆延续了好几个世纪的觉醒。

亚洲的变化不仅突然而且彻底。首先，亚洲在政治上觉醒了。民族主义、爱国主义、宪政制政府和军事力量都在快速地发展，在速度和广度上也更胜欧洲一筹。

## 日清战争的胜利不仅是日本的胜利，也是中国的胜利

1853 年美国海军准将佩里（Commodore Perry）的和平舰队敲开了日本对外开放的大门，揭开了亚洲复兴的帷幕。1868 年，日本年轻的明治天皇颁布宪章，宣誓政府遵从民意、保障司法公正、向世界各国学习知识。这个事件不仅是日本人民的纪念日，也是全亚洲人民的自由纪念日。明治宪章的颁布，标志着全亚洲进入了一个新的政治时代。

日清战争（即中日甲午战争）的胜利不仅是日本的胜利，也是中国的胜利。它摧毁了中国旧时代的基础，将中国带入了一个新的政治规则之中。日本 1905 年对俄战争的胜利，是整个东方世界的一次真正的胜利。日本不仅凭借此战赢得了西方列强的平等相待，而且日俄签署《朴次茅斯和约》（*Treaty of Portsmouth*）

后不到一个月，清朝的光绪皇帝就朱笔一挥，废除了科举制，宣布采用新式教育理念。

第二年，波斯（今伊朗）国王不得不向人民颁布宪法。两年后，青年土耳其党人（Young Turk Party）发动革命。日本胜利的消息，如闪电一般照亮亚洲的天空，为整个东半球带来了希望。

## 家族宗法观念和政府的绝对权力，铲除了真正的民族主义萌生的土壤

民族主义和爱国主义精神迅猛发展，席卷全亚洲。这种精神由东向西传播。此前，没有一个伟大的东方国家具有这种现代化的概念，没有一种东方语言对它进行过全面的表述，直到它与西方文明准则一起传播至此。

家族宗法观念和政府的绝对权力，铲除了真正的民族主义萌生的土壤。但是，今天有多么大的改变！亚洲民族解放运动的全新概念为这里的人民带来了希望，这是一件无比幸福的事。欧洲在知识、经济、社会乃至宗教领域的革命与发展，正是植根于欧洲人民的民族主义和自由精神之中。

## 日本独特的民族主义包含危险

日本也许是世界上一个最具有爱国主义精神的民族。诚然，这种爱国主义是一种过分强烈与独特的民族主义，然而，当人道主义精神得以广泛地发扬后，这种激烈的情绪将会有所中和。日本人的爱国主义令人震惊。1901 年，日本军官和士兵以血书请愿，要求上级批准他们参加夺取旅顺港的战役，或是加入敢死队。男人们经常因为无法上战场而剖腹自尽（Hara-kiri）。一名日本死刑犯拒绝吃行刑前的最后一餐，只是为了为国家省下这顿餐费。乃木（Nogi）将军[①]在天皇死后剖腹自杀，获得日本人民举国同情与赞扬，这充分显示出日本十分独特的民族主义所包含的力量与危险。

---

① 乃木希典（1849—1912），出生于东京，长州藩士乃木希次第三子，自幼受武士道精神与儒学忠君思想教育。1877 年在日本西南征讨叛军中，因军旗被叛军夺走向天皇乞以死罪，被天皇赦免，从此对天皇“纯忠至诚”。参加 1894 年中日甲午战争，屠杀中国旅顺无辜平民 2 万人。战后晋升陆军中将，封男爵，历任第 2 师团长、金州守备司令官、第 11 师团长、台湾总督等职，曾建议将台湾卖给英国或法国。1904 年日俄战争爆发，为日军陆战主将。旅顺战役中，包括乃木 2 名儿子在内的 5.9 万多名日本官兵阵亡，他愿以死谢罪，再获明治天皇赦免，并赐晋伯爵。1912 年 7 月 30 日，明治天皇病死，乃木希典一直为其守灵。同年 9 月 13 日，明治天皇殡葬日，乃木希典与其妻静子一道剖腹自杀，死后被日本军国主义者奉为“军神”，成为武士道精神的象征，并被许多日本作家写进文学作品，如森鸥外的《兴津弥五右卫门的遗书》、夏目漱石的《心》、三岛由纪夫的《忧国》、司马辽太郎的《殉死》、芥川龙之介的《将军》、渡边淳一的《静寂之声》等。

## 长辫和过去4000年旧思想一起剪去

辛亥革命后，革命军士兵在街头为百姓剪辫子。

义和团运动前，许多有关中国的出版物中经常认为，中国尽管是一个统一民族，但中文中并无“爱国主义”一词，人民也没有民族概念。我们听说，许多中国人根本不知道中国被日本打败的消息，而听到这个消息的人对此也毫不在意。但是今天，中国的年轻一代爆发出了强烈的爱国热情，这种情绪迅速蔓延至人民大众之中。据说有许多中国学生切开手指，用自己的鲜血在呈给清帝的请愿书上签名，要求获得自由的权利。中国学生剪去了长辫，过去4000年的封建保守思想也随之而去，这是一幅奇特的场景。

在公开演讲中，所有听众都怀着激烈的情绪站起来，共同唱起新国歌，国歌旋律与西方多个大国的相似。中国人民普遍要求建立一个共和制国家，要求对现政府进行彻底的改革，这是新型民族主义与爱国主义思想在中国激荡的明证。尽管还有各地政府的破坏和干扰，但人民追求自由与解放的愿望无比强烈。中国的民主共和政府将巍然屹立于世界的东方。

## 他们对个人救赎没兴趣，但关心国家利益

朝鲜半岛的上一代人几乎完全不知道什么是爱国主义，然而现在，强烈的民族主义情绪无处不在。菲律宾人民在西班牙统治时期没有任何民族主义概念，现在他们同样坚决要求自治。对于美国政府所能给予的最大程度的自治政府，他们仍然感到不满。

印度学生中同样爆发了火热的爱国主义热情。事实上，从东京到加尔各答，从上海到君士坦丁堡，从汉城到孟买，各地的学生听众都表现出同样强烈的民族主义精神，对于民族主义的召唤有同样的回应。今天，与亚洲各国学生接触后都会发现，在他们的身上包含着深切的民族意识。最初，他们对于个人救赎没有兴趣，但与国家利益相关的任何事都会迅速激发起他们的反应。

今天的印度学生已不再阅读吠陀经典（Vedas）、古代哲人的沉思录或枯燥的哲学理论了。他们在读米勒（Miller）和马志尼（Mazzini）关于自由的书籍。民族意识尽管发展缓慢，但必将在大众中传播开来。最终，印度将与加拿大一样，成为英联邦中高度自治的成员。

## 知识觉醒比政治觉醒更引人注目

关于亚洲国家的知识分子觉醒，艾迪先生这样写道，它比政治觉醒更引人注目。现在，亚洲反过来从西方教育和科技中借鉴思想自由解放的理念，而这些理念曾经是欧洲在文艺复兴时期从希腊和拉丁经典之作、从东方的智慧中学习得来的。

艾迪写道，我们在有生之年应能看到日本成为一个知识的国度。日本人说，他们有超过 90% 的适龄儿童就读于公立学校。日本去年的新书发行量已经超过英国和美国。自 1868 年明治维新以来，日本进入了真正意义上的文艺复兴时期。

中国知识分子的觉醒比日本更令人惊叹。1905 年，在《朴次茅斯和约》签署后一个月，清王朝就颁布政令废除古旧的科举制，采用西方新式教育。两千年来，中国的知识分子一直只将自己的目光投向昔日的辉煌时代，尽管他们能够将古代圣贤的经典著作熟记于心，但却不知道地球是圆的，也不理解什么是重力和现实的世界。现在，中国人开始如饥似渴地学习新知识。许多城镇的寺庙被征用改造为各类新式学堂。学校的建设速度比老百姓盖自己房子还要快。科举考试的贡院大墙被推倒了，建成了新的大学和咨议局大楼。

1913 年，福州 200 名女性聆听罗伯逊教授关于无线电报的讲座。（《纽约时报》原文插图）

## 每个城市都有成千上万名学生

近 10 年中，北京新式公立学堂的学生数量由 300 名增加到 1.7 万名。各省参加新学的学生数量由 2000 名增加到 20 万名。通过对中国十余个城市的考察发现，在每个城市都有大约 4000 名到 1.2 万名学生。许多城市里建立了大型师范学堂，校舍精美，一些师范学堂内有上千名教师在接受培训。一旦中国新式教育体系建成，大约需要一百万名教师。当看到一些七八十岁的老先生正努力学习准备通过班级考试时，你就会发现，中国人对新式教育的渴望是如此迫切，而针对女性的教育也在中国迅速展开。

当然，在中国和印度，仍有大量民众未能接受教育。这两个国家中，大约有五分之四的儿童无法上学。边远村庄的农民们至今不知道印度 1857 年的民族大起义，或是日本在甲午海战中战胜中国。其实在欧洲文艺复兴时期，同样有许多民众未能接受教育，也完全不知道有文艺复兴。

## 报纸与出版物

报纸在东方复兴时期的传播速度比西方文艺复兴时期要快得多。尽管中国最早发明活字印刷术，比德国美因茨（Mainz）的谷登堡（Gutenberg）要早 5 个世纪，但却是一位名叫罗伯特·莫里森（Robert Morrison）的传教士第一次将现代印刷机带进中国。《京报》是清政府允许发行供官员阅读的报纸，其发行量已比最初提升了 200 倍。凯瑞（William Carey）是第一个将印刷机和报纸引入印度的人，现在印度有 2700 个出版社发行的 3500 份报刊。

上海一家教会出版社一年发行量为 1 亿印张。伊斯兰世界的贝鲁特出版社（Beirut Press）每年发行量为 10 亿印张。在朝鲜半岛，仅《福音书》一年就售出 50 万本，比文艺复兴时期第一个百年全欧洲卖出的《圣经》数量还多。中国每年售出 400 万册《圣经》，与 19 世纪初全球范围的流通数量一样。

## 贸易、工业和航运

艾迪先生列举了一些关于亚洲经济复苏的有趣事实。他写道，在 19 世纪下半叶，印度贸易增长了 4 倍，而中国贸易增长了 6 倍。菲律宾贸易在美国统治的十年中增长 2 倍，而日本在过去 20 年间贸易增长 7 倍。

然而，进入 20 世纪后，东方的经济将比 19 世纪有更大的发展。单纯农业生

上海一间外文报社的办公室。

产模式将让位给工业生产模式，分布在全国范围内的小手工业模式将转变为国家大型工商业，封闭孤立主义将让位给新式通讯革命，推动全体国民形成民族意识和国际意识。在大阪和加尔各答，大工厂的烟囱将会像英国伯明翰一样耸立如林。

我们乘坐一艘日本蒸汽船旅行，船舱舒适高效，船上载有充足的货物足以保障支付航程费用。而当时航行在太平洋上的一些美国轮船几乎无力支付它们的航运开支。当我们的蒸汽船在太平洋上穿行时，可以通过无线电从亚洲和美国接收新闻，每天出版一份报纸。

有三个词可以描述日本在各方面的进步，它们是3A，即吸收（adopt）、适应（adapt）、熟练（adept）。日本在模仿、适应和融会贯通方面非常成功。与此同时，也显示了惊人的创造力，例如有坂38式步枪（Arisaka gun）、下濑无烟火药（Shimose smokeless powder）和织田地雷（Oda mechanical mine），都是证明。

## 美国无法在太平洋沿岸与中国竞争

中国的贸易将会像日本一样快速发展，对西方世界意义重大。10多年前，华人还在伦敦的街头收集废旧的马蹄铁，用来制造三流的铁犁卖给华中地区的农民。今天，中国人在华中地区发现了大煤矿。根据德国地质学家李希霍芬男爵（Baron Von Richthofen）测算，仅山西一省的煤矿就足够供应世界1000年。人们还在华中地区发现了比美国匹兹堡（Pittsburgh）更易开采的铁矿。

汉口的繁华使她享有“中国的芝加哥”之称。汉阳铁厂规模巨大，这里有

4000 名技术娴熟的中国工人，他们每周只拿 1.25 美元薪水，却操控着一万三千匹马力的电机，为中国的新铁路制造出优质钢轨。中国的新铁路将由东部的上海出发，直抵西边的印度；从南方的广州出发，直达北方的西伯利亚。

有人建议一位美国钢铁大王在太平洋沿岸开设工厂。他拒绝了并说，美国永远无法在太平洋沿岸与中国展开竞争。1912 年，查尔斯·舒瓦伯（Charles M. Schwab）在美国参议院作证时表示，即使是美国钢铁公司（American Steel Corporation）也认识到，现在旧金山从中国买入生铁的价格要比从匹兹堡买入更便宜。

## 20 世纪中国将修建世界最长的铁路

中国有丰富的自然资源。美国前国务卿约翰·福斯特（John W.Foster）说，中国在 20 世纪将修建比其他任何国家都长的铁路。如果中国的铁路利润总额能达到与美国铁路利润大体相当的水平，那么它一年的利润额就将超过中国现在对外负债的总和（约为 8.77 亿美元）。

中国有丰富的煤炭资源，相当于英国的 20 倍，即使比不上美国的储量，也相差不远。如果中国各类矿井都被开发，当其产出水平与现在的美国大致相当时，每 3 个月从中国矿山资源开发获得的收入就将超过中国现在对外负债总额。

中国有世界上最大的劳动力资源和最廉价、最有技术潜力的劳工。如果中国制造业的利润水平与现在的美国相等，那么中国工业每三周的利润就相当于其现在对外负债总额。

尽管在短期内，中国的发展会因为她所面临的政治困境而滞后，但她必然会逐步开发各项资源。

## 亚洲正在兴起新的社会意识和为社会服务的伟大运动

关于亚洲毫无疑问的社会觉醒，艾迪先生这样写道，过去 7 个月中，在中国、印度和日本之行中所亲眼目睹的最令人惊叹的现象，就是亚洲正在兴起新的社会意识和为社会服务的伟大运动。在日本，民主的意识、阶级斗争的意识正在稳步发展。今年，日本捍卫宪法、反对天皇专制和政客大佬把持权力的运动取得了明显的胜利。

中国天生是民主国家，民众显示了对共和制的坚决要求。中国翻天覆地的社会改革，正是社会意识不断觉醒的明证。中国的反鸦片运动获得了巨大的成功，尽管每年因此减少了约 4000 万美元税收。相比而言，西方国家的禁酒令却收效甚微，令人汗颜。

广东的赌博之风也被消灭，政府税收每年为此损失超过 100 万美元。政府还下达了禁止裹足令，一些裹足的妇女只好穿大号鞋子，使得自己看上去有一双正常的脚。司法程序得到改善，酷刑被废除。

在印度，西式教育和基督教传教士同样带来了社会意识的觉醒和社会改革运动的兴起。人们得知生命与个人价值的神圣，受到良好教育的印度领袖中产生了新的社会意识。解放贱民和流浪者、教育穷人的运动在印度兴起。

在新世纪，社会变革非常显著。杀婴和自杀行为受到谴责。妇女地位有所提升。现在，女性权利受到社会承认，妇女也可为一家之长，也有权继承遗产。根据学校和军队的测量结果，日本人在新世纪里的平均身高增长了足足一英寸。罪犯待遇有所改善，以人道主义方式对待罪犯的法律程序得到通过。收容所向精神病人、麻风病人和盲人开放了。日本人的社会意识增强，社会服务范围不断扩大。

## 日本的发展仍存缺憾

然而，不要就此认为日本社会已接近完美。日本社会的快速进步在某些方面对民众造成不利影响。艾迪写道，日本的成功来得太快。尽管日本取得了眩目的发展成就，有出色的士兵和水手、有成功的制造业和商业，但这个国家的内心世

艾迪先生在大阪基督教青年会发表演讲。（《纽约时报》原文插图）

界却远远落后于物质文明的发展，可以说仍生活在中世纪。

日本社会的道德观、士气、真理观和贞洁观，并未像其他方面那样迅速取得进步。即使在经济领域，日本也还不能称繁荣。日本工业发展由于铁矿资源匮乏、技术工人不足、女劳工比重过大而呈现跛态。

日本债务总额达 13.25 亿美元，比日俄战争前增长 10.5 亿美元。日本向商人和有产者的征税达到 1.65 亿美元，自战争以来提高了两倍，现在的税率平均水平达到 30%。

日本现在还过于贫穷，只可勉力自保，而无力支撑对俄战争。日本财富大约只相当于美国的 1/14，它的债务却是美国的 14 倍。日本人均年收入仅为 30 美元，只相当于美国的 1/5。日本的水力资源和有限的一些矿山资源是其仅有的未开发资源。

## 中国第一家百货公司开业

1914 年 4 月 6 日

中国第一家模仿美国风格的百货商场近日在中国汕头开业。据美国驻汕头的副领事克里塞尔（A. Krisel）介绍，新的百货商店开设在汕头一条主要街道的中心地带。刚刚建成的百货大楼共有三层，中式装饰精致巧妙，到处灯火通明。百货商场的老板是个中国人，过去三年一直在汕头从事批发生意，这是他第一次尝试经营零售业。

商场的老板说，他大约投资了五万美元，如果经营得好的话，他还准备扩大营业规模，把他原来的批发店也包括进来，这个批发店跟商场只有三家之遥。据说商场门面非常引人注目。橱窗也跟美国的同等商场差不多大，中国人似乎对这个非常感兴趣，他们在这里第一次看到这么多外国商品。商场里的商品来自香港和英国、日本、美国、德国、瑞士。在这里可以买到男子服饰、帽子、雨伞、鞋子和靴子、钟表、珠宝、留声机、陶器、厨房用品、五金用品、日用百货、杂件、香烟和雪茄、成药、香水和各类价格便宜的外国服装、雨衣和体育用品。

## 天津高尔夫球场建在坟场里

1914 年 4 月 17 日

曾在华服务于美国第 15 步兵团的皮尔斯少校说，中国天津有世界上最有特点、也最令人恐怖的高尔夫球场。皮尔斯少校在华结束两年服役后回到美国，出任西点军校体育部主任，并担任过几年全美大学生运动协会的名誉主席。

皮尔斯在中国服役时，在驻华美军中积极倡导体育运动。他昨天说，中国天津的高尔夫球场与世界上其他地方的高尔夫球场没什么大的区别，但是，它建在公墓陵园里面。中国人的遗体埋藏方式是将棺材安放在地下，并在上面建一个大坟包。而有了这些坟包，打球则无须再建其他沙坑了。实际上，沙坑到处都是。对于习惯在空旷平地上打高尔夫球的人来说，要应付有如此之多“沙坑”的球场是要花些时间熟悉的，并且还需具有勇气和冒险精神。

皮尔斯说，天津高尔夫俱乐部的一条规则是，如果球被打进了一个敞开的坟墓中，那么将球拿出来便是，不用受罚。坟堆之间是绿地，那里的草地与美国球场的一样平滑，留得住球。打完 18 洞仅需支付 5 美分，因此吸引了不少年轻人投入此项运动，比赛相当激烈。高尔夫俱乐部的用房也建在坟堆旁边。

皮尔斯说，在天津的其他国家士兵喜欢田径运动，而美国士兵更喜欢打棒球。美军在运动方面显示出比其他国家更强的兴趣。《天津时报》曾经评论道，美国士兵在运动场上最富激情，状态最佳。

## 上海对汽车的兴趣大增

1914 年 8 月 2 日

据美国驻上海总领事 T. 沙蒙（Thomas Sammons）报告，无论是上海本地人还是常驻上海或中国其他地方的外国人，他们对汽车的兴趣都越来越高，美国汽车的进口需求持续增长。1913 年，美国汽车进口总额达到 359862 美元，比上一年增加了 180676 美元。

“总部设在上海的汽车俱乐部会员数量大增，并选举产生了下一年度的俱乐

中国从1901年开始已有汽车进口。1901年冬，匈牙利人李思时（Leinz）将两辆汽车带入上海。

部主席、副主席和财政委员会20名委员。委员会由中国汽车俱乐部任命，其职责是为汽车及零配件购买者争取特别折扣，培训本地司机并为他们提供就业。另一项职责是拓宽上海及周边地区的道路，今后再向中国内陆纵深发展。”

“中国司机一旦接受培训，将是世界上最好的司机。他们在实际的操作中毫不紧张。因此，他们中有人可被推荐去参加国际汽车拉力赛。一名优秀司机的月工资为15至20美元。”

## 送给朱尼金牧师的摩托车

1915年4月11日

朱尼金牧师（W. F. Junkin）从美国返回中国后肯定会受宠若惊的，几个教会学校的学生决定送给他一件具有纪念意义的礼物，使他在中国的传教工作更加轻松。经过反复思量，他们决定送给他一辆摩托车。此刻，一辆崭新的、最新型号的摩托车正在运往上海的途中。朱尼金牧师的教区距离上海有400英里，使用传统旅行方法一天只能走20英里，而如果使用两轮摩托后，他每天活动半径可以达到150至200英里。

# 现代医学在中国发展前景广阔

1915 年 11 月 7 日

R. C. 戴维斯

我们如果将美国 9000 万人口所拥有的完善的医疗设施和丰富医疗资源与民国作一个对比，即可清晰地了解到在民国发展医疗事业的紧迫需要。那里有 4 亿人口，却仅有少量的公立医院。此前，中国某地百万民众呼吁建立医院，并未获得任何回应。直到受过医学训练的西方传教士出现，才为那里的人民带来先进的医疗服务。

民国各阶层人士都有吸食鸦片的习惯，这被认为是一大恶习。鸦片可以被当地的医生随意供给病人，当作包治百病的良药，甚至为哄小孩入睡，也会使用鸦片烟雾，这是父母们常用的办法。

眼疾非常普遍，很多时候由于未获得及时的诊治而恶化。治疗这些眼疾已成为当前主要的手术病例，特别是睑内翻、倒睫、角膜溃疡、前葡萄肿和白内障。

## 努力根除女子裹足的陋习

民国政府正在努力根除的另一大陋习是妇女裹足。裹足一般在女孩三四岁时进行，父母用厚厚的裹布将她们的双足紧紧裹住。大脚趾只是被压迫，而其他四个脚趾则被强制弯曲到脚底，随着行走不断压迫，最终萎缩，被深深嵌入脚板之中。特别是跖骨面被生生地拉离脚跟骨关节，使得脚背成了一个极端扭曲的拱形。跗骨弯曲得几乎不存在了，而脚跟骨被拉得和小腿的胫骨、腓骨排成一条直线。

如此一来，女子走路时只能依靠脚踵末端、掌骨远端、大脚趾底面和其他 4 根弯曲到脚底板的脚趾面受力，由此造成小腿肌肉严重萎缩。持续不断的压迫力，通常会使足部变短，变成所谓的“三寸金莲”，行走起来很不稳定，看起来像在踩高跷。

开始裹足时，女孩子非常痛苦。中国有句谚语说“裹小脚一双，流眼泪一缸”；之后，裹脚布演变成为支撑性的功能，无法再轻易地拿掉。裹足造成的残疾是不可补救的，由此还会带来一系列问题，如无法运动、容易滋生疾病等。

## 最恶心的东西可能是好药材

中国有很多药店，里面有很多药材大概是因为某种想当然的想法而使用的。如用鹿角研磨的粉末被认为是一种非常值钱的滋补品；许多动物器官被用作治疗相应疾病的药材，如虎骨用于滋补虚弱的病人，因为老虎非常强壮。

治疗咳嗽的药方包括焦大麦、糖、豆沙、竹根、白垩、瓜子（新鲜的及发酵的）、石粉、野花、破蛤壳。一般药店都有新鲜或死去的昆虫如蜈蚣、蝎子等药引，用作抗刺激剂。石膏也被用作抗刺激剂，还可用来封住伤口以止血脓。根据所用纸、布的质量优劣，石膏分为高档和低档两种。

如果总结中医的理论，那么结论就是：“自然界中那些最令人作呕的东西便是最好的药材”。

外科手术十分有限，最常用的是针灸。通常会用冷针或热针，插入人身体的各个部位，包括动脉瘤、眼眶和腹腔。使用的手术刀十分粗糙，更像是用来雕刻木头的。医生会尝试做一些小手术，然而更综合的手术却难以进行。

## 中国人对于生理学和解剖学一知半解

中国人对于生理学和解剖学一知半解，他们能够大致了解人体内各个器官的位置和它们之间的关系，但却从未尝试过解剖或尸检。他们分不清动脉和静脉，也不明白肌腱和神经的区别。他们对于解剖学的认识，可以用威廉所著《中央王国》第二卷第 180 至 182 页的描述来形容：“脑是中国人信奉的阴阳原则的‘阴’之极致所在。在它的根部储藏着许多脊髓，通过脊柱传递到全身。喉与心脏通过肺直接相连，咽喉通过肺连接到胃部。肺是白色的，位于胸腔处，由六片肺叶构成，悬挂在脊柱上，其中四片在一侧，另外两片在另一侧。声音通过肺叶中的孔产生，并且肺掌管着全身的许多部位。”

“胸腔中部是呼吸的场所，人的愉悦快乐都发源于此。在没有危险的情况下，它一般不会轻易受伤。心脏位于肺的下面，是全身的主宰，思想产生于此。心脏被心包膜包围着，心包膜一直延伸到肾。”

“有三根血管分别从心脏连接到脾、肝、肾，但是人们并不清楚它们的确切位置。和咽喉相似，它们通过脊柱、肋骨和肠隔膜与身体的其他部位相连。”

“肝在身体的右边，有七个肝叶，人的灵魂寄居于此，阴谋诡计从这里产生；胆囊在它的下面，会向它喷射胆汁。当一个人生气的时候，胆囊会上升；而勇气由胆囊产生。因此中国人千方百计想获得动物的胆囊，比如老虎和熊的，甚至一些被处决的江洋大盗的胆囊，然后吞下其中的胆汁。他们认为这样可以增加他们的勇气。”

“小肠与心脏相连，尿通过它进入膀胱，在盲肠会与食物、大便分开。盲肠是小肠和大肠的分界点。大肠与肺相连，位于腰部，有16个回旋。”

在中国这样一个人口众多的国度，人民忍受着病无可医的窘困，他们对现代医学茫然无知。受过现代医学训练的医生们发展前景空前广阔。

# 洛克菲勒基金会计划在华创办医院

1916年1月16日

题记：洛克菲勒基金会派出的医疗考察团结束访华回国，计划在中国创办两所最先进的医学院。

洛克菲勒基金会（Rockefeller Foundation）下属的中华医学基金会[①]考察团刚结束为期半年的访华行程，几天前回到纽约。考察团由中华医学基金会主席、教育基金委员会[②]秘书长布特里克牧师（Rev. Dr. Wallace Buttrick）、洛克菲勒研究院[③]院长弗莱克士纳博士（Dr. Simon Flexner）和约翰·霍普金斯大学著名病理学家威尔奇医生（William H. Welch）三人组成。考察团通过访华认识到将西方医疗系统、医药与现代手术方法介绍给中国人民的重要性。他们回国后，将于1月24日在纽约举行第一次报告会。中华医学基金会将提出一项宏大计划，其中包括在华创办两所医学院，购地、筑屋和采购医疗器械等约花费150万美元，每年运营费至少30万美元。医学院将分别设在北京和上海。基金会认为，应立即着手推行该计划。

## 中国青年成长为本国医学权威非常重要

几天前，布特里克博士在位于百老汇大街61号的办公室接受了本报记者采访。他说，“中国基督教会在创建医院向中国人民提供现代医疗服务方面做了大量

① 中华医学基金会（China Medical Board），创立于1914年，是洛克菲勒基金会的一个分支。

② 教育基金会（General Education Board），1903年由约翰·洛克菲勒创办。

③ 洛克菲勒研究院（Rockefeller Institute），同为约翰·洛克菲勒创办。

出色工作。教会在工作过程中认识到，有必要在华创办小型医学院来培养医助人员。他们更大的愿望和目标是为中国培养专业医生。中华医学基金会访华的目的就是为与教会合作开展这项工作。基金会将在中国创建医学院，为教会的事业作出贡献。”

“西方无法大批量地为中国培养医护人员。我们认为优秀的中国医生必须由中国自己来培养。我们希望通过在华创办两所最高规格的医学院，帮助中国培养杰出青年成为医学领域的研究者和教师，以开创中国自己的医学教育事业。”

“中国有许多在世界其他地方未见过的疑难疾病，还存在大量特有的医学难题。因此，中国青年在华接受医学教育，逐步成长为本国医学事业的领袖人物，是非常重要的。毫无疑问，中华医学基金会在华工作将持续数年，甚至更长时间。基金会的目标就是培养能够接手这项事业的中国人，而且，他们应该能比西方人做得更好。”

“我们估计，这两所医学院在土地、屋舍和医疗器械方面的花费约为 150 万美元，每个医学院的运营费每年至少需要 15 万美元。”

“除创办医学院外，中华医学基金会还计划资助少数几个建立在人口稠密地区的教会医院。如此一来，接受完四年医学院教育后的学生可在第五年到教会医院实习。学生必须完成医学院四年学习和临床培训并在医院实习一年后，才能拿到毕业证。”

“这是中华医学基金会大体的项目设想。这一项目短期内肯定难以实现。但是，我们希望经过五年或更长时间，这两所医学院可与世界上任何顶尖的医学院比肩而立。”

## 袁世凯总统寄来 1500 银元的支票

“我们已买下了北京协和医学堂[①]的产业，尽管用‘买下’一词可能不太合适。在我们准备购买协和医学堂时了解到，这处产业属于伦敦传道会（London Missionary Society）所有。伦敦传道会支付了约 20 万美元购买医学堂。我们认为应向它支付这笔费用。去年春天，我去中国与伦敦传道会协商，以我们认为公平的价格付款。如果还有其他教会团体愿意与我们合作经营医学院，那么它们不必独力提供全部产业。”

“我们目前还没拿到地契，这在中国需要时间。今天我向中方发去数份电报，也得到回复，看来很快就会有结果。”

“协和医学院将设立董事局，由六个传道会代表组成，分别是美国公理会

① Union Medical College，后改名为“北京协和医学院”。

差会[①]、美国长老会北方教会（American Presbyterian Board，North）、卫理公会（Methodist Board）、伦敦传道会、英国圣公会差会（the Society for the Propagation of the Gospel in Foreign Parts）和伦敦医疗宣教会（London Medical Missionary Association）。这意味着董事局除七名洛克菲勒基金会中华医学基金会的成员外，还有另外三名英国代表和三名美国代表。”

“我们决定第二所医学院设在上海。这里离南京很近。南京大学设有医学院。上海现在有两所医学院，分别是哈佛医学院（Harvard）和圣约翰大学医学院（Medical School of St. John’s University），后者与宾州大学的基督教会联办。去年11月4日，我们访华考察期间，这三所医学院代表聚集开会，决定向中华医学基金会发出在上海创办医学院的邀请。”

“经民国外交总长和美国驻华公使安排，袁世凯总统会见了考察团成员。总统非常热情，并对我们的工作表示强烈兴趣。他随后还专门致信我们，询问他能提供什么帮助。他说，‘我将指示中国的年轻人去你们的医学院学习’。他还给我们寄来一张1500银元的支票。”

## 中国目前的医疗状况

“我们的医生朋友们发现，传统中医没有任何法律概念。某人只要愿意，即可宣布自己是医生，并开始给人开处方治病。在旧中国，很多人家世代行医，许多秘方其实是从祖上世世代代传下来的。”

“一些祖传医学知识对行医大有帮助。中医们也有家传医书，得到大家公认。因此，中国医生面对疾病时有大量医方可循，中药铺里面也有充足的中草药出售。勿需怀疑，中草药在某些时候是有一定医疗效果的。中医的诊断和用药也极其特别。诊断关键在于把脉，左右两手的脉都要查。中医书里记载了98种不同的脉象。”

“针灸是一种普遍使用的治疗方式。人体图表显示，人身上有700多处穴位是可以安全扎针的，这不会损害任何重要的人体器官。现在，中医们也用西药，比如中医们知道奎宁，并经常用它。”

“在中国开展疫苗接种预防天花已有很长时间。现在，疫苗注射在中国非常普遍。具有现代专利的药品在中国销量很好。而且，就像有人指出的那样，广告做得越花哨，购买的人越多。”

“简言之，中医大夫说他们懂医药，了解药性，但也承认他们对如何做手术

① American Board of Commissioners for Foreign Missions，全称是美国公理宗海外传道部，简称美部会，是美国第一个基督教海外传教机构。

一无所知。解剖人体违背中国人对于今生来世的认知，人们对此怀有极度恐惧的情绪。因此，中国人的解剖学知识异常独特。比如有一幅人体图上显示，人的食道是穿过心脏到达肝脏最后通向胃部的。”

“有一些受过西方医学教育的医生正在中国行医。我们基金会发现，这类医生几乎都集中在通商口岸，其中最多的是日本人，欧洲人和美国人很少。也有一些外国医生散布在内陆城市，但我们无法知道具体的数字。但据观察，这部分人的数量不会太多，而且，他们通常在日本初级医学校接受医学教育。”

## 赴华进行医学考察的缘由

布特里克博士很谦虚地讲述了他是如何被派往中国进行工作的。他说，“中华医学基金会的这个决定并非突发奇想。大约七年前，洛克菲勒先生通过芝加哥大学向中国派出一个小组考察中国教育。考察组主席伯顿（Ernest Burdon）是我的校友和多年好友，其他成员包括芝加哥大学张伯伦博士（Dr. T. C. Chamberlin）和他的儿子张伯伦教授（Prof. R. T.Chamberlin）。”

“他们完成了一份长篇机密报告。这是一份非常有价值的第一手资料，我去年有幸读到。后来，小洛克菲勒[①]邀请了包括我在内的二三十个人召开一个为期三天的会议，讨论我们能为中国教育提供什么帮助。通过这次会议及以后一些小型会议，我们达成共识，即现在可能是促进中国医学教育发展的好机会。”

“于是，贾德逊校长（President Judson）担任了考察团团长，其他成员包括哈佛大学医学院的彼伯蒂博士（Dr. Francis W. Peabody）、美国驻汉口总领事格林（Roger S. Greene）和他的儿子格林医生。格林医生在日本京都和东京工作，在传教士中享有盛誉。”

“洛克菲勒基金会接受了考察团的主要建议，并授权洛克菲勒基金会一个新机构对建议书的各个细节进行修订。他们选举我为新机构主席，当时我还在美国南方。当我返回纽约时，发现自己获得一份新工作，所有任务都有了详细的规划。”

“很多年来，我一直与传教事业保持着密切的关系。我长期担任浸礼会教区长，并在自己家里款待传教士。我是浸礼会许多传教组织的成员，也是美北浸礼会（Northern Baptist Convention）财务委员会主席。因此，我并不像外行人那样对于传教事业一无所知。”

“但是，需要准确详尽地了解赴华考察任务的各个方面，我对此感觉自己还像一个无知幼童。我坐在纽约的办公室里，周围是一群经验和智识与我差不多的同

① Mr. Rockefeller, Jr.，即 John Davison Rockefeller, Jr.，是洛克菲勒之子。

事。我们面对遥远的中国，如何制订计划并付诸行动呢？”

“接下来的运气真不错。12 月，住在缅因州波特兰的朋友艾伯特博士（Dr. Abbott）让我邀请威尔奇医生和弗莱克士纳博士到缅因森林游玩一周或十天。他们愉快地接受了邀请。于是，我们来到缅因。当时的气温已降到零度以下。这让我想起了自己在纽约北部的老家。”

“我当然没错过这个良机。那一周时间里，我与几位医生朋友们耐心交谈，对他们说，如果他们不能和我一起去中国，我自己无法完成这个任务。”

“我想说的是，弗莱克士纳博士是洛克菲勒医学院院长，威尔奇医生是霍普金斯医学院教授，两位都是美国医学界公认的学术权威。我想，他们对我的冒昧提议只是付之一笑。其实，当我把自己的想法告诉洛克菲勒时，他也只是微笑。我猜他肯定奇怪，我为什么不邀请美国总统或国务卿跟我一起去中国呢？”

“接着，中华医学基金会举行会议，我提议邀请这两位医生同去中国。两位医生当时也在场。弗莱克士纳博士说，如果威尔奇医生愿意去，他就去。而威尔奇医生则说，如果古德诺校长（President Goodnow）同意，他就去。古德诺博士当时也在场，他同意了。我的动议获得通过，于是我们出发去中国。”

“你知道这意味着什么吗？我们在美国医学界立即赢得了声望。美国医学人士再也不会问，这些要去中国创办医学院的人是谁啊？我们还发布消息称，威尔奇医生和弗莱克士纳博士都认为访华具有重要意义。因此，美国医学界，包括我本人在内，都立刻觉得这事真是挺重要。”

“当然我用了一点小伎俩，但我在这件事上真有些运气。现住在美国的耶鲁传道会（Yale Mission）的休默博士（Dr. Hume）到一些美国大学去征寻同赴中国的大学生时，这些大学都嘲笑他，把他请出校门。但是，当我们宣布威尔奇医生和弗莱克士纳先生将前往中国时，这些大学纷纷给休默博士写信，邀请他再次访问学校。”

## 医学院选址应首先考虑北京

考察团去年夏天从纽约出发，访问日本、韩国、满洲后在北京停留三周。随后前往天津、长沙、济南、上海、广州、香港，最后于 1 月 6 日经旧金山返回纽约。

布特里克博士说，“我到了中国后才突然意识到自己原来是鬼子，中国人都用怜悯的目光看我。我生平第一次理解利文斯通博士（Dr.Livingstone）所说的故事。他说，当非洲人第一次见到白种人时，恶心得吐了出来。”

“我有些朋友对中国进行过研究。他们告诉我，中国人自己说要学会接受中国的现状。死亡率高并非完全可恶。中国人口太多，而且增长太快，人们的生存压力大得异乎寻常。因此，综合起来看，由于瘟疫蔓延或其他原因导致人口数量减少，有时反而是一件好事。”

“这种态度毫无人道主义精神可言。除此之外，中华医学基金会还发现，中国人对于瘟疫肆虐造成的严重经济影响毫不在意。”

“我们发现，在中国传播最广也最具破坏力的疾病主要是肺结核、钩虫病和梅毒，麻风病也盛行。中国人只在极恶劣的情形下才会试图根除这些疾病。”

“我们准备在北京创办一所医学院的计划与贾德逊医生的传道会想法不谋而合。贾德逊医生认为在中国创建一所有影响力的一流医学院，最好选址是北京。我们这项计划咨询的所有人全都持这个观点。”

“首先，北京在近三个朝代直到民国时期几乎一直都是中国的首都。即使中国在政治上发生剧变，也不太可能迁都。北京人口有各种估算，最保守的数字是 50 万。”

“学生们将会从中国的四面八方涌向这里，因为他们会认为如果在首都的医学院拿到学位将是一件非常荣耀的事。从中国各省如满洲、直隶、山东、山西、河南甚至湖北，都可以很方便地通过铁路或海路到达北京。”

“北京协和医学堂看上去比中国其他地方由传道会创办的医校基础更扎实，资金更雄厚。其师资力量最强，学生和研究生也最多。从教学记录看，这里的一些教授对医学教育非常胜任，而协和医院也应能为在中国开展高水准的医疗服务作出巨大贡献。尽管这个医学堂在医疗器械方面稍显不足，但它位于北京最主要的一条街道，地理位置极佳，几栋屋舍也可长期使用。”

## 上海有很好的医疗基础

“北京控制着中国的政治局势，上海则在华中和华北各省的贸易和工业发展方面占上风。中国其他商埠的直接贸易额近年来都在增长，但除去那些必须以最直接方式销售给消费者的大宗廉价商品外，你会发现，绝大多数外国商品交易都是在上海这个巨大的商业城市完成的。”

“上海目前尚无真正意义上的医学院。当然，上海哈佛医学院的教育成效卓越，去年从圣约翰大学医学院毕业的第一批学生获得好评。”

“上海的外国租界约有 70 万人口，其中 16000 人是洋人。租界内有现代化的医院，也有医疗检查室、相关生产工厂和市场等，还有传染病隔离区和进行例行化学与细菌检查的专门设备和病理学研究标本。”

“上海受西洋影响很明显，此地的街道修建和市政维护都获得很大改善。上海还建起了非常令人称道的霍乱隔离医院。”

## 耶鲁大学与湖南的医学合作

“耶鲁大学毕业生在长沙解决了一个非常有趣的医疗教育问题。1914 年，北京政府批准了中美第一个医疗协议。协议规定一个湖南商会与耶鲁大学共同管理湖南医护学校，并通过湖南省政府向学校提供资助。”

“简言之，耶鲁大学将提供医疗设备和教职员工，而商会提供医护学校和医院所需校舍和运营费。湖南省长与耶鲁大学校务委员会在纽黑文签署了这一协议。”

“凯奇（Brownell Gage）说，协议使中国有可能建立一所由耶鲁大学领导的优秀医学院，但耶鲁必须提供足够的师资。为此，耶鲁必须与其他机构进行合作。经中华医学基金会审批，洛克菲勒基金将会提供协助。”

“有意思的是，我现在还能想起，两年前伊里亚特博士（Dr. Charles W.Eloit）代表卡耐基国际和平基金会（Carnegie Endowment for International Peace）发表的演说。他说，任何西方机构如果想促进与东方国家人民之间的友谊，最好的方式莫过于将西方医药、手术和医疗系统介绍给他们。”

“这项慈善事业大有可为。我们面临重重障碍，但它们都将被克服。这一事业必将造福于中国人民。中国人非常聪明，他们定会在追随上帝的道路上，同时获得慈爱与实惠。他们将作出公正的判断。”

# 中国路况太差限制汽车进口

1916 年 2 月 27 日

据美国领事去年的报告，1914 年中国进口汽车的总额达到 38.2 万美元，比上年有少量增长。

进口量不大的主要原因是路况太差。中国目前甚至没有专为战争准备的军用道路，而这种道路在中国古代兵法中是必须具备的。有一些供信差使用的邮路和驿站分布在中国国内，但这些道路仅可供肩挑背扛的苦力和骡子通过，除独轮手推车外，其他任何双轮车都难以通过。

除上海、汉口、天津、北京和山东部分地区外，很难在其他中国城镇发现在现代交通上真正具有意义的道路。即使是上海，许多道路也仅可允许摩托车通行。

# 美国汽车出口远东

1918 年 1 月 27 日

题记：美国国家汽车商会准备增加对远东的出口贸易。

美国汽车商会出口委员会最近召开会议，讨论目前汽车出口状况并着力扩大美国对外汽车贸易。该委员会指出，美国目前是世界汽车和卡车的市场，为稳固该地位，须采取措施尽快扩大美国对外汽车出口。去年美国向海外航运 6 万辆轿车，价值超过 4800 万美元，1.4 万辆卡车，价值 3000 万美元，但这不包括美国政府购买和运往法国的美军车辆。

该委员会主席华特先生（J. Walter Drake）建议，请华盛顿对外对内商务局加大海外汽车市场调查，并就海外汽车贸易定期发表报告。

商务局的特别代理琼斯先生在对日本、中国、菲律宾、夏威夷进行 8 个月的考察后谈及这些国家和地区的汽车现状。

他说，日本市场比较繁荣，所买汽车超过以往，大车销售甚好，日本现有汽车 2400 辆，去年头 9 个月就销售了 600 辆，而 1916 年全年才销售 216 辆。日本道路狭窄，桥梁也差，军队使用一些卡车。日本政府集资 200 万美元修建从东京至横滨（Yokohama）的道路。并指令各省改善他们的道路、桥梁。日军工程师从中国天津购买了一辆美国卡车，在政府兵工厂复制了一辆，但发动机老出问题，

1914 年，无轨电车出现于上海，由英商上海电车公司首先采用。

使日本想制造卡车的想法流产，日本政府现在仍向美国购买卡车。

基于中国政局不稳，中国对购买汽车比较犹豫，他们害怕把自己拖下水，而实际上中国在城市和租界外并无道路。各省的总督们也意识到这是他们区域发展的局限，他们都倡议修建道路并以铁路将各镇间连接起来。在北京城内外约有150英里的路可供汽车行驶。从中国北方到满洲约有1000英里的路可供两辆美国轻型轿车行驶。

中国去年开始销售汽油，价格在每加仑84至90美分（金价），而日本去年、前年的定价为每加仑45至50美分。

## 京津两地约有400辆汽车

1918年4月7日

华北汽车俱乐部近日在天津成立，会员超过70个，北京也将建立类似的俱乐部。汽车俱乐部不仅对欧洲人开放，也对民国汽车爱好者开放。据统计，天津、北京两地目前共有汽车300至400辆。

## 美国银行将在上海开设支行①

1919年1月31日

昨天有消息称，美国友华银行将于2月7日，即中国春节后在上海开设分行，汉口分行也将于3月15日开张营业。天津分行和北京分行将于5月1日左

① 清末民初，英国汇丰银行、德国德华银行、日本横滨正金银行、俄国华俄道胜银行、法国东方汇理银行、美国花旗银行在华形成六强竞争的格局，先后组成四国银行团、六国银行团和五国银行团，对清廷和北京政府办理4次大借款。借款以中国关税和盐税作担保，在按期偿还前，分存于汇丰、德华、东方汇理、华俄道胜、横滨正金银行，中国关、盐两大税收的存储保管由外资银行经办。外资银行经理组成国际银行家委员会，监督海关岁入的保管和分配。据统计，1890年至1926年，外资银行在上海共有38家，其中，日资银行9家，美资8家，法资6家，英资4家，意资3家，俄、比、荷各2家，德、挪各1家。英国汇丰银行于1865年在上海设立分行，为汇丰在中国大陆各分支机构的管辖行，在沪外资银行中占据优势地位，外汇市场价以其挂牌为准。美国花旗银行于1901年在上海设立分行，为花旗银行广州、北京、汉口、天津、哈尔滨、大连分行的管辖行。它是美国政府指定的在华国库代理人，赋予庚子赔款利息支付的管理权。1912年，英、美、法、德、日、俄六国银行团成立，花旗为美国银行团代表。1913年，花旗银行退出银行团，其存放款业务量仅次于汇丰银行和渣打银行，在沪外资银行位居第三。友华银行（Asia Banking Corporation）总行在纽约，于1919年2月在上海设立分行，因买卖生金银受损，1924年2月19日并入花旗银行上海分行。

右开设。美国纽约担保信托投资公司（Guaranty Trust Company）和美国友华银行（Asia Banking Corporation）的两位副总裁将负责各分行的组织与协调。

# 在中国发展救世军

1919年6月22日

题记：一尊被抛弃的佛像成了救世军北京总部的胜利标志。

中国救世军的“叶司令”近日来纽约。他不是一个中国人，真名叫杰菲瑞斯（Charles Henry Jeffries），“Yeh Szu Ling”这个怪词是杰菲瑞斯在救世军中担任职务的中文发音。“Chiou Shih Chun”意思是“拯救世界的军队”，因为汉语里没有英文“salvation”（救赎）这个词。“Yeh”（叶）的中文意思是“树叶”，杰菲瑞斯先生也不明白中国人为什么这样称呼他。“Szu Ling”是中文里“首领”的意思。

## 叶司令的军帽上绣有中文“救世军”字样

杰菲瑞斯在中国生活了两年，刚回纽约。他建立的救世军这两年吸收了2000名成员，他本人对此非常满意。这些参加救世军的中国人几乎全是穷人。杰菲瑞斯对于救世军和其他基督教传教士在华发展前景相当乐观。杰菲瑞斯说：“我认为，在未来的一个世纪，基督教在中国的传播速度将比印度快。”

他准备在美国和他的祖国英国短暂休假。除非杰菲瑞斯改变主意，否则，他将彻底献身于基督教在中国的传教事业。假期一结束他就将返回中国，至少在那里再工作7年。

杰菲瑞斯在救世军的纽约总部接受本报采访。他的帽子上缀有救世军著名的蓝红色徽章，帽檐丝带上绣有中文“救世军”字样，非常奇特和醒目。

## 叶司令学会了400个汉字

他说，“仅仅在两年半前，救世军派出一支由40人组成的先遣队到中国。他们对中国一无所知，但具备强烈的奉献精神。对于救世军成员来说，这意味着他们必须披荆斩棘，勇敢地面对挫折和冷漠，有时甚至是完全的抵抗。他们以坚定的信念平静待之，坚信终有一天所有人都会改变观念，尊重他们。”

“救世军面对的第一个问题是建立一个语言学校。中国有5.5万个汉字，每个汉字都有四个声调，每个声调都有不同含义。40名救世军成员立即着手做这件事，他们全身心投入到汉语学习中。我在15个月前到达北京，因为当时有许多工作要做，没办法将所有时间都用来学汉语，但我仍然每天坚持练习几个小时。55000个汉字乘以4个声调，共是22万字，我已经学会了大约400个！”

“后来又有5名救世军成员参加我们的队伍，我们的35位中国助手也成为了基督徒。正是我们这支小小的队伍在几亿中国人中发展了2000名基督徒，他们经历了救世军为世界各地的基督教皈依者设立的三个感化期。这2000名‘战士’就是救世军目前在中国各地发展的成员。”

## 集中精力向中国的穷人传教

“中国的基督徒从一开始就非常热衷于到公开场合去布道。白人牧师们希望先给他们一些基础知识的教育，但他们反对这样做，而是说，‘让我们到大街上去感召其他人吧’。”

“虽然救世军的理念并不忽视上层社会人士，但我们最终下定决心，要在中国集中精力劝说穷人入教。中国可划分为四大区域，我们首先从北方开始。我们在华北建立了22个救世军支部，5个在北京，2个在天津，另外还有14个分散在北方，最远达到中蒙边境。各支部都已开始工作。估计十年后，将会有500名来自国外的救世军成员到北京工作。”

“当一位中国人刚刚入教时，他的社会地位可能暂时下降，但这不会持续太久。当周围同伴接受他改变宗教信仰的现实后，他很快就会感召那些渴望改信基督教的人。”

## 迷信的高墙已在中国存在了无数个世纪

“当然，其中存在着许多困难。中国的墙并不都是由石头砌成。有一堵墙已在中国存在了无数个世纪，现在依然屹立不倒，它比任何石头砌成的墙更高、更厚，这就是‘迷信’之墙。”

“救世军最初吸引中国人的是制服，他们对此怀有极大好奇。中国人盯着军服看，而后听到一个新鲜奇异的声音叫‘Shang Ti’（上帝）。第一个改信基督教的中国人被他的亲人和邻居们嘲笑不已，他们对他说，‘如果你乐意，就当这些洋人的跟屁虫吧。’但是，很快有更多的人皈依基督教。”

“有一位基督徒是个渔民，住在距离天津很远的一个村子里，他搭乘中国人称为‘火轮’的蒸汽船到天津需要两天半时间。他在村里发展了 8 名基督徒。他们到北京来看我，要求在他们的村庄建立一个救世军支部。我有些犹豫，那个村子路途遥远，而且我担心派一位叫黛尔队长（Captain Dare）的女士去那里负责是否合适。但是，我还是答应了他们。黛尔女士在那里第一次布道时，8 名基督徒全都出席了。她在那里刚刚工作几个月，而现在全村已经有 300 多名基督徒了。”

“我们在穷人中传教极为成功。我本人也并不太明白这是怎么做到的。在北京和天津的一些传教士朋友经常问我这个问题，我所能给出的唯一答案就是，‘信仰上帝’。”

## 为什么总向同一个神祈祷呢？

“我们发现，中国人很爱听我们布道。在我个人看来，他们也许已经对过去的信仰感到麻木了。我刚来中国时，常为那些华丽高大的佛教寺庙惊叹不已。但是，有一些寺庙已经完全颓败了。一些佛像的头掉落下来，被随意扫到墙角，而佛教徒们似乎并不在意向这些残缺不全的佛像跪拜祷告。我还看到，寺庙屋顶上有巨大的窟窿，这些寺庙几乎已成废墟，只因为庙里的和尚和信徒们都对它漠不关心了。”

“但是，有一些中国人仍然对佛祖非常虔诚。如果我向他们讲述《圣经》中参孙摧毁神庙的故事，他们会温和地笑笑说：‘真有意思，但是我们已经有自己的神，他可以举起一座山，扔到海里去。’”

“他们还会问：‘你们为什么总向同一个神祈求健康呢？那么他得多忙啊。我们每种疾病都有一个神负责照管。’”

## 皈依基督的故事

杰菲瑞斯先生还说起另外一个事例：“有一位 12 岁的小姑娘听过我们一次布道后，被吸引进来，最终成为一名基督徒。但是，她不敢告诉自己的家人。”

“中国所有家庭早上起来都会向供奉在家里的佛像祷告。这个小姑娘成为基督徒后，认为自己不能再向佛祖下拜，但她也没有勇气向父母承认。于是，她机灵地想出一个办法解决这个难题。每天早上，她一直要睡到家里晨祷结束后才起床，那时她的父母已离家开始日常工作去了。”

“几天后，小姑娘的妈妈要带她一起祷告时，小姑娘知道无法继续逃避，就告诉妈妈她已改信基督教，并说她再也不会拜家里的佛祖了。这位母亲很有见识。母亲说：‘你过去这些日子很乖，是一位好姑娘。如果这个新教能够让你如此顺从，那它一定是个好教。’于是，母亲决定做些调查。她也参加了救世军的布道会，后来也皈依了基督教。在信教前，她素有泼妇的恶名。但听过布道会后，她的脾气没过去那么急了，言语间也少了一些尖酸刻薄。”

“当她告诉丈夫，她和女儿都皈依基督后，丈夫说：‘你听信这些洋人的话后，脾气变好了，而我这么多年一直在家向佛祖祷告都不见效果，那么这个洋教肯定比我们自己的好。带我去听你们的布道会吧。’很快，他也成了基督徒。”

“接下来的问题是该如何处理供在家里的佛像。这家人最后决定，把它送给邻居，那家人穷得连一个佛像也买不起。”

“一个月后，邻居胳膊夹着那尊佛像冲进他家，眼里快要喷出火来。他大声喊道：‘这个佛像是中了邪的魔鬼，自打它进我家后，我就一直不停地倒霉。’”

“那个中国基督徒说：‘而我自从把它扔出去后，一直走好运。跟我一起去听洋人布道吧。’”

“唯一的结果，就是另外那家中国人也信基督了。现在这尊被免职的佛像就摆放在救世军北京总部，成了我们胜利的一个明证。”

“中国救世军的组织结构和行为规则与其他 62 个国家的救世军完全一样。如果某位未婚的救世军成员想结婚，那么，他必须从救世军成员中挑选一位妻子。他必须是基督徒，只需维持简单朴素的日常生活物品。他必须无条件地服从上级的指挥，他的人生在世必须与基督徒之名完全相配。”

“中国基督徒通常在北京和天津的街头公开布道，这一情景令人非常感动。无数个夜晚，他们被好奇的人们围在当中，像伦敦东区的救世军成员一样充满激情地传播福音。许多尚未皈依基督的中国人也定期参加这些布道会。”

# 美国商会呼吁改革领事制度

1919 年 10 月 12 日

美国制造商出口协会发出呼吁，要求全体商界人士支持美国国会推动海外领事制度改革。他们抱怨道，甚至普通旅行者都意识到领事服务质量和效率都差得很远。领事通常都是政治任命，工资也远没有其他公务员那么有吸引力。有时，当一些爱国、有能力的人士获得任命后，会发现他们一年 2500 美元的薪水很难保持美国领事对外应有的尊严，更不用说进行一些调研或扩大私人交往。

当今时代需要敏捷、果断的行动，这在过去是难以想象的。纵观今日世界，当商业往来尚处于议而未决之时，最后的胜利者已从那些拥有最好资源和人才的国家中脱颖而出了。如果我们对瞬息万变的市场表现迟钝，正如以往一样，大好机会就将从我们身旁白白流失，以至于我们以后几代人都很难翻身。因此，目前国家急需招募年富力强的青年，经过全面特殊的职业培训，并向他们提供优厚工资待遇以维持体面和尊严，只有这样才能维护一个超级商业大国的利益。

美国驻华使馆商务参赞安立德[①]最近撰文，提出了一项很有见地的倡议。他说，通过传教士，我们每年花费了上千万资金使中国人和日本人了解西方的文明，但我们自己却在学习东方语言和文化习俗方面做得太少，甚至无所作为。安立德先生呼吁国会在北京和东京建立学校，帮助美国人学习中文和日文，同时通过个人的学习经历来熟悉东方人的个性、行为举止习惯和他们的需求。当环境允许的时候，也应该在彼得格勒（Petrograd）建同样的学校。

有意愿进入领事和外交领域服务的青年应该通过有效的考试，在每年 1200 美元奖学金的资助下，进行为期两年的专业培训，进修所有相关课程。他们一经任命，如果表现良好，应保证其终身供职并获得足够的薪水。

尽管这项建议与先前的做法比起来显得有些离经叛道，可是它却与我们强有力的竞争对手如出一辙。大英帝国长期以来都开设有固定的领事外交业务课程，最先在牛津大学设立奖学金，并向全世界派遣一些初级职位的外交和领事官员。作为这个教育培训体制的副产品，牛津大学现在成为了亚洲语言人才的储备室，这里有讲埃及语、印度语甚至远东语言的人才，而主要培训对象面向外交领事服务。他们拥有很强的外国语言文字能力，训练有素。毫无疑问，他们将成为我们未来强有力的对手。

## 卡车将取代骆驼

1919 年 12 月 7 日

据美国《大众机械杂志》报道，那种由 4000 峰骆驼和 1000 名赶驼人组成的

① 安立德（Julean Herbert Arnold，1875—1946），美国外交官，曾任美国驻华领事和商务参赞。

驼队行进在丝绸之路上的壮观景象，恐怕将永远成为逝去的记忆了。取而代之的将是由 30 辆美国商用卡车组成的车队，他们将从天津把货物运送到新疆的伊犁（Kulja），整个行程大约 2000 英里。目前，每峰骆驼可驮运重量为 200 磅的货物，使用卡车后，每辆卡车加上拖车，可载运 6 吨货物。驼队按日行 20 英里的速度计算，来回需要 6 个月时间，而使用卡车后，同样的路程只需要 30 天。

## 美国打字机在中国

1920 年 11 月 7 日

美国驻汉口总领事赫兹勒曼（Heintzleman）写道，美制打字机在这里十分流行，并且拥有巨大的市场需求。自德制打字机缺货后，美制打字机几乎已经垄断中国市场。特别是汉口打字学校的建立与现代商务课程的开设，更大大增加了对打字机的需求。根据汉口海关 1919 年的统计，打字机和相关零配件的进口总量当年达到了 19786 美元。

## 中国获邀参加波特兰博览会

1921 年 12 月 21 日

题记：“亚太高速公路和电子产品博览会”将于 1925 年在俄勒冈州的波特兰市（Portland Ore.）举行。

据博览会理事、波特兰森工信托公司（Lumberman Trust Company）总裁罗伯特·史密斯介绍，俄勒冈波特兰将于 1925 年举办世界博览会和和平狂欢节，美国已有 28 个州确认参加，日本、中国和一些欧洲国家也允诺出席。史密斯先生说，他此行目的是应波特兰一些金融机构要求，将对全美工商业状况进行一次调查。

史密斯说，“起初，波士顿、费城和洛杉矶也有意竞争，但得知波特兰有此意向后，都纷纷撤出。法国也曾经考虑举办，但基于经济条件的限制，最后也放弃申办。太平洋沿岸其他城市坚决支持波特兰的计划，并将在物资上提供支持，以使博览会取得成功。”

“办展费用将超过 5000 万美元，其中大部分经费将通过税收解决。大家几乎一致同意以这种形式筹集资金。俄勒冈州的其他城镇也将响应波特兰的号召。博览会将持续 10 个月，主题为‘亚太高速公路和电子产品博览会’。确定这个主题有两个原因，一是美国有四条州际高速公路在 1925 年纷纷竣工，二是这一年也是电磁发现 100 周年，而俄勒冈州在水电领域的发展具有领先地位。”

“据估计，汽车对展览成功举办具有重要作用。在历史上，恐怕这是火车首次在交通领域屈居第二。我们将推广强调，州际旅游的最好方式莫过于自驾车，而且有四条高速道路可供选择，1925 年对于开汽车的人来说，波特兰的邀请不可抗拒。”

第五篇

# 文化觉醒

# 篇首语

中国人深受千年宗法制度禁锢，不存在独立人格和纯粹个人价值。民国的建立给国人带来幻象，似乎迎来了个性解放与国民觉醒的新时代。然而，新民国必须以新国民为依托。否则，民权不能保障，国会难以维持，共和制度只是水中捞月。1918 年 4 月 14 日，毛泽东在长沙成立新民学会，宗旨是“革新学术，砥砺品行，改良人心风俗”。中国新文化运动又是新民运动，核心是教育，实质是改造与重构国民的精神，力图从顽固保守的旧传统的硬壳中催生出革命的新芽，在神州大地真正确立平等、公平、正义的法则，为新生的共和制度树立牢固而坚实的支柱。

# 知识分子在中国革命中的作用

1911 年 11 月 6 日

西方人难以理解青年知识分子在中国社会进步中所扮演的重要角色，也不清楚他们在这个辽阔帝国正在进行的转型中将发挥的作用和影响。西方的学生只是一个很小的群体，是一群正在消费青春、即将步入成年的年轻人，他们接受固定的培训和学习，以便毕业后可以从千百个职业中找到一个合适的位置。他们通常是一群阳光灿烂的孩子，容易吸引大家的目光；他们将主要精力和时间都用于接受教育，对于国家的公共事务、商业、工业或者财政而言，他们是无足轻重的。如果有人说，一个学生可以在这个国家中成就一番事业，将是极其荒谬的。

然而中国的情况却恰恰相反，上述所谓荒谬的观点世代流传。一个人学业成功与否被视为任何事业成功的先决条件。所有官员的任免，无论职位高低，无论文武，都取决于你学业的好坏；而仕途是决定个人社会地位和权利的唯一因素，并且决定了你的财富。知识分子是被中国民众接受的统治阶级。唯一例外的情况是，只有满清八旗子弟可以享受特权。

贵族不是命中注定，它的大门向所有人敞开，而打开这扇大门的唯一钥匙是读书，是通过竞争激烈的科举考试。科举考试是中国普适的、持之以恒的制度。遍布全国各地各个角落的知识青年，不管地位如何卑微，都可以参加科举考试。尽管有人控诉科举存在许多弊端，然而从理论上说，以及从实际情况看，科举制度都是向所有人敞开大门的。

毫无疑问，那些没有经历过一系列严苛的科举考试、没有做过寒窗苦读的学生的帝国主义者、改革派、革命派，他们是被排斥在王朝统治核心之外的，对这个帝国没有丝毫的分量和影响。中国人民的未来始终维系在知识分子手中。因为在中国，从来没有哪个有影响力的阶层不是由知识分子组成的。

近代中国社会发生的最翻天覆地的变化，莫过于知识分子的生活发生了巨变。中国的统治者从中日甲午战争学到了苦涩的一课，明白了一个古老守旧的东方国家与一个积极学习西方先进思想观念的东方国家之间存在着悬殊的差距。随后的日俄战争给中国人上了另外一课，让他们看到一个积极学习西方先进思想观念的东方国家可以战胜一个西方强国。

这样的结果带来巨大的文化冲击，把中国知识分子渐渐引导到向西方学习的道路。尽管这种转变一开始是声势微弱的，是混乱的，然而日积月累，不断壮大。大批中国知识青年成群结队地涌向日本、欧洲和美国，他们有些是国家或者地方政府公派的，有些是父母送去的，更多的人是出于自身意愿。

另外，本土教育也开始受到强大的压力，要求进行教育改革，要求引进西方课程和知识，要求不再死读儒家经典。这些压力逐渐发挥作用。清政府无论是否出于本心，至少在形式上应和了这些要求。教育的变革，是潜藏和酝酿推动社会革命的巨大能量。

最近，我们曾发表哥伦比亚大学一位中国留学生的来信，作者天真单纯，他有些古怪的表达方式，以及他深信不疑的理想主义，读来令人十分感动。这是一位中国知识青年最真诚的心声，他追求美好世界的热忱，远比今天流行的犬儒主义和冷漠更有意义。

我们中的大多数人都知道，这位中国年轻朋友和他的同伴，在未来实践他们的热忱理想时，一定会遭遇到数不清的打击、挫折和失败，但是，我们坚信，中国人民中的绝大多数人必将会慢慢意识到，这些崇高、伟大的理想，尽管将历经曲折，但终将赢得国家与民族的未来。

## 奥柏林学院在山西兴办教育

1912 年 4 月 7 日

俄亥俄州奥柏林 1912 年 4 月 6 日电：

奥柏林学院[①]最近刚刚完成了远东教育项目年度评估。

1880 年，一批奥柏林学院毕业生结伴前往中国，试图建立一所现代化的教育机构。他们的成果是在山西教区建立了奥柏林学堂。发展到 1900 年，山西教区已有 16 名行政人员、两所教堂、一个分不同年级的新式学校和一个小学堂。然而，1900 年义和团运动爆发，终结了奥柏林学院在山西的教育活动，他们在山西省太古县工作的所有教职员工均在该年 7 月惨遭杀害。

1903 年，来自芝加哥的海明威[②]医生和夫人重新接手了这项工作，捐助重新

① 奥柏林学院位于美国俄亥俄州，成立于 1833 年。本文背景是著名的《奥柏林山西计划》(*Oberlin Shansi Program*)，据此建立的铭贤学校是现山西农业大学的前身。1983 年，当奥柏林学院 150 年校庆时，《纽约时报》发表文章说："在过去的 150 年间，哈佛为古典课程而焦虑，耶鲁为上帝而不安，奥柏林则为美国和世界操劳。"

② 克莱伦斯·爱德蒙兹·海明威（Clarence Edmonds Hemingway，1871—1926），毕业于奥柏林学院，是一名内科医生。美国著名作家欧内斯特·海明威是他的第二个孩子。

入学的学生，同时奥柏林学院还派出科宾（P.L.Corbin）夫妇作为特别代表。他们在山西省发展现代教育的事业重新起步，“铭贤学校”（Oberlin Shansi Memorial Academy）得以成立。

该校自1907年秋季开学，由孔祥熙先生主持校务。孔先生毕业于奥柏林学院，是土生土长的山西人，是中国圣贤孔子第75代孙。身为本地豪绅，又出身于名门望族，孔先生在当地具有不同寻常的影响力和极高的社会地位。

1909年元月，第一届学生学满毕业；1910年元月，又有5名青年才俊完成了他们的学业。根据奥柏林学院刚刚公布的年度报告，在太古县现有13名教师和132名学生，其中72名在铭贤学校就读，60名在小学堂就读；同时，在汾州的学校还有19名教师和267名学生；除此之外，另有14名学生在太古、通州和北京的高等学堂就读。

从制订这项教育计划的初期，奥柏林学院就设法保证在太古建成可心舒适的校址和花草馥郁的环境。校园面积充足，共建有31栋校舍，可以在未来很长时间满足使用需求。这一份价值不菲的资产是由在美国的董事会最近购买的。通过纽约市詹姆斯（D.Willis James）夫人的捐赠，学校又新获得了大片土地。在汾州，也将通过同样方式购买土地，并修建一所新校舍。

这项办学行为完全由奥柏林学院师生和一些感兴趣的新朋友义务捐赠来支持。最近一次在芬尼教堂（Finney Memorial Chapel）集会上，来自师生的捐款达到2000美元，加上之后追加的捐款，总额接近2500美元。这是奥柏林学院援助东方教育在历史上筹得的最大一笔捐款。

# 中国人以戏剧宣传华夏历史

1912年5月16日

题记：哥伦比亚大学学生们的赈灾义演演绎了中华帝国4000年历史。袁世凯掌权显示着新生共和国的美好未来。美丽的中国小姑娘、东方音乐和英文台词都在学生们的最后一次彩排中竞相亮相。

在哥伦比亚大学留学的中国学生共有44名。昨晚，他们中有二十几位勇士在一群长着丹凤眼的中国女子含情脉脉的激励下，克服巨大困难，排练了一出演绎中国4000年历史的百老汇歌剧。他们在邻近百老汇的华尔道夫饭店大舞厅里进行了彩排。剧中叙述一个沉睡了4000年的帝国是如何觉醒，如何在亚洲建立起一个全新、自由的共和国。演出大获成功。

昨晚的六幕歌剧由中国学生们带妆彩排，为今晚的正式演出做最后准备。剧名是《从君主制走向共和》，又名《袁世凯的崛起》。该剧完全由学生们自编自演，剧票收入将全部捐给中国饥荒救济基金会（Chinese Famine Relief Fund），救助这个新生的共和国中遭受洪水、战争和饥荒灾害的人民。

该剧的英文台词由三位哥大学生小蔡（Y. T. Tsai）、小王（Y. T.Wang）和小唐（Y. L. Tang）合作编写，十分文雅，无懈可击。他们除了创作剧本外，还参与了人物造型和舞台场景的设计，并参加演出。戏台在舞厅南侧临时搭建而成。在负责舞美和道具的工人们到来之前，这些戴着眼镜、穿着衬衣的中国学生们就自己先忙乎开了。

带着白人优越感的专业舞台工人们走进场来，当他们抬头看见他们的学生老板们在台上瞎忙乎，不由得把手中的锤子和其他工具扔到地毯上，爆发出一阵阵粗鲁的笑声。

## 演员和观众都被逗乐了

尽管中国年轻的戏剧先锋们努力保持一本正经的样子，但他们最后还是被自己逗乐了。那些三三两两结伴而来的中国小姑娘们穿着20世纪最时髦的美式衬衣、旗袍裙（Hobble Skirts），戴着各种新潮的漂亮装饰，讲一口地道的美式俚语。她们也被现场的滑稽场面逗笑了。

“嘿，张先生！”有一个10岁的小姑娘踏着轻快的步子，咯咯笑着走进灯光昏暗的舞厅，眼中闪烁着天真无邪的光芒。她的帽子上别着几支芳香的雏菊，胳肢窝下夹着一件中国乐器。

这台六幕剧追溯了推翻清王朝建立中华民国的一段历史。第一幕是摄政王（这位演员昨天下午刚在他的拉丁文期终考试中获得B）在宫中举行的祭祖大典。摄政王身穿蓝色镶金的朝服，华丽的下摆直拖到地。他在祭坛上向先祖感恩祭拜，身穿蓝色和金色丝袍的朝臣们肃立两旁，他们戴着红顶的扁平圆帽，上面还挂着一颗金色的丝球。鼓手（这是编剧小蔡的第二职业）用金槌在一面红皮大鼓上“咚咚”地敲击着精准的节奏。那只鼓看上去好像是日耳曼人（Deutsche Verein）以前在啤酒狂欢节时用过的酒桶，《哥伦比亚百科全书》（*Columbia Commons*）中对此曾有记录。小唐则像一个昏昏欲睡的送奶工，他把手中的高音铃铛摇得叮叮当当响。“咚咚”的鼓声是在召唤先祖显灵，而“叮叮”的铃声则提示先祖神灵正在走来。在乐鼓声中，有一位身披黑袍、体形高大的祭司如同痉挛发作一般，口中念念有词，向先祖虔诚祷告。

大家都留意到，这场描述中华传统宗教仪式繁文缛节的表演让年轻的观众们和年轻的表演者们自己也觉得荒唐可笑，他们中许多人忍不住咧开嘴，哈哈笑出声来。

## 走向现代化的中国

情节发展很快进入现代。第二幕多了些对中国宫廷生活的描述，演的是几位中国公主的饮茶比赛（台上的“公主们”白天在纽约哈莱姆区的高中念书）。秦杰西小姐（Jessie Chin）扮演的慈禧太后一上场，饮茶比赛戛然而止，公主们纷纷起立向太后行礼。直到幕布拉下时，公主们的礼还没行完呢。

第三幕讲的是旧中国农民的悲惨生活，揭露了官府的苛捐杂税和税官们欺压民众的暴行。农民交税时要被税官打，交不出税时则被大棒毒打。戏剧说明，在新的共和制政府建立后，类似事件将不再发生。

第四幕讲的是袁世凯上台后，人民的好日子开始了。袁世凯被逐出清廷后，转而就学。一位曾在美国学习过的年轻中国人向袁讲授现代政治和西方衣着知识，这位中国人穿的是西裤，裤线熨得像刀锋一样平整。突然进来了一位清廷使者，召唤袁世凯回朝议事。在哥大教育学院读书的小陈扮演袁世凯，他举起右手庄严宣誓：“绝不再重回清廷效力。”但是，不一会儿，邮差上场带来一份报纸。袁世凯读到起义军队已经占领汉口的消息，意识到他必须像西奥多·罗斯福总统一样肩负起拯救国家的重任，就和其他爱国志士一起英勇战斗，并且在汉口受到酷刑的折磨。

第五幕讲清帝宣布退位。同时，民国国会在南京举行就职典礼。接下来，孙中山先生辞职，在他推荐下，袁世凯成为中华民国首位大总统。

最后一幕讲的就是袁世凯就职，人民政权即将建立。理发师们同样有活儿做了。在剧中，要剪去长辫子的人排成了长队，但这个队伍的长度显然被大大压缩了。而且，新型的美式服装销量惊人。全剧的最后，以一面展开的中国新国旗向观众谢幕。

中国音乐在这台小型舞台剧中贯穿始终，锣鼓铃铛声响个不停。戏剧难以译成英文，但台下的华人小姑娘们用地道的美国俚语喊道：“太棒了！”

# 民国将军就读哥伦比亚大学

1913 年 3 月 16 日

深孚名望的哥伦比亚大学最近招录民国准将（Brigadier General）黄庆武就读。黄将军是革命军光复南京的英雄，近日抵达纽约。他被哥伦比亚大学政治学系录取，将攻读哲学博士学位。

黎元洪将军在汉阳和武昌举事后，革命党人也向中国的六朝古都南京发起进攻。黄将军是义军首领之一，他在先期作战中率领万名起义士兵进攻紫金山，并成功攻占山顶炮台，奠定了南京之战的胜利基础，之后的攻城便如探囊取物一般。

当时还是上校的黄庆武坐骑身中两弹，军帽被流弹三次打落，最终，他右腿被加农炮弹碎片击中，打落下马，不得不在医院休养了两个月，直到现在，他走起路来仍然一瘸一拐。由于英勇无畏的战斗表现，黄庆武上校被提升为准将，并在攻克南京后，被总司令徐绍桢邀请并肩进城，一同享受胜利的荣耀。这是辛亥革命的最后一战，也是决定性的一战。后来，他负责指挥一支部队，计划向北京进发，但和平谈判使得他们的军事行动戛然而止。

为更好地了解西方民主政治思想（此前，他仅在日本学习过一些二手的政治知识），他来到美国，因为他认为既然民国宪法是根据美国宪法制度的框架来设计的，那么全面系统地学习美国政治思想将非常有益。之所以选择哥伦比亚大学，是因为该校的政治学系在全中国都享有盛名。他将师从古德诺教授研究美国宪法和行政法，而古德诺教授即将被民国政府任命为宪政顾问。

# 美国富商资助两所中国大学

1913 年 12 月 22 日

芝加哥 12 月 21 日电：

昨日，珀金斯建筑事务所[①]设计师佛罗斯（William K. Fellows）动身前往中

① Perkins, Fellows & Hamilton 为芝加哥著名建筑事务所，曾参与设计济南齐鲁大学和上海圣约翰大学等教会大学的校园建筑，在建筑风格上力求体现中国风格，模仿了中国建筑宽阔的大屋顶，但对支撑巨大屋顶重量的斗拱结构却有所忽视，将中式大屋顶直接架设在西式平面之上，留有一些遗憾。该事务所在华设计的部分建筑至今犹存，伫立其前，令人遐想万千。

国，表明国际收割机公司[①]创立者麦科密克（Cyrus H.McCormick）的遗孀赞助山东齐鲁大学[②]和金陵大学[③]建设计划正式启动。麦科密克女士的儿子是国际收割机公司现任董事局主席。上述两所中国大学的主体建筑是麦科密克女士先前资助建设的。两所大学目前由美国外国传教士长老会（American Presbyterian Board of Foreign Missions）提供支持，预计新的建设投资总额将达到 75 万美元。

建成后，齐鲁大学的建筑群将包括 19 幢建筑，其中的 9 幢将很快开工建设，包括一幢教学中心大楼、一个教堂、一个基督教青年会（YMCA）建筑、两个科学馆和四幢宿舍。位于山东的其他三所学院也将并入齐鲁大学，预计新的齐鲁大学将拥有 600 名学生。而南京大学的 6 幢建筑将在赛洛斯先生监督下很快开工。

# 《永乐大典》惊现伦敦

1914 年 2 月 8 日

人类文化史上最大的悲剧，莫过于中国《永乐大典》[④]毁于兵火。最近，该书有两册残本在伦敦现身。它们是由一人借给大英图书馆的，此人又是在找一首乐曲时从英国大都会书店（British Metropolis）偶然获得的。《永乐大典》由浩如烟海的 11100 册典籍汇编而成，如果将它们一本一本地叠起来，将会比第 42 街与百老汇大道上的时报大楼还要高。

---

① 美国国际收割机公司（International Harvester）在世界农机史上大名鼎鼎。该公司 1830 年由来自弗吉尼亚的发明家赛洛斯·麦科密克创立。1834 年，麦科密克发明马拉收割机，其功效是长柄镰刀的 5 倍，并于 1847 年在芝加哥办起收割机工厂，由此推动了小麦在美国大面积种植。1884 年，麦科密克去世，公司由其子接手。1902 年，该公司由 JP 摩根财团重组，成为称雄世界的农机巨人。中国最早引进的拖拉机（当时称火犁）即由该公司制造，并由此培养出中国第一批农机专家。

② 齐鲁大学（Shantung Christian University）是中国最早的一所教会大学，由一个规模很小的教会学校逐渐发展起来，最盛时曾与燕京大学齐名，有“南齐北燕”之称。中华人民共和国成立后，齐鲁大学并入山东大学，其校址为今山大西校区。建校时建筑现存有考文楼、柏根楼、圣保罗楼、景蓝楼、水塔，以及十余栋西式别墅楼和西式平房院落。

③ 金陵大学（University of Nanking）原称汇文书院，1910 年定名为南京金陵大学，1952 年与南京大学合并。校内“小礼拜堂”（或称小礼堂）建于 1916 年，由中国建筑师齐兆昌和美国芝加哥珀金斯建筑师事务所共同设计。“礼拜堂”（现称大礼堂）建于 1917 年，由美国珀金斯建筑事务所设计。

④ 《永乐大典》编撰于明朝永乐年间，汇集了古今图书七八千种，是一部百科全书式的中国古典文献集成。全书目录 60 卷，正文 22877 卷，装成 11095 册，约 3.7 亿字。《永乐大典》原书仅抄一份，嘉靖四十一年（1562）照原本重录。重录本正本藏文渊阁，副本藏皇史宬。雍正年间，重录本转移翰林院敬一亭。1900 年，八国联军侵入北京，敬一亭被毁，仅剩 64 册被同治状元陆润痒运回府中。民国成立后，其中 60 册送往京师图书馆。抗战爆发后，部分善本送美国国会图书馆代管，后存台湾故宫博物院。中华人民共和国建立后，苏联和民主德国政府以及中国国内各界爱国人士将他们收藏的善本交北京图书馆集中收藏，目前中国国家图书馆珍藏有《永乐大典》残本约 160 册。

## 世界上最大的百科全书

这一部宏大巨著由一大批中国学者历尽艰辛编纂而成，但毁于1900年的拳乱（西方人对义和团运动的蔑称）。据说，当时义和拳放火烧毁了存放在翰林院内的《永乐大典》，只有为数不多的残本被从翰林院的废墟中挽救回来。以后，又在中国各地和其他国家找到一些。但是，没有人对这部巨著的宏大规模有什么概念。大家仅有的印象是，自1860年北京对外国人开放以来，清政府对外国学者希望一睹《永乐大典》的风采并开展研究的请求一概拒绝。由此也可理解，为什么一旦它惨遭损失对于中国方面而言将是多么致命的打击。

英国驻华领事翟兰思[①]曾在拳乱以后踏访过烧毁的翰林院废墟，并找到一册残卷。在这之后，他的父亲翟理斯又找到另外五册。翰林院被毁数月后，翟理斯撰写的"世界上最大的百科全书"一文在《十九世纪》杂志上刊出。该文叙述了他和其子得到《永乐大典》这六册珍贵残卷的经过，并试图还原这部惊人宏著的历史原貌。

## 2000学者耗时4年艰辛编成

公元1403年，即明朝第三位皇帝、精力无限的永乐皇帝统治中国时期，他决定将所知的中国经典文献汇编成书，遂令明朝博学之士解缙[②]征集收录历代文献资料。解缙在另外146个饱学之士的协助下开展这项工作，仅用一年零四个月便完工，时称"文献大成"，是百科全书式的文献集成。但是，永乐皇帝对此并不满意，他的目标是要创造一种远比"文献大成"范围还要宽广得多的东西。

因此，成立了一个新的皇家编纂委员会，解缙成为3位钦定大臣之一。这一次的编纂规模甚为浩大，在3位钦定大臣之下，设有5位总编辑，20位副总编辑和2141位助理编辑，总共2169人。永乐皇帝力图收集当时保存的各大门类学说典籍，包括孔孟之道、历史、哲学、文学，还包括火器、天文学、地理学、星相学、佛教、道教、手工艺和艺术等。

经过长达四年的艰苦编纂，终于获得皇帝赐准。他有足够的理由感到满意，正是因为有了他的不懈坚持，才最终有了屹立于他面前的11100卷、22877册的

---

① 翟兰思（Lancelot Giles，1878—1934），英国人，出生于厦门鼓浪屿，其父翟理斯（Herbert Allen Giles，1845—1935）曾任英国驻厦门代理领事。

② 解缙（1369—1415），江西吉水人，明朝洪武进士。永乐二年（1404）进翰林学士兼右春坊大学士，深受明成祖朱棣赏识，受命主持编纂过《太祖实录》和《列女传》，特别是主持编纂《永乐大典》，令其名垂青史。

鸿篇巨制，光是全书的目录就达到60余册。每册足有半英尺厚。如果将每册典籍摞起来，将有450英尺高，比伦敦的圣保罗大教堂和纽约的时报大楼还要高。

## 华贵装帧和复杂的索引系统

每册书的幅面有1英尺8英寸长和1英尺宽。与其他普通的中国书籍一样，用糨糊将各页粘贴在一起。书的封面用丝绸黄缎装帧，显得十分的雍容华贵。

每册书都贴有两个标签，一个标签说明书目和编号，另一个标签用明朝字典中常用的韵脚注明（Hung Wu Cheng Yun），即所有词条都分门别类。因为中国不是使用拼音字母的国家，所以这种索引系统对西方人来说显得稀奇古怪。正因如此，中国人被迫凭借不同的方法来进行分类，以方便查找。他们经常用到的另一种方法是将首字具有相同读音的放在一起，这种方法在英语里运用便是以字母顺序编排，即将access、account、accompany放在一组，但以第一个读音后的字母多少来排序，如access的acc后是三个字母，而accompany的acc后是六个字母，因此access应排在accompany前。

《永乐大典》每部又划分为20个门类，使得全书有917480页，而《大不列颠百科全书》才只有22000页。每页书有16行，每行平均25个字，这样整套书共3.66992亿个字。因为用中文书写比用英文书写含义更为精练，大约100个中文字相当于130个英语词汇，所以，可以说用我们西方语言体系来讲，全书共有4亿字。翟兰思所使用的《大不列颠百科全书》只有3080万字。由于其体系如此庞大，《永乐大典》故而能对任何细节都给予非常生动、令人吃惊的描述。

## 誊抄、保存与失散

1410年，永乐皇帝决定将全书印刷出版，但后来发现相关费用着实巨大，只好暂时放弃这一想法。1421年，永乐皇帝将首都从南京迁至北京，《永乐大典》被存放在宫内。

1562年，由100名学者组成一个新机构，负责誊抄《永乐大典》。这项工程于1567年完成，原件送回南京存放，第一部抄本仍然保存在宫内，另有一个副本。

明朝于1644年灭亡，存放在南京的《永乐大典》原件和第二部抄本毁于兵燹，仅存北京的第一部抄本。它被转移至宫外的翰林院，直到在拳乱中被乱民损毁。当时清理转移，发现有1000册、共2422卷已经丢失。

以上所有典籍文献都及时地编入目录，但因为典籍册数早有确定，以至于有许多外国学者对其准确性产生怀疑，甚至有人质疑《永乐大典》是否真正存在过。中国官府对洋人的质疑置之不理，认为这是洋鬼子故意找茬试图获得进入翰林院阅读《永乐大典》的许可。显然，这已被证明是再愚蠢不过的举动了。翰林院数千册《永乐大典》在1900年6月失火烧毁，试想如果早前中国官府不是那么过分热心地看管它、并允许外国学者查阅这些无价之宝，或许这部举世无双的文化瑰宝还能留存下来并世代相传吧？

翟理斯手中的五册《永乐大典》涉及诗歌、皇帝的行为规范、算术、历史、服装等。每册书尾有一小条注明负责誊抄、校对的官员姓名。

# 《清廷纪事》书评

1914年5月31日

题记：《清廷纪事》（*Annals and Memoirs of the Court of Peking*）（16—19世纪），白克好司（E.Backhouse）和濮兰德（J.O.P.Bland）合著，由波士顿胡夫顿·米弗林公司（Houghton Mifflin Company）出版。

本书两位作者对东西方伦理道德做了一番极有趣的比较研究。书中大部分内容源自清朝3个半世纪以来宫廷史官的直接描述。史官们竭尽所能，真实记录了大清王朝日常的宫廷生活，就像英国斯图亚特王朝时期或是俄国彼得大帝或叶卡捷琳娜女皇时代的宫廷传记作家一样。本书作者从一开始就将那些不能公正看待人性，或是怀着种族主义、以传统的有色眼镜看待世界的人拒之门外。这两位作者在撰写本书过程中显然未受"白人至上"理念的干扰，因为他们坚定拥护罗斯教授（E.A.Ross）对于中国未来的乐观预言。罗斯教授认为，由于中国太贫穷了，反而能够避免那些由电话、电影、阑尾炎、棒球和单身女佣所带来的不必要的灾难。

## 濮兰德任海关总税务司赫德秘书十年，获得观察和了解中国的绝佳机会

研究中国事务的人已通过白克好司和濮兰德之前合著的《慈禧统治下的大

清帝国》(*China Under the Empress Dowager*)以及濮兰德有关中国现状的数篇论文认识了这两位作家。濮兰德担任赫德爵士的秘书长达十年，而赫德担任中国海关总税务司一职将近半个世纪。濮兰德由此获得了观察和了解中国人精神世界的绝佳机会。

英国人赫德(Robert Hart，1835—1911)，曾担任中国海关总税务司四十多年，实际控制了中国海关，并且将西方一代海关管理制度引入中国。

两位作者在该书中运用了他们在上一本合著中用过的相同方法，让那些对宫廷生活有详尽了解的中国作者来讲述故事，而由他们负责挑选、对比、解释，并不时充当叙述人，由此编撰出一本趣味盎然、令人耳目一新的作品。

对于西方读者而言，尽管他们可以忍受书中描写的东西方共有的贪污腐败，但大部分内容仍令人不快，甚至是惊诧。但是，我们现在比历史上任何一个时期都更需要正视和理解各国不同传统习俗和不同肤色人民的民族特性。

白克好司和濮兰德正是依据这一理念，对中国进行了深入研究，这也是本书最大价值所在。如果读者也持同样观念，并对西欧宫廷历史有一些了解，那么，他就不会再秉持白人至上的傲慢心态。他们只会看到，邪恶与不公正是东西方人类的共性。

## “老佛爷”也时常动情，但她会在厌烦后赐情人服毒自尽

当然，从某些方面来说，西方人还是足以自豪的。西方世界的伦理道德观已有所进步，哪怕只是一点点。然而中国却始终陷入停滞。慈禧统治时期的清朝政府充斥着贪污腐败，与中国之前的各个朝代并无不同。在西方要寻找到类似情况，恐怕要往前细数好几代了。

如果叶卡捷琳娜女皇厌倦了她的情人，她只是扔给他一大堆礼物，让他慢慢品味。而在清史官们口中至高无上的慈禧“老佛爷”也时常动情，但是，她通常会在厌烦后赐旧情人服毒自尽，这让人联想到母蝎吃掉交配后毫无用处的公蝎。

如果有一种可被称为“终极道德”的东西存在，那么东方女皇的方式未见得比西方更糟。

两位作者从清宫史官的描述中研究反清起义和清朝的覆灭，以及在众多荒淫无度的朝代中宦官当道、最终腐败和政变不可避免的历史宿命。他们得出结论，是清朝内部矛盾导致宫廷和官场的荒淫邪恶、太平天国起义爆发和王朝灭亡，国力衰弱和政治控制力下降最终导致帝国的分崩离析。

慈禧统治时期，清朝也曾出现过历史上少有的繁荣盛世，但与此同时，其统治政策的厚颜无耻也登峰造极。慈禧在弥留之际，按中国古老传统要留下彰显其风范美德的遗言，她严令臣子“以后勿使妇人干政”，“谨防宦官专权”，然而，正是这两条使慈禧得以统治中国，真是极具讽刺的遗嘱。

## 同盟会与历史传统决裂行不通

两位作者认定，清朝灭亡后，中国政治体制、社会结构和百姓生活习俗并未出现任何深刻的变化。作者认为，三个多世纪以来的历史记载印证了他们的结论，如果政府违背中国老百姓沿袭了数千年的传统伦理道德，那么社会稳定就无法保障，行政效率也难以实现。作者写道，“那些支持中国建立共和政府并相信其有效性的人，实际上损害了中国整个社会体制的道德基础，他们所提倡的东西严重损伤了中国社会的根基。”

作者基于对中国社会现状及冲突的理解写道，同盟会的言论对中国少有益处，因为它的精神理念在它的祖国中实属异类。他们十分痛心地评论道，同盟会像印度圣雄甘地创办的《少年印度》（*Young India*）杂志一样夸夸其谈，在国外吸引和鼓动了大批追随者，它也因此自视甚高。然而，事实上，它的存在对国家和它自身都是伤害。

作者认为，同盟会的宣传和影响不可避免将会引起反弹，现在这种迹象已经很明显了。“袁世凯政权并不比忽必烈王朝更像共和制度。袁只是在等待合适时机建立新王朝，他成功的可能性与日俱增。”作者显然认为，建立一个新王朝才是中国人民满意、幸福和繁荣的最大希望，中国同盟会期待的否定历史、与过去彻底决裂的做法在中国行不通。

本书附有大量珍贵照片和图片，来帮助进行相关的介绍和描述。所有研究中国问题的人们都不能错过本书，那些对东西方伦理道德、国民性格或哪怕是对人民生活感兴趣的人，都会从本书中汲取到有益的知识。

# 《中国年鉴》1914年版出版发行

1914年7月12日

《中国年鉴》1914年版[①]向银行家、金融家、制造商、商人、船东和其他与中国有商业往来的人提供了大量权威信息。而对于对中国问题有兴趣的政治家、社会活动家和学生来说，有许多问题都可从中寻找到答案。特别值得一提的是，《年鉴》中有关工商业的章节比以往更加详细、全面。名人录中收录的人物比1913年版更是增加了两倍。此书最具价值的部分，是英军中尉宾斯蒂德撰写的关于蒙古的文章[②]。本书每册3.5美元。

# 第二届远东奥运会将在上海举行

1915年2月14日

题记：比赛时间定于1915年5月15—22日，比赛项目众多。

如果由于战争使得原定于1916年在柏林召开的奥运会不能如期举行，那么这不能作为阻止第二届远东奥林匹克运动会顺利举办的借口。日前半官方的竞赛委员会已经宣布，远东奥运会将于今年5月15日至22日在上海举行。由于战争，该运动会已从去年10月推迟到今年，迎接日本、菲律宾、朝鲜和泰国以及中国各地运动员的筹备工作正如火如荼地进行。

首届远东奥林匹克运动会于1913年秋天在马尼拉举行，赛制与西方奥运会几近相同。除了田径比赛外，还增设了足球、篮球、排球、棒球和网球比赛，觉醒了

① 鸦片战争后，英国传教士和汉学家对中国政治、经济、社会等有着深刻了解和研究。1912年，英国首次在本土出版英文版的《中国年鉴》作为资料性指南。1921年，天津有限出版社出版英文版《中国年鉴（1921—1922）》（*The China Year Book* 1921—1922），这是在我国出版的第一部英文综合性年鉴。该书主编是英国的伍赫德（H. G. W. Woodhead），他也是《北京和天津时代》的编辑，编写人员由英国专家和特邀的两位中国学者组成。该书对英国1912年版《中国年鉴》进行了修订和补充，分为33个章节，分别为中国的地域和人口、地理、动物群、森林、气候、人种和语言、报刊、农牧业、矿产资源、钱币和重量单位、贸易、财经、货币、建设、法律、交通、军事、教育、历史、河流、制造业、宗教、北方的饥荒、俄国在华问题、中国的战争和战后问题、政府和人物等，书后附录了人名、地名索引和中国地图。

② 宾斯蒂德（G. C. Binsteed）1911年至1915年为英国皇家地理学会会员，曾于1911年至1913年期间与霍尔默上尉一起对内、外蒙古进行地理考察，撰有五份旅行日记，现存英国国家档案馆。有关内容编入本版年鉴。

的东方人展示出的对体育的广泛兴趣令许多外国人十分惊讶。

数月以来，成千上万的学生密切关注即将来临的上海比赛，这些东方国家的大学、高中的教练们竭尽全力地训练他们的运动员以壮大其队伍，据体育权威们预测，此届运动会的各项田径纪录可望再次刷新。今年运动会还有一个看点是，在美国学院赛际杀无敌的强队夏威夷棒球九队可能参赛，以前一致认为，它既不代表西方也不代表东方。

在住宿安排上，外国人住在东方也显示出他们在体育精神上的勇气，许多英、美一流大学的运动员离开他们的大学来到东海岸。事实上西方人之间的比赛与东方人之间的比赛非常接近。

世界各地的体育爱好者在亚洲运动员的奋进下也深受鼓舞，因为这不仅是一个新奇的国度，西方的体育界人士也不得不考量一下这里的进展状况，因为过去他们一直居世界领先水平。下一代人也许会发现，东西方世界的人们将为同等高水准而战。

# 袁世凯临终前谈中国教育改革

1916 年 6 月 18 日

题记：前总统袁世凯逝世前不久，写下了下面这篇论述中国教育改革的文章。这篇文章是在两名美国女记者的建议下写作而成。她们向袁世凯提出了 11 个问题，袁世凯回答了其中的 10 个，剩下的一个问题因为无法完全理解而没有回答。从文中可以看出，在很大程度上，中国已经将美国教育体制作为范例，并且准备为工人阶级提供职业教育。

政府正在沿着教师培训的方向施行教育改革。全国目前有超过 140 所师范学校。从去年开始，北京的高等师范学校学生人数增加，从各省来的学生被集中到一起，希望能学习到无差异化的教学和培训方法。

至于科学技术教育，我们的政策是把重点放在工业化培训上。但是，由于资金的缺乏，并没有取得明显的进展。政府正在计划为工人阶级提供职业培训，有点类似美国将学校和工厂合并的方法，以此提高工人的素质。

在旧式文化教育中，儒家思想始终贯穿其中，深深影响了当下学生的思维。

但是由于封建科举制度固有的弊端，以及专制政权中流行的自负思想，全国普通义务教育不幸被忽视了。这可能便是我们可以溯源的旧式文化教育的弊病。

关于中国语言和文字，由于中国文字的复杂性，以及各地口语的极大差异，课堂教学的推广变得非常困难和复杂。教育部最近就统一发音的问题召开了一次会议，并且采纳了一套语音标识系统，未来有可能在全国范围内进行文字及口语改革。首先将在大城市对这套系统进行试验和培训，希望借此判断这个注音系统是否可行。

国民经济的发展大大促进了妇女教育，随之还有一些基础科学和艺术教育。妇女缠足在各省已被明令禁止，总体看成效明显，只是在一些边远地区仍有残留，政府将尽全力废止这一陋习。妇女教育问题，应被认为是当前最迫在眉睫的问题，因为本国的每一个国民皆由妇女所生育，妇女是国家的母亲。

迄今为止，归国留学生并未在这个国家的社会发展领域占据有影响力的位置，因而也没能为国家进步发挥应有的重要作用。近年来，归国学生被社会寄予厚望，全体国民都受到他们的影响。与此同时，旧文人的影响正在消退，新的留洋学生的影响力正在惊人地上升。

美国教育体制中的职业教育部分将是最适合我们加以吸收和借鉴的。任何一个从业者都可以通过职业教育提升其能力。最近，一些被派往美国考察职业教育的官员撰写了报告，中国教育家们读后受益良多。在世界众多教育体制中，美国对中国教育领域的影响最深，因为美国人追求自由与博爱的精神，最能引发中国国民的共鸣。

政府估计，中国的教育支出将逐年上升。但是自从辛亥革命以来，中国的财政经济状况并未完全恢复，导致教育经费受到极大限制。然而，在不远的将来，当教育改革施行有效时，将会需要筹措巨大数额的教育资金。如果我们将教育经费占财政收入的比例与其他国家进行比较，即可预计所必需的具体数额。伴随着金融改革的深化以及工业化进程的不断推进，我们将不难获得发展教育所需要的资金。中国教育事业的发展不受国家政体形式的制约，因为即使是在帝制国家，下述真理也是同样适用的，即国民的意志即是上天的意志。

## 庚款助学成绩斐然

1917 年 1 月 2 日

从 1910 年起，中国使用庚子赔款返还款向美国选派官费留学生，据统计，其支出费用现已超过中国的庚子赔款。①美国卫理斯顿中学（Williston Seminary）校报将其中10名中国留学生的学习成绩作了一个统计，他们的学习质量可见一斑。就在当年，他们10个人中就有5人获得了头等奖学金，其他5人获得二等奖学金。之后，他们分散到不同的学院和大学学习，成绩优异。现在，他们中一人在民国的某省做农业高专和农校校长，另外两人分别在北京大学和南京水力工程学院当教授。还有一人已完成潜艇和战舰设计课程，正在回国途中，以便将所学知识用于实践。另一位学同样专业的学生现在民国海军部工作。其余几人以优异成绩在美国化学和石油领域谋职，继续向中国人教授工业化学的秘密。只有一人因学习过于紧张导致神经错乱被送回国。

美国对中国年轻知识分子的教育是卓有成效的。不是说国际性不重要，美国最初是想将与庚子赔款相同的资金用于人才培育，他们确实使用了这笔资金，并且实际上超出了其金额。同样，美国也获得实惠，因为培养人才不仅支援了我们的教育机构，他们还将继续影响他们自己的国家事务，无论是在政治或商业领域。也许他们对其黄皮肤存有不安，这就需要有正直健康的思想来考虑与中国的竞争，西方文化是以竞争而闻名的。

这些中国人以与美国学生同样的兴致学习打球。如果他们继续努力的话，那么会有更严酷的运动与我们进行对抗。当然，我们可不想过早地自讨麻烦，培养出强劲的竞争对手。

# 金陵女子学院令人瞩目

1917年9月9日

南京城内最漂亮的学校是金陵女子学院，校内风景如画。这个新建立的机构由5名校董、8名教职员和18名女生组成。该校去年开张时，学生寥寥无几，今年招收到18名女生成绩不俗。女子学院位于一个景色优美的老公馆内，据说这

① 根据《辛丑条约》，“庚子赔款”总数为30000.3万美元（合银45000万两），美国分到2444万美元。1905年，大清驻美公使梁诚与美国国务卿海约翰商谈庚款时说：“中国财政支出，贵大臣所深知，现筹赔款已穷罗掘，一概还金，势须加增租税，民间艰于负荷，仇洋之念益张，大局或有动摇，祸患何堪设想。”当时“海为动容，默然良久，乃谓庚子赔款原属过多”。梁从此游说商请减免，并提出减收款可用于派遣中国留学生。1908年5月25日，美国参众两院联席会议决议：兹授权总统批准修改应从中国收到24440778.81美元赔款。经修改后，中国应付款总数限定为13655492.69美元，利息按规定4%年率计算。西奥多·罗斯福总统于1908年12月28日签署实施，退款从1909年1月1日起始，退款额不计利息为10785286.12美元。

里以前是李鸿章的官邸，后来转手给了他的一个远亲。到这个文化底蕴如此绵厚的地方来读书，即使这个地方现在只是租用的，对于每一位中国女生而言也是令人心潮澎湃的。秋天开学后，聘任的 8 位教授即可开课，高水准的教学令人期待。

正在就读的女生们抓住机会，正将她们所学的社会学原理和社会服务知识运用于实践，该校基督教女青年会（Young Women's Christian Association，简称 Y. W. C. A）最近将为街坊邻里的孩子们开一天课。由于师资原因，金陵女子学院暂时还不能招收更多女生。据说，中国有 15 所女子学院正在筹备开学，但除北京外，真正达到较高教育水准的仍非金陵女子学院莫属。

## 电影在香港举步维艰

1918 年 8 月 11 日

美国商务部最近发表卡里顿（A. E. Carleton）领事关于电影在香港的发展情况，摘要如下。

“电影引入香港和华南地区已经三到四年，实践表明，前些年的估计过分乐观了。当时的看法是这类娱乐方式将获得成功推广，但现在看来无法完全实现。据说，香港的电影公司没能挣到钱，原因是票价太高。香港最大的剧院维多利亚剧院虽然获得欧洲人的赞助，但只有交响乐和马戏巡回演出才能使剧院继续维持。”

“美国电影商和经营者认为，香港剧院应该支付与美国城市同等规模剧院相似的场租费，但是，他们不理解这个城市的 4/5 人口为华人，而他们中的绝大多数因票价太高而看不起电影。除了维多利亚剧院和宝石剧院（Bijou）主要观众是洋人外，其他 4 个电影院主要为当地华人服务。所有在当地放映的电影都是从马尼拉进口的第二轮影片。供洋人观看的电影院首场晚 7 点的票价分别是 10 港分、20 港分、30 港分（1 港元相当于 78 美分），第二场晚 9 点 15 分开映，票价分别为 30 港分、50 港分、80 港分和 1.20 港元。而华人剧院放映电影或演出，票价均为 10 港分、20 港分和 30 港分。有几个巡回剧团访港演出都赔了钱。”

“在该领区内，没有公司或个人从事电影制作。两年前，曾有一位美国人在中国公司支持下想尝试在当地拍摄电影，由于造价太高宣告失败。要想在这个领域获得成功，除非广大的中国民众已经接受过良好的电影熏陶。”

## 前教育总长率团赴美考察

1918 年 10 月 9 日

昨天，由前民国教育总长严修[①]、范源濂[②]和天津南开中学校长张伯苓[③]等组成的中国教育代表团考察了《纽约时报》大楼和印刷厂。这个代表团访问美国的目的是考察现代教育体系，为中国教育改革寻求思路。尽管中国人口基数大，但目前仅有在校学生 900 万。

## 国际新闻俱乐部在北京成立

1919 年 6 月 8 日

成立国际新闻俱乐部的宗旨，是将在北京的中外新闻记者和出版人聚集起来，以协调他们的活动。这个俱乐部是一个非党派组织，其成员绝大多数都是对在北京发展现代新闻事业抱有兴趣的人，包括来自英国、法国、美国和日本

---

① 严修（1860—1929），近代教育家，与张伯苓同为南开系列学校的创始人之一。天津人，祖籍宁波慈溪县。咸丰十年出生于天津盐商家庭。光绪九年（1883）癸未科进士，历任翰林院编修、学部侍郎、贵州学政等。任贵州学政时曾奏请朝廷废除科举，开办经济特科。戊戌变法失败后辞职回乡，在天津兴办教育。先办严氏家塾，聘请张伯苓任教，并多次和张伯苓一起出国考察，创办南开中学、南开大学，重视女子教育，创办严氏女中，1923 年改名南开女中。光绪二十九年（1903）从日本考察归来被启用为直隶学校司，主持建立天津模范小学、天河师范、北洋师范、女子师范、高等法政等校。

② 范源濂（1875—1927），近代教育家，湖南湘乡人。早年就学于长沙时务学堂。戊戌变法失败后流亡日本，入东京高等师范学校学习。清光绪三十一年（1905）回国，在北京任学部主事，并创办法律学校和殖边学堂。辛亥革命后，曾任教育总长。1917 年与蔡元培等人组织中结职业教育社。1923 年赴英与英政府商洽将庚子赔款用于教育事业，回国后历任北京师范大学校长、中华教育文化基金委员会董事长、南开大学董事、北京图书馆代理馆长，多次到美国考察教育。

③ 张伯苓（1876—1951），著名爱国教育家，清光绪二年（1876）出生于天津一个秀才家庭，1892 年入天津北洋水师学堂。1904 年赴日考察教育。1907 年，在天津城区南部开洼地（民间称“南开”）建成新校舍，遂称南开中学堂。1917 年秋赴美国哥伦比亚大学研究教育，次年回国筹办南开大学。1923 年创办南开女中。1928 年创办实验小学。张伯苓提倡教育救国，办学方针注重理工科教育。1948 年 6 月，出任南京国民政府考试院院长，不久辞去。1949 年没去台湾，留在大陆。1951 年 2 月 23 日病逝于天津。

的人士。

俱乐部在和平时期将成为各类新闻的交换场所，还可查阅本地各种报纸和外国报纸资料，目前分门别类地收集了300份中国报纸和40份外国报纸，以供俱乐部会员参阅。

## 杜威教授希望帮助中国革新教育

1919年6月22日

哥伦比亚大学昨天收到杜威教授[①]来信称，美国大学在中国的影响日益增强。杜威教授介绍了他的日本之行，称他在东京和京都帝国大学的授课广受听众欢迎。其间，他还给来自中国的教师们举办了讲座。所到之处，他发现知识与教育觉醒的迹象无处不在。

杜威教授表示非常期待能够帮助中国改建其教育体制，为此已向中国政府提出申请。他在信中说，中国的教育家们感到现在正是中国教育改革最关键的时刻，美国的援助比过去任何时候都更必要和迫切。

他是在加州完成一年教学后前往东方的，很适应那里的生活。正是在日本，中国政府官员们找到了他。

## 天津学生罢课惊动总统

1919年11月18日

北京11月17日电：

日前，由天津北洋大学（Peiyang University）工程系学生（由北京大学转学）

① 约翰·杜威（John Dewey，1859—1952），美国著名哲学家、教育家、心理学家，实用主义哲学的主要代表。1884年获霍普金斯大学哲学博士学位，同年受聘为密歇根大学哲学和心里学讲师。杜威在密歇根工作期间，发现多数学校仍沿着传统路线进行，没有适应儿童心理学的最新发现和民主社会变革的需要。寻找一种能补救这些缺陷的教育哲学，成了杜威主要关切的事情。1894年，他离开密歇根，转任芝加哥大学哲学教授后，享誉全球。1904年，改任哥伦比亚大学哲学教授。1919—1921年曾应胡适等人邀请到中国讲学。

发起的罢课运动正愈演愈烈。起因是学生们对一名美国教授的不称职不满，后又反对北洋大学堂的高水平生活，进而演变为针对整个美国教职员工的斗争，最终要求系主任辞职。

徐世昌总统已收到学生的请愿书，他已责令民国教育总长督办此事。

## 美国科考队在中国收获颇丰

1919 年 11 月 23 日

美国自然历史博物馆馆长奥斯博近日从收到的一封信中得知，由该馆罗伊·安德鲁斯带领的亚洲动物学科考队获得了丰硕成果。

科考队对蒙古北部进行探险考察后，已于 10 月 8 日抵达北京。他们此行获得了上千个哺乳动物和鸟类骨骼标本，还有大量照片。另一名近日抵达中国并加入科考队的哈利·卡德威尔报告，在浙江的考察也收获颇丰，他得到了两个精美罕见的高角羊标本，这将构成计划建立的自然历史博物馆亚洲馆的族群核心。据悉，安德鲁斯一行还到了中蒙边界，此后他们将赴山西省考察。

奥斯博馆长称，自然历史博物馆将尽一切努力辟出空间，以使这些精美的动物标本早日对公众展出。

## 五所教会女中开建

1920 年 1 月 25 日

为进一步加快女子教育进程，美国北方浸信会联会（Northern Baptist Convention）计划在华建立五所新的女子高中。

目前全中国 350 人中仅有一名女子会识文断字，为了扫除文盲，政府最近通过了一个 39 个字的简易语音字母表，一个文盲通过学习这个字母表，6 周就可学会读写。

美国北方浸信会联会强调提高东方妇女教育水平的重要性，北方浸信会新世界运动在一份调查中声称，培养智慧女性对中国的再生和基督精神绝有必要。

根据该会的规划，不仅要建女中，还要增加小学的数量，直到每个村庄至少有一所学校，无论是以教堂还是以布道站的形式。

目前全中国共有教会学校 265 所，共有在校生 8455 名。由于教育体系不断发展，政府正不断提高教学的水平，教会学校也肩负着越来越大的责任。

# 北京大学首次录取女学生①

1920 年 3 月 12 日

北京 3 月 11 日电：

本周是中国教育进步的历史性时刻，五名女学生终于获北京大学录取。此前，中国大学是禁止女孩进入的。而现在，大学的大门对她们打开了。这件事的另一个重要意义，是它标志着中国终于接受了男女同校的原则。

# 中国人自拍电影杀青

1920 年 6 月 6 日

由中国人自己制作的电影由美籍华裔导演詹姆斯·梁（James B.Leong，1889—1967）洛杉矶制片公司宣布制作完成。这家新公司的宗旨是将真实的中国搬上银幕以还原中国人生活真实的一面，修正过去对中国人的印象，它通过摄影机的眼睛把有关中国战乱、抽鸦片和奇特的赌博之道揭示出来。该公司总裁梁先生熟悉该国生活和语言，又通晓英语，曾作为技术指导参与拍摄过影片《凋谢的花朵》《红灯笼》《异教神》《神秘的脸》等，具有电影制作经历，他还以摄影的形式反

① 1919 年 5 月 19 日，甘肃籍女学生邓春兰公开上书北大校长蔡元培，申述妇女与男子应“职业、政权一切平等”。要实现这一目的，“应以教育平等为基础”，要求“国立大学增设女生席”，“实行男女同班”。蔡元培提倡男女教育平等，曾在接受上海《中华新报》采访时说：“大学之开女禁问题，则余以为不必有所表示。因教育部所定规程，对于大学学生，本无限于男子之规定，如选举法中选举权者。且稽诸欧美各国，无不男女并收。故余以为无开放女禁之问题。即如北京明年招生时，倘有程度相合之女学生，尽可报考。如程度及格，亦可录取也。”1920 年 2 月，北京大学率先“开女禁”、招收女生，第一次招收 9 名女学生入文科旁听。她们是王兰（江苏无锡人，哲学系）、奚浈（江苏南汇人，英文系）、查晓园（浙江宁海人，英文系）、邓春兰（哲学系）、韩恂华（天津人，哲学系）、赵懋芸（四川南溪人，哲学系）、杨寿璧（贵阳人，哲学系）、程若勤（安徽歙县人，国文系）等。中国女子高等教育由此起步。

布景人员在摄影棚内搭建一座中式房子作内景，生动反映了电影的制作过程。

映中国人生活的方方面面。这部名为《中国的瓷钟》的影片是梁先生的首部影片，它将中国发现瓷器的历史编得绘声绘色，充满密谋又罗曼蒂克。这表明，詹姆斯·梁试图通过讲故事的手法将中国的过去和现在所取得的成就通过戏剧性的讲述展示出来。

## 电影在天津大受欢迎

1920 年 6 月 20 日

据美国驻天津领事福勒（Stuart J. Fulle）报告，在英文电影中植入中文字幕引起越来越多当地人的兴趣。目前在天津有 6 家电影院，洋人经营的电影院能容纳 600 人，而华人经营的电影院能容纳 500 至 2000 人不等，每天上演两场电影。电影主要从美国的大公司引进，因此美国影星在这里与在美国一样受到影迷的推崇。

# 在中国寻找龙骨

1920年8月1日

对中国进行地质学调查的安德森博士近日发表论文，题目是“在中国寻找恐龙”。这并非雷龙仍然存在于华中地区大湖湖底的耸人传闻，美国自然历史博物馆也未出价500万美元收购无论生死的雷龙。他们既没有去寻找罕见的中国瓷器，也没有包含任何模糊不清的政治意义。也许，世界上只有很少的一些人知道，恐龙化石及牙齿在中国被称为“龙骨”和“龙齿”，通常是在中药铺里当作药物来使用。

那些经常与美国自然历史博物馆保持联系的人也许记得，数年以前，这个博物馆曾从一位德国人手中购得少量的恐龙化石和恐龙牙齿化石，而他就是从中国药店里买到的。中国人告诉他，这些化石的用途是作为药品，据说对治疗肝脏和神经紊乱最为有效。

所有的这一切听起来十分荒唐可笑。也许它不像我们西方国家那些拥有专利权的家用药品那样有效，也许其主要价值在于“信念治愈”，可使病人认为它吸收了龙的部分能量。尽管如此，动物的骨骼和牙齿无论其是不是化石，它们的主要化学成分是石灰磷酸盐，自然条件下是不能溶解的，但是在弱酸环境下，它们可部分转化成可溶性酸性磷酸盐。医生认为，在这种形态下，酸性磷酸盐有时具有滋补功效。但通常情况下，从碱性环境中得到的龙骨或龙齿并无任何药效。这样看来，把龙齿放在发酸的酒里或许有些药效。

为什么是化石龙骨而非新鲜骨头可作为药物呢？对此一时还没有答案。也许它们拥有动物胶原或其他有机物质，使之易于裂解。然而，使用这种化石多少能缓解中国人的神经错乱和肝脏疾病，但是它严重干扰了安德森博士的科学研究。

因为对中国人而言，化石具有可观的商业价值，那些能够找到化石的人对化石所在位置极为保密。不仅设法追踪市场销售化石的来源极不可能，而且还很可能遭到当地地主和其他好事者的突然袭击。更糟的是，人们为了取得他们认为更有价值的动物牙齿，会打破动物的头盖骨。

安德森博士不得不推动一项知识普及运动，力图使中国人了解到完整的头盖骨化石对于西方动物学家来说，远比击碎它拿到当地中药铺去出售更值钱。如果他们有更多知识的话，他们就会了解到，这些中国化石对科学研究来说非常有趣、有价值。科学家们近年来试图探究人类到底从世界上哪个地方发源。应是在中亚某个地方，从动物进化而来，使之具有比这个星球上其他动物更聪明的大脑和更健壮的体格。

到目前为止，这一观点被证明是正确的。因为人们在美洲和欧洲徒劳地寻找从猿变人的人类始祖化石，但是都未找到。最有可能找到的可能就在中国境内，从西藏、土耳其到里海这一带，它们是化石开发的处女地。如果中国地质学调查继续进行并扩大考察范围，我们将能够从中获得关于人类始祖以及其他低等动物的许多重要信息。

# 在唐人街观赏中国戏

1921 年 4 月 10 日

威尔·艾文（Will Irwin）

一天晚上，我在旧金山昃臣街（Jackson Street，位于旧金山唐人街内，译注）看完戏，走出剧场后，发现一周前还是一家华人杂货店的铺面已变得面目全非。墙上张贴着俗艳的巨幅广告，“电影”两个大字在灯光的照耀下熠熠生辉。

我驻足观赏，不由得哑然失笑。因为商业电影在那时还是一件相当新鲜的事物。几年后，类似情况再次发生。我在纽约宰也街[1]剧院看完演出，走到包厘街（Bowery Street）时，发现几乎每两个铺面中就有一个在放电影。然而，那时我并没意识到，我所目睹的正是现代电影谋杀传统戏曲的一幕。事实如此，宰也街上的戏院不到一年就关门了，重复了旧金山昃臣街和华盛顿街（Washington Street）的戏院在此前很久即已关张的宿命。在美国大陆存在已久的中国传统戏曲至此消失，被电影取代了。

## 武打戏演给白人观光客看

在过去将近 40 年的时间里，中国戏曲这一艺术奇葩在美国大地上曾风靡一时，但大多数美国人却甚至不知道它的存在。当然，坐旅游观光车到唐人街闲逛

① Doyers Street，华人称宰也街，是纽约唐人街内一条狭窄的小巷。当年华人黑帮经常在此打斗，发生激烈冲突，因此又被称为“血腥之角”。

的游客总是会赏光的。观光车通常晚上 10 点钟开到唐人街的中国剧院。如果是华人，一般只需花 25 美分就可看上一出戏，但观光客们却需要交 75 美分，真算得上是一桩利润丰厚的好买卖。

10 点钟，戏院门口人声鼎沸。道具工在舞台上步履匆匆，幕前幕后走来走去。紧接着，大幕落下，游客们开始三三两两走进来，陆续落座。不管哪台戏开演，乐队演奏总是以一声震耳欲聋的锣响开始。从舞台两侧闪出两个威风凛凛的先锋官来，他们身穿十分华丽的戏袍，背上插着靠旗，头戴色彩鲜艳的大帽子。两人身后紧跟着四到五人，都盛装打扮，光彩照人，但他们没有前面两人的头饰和插在背后的靠旗。

顿时，观众席上嘘声四起，叫声尖锐，甚至盖过了乐器的伴奏声。于是，戏台上开始表演起打斗场面，表演将搏击与舞蹈糅合在一起，双方挥舞着装饰精美的长矛对攻，动作勇猛快捷。来回打斗好几个回合，打到最后，一方将长矛横举过头顶，另一方猛地横扫过去。

最先出场的那位先锋官应该是战死倒下，退下场去。戏台上管道具的那个人用目光扫过观众席，观察他们是否满意。如果观众没有起身离席的意思，他就给戏班的经理打一个手势。经理坐在剧场右边入口处，用一个葫芦（Gourd）状的东西指挥全场演出。经理看到手势后，奏出一串奇特的长音，发出“接着打”的信号。于是，另外两个武将又转身走上场来，开始另一场打斗。

当然，带领着观光客的导游是完全明白戏班这套把戏的，他暗示游客们赶紧去下个景点，因为佛堂 10 点半就关门了。当游客们走出剧场大门，精疲力竭的乐师们才长吁一口气，放下手中的鼓锣丝竹，抽口烟，解解乏。

两三分钟后，戏班经理发出召唤，华人看的戏曲才真正开锣，都是那些舍得花大把银子看热闹的白人观光客们粗鲁地打断了他们。白人观光客们耳朵里听到的是那些奇怪难懂的乐曲声，鼻子里嗅到的是从人群里散发出来的汗臭、橘子、梨、花生油和劣质香烟的混合味，而眼睛里看见的却是那一幕幕令人难忘的武打场面。

## 中国戏院内部的景象

通常情况下，华人戏院都不大。戏台下，是一排排简陋的长条板凳。晚上 10 点钟时，已经黑压压地挤满了观众。他们大多穿着绿色的褂子，头戴小圆帽，头顶系着发辫，从背后看过去，像是集合了一个团队的士兵。

戏院有两三个包厢，高得快顶到天花板了。有一些衣饰考究、装扮精致的女士坐在里面，她们的头发上抹着头油，光鉴照人。高耸的发髻上还别着华丽的金钗。包厢里的观众总是很安静地坐在那里，专心看戏。她们从不鼓掌，只是时时露出微笑，看到滑稽处也会开心大笑，跟其他美国的观众别无二致。场内所有观众的目光都汇聚到戏台上。

戏台本身其实相当简易，台子上方只挂了一盏煤气灯提供照明。戏台两侧都拉着幕布，演员由这里进出场。戏台两侧设有一些凳子，留给特别客人、当晚不出场演员、演员亲友或身份尊贵的中国客人。戏台上方有一个镂金雕花的小阳台，下方是乐池。台下有一些中式桌椅，上面铺着色彩艳丽的织锦。仅此而已。戏台上没有布景，演员与观众隔得很近，时常混杂在一起。

## 阿奇、孩子和道具工

旧金山昃臣街戏院的阿奇（Ah Chic，音译）是一位名声很响亮的悲剧演员。华人喜欢小孩子，阿奇有两个年幼的儿子，他们自然成了全场观众的宠儿。在 10 点钟前，戏院舞台就是他们的游乐场。演出前，妈妈会从舞台一侧神奇地现身，追赶着孩子们哄他们上床睡觉去。大人教导孩子们不要跑到戏台中间玩，但孩子就是孩子，他们常常将大人的教导抛到脑后。我就有一次看到，阿奇正演得悲悲

专心修理断矛的道具工。（《纽约时报》原文插图）

切切时，他还要偷偷用脚把挡道的小家伙们踢到一边去。

戏院里到处都看得到道具工的身影。他穿着很平常的衣服，是一个表情冷淡、枯燥乏善的家伙。当戏台场景要从寻常百姓家变成皇家宫廷时，他的工作是把蓝色的台布换成象征帝王的明黄色台布；给士兵们准备好新的武器；将几把椅子堆放在桌子上，表明此处是一座山；再确保台上所有人的着装正确，等等。他经常会在好戏演到一半时，突然走到演员跟前，按他自己的喜好来整理演员背上的靠旗，这样演员才好重新返回战场。这就像一瓢冷水，浇灭了我们所有的激情。有一次，我看到台上打斗正酣，男主角手中的矛却突然折断了。道具工马上从墙边操起一支新矛，递给男主角。随后，他坐回到戏服箱子上，拿起折叠刀和线，开始修理那只断矛。

## 中国戏剧神奇的想象力

这就是我们所能看到的中国戏剧表面的东西。我们只有经过长期的研究，才能够领会和理解华人观众为何如此入戏。我们若充分发挥自己的想象力，对于偷偷混到台上的小孩和道具工就可以视而不见了。当一个隐形的道具工把桌布换成了皇家专用的明黄色时，你得马上想象这个皇宫与比拉斯科[①]和瑞恩哈德[②]搭建的舞台比，更加金碧辉煌。当演员爬到道具工用桌椅搭建起的一座山上举目眺望远处的战役时，虽然最出色的画师也描绘不出远处天际宛转跳跃的瑰丽色彩，可是你的想象力却可以做到。

如果我们研究得更深入些，那些起初看起来稀奇古怪、让人摸不着头脑的玩意儿就会变得意义重大。衣着华丽的男主角走上战场。他在最后一幕中，把一条腿高高抬起，在空中快速踢三到四下，而后退下场时，这条腿还在不停颤动，像是在疾步行进。这是有含义的。这一系列设定的动作表示，男主角跃身上马，疾驰而去。而那几次快速的踢腿，正象征马的腾跃。

王子和公主站在那里正与神仙交谈，这二人突然用手覆盖住双眼，接着上下挥动手臂，并露出惊奇的表情，这表示神仙已驾鹤西去；戏台中央那一张永恒不变的桌子旁边，两个人坐着说话。这时，另外一人走上台来，停住，伸出手臂，手掌与手臂垂直，在空中做着动作。这表示他停在屋门外。他把两只手合拢成椭圆形，

---

① 戴维·比拉斯科（David Belasco，1853—1931），美国戏剧作家和布景大师，以现实主义的舞台布景和创新的灯光效果而闻名，其代表作是《蝴蝶夫人》。

② 马克斯·瑞恩哈德（Max Reinhardt，1873—1943），奥地利裔美国戏剧大师及导演，以制造和烘托强烈的舞台效果而闻名。

专心注视，这表示他正在往窗户里看。

中国戏剧种目繁多，也许有成千上万种类似的传统动作。有一些像我上面提到的那样，其意一望而知。但也有一些需要解释的，比如骑马扬长而去的动作。那些每周甚至每晚都去昃臣街、华盛顿街或宰也街看戏的华人熟知剧情，比如把椅子摞起来就成一座山之类的寓意，观众们打个响指，他们的想象力就会迸发出来，剧情于是也就连贯了起来。

中国戏台和不少西洋戏剧一样，是没有布景的。莎士比亚不朽的戏剧，都是在空荡荡的舞台上演出，跟中国戏剧一样，演员也是由左右两侧上场。莎士比亚有一种任何时代的诗人都无法达到的魔力，他只用三四个词就能勾画出一幅完整的画面。他最伟大的戏剧片断都没有布景。莎士比亚和与他同时代的那些天才戏剧家们的创作都没有使用布景。中国戏剧也是一样，于是，创造出了一些规定的程式动作来表达剧情。这的确收效良好，而且有时比西洋戏剧更精妙。在比拉斯科和霍普金斯（Hopkins）的悲剧中，舞台上不会出现六到八个骑士同时驰骋疆场、相互厮杀的场景，因为马难以驾驭。但中国戏剧却通过演员一系列踢腿、腾跃的动作，向观众逼真地展示了这一切。

## 道具、戏服和脸谱

然而，所有的戏剧都离不开鲜艳的色彩。中国戏剧创作者们不使用布景，却能够通过服装和道具来展示出所有的色彩。不仅演员的戏服如同万花筒一般令人目不暇接，而且所有道具也都比现实生活中的更美妙。男主角在战场中使用的长矛上雕刻着非常美丽的花纹。有一年过新年的时候，我在昃臣街戏院看到过令人终身难忘的一幕。这台戏（Building the New Bridges）讲述中国古代的一个神话故事，善良的仙女要帮助男主角，他是一位筑桥师，但遇到邪恶的巫婆百般阻挠。最后，国王和仙女给了男主角一个施有魔法的菱形物件，一洒进河里，就长出桥墩，令巫婆再也无法阻挠。为显示魔法长出桥墩，道具工摆起四把椅子，众多老百姓一窝蜂拥上来，沿椅子两侧走过去。

接着，公主出场，巡视新桥，并要嫁给这位年轻人。公主乘船顺流而下。这艘船上有两名船夫，他们用手作出划船前行的姿势，还用藏在船身下的腿进行各种随波逐浪的摆动。船上的公主假装是坐着的，其实她是自己在走，一面走还一面轻轻地摇着纸扇，姿态优雅，很有皇室风范。

但是，这艘船真不一般。它是为演这出戏专门从中国进口的，加上关税大概花了几千美元。船身包裹着粉红色的绸缎，缎面上处处是精美的刺绣。船板上全是色彩鲜艳的绘画，还有各类金玉的装饰。我记得，在身着金色戏服的宫廷侍卫的身后，是一束束燃烧的蜡烛。只有中国人才知道该如何制作出如此精美的装饰，而这还只是全戏道具中的一小部分。西方人中也许只有荷兰人能做到。

在这台戏中，老百姓拥上新建的大桥。从他们带的东西可看出各自的身份和职业。比如，卖水果的小贩推着西瓜，而它们都是一些西瓜状的中国灯笼，装饰精美，光芒四射。

所有服饰皆极尽奢华。举例来说，如果男主角是位将军，那么他的白色军靴会很长，就像是欧洲淑女的长手套。他那长长的丝袍显得非常柔软，是非常醒目的赤金色或玫瑰色，上面绣满了与衣袍同色或其他强烈对比色的花纹。将军背插着好几面大红色或黄色的靠旗，像是从肩上长出了无数的翅膀。他的头盔上嵌满了红、蓝、黄各色丝质的装饰物，有两三英尺高，层次分明，妙不可言。特别是将军两鬓向后竖立起两条赤金色与黑色相互交织的雉尾翎，在空中展开的翎子至少有五英尺高，最为令人赞叹。

戏中的"女士"通常由青年男子或男孩扮演，他们也许没有男主角那样惊艳，但显得同样的美丽。女子戏服一般是高雅的青灰色、粉红色和钢青色，上面绣有别致的图案。

脸谱、招式与戏服一样，都具有很强的象征性。一位衣着华丽的男演员走上台来，可他的脸上却涂着黑红相间的油彩，像是上战场的印第安人那样。看到这里，我们就该知道，这是一个蛮军的首领，是中国的敌人。因为这样的脸谱说明他是一个阴险狡诈之徒。而如果男演员身穿明黄色的戏袍，背上还插着明黄色的靠旗，那他就是皇帝。因为只有皇帝在戏台上才能用明黄色。所有重要角色，例如圣人、将帅、神仙、君王都留着长长的胡须。可这胡须不是从下巴、而是从上嘴唇上长出来的。我至今没弄明白，这种违背自然规律的设计算是怎么回事。我问过演员，他们只是说一直都是这样。这个答案对于旧式中国人来说足够了，但对于年轻一代来说可不行，但那就是另外的故事了。

## 中国的哈姆雷特

关于戏剧这些基本特征的描述已经不少了。真正的重点是戏剧本身。中国戏剧创作的鼎盛时期要比我们戏剧诞生时期伊丽莎白时代早两个多世纪。元朝是中国戏曲最辉煌繁盛的朝代，当时朝廷官员都开始从事戏曲创作和表演，戏曲在元朝风靡了约半个世纪。现在流传下来的《元曲三百首》(*Hundred Yuen Plays*)就是这一时期杰出作品的合集。

元朝灭亡后不久的公元1404年，一个乡村教师创作了中国的《哈姆雷特》——《琵琶记》①。过去500年，中国戏院里每晚仍在上演《琵琶记》。世界上没有任何一部戏曲能有如此坚韧的生命力。在这之后，中国戏剧创作戛然而止。今天，我们在昃臣街或宰也街的戏院里看到的，事实上都是14世纪的元曲，只是随着时代变化而略有改动，其喜剧片断有细微的变化。因为悲剧是永恒的。但是，即便是在中国，喜剧也会随着时代变化而演进。1350年的人们觉得有趣的事情在今天也许味同嚼蜡。

《琵琶记》一直在美国唐人街的这3个戏院里持续上演，吸引着大批的观众。它讲述的是中国饥荒之年的一个故事，与今天的情形颇为相似。一个年轻的书生寻求功名，却遭遇功名与责任的十字路口，最终他作出了正确的选择。我看到在场所有观众都眼噙热泪。故事讲述的是人类永恒的思考与诉求。

元曲佳作堪与莎士比亚的亨利王系列剧相媲美，都是在讲述人类悲欢离合的"历史"，而其他作品则完全是中国式的，其中一些主题也出现在西方的伟大作品中。譬如，男子新婚燕尔即离家，20年后返乡，这是中国版的《伊诺克·阿登》②。恶毒的后母——所有西方童话里都会出现的人物，备受欺负的小妹妹终于战胜了她时髦的姐姐们，最后与王子成婚——灰姑娘的故事。东西方的神话故事中有更多令人惊叹的相似之处。我们得习惯中国人脑海里神仙的形象，那不是穿着纱裙的小仙女，而是留着长长胡须的男子，气势尊贵。除此之外，东西方的神仙们就都差不多了，都有与生俱来的本领，同样吃仙丹、施魔法，来无影、去无踪。

## 中国戏剧与电影蒙太奇

我曾自认为中国戏剧结构松散。我知道，它非常诗情画意，然而，要想真正理解它，恐怕得穷此一生去学习汉语了。中国戏剧似乎是在不经意间讲故事，就像是一部小说。直到最近，我才意识到，中国戏剧是有完整结构的，我总算找到一个类似的事物可与之相媲美，那就是电影。

在各种情形下，中国的剧作家和当代电影导演一样，他们总是不喜欢受到传统舞台的局限，他们可以随心所欲地变换时间和空间。在电影里面，可以实现

① 《琵琶记》为元末南戏，高明撰，写汉代书生蔡伯喈与赵五娘悲欢离合的故事，共42出。被誉为"传奇之祖"的《琵琶记》是中国古代戏曲中一部经典名著。全剧典雅、完整、生动、浓郁，是高度发达的中国抒情文学与戏剧艺术的结合。

② 《伊诺克·阿登》(*Enoch Arden*)，是英国19世纪维多利亚时代桂冠诗人丁尼生（Alfred Tennyson Baron）于1864年所作的著名叙事长诗，讲述了一位丈夫离开爱妻和三个孩子出洋谋生不幸流落海外而其妻改嫁他人的凄伤故事，曾多次被拍成电影，赚取亿万人眼泪。

“时光倒流”；而我在中国戏剧里看到了同样的一幕。一名年轻男子遭遇祸事，却勾起他对往事的回忆。道具工嗖地一下换掉了台布，演员唱念道：“现在是 10 年前，我们身在年轻男子的故乡。”戏就这样演了下去，和电影里的情节像极了。尽管中国戏与我们的观念不尽相同，但这是真正的艺术，否则《元曲三百首》就不会在历经 600 年后仍熠熠生辉了。

## 做念唱打样样精通

当我们熟知中国戏剧的表演规则后，就会习惯它们用高亢唱腔表达各种情绪的特殊方式了。我们还会看到，中国戏剧的专业性比美国戏剧艺术更加完备。中国演员所接受的职业训练是我们的演员所不了解的，他首先必须是一名知识渊博的学者。中国戏剧里那格调庄重的台词、念白和经典唱段都是用古典文学语言写成的，如同法语中的拉丁文一样。中国戏剧本身就隐藏着深厚的文学底蕴。

中国戏剧演员几乎都出身于梨园世家。通常情况下，父亲会向学徒传授戏曲的念白，学生们必须至少熟悉上百台戏文中的各个角色，精通唱、念、做、打各门功夫。中国演员必须能够随时扮演任何角色，因为他们极少进行排练。他必须熟悉曲调，因为每台戏都像是一部歌剧。他必须像体操运动员一样锻炼身体，因为戏中不时有如同杂技表演一般的奇特舞蹈。最后，他还必须学会表演哑剧，因为戏中没有布景。如此看来，中国演员简直就是超级全才。这就是为什么即使听不懂汉语的欧洲人，只要他们了解剧情，同样会沉浸在中国戏的美妙之中。

## 阿奇驯马记

我认为，炅臣街戏院已故的阿奇是我见到的最伟大的演员之一。我这样说是有理由的，埃德埃·布斯[①]曾经数次现场观看过阿奇的演出，每次都兴奋不已。我仍然清楚地记得阿奇表演悲剧和哑剧的杰出才能。在一出神话剧中，阿奇扮演一位爱上公主的年轻男子。公主的父王有一匹无人能够驯服的骏马，王国也一直受到魔法的诅咒，只有这匹马被驯服以后，魔咒才能被解除。国王于是按神话故事的惯例，允诺任何人如能够驯服骏马，即可迎娶公主。

年轻的男主角走上场来，准备驯马。紧接着，马也出场了。戏班经理似乎

---

① 埃德埃·布斯（Edwin Booth，1833—1893），19 世纪美国著名戏剧演员，被称为那个时代最伟大的演员、最伟大的“哈姆雷特”。曾在纽约建立当时最豪华的布斯剧院。他的弟弟约翰·威尔克斯·布斯（John Wilkes Booth）刺杀了林肯总统。

觉得一匹假想的马无法让观众信服，于是他采用了类似史诗《伊凡吉林》[①] 中那只著名的跳舞小牛的造型。马背上绘有看起来像皮革的马鞍，马头用竹编成，上面画着两只炯炯有神的眼睛。在马的身子里藏着两个跑龙套的演员，他们把头和背隐藏在马背里，但腿和脚只能露在外面。那是典型华人的腿脚，穿着松松垮垮的蓝裤子和毛毡鞋。这匹马往前走，做着各种奔腾跳跃的动作，形成令人无法抗拒的喜剧效果。我们这些美国人开始还能够努力地憋着，但终于忍不住爆笑起来。

阿奇停住脚，举起手来，做了一个指挥的动作。马停下来，而后高高地腾空跃起。藏在前面的龙套演员一下蹦到空中，总算完成了这个动作。我们又大笑起来。

阿奇走近"马"时，我们止住笑。10 秒钟后，他成功地将一出滑稽剧变成了英雄史诗剧。他在驯马，害怕、谨慎、坚毅和信心，活灵活现地展现在他的面孔上。我被感动得后背都在颤栗。最后，他成功跃上马背，并飞奔至国王面前，下马、行礼，并赢得公主的芳心，这时，我们都不由自主地热烈鼓掌。

阿奇在美国的表演与卡罗索 [②] 几乎同时代，但美国的市场要大得多。阿奇的全部生活都在戏院里。有一次，我看到他在化妆间里教他两个儿子表演哑剧。两个孩子一个 5 岁，一个 7 岁，他们显然将子承父业。阿奇去世后，戻臣街戏院也不复存在。我猜他的两个儿子现在也许身在中国，表演着家族世代相传的传统戏曲。

## 照相还是勾魂？

为中国戏院拍摄剧照本身也是一段故事。我相信，我所拍到的照片肯定是最早的。迄今所公布的一两张照片中，都只有一些穿着戏服的龙套演员。中国戏的大腕们思想都非常保守，他们中间流传着一个迷信的说法，认为如果自己被谁拍了照片，那魂儿也就被这个人勾走了。我花了十年时间，试图能拍到名角的照片，最终以一种非同寻常的方式在纽约宰也街戏院实现了这一夙愿。

中国戏不像一些人想象的那样，会持续演出一周。它和我们西洋戏剧一样，通常一个晚上就可演完。但中国戏非常长，在美国通常是 6 点 45 分开演。但是，即使是中国人也很少能在这个时间空闲下来，因此经常演了 45 分钟，台下还空

---

① 《伊凡吉林》(*Evangeline: a Tale of Acadie*)，由美国著名诗人朗费罗（Henry Wadsworth Longfellow）1847 年创作的史诗。

② 恩利科·卡罗索（Enrico Caruso，1873—1921），意大利歌唱家，是世界上最早有录音记录的歌唱家。

无一人。这样的场景时常出现，对于旧派华人而言，这个时间够长的了。

我向一位与宰也街戏院有交情的美国人拜伦先生（Mr. Byron）请教，他仔细研究了我的想法，很现实地提出了建议，我接受了。拜伦先生说："别理那些角儿。他们不会在这个事儿上坚持一百万年的，除了包先生（Inai Bock，音译）外。你去买一张最前排的票，6点半就过去，把你的照相机架上。他们6点45分开演，你就开拍，一直拍到观众入场为止。"

1910年的一个晚上，拜伦先生和我6点半就到了戏院，我把带有闪光灯的照相机架到剧场中央。这个消息很快传到后台。我们都能听到中国人在幕布后奔走相告，一瞬间，后台响起一片嘈杂声，激烈的争辩和惊叫不绝于耳。拜伦先生和我心头有些不安，但仍然假装镇定地安装好闪光灯，对好焦距。

后来，我知道了后台争吵的全过程。包先生——包爷，他是宰也街戏院的老板。不论其政治和宗教立场如何，他都受到众人的尊敬和爱戴。他皈依了天主教，还是中国维新会（Chinese Empire Reform Association）成员。包爷对中国一切旧传统和迷信都深恶痛绝。他看到我们架起机器后，立即成为我们的同盟军。争吵也就大致如此。

争吵声逐渐平息，接下来是沉默。我们看了看表，已经6点40分。5分钟后，我们就会得知，究竟是迷信还是进步获得胜利。突然，台上响起一阵鞭炮声，我们都被惊得跳了起来。紧接着，从幕布后又扔出一串鞭炮，在戏台上炸开了花。随后，传来一阵奇怪的锣鼓声，震天动地。

看门的美国人对此作了一番解释。毫无疑问，进步力量获胜了。角儿们没有别的选择，只好在出场前燃放鞭炮驱赶鬼神。鞭炮和鼓点声是为了驱散邪神的怨气。幕布拉开，角儿们身着华丽戏服亮相，开始"吼神"（How Shen），据说戏班每个月都会举行一次这样的小型祭拜仪式。我们没料到还有这样一场仪式，很幸运地赶上了。我举手示意，拜伦先生的助手打亮闪光灯拍照。我们能看到演员们面露畏惧之色，但他们没有停止。

"吼神"进行了10分钟后，指挥的鼓点声传来，暗示演员们该开始表演了。我紧盯戏台，看到场景不错时，就举手示意拜伦先生拍照。抢在观众入场前，我们已经拍了十几张精彩的照片，其中只有一张没拍好。演员们开始拿出看家本领，我们也一路拍过去。到后来，年轻英俊的悲剧演员洪凌（Hom Ling，音译）摆出各种姿势，冲我眨眼，仿佛在说，"这张不错啊！"最后，他简直入迷了，甚至邀请我到他的化妆间去拍照。

那晚我没去后台。不过，这之后有一次我去给洪凌拍照时，到化妆间拜会了包爷。他戴着皇帝的胡须，抬起头来冲我笑。包爷用不够地道的英语说："迷信不好。天主教是最好的宗教。”

## 百老汇上演中国话剧

1921 年 10 月 24 日

一台由哥伦比亚大学学生表演的中国话剧《木兰从军》今明两天下午将在纽约百老汇科特剧院（Cort Theatre）上演。该剧的编剧是剧作家和大学教授张彭春[①]。张曾来美国讲授中国戏剧和中国文学。该剧制作人洪深[②]，曾是哈佛戏剧系学生，师从戏剧教授乔治·贝克。

上演的剧目叫《木兰从军》，女主角由在纽约学习文学和音乐的爱娃小姐扮演，其他 30 位演员均为中国留学生。

---

① 张彭春（Feng Chun Chang,1892—1957），字仲述，中国教育家、早期话剧（新剧）活动家、导演。1892 年生于天津，1908 年毕业于南开学校，1910 年去美国哥伦比亚大学学习教育学、哲学，同时刻苦钻研戏剧理论和编导艺术。1916 年回到天津，协助其兄著名教育家张伯苓主持南开中学并任南开大学教授，同时兼任南开新剧团副团长。抗日战争期间，从事外交工作。后移居美国，1957 年 7 月在美逝世。

② 洪深（1894—1955），江苏武进（今属常州市）人。中国现代话剧和电影的奠基人之一。1919 年考入哈佛大学戏剧训练班，是中国第一个专习戏剧的留学生。1921 年与张彭春合写英文剧《木兰从军》。回国后曾任中华电影学校校长、明星电影公司编导主任，写出中国第一部较完整的电影文学剧本《申屠氏》，并引进有声电影技术。中华人民共和国建立后，任北京师范大学外语系主任、中国戏剧家协会副主席、中国作协理事、中国人民对外文化协会副会长等。1955 年 8 月 29 日在北京逝世。

# 》中国妇女解放运动专题

## 为争取选举权而斗争

1912 年 11 月 17 日

国际妇女选举权同盟[①]主席凯蒂女士（Carrie Chapman Catt）在环游世界一年零八个月后，从加州抵达纽约。她这次出行的主要目的是在亚洲推动妇女争取选举权，她在华考察行程 2000 多英里。她说，虽然没走遍中国，但看到各地妇女对妇女解放运动的态度都非常积极。

在位于纽约 78 街西 2 号的家里，凯蒂女士向我们展示了一面从中国带回的旗帜，非常精致，用中国人象征幸福的红色丝绸镶以白边绣成，旗上用中文刺绣着“万众一心，互助友爱”。旗的下端，用黑字绣有“国际妇女选举同盟”和“中国妇女敬献”的字样。

这面中国锦旗是在上海一次招待会上，作为礼物赠予国际选举同盟的，这实际上打破了西方的礼仪规格。那天上午 10 点钟，凯蒂匆忙回访了一位中国小姑娘。凯蒂起初因忙于准备晚上的招待会没来得及接待她。这位小姑娘为此换掉她的中式旗袍，专门穿上西式服装以对美国客人表示尊敬。

中国妇女在国内的每个城市都建立了她们的活动支部，正是在她们的大力支持和参与下，清政府才被推翻，代之以共和制政权。现在，她们要求获得选举权。她们扬言，如果不能得到选举权，她们将使用武力来对付男人们。这些勇敢的中国妇女还对凯蒂讲述了她们资助革命的经历。

① 国际妇女选举权同盟创始于 1902 年，1904 年在柏林正式成立，当时称为“国际妇女选举权同盟”，1946 年改名为国际妇女同盟。

## 我们知道如何制造炸弹，我们也知道如何扔出去

早在十七八年前，一个旨在推翻清政府的秘密革命组织建立了，妇女与男人们一样成为会员，她们与男人一起工作，筹集起义所需要的武器弹药。最后，发动革命的秘密败露，革命提前一年爆发，妇女们也被组织起来参加起义。许多女学生离开了教会学校，女子军团组建完成。尽管她们受到了很好的训练，也有正规装备，但男人不允许她们上前线。因为领导革命的领袖们认为，如果让妇女直接参战，对于他们而言将是一个耻辱，并将被外国人耻笑。

所以，有一些妇女，她们女扮男装走上战场。有一次，女子军团的战士们执意要上前线，有 7 人牺牲。在南京战役中，女兵们爬上山顶，用自制炸弹扔向敌军。民国成立了，妇女们声称，她们与男人并肩战斗，应该享有同等待遇，应该拥有选举权。

男人们回答说，她们的要求是正当的，但时机还不成熟。她们的要求没有获得应有的重视。于是，有 30 名妇女冲进国民大会会场，其中还有一人砸碎了窗户。孙中山知道缘由后走出来，作了一些承诺，但他回去后又假装遗忘了。那件事发生后，有一位参加过南京战役的女战士威胁道：“我们知道如何制造炸弹，我们也知道如何扔出去。”

## 其他亚非国家的妇女解放运动

除中国和日本外，凯蒂女士还访问了印度、埃及、叙利亚、爪哇（今印度尼西亚，译注）、菲律宾等国。她发现，各国情况不同，女权运动的方式也大不相同。在苏门答腊，青年妇女的反叛以离婚的形式出现，她们先通过婚姻出卖自身，然后成功地抛弃了强加给她们的婚姻枷锁。在埃及和加尔各答，两者都是英国的殖民地，连男人都没有选举权。而当地妇女参与了司法工作，这在英国都是禁止的。由于当局拒绝承认这样的一位女士，导致她提出强烈抗议，并因此爆发了以暴力争取选举权的运动。

凯蒂女士所到之处，当地妇女们都表示要派代表出席下一届国际妇女选举权同盟大会。凯蒂说，“我相信，这次出访主要还是思想和精神层面的。”一年前，妇女们还未准备好，而一年以后，她们将在各自的工作中取得进步。虽然全世界妇女大联合的时机尚未成熟，但实际上，我们已在全世界范围内开始手牵手了。

凯蒂说，“国际妇女选举权同盟大会将于 1915 年在纽约召开。美国应先作出榜样，其他国家就会效仿，英国将成为第二个实现妇女选举权的国家，法、德两国妇女运动的力量也很强。这样发展下去，各国妇女在本世纪下半叶将普遍获得选举权。”

# 凯蒂夫人的考察报告

1912 年 12 月 1 日

爱德华·马歇尔（Edward Marshall）

题记：凯丽·卡普曼·凯蒂夫人结束了考察世界妇女运动的环球旅行，她告诉我们世界各地的妇女状况都有惊人改变，特别是中国尤为令人瞩目。

凯蒂夫人。（《纽约时报》原文插图）

“女人们在想，王子吻了睡美人后，把她叫醒，不但给了她希望，也给了她义务。女人这个词指的是性别，不仅是这一珍贵、特别的人群，也不仅是进步国家的女性，而是全世界所有的女性。”凯蒂夫人（Carrie Chapman Catt）这样说道。她刚结束专门考察世界妇女的生存状况的环球之旅返回美国。她带回来的故事太有趣了，都是她在 18 个月旅行考察中的亲身见闻。

## 世界妇女正在为赢得真正的独立而斗争

对于欧美女权进步的报道，我们都非常熟悉了，知道她们在争取参政权方面获得了这样、那样的胜利。但是，我们从凯蒂夫人那里才得知，在遥远的印度，妇女们也组织起来形成了很强的斗争力量。以前，印度妇女会在丈夫葬礼上被活活烧死，成为可怕的“自焚殉葬”（suttee）的受害者。

直到今天，还有一些日本穷人家的女儿不得不卖身去当艺妓，甚至一些出身良好的女孩也如此。在中国的偏远地区，多余的女婴仍会被溺死，得不到官府的保护，这种情况在半个世纪前十分普遍。现在，亚洲妇女正在为赢得真正的独立而斗争，她们的权利正在赢得社会的认可。人们将以尊敬的眼光，甚至几乎是畏惧的眼光，来看待她们。

凯蒂夫人发现，通过修改法律改善各国妇女地位的进程正在推进。丹麦婚姻条款删除了“顺从”一词；冰岛主教支持教会给予女性职务的法案；在东欧的西里西亚（Silesia），女地主争取到了投票权，这是她们首次行使这一权利；英国是女权斗争最激烈的地方，乔治国王在正式演讲中将王后称为“我在寻求国家福祉的一切努力中的真诚伴侣”；在埃及，凯蒂夫人，这位游历各国的女性参政支持者与当地妇女进行过多次对话，发现即使在法老的古老土地上，女性的思想也在进步；在印度，女性的伊斯兰教徒、印度教徒、拜火教徒和佛教徒也正从几百年的沉睡中苏醒。

凯蒂夫人解释道，“我们漫长旅途有两个主要目的，一是考察在各类殖民地政府统治下妇女的地位，包括英属殖民地印度和我们自己的殖民地菲律宾。我不准备对她们的历史地位作特别研究，已有其他许多研究者对此进行过长篇评述，我希望能够了解妇女进步运动的具体现状。我发现她们取得了许多这样那样的进步，而且是非常重要的进步。当然，我们的考察行旅匆匆，只能浮光掠影罢了。”

## 中国妇女直接参加了武昌起义的战斗

毫无疑问，一场影响深远的中国妇女解放运动正风起云涌。好几个世纪来，中国一直被称为“沉睡的巨人”（a sleeping giant）。现在的中国，同样可以被称为一个“沉睡的女巨人”。再没有什么比最近这次革命运动更令人激动了，中国妇女以惊人的力量推翻了关于女性的一切腐朽陈旧的观念，这不仅令那些对中国一无所知的外国人惊讶不已，而且连那些通晓中华帝国情况的专家们也深感震惊。

西方人眼中的中国形象——沉睡的女巨人。

从孙中山先生宣扬革命理念、创建革命团体的初期，就欢迎妇女参加革命。鲜有外国人知道这个事实，而得知这一事实的人大多矢口否认，坚称不可能。

中国女性一旦获准参加革命，立刻展示了卓越的工作能力，而且她们充满激情、全身心地投入战斗。中国妇女为起义进行了出色的准备，所有革命领袖都对此交口称赞。当我们还毫不知情时，这个伟大的龙的国度正在发生巨变。

有一些杰出的中国妇女直接参加了反抗清廷的武装斗争。更多人被组织起来，准备参加战斗。这些女性后来并没有上前线，因为革命军领袖不愿意让她们真正参与到血腥残酷的屠杀当中。上海妇女创办了炸药厂，完全靠自己的努力完成了全部工作。她们亲自将制造好的炸药送给革命军，也许有时她们自己亲自投放这些炸弹——谁知道呢？武昌军械库被发现，促使起义提前爆发，[①] 而这个军械库中的大部分军火是由女革命者私运囤积的。

这些女革命者参加了武昌起义的战斗。在激昂的革命情绪带动下，有 3000 至 4000 名妇女申请加入反抗清朝暴政的战斗。她们都知道，战争残酷无情，将血流遍野。这些女战士被编成了几个完全由妇女组成的女子连队。她们展现出令人敬佩的军人精神，一些人的确获得了战斗命令，但事实上，也有一些人在没有得到任何命令的情况下就冲上前线。所有人都表现得非常英勇顽强。

红十字会的中国女护士们表现十分优秀，她们聪明，充满激情，完全明白各种指令，以极大的勇气完全投入到艰难危险的工作中。在南京，600 名中国女性全副武装，驻扎军营好几个星期，她们把各种医疗器械装备带进了战地包扎所。

妇女解放运动在整个东亚传播开来，而中国的情况尤其令人震惊、耐人寻味。我发现没有人愿意试着预测这一运动未来将走向何方。但有一件事是可以肯定的，那就是，伟大的中国女性将赢得她们光明的未来，并在中国社会生活中获得史无前例的重要地位。在未来的中国，溺死的女婴将会越来越少。

## 当我们说没觉得她是美人，立刻招来狂风暴雨般的抗议

凯蒂夫人说，我们在中国聆听了大约 20 位中国女性的公开演讲。她们讲得

---

① 1911 年 9 月 24 日，进步组织文学社与共进会在武昌召开联席会议，组建武昌起义总指挥部，文学社负责人蒋翊武为总指挥，共进会负责人孙武为参谋长。起义总指挥部设于武昌小朝街 85 号文学社机关，筹备处设于汉口俄租界宝善里 14 号。起义时间原定于 1911 年 10 月 6 日（旧历八月十五日，中秋节），后推迟到 10 月 16 日。10 月 9 日，孙武在宝善里 14 号秘密制造炸弹时发生爆炸，孙武被炸伤，俄国巡捕前来搜查，孙武脱逃。湖广总督瑞澄闻讯后下令全城戒严，搜捕革命党。蒋翊武决定当夜发动起义，并派人给各营送信。当晚革命党人彭楚藩、刘复基、杨宏胜被捕，次日晨被斩首。1911 年 10 月 10 日晚，武昌起义打响第一枪。

非常好，每个人的神情都异常镇定，没有显示出丝毫的羞怯，而且迫切希望所有讲话都“击中要害”。

北京的妇女们为我们举行了一次盛大的招待会，大约有1500人参加。除我们一行外，另外大概只有五个外国人。我没有在其他任何地方见到过这么多风趣聪明的女性。我们带了一位优秀的翻译，所有演讲都译给我们听。演讲非常雄辩有趣。其中一名演讲者非常出众，于是我们详细询问了她的情况。原来，她是一名高级军官，成功训练和指挥了好几个连的女兵。她本人也曾为革命私运枪械弹药，武装了她的大部分女兵。

有人问我们，是否觉得她是一位美人。我们只得说没觉得，但表示她的面容确实很好看。我们差劲的眼光立刻招来狂风暴雨一般的抗议，他们说，中国的男女同胞们都认为，她是中国最美丽的女性之一。

中国女性投身军营后，就会剪去长发，将裙装完全收起来，只穿长裤。当然，服饰变化并不夸张，因为她们本来也穿裤子，只是不再穿套在裤外的裙子而已。对此我必须说，我认为中国女性的着装非常明智，尽管这些着装没有修饰，但却最容易改造，达到最好的美化效果。

## 袁世凯宁愿被暗杀也不给妇女选举权

由于身处大革命时代，中国妇女在争取解放时也像军人一样争强好斗。有许多上海女性接受过良好教育。当民国议会讨论是否给予女性参政权时，这些女性找到了袁世凯大总统，告诉他，如果不给予女性参政权，他可能会被暗杀。

袁世凯踌躇了一会儿后告诉她们，那就来暗杀他吧。她们认为大总统的态度十分令人不悦。她们说，“你可能认为我们不知道该怎么投票，但事实是，是我们把你推上了总统之位。我们制造并投掷炸弹，而你赢得了胜利。”大总统对此颇为感动，但并未动摇。他说，“来吧，把我炸掉。”她们没有这样做，而总统也没给她们投票权。但二者迟早都会发生。

## 对于所有热爱自由的中国人，她现在是、而且永远是他们的秋瑾烈士

在革命军上海总部，有一个烈士相片陈列馆。武昌起义前，革命党有七十二位先烈被害，其中一些是女性。这些陈列中最引人注目的一幅中国女性照片，她的面容连外国人都为之着迷，她是那么的坚韧、镇定，非常美妙，超凡脱俗。

秋瑾

照片中的这名女子穿一件日本和服，就像是中国的圣女贞德（Joan d' Arc）。她是一位南京商人的独生女，父亲把所有家产留给她。她决定接受现代教育，于是进了学堂。在那里，她了解到革命党和他们正在从事的工作。她开始资助革命党，尤其是帮助他们从国外私运枪械弹药。她成为了一名出色的演说家，成为革命党人中最成功的宣传鼓动家。

最后，她被清政府设计诱捕。尽管没有找到真正的犯罪证据，但她还是被处决了。她在临终前将全部财产捐赠给革命党。对于所有热爱自由的中国人而言，她现在是、而且永远都是他们的秋瑾烈士[①]。这幅照片太美了，我请摄影师拷贝了一份给我。

中国女性对于新生的共和国影响非凡。她们自由地谈论教育问题，甚至提出义务教育是必要和合理的。她们准备将 20 名青年女子送往欧美接受教育。我所遇到的每一位推动中国妇女解放运动的领袖都利用学校作为宣传地点。她们教书但不收报酬，目的就是为了帮助她们的姐妹们为投入将来的解放运动做好准备。有一位没有教书的知识女性开办了一家报馆，目的也是一样。

这是一个不可思议的时代。毫无疑问，英国女性将赢得胜利，反对派的暴力和憎恨伤害不到她们，反而帮助了她们；德国女性从 1904 年国际会议时就建立起一个强大的组织（指国际妇女选举权同盟），并且在不断壮大。而德国并不是一个争取妇女参政权的理想国家，因为在这里连男人们都没有全部拥有参政权；在北欧国家，了不起的事情正在发生。而如我前面所说，远东地区，特别是中国，正在迎头赶上这股不可阻挡的世界潮流。

---

① 文中介绍的烈士生平有误。秋瑾（1877—1907），女，原名秋闺瑾，自号鉴湖女侠。祖籍浙江山阴（今绍兴市），出生于福建厦门。秋瑾蔑视封建礼法，提倡男女平等。1904 年，毅然冲破封建家庭的束缚，自费东渡日本留学，积极参加革命活动，1905 年加入同盟会，1906 年归国。1907 年元月，创办《中国女报》，提倡女权，宣传革命。同年 7 月 13 日因起义失败被捕，于 15 日从容就义于浙江绍兴轩亭口。宋庆龄在《中国妇女争取自由的斗争》一文中称赞秋瑾烈士是“最崇高的革命烈士之一”。

# 广州妇女大闹议会要求参政权

1921 年 6 月 26 日

那些认为中国女人仍然是满脑子装着陈旧观念、穿着紧绷小鞋古怪行走的“小玩偶”的人，需要把他们的旧思想挤出来，用海绵擦拭干净，最后再彻底清洗一次。今天的中国女性已开始参政，不仅如此，她们在政治生活中毫不畏缩、勇往直前。中国女性在需要什么、何时需要等问题上，没有办法从她们的前辈那里学到任何东西，因此她们必须用最明确有力的方式提出自己的愿望，以赢得男人们的注意。在上海发行的《密勒氏评论报》(*Millard's Review*)[①]5 月 7 日刊登了该报助理编辑董显光[②]的一篇特别报道，讲述广州新女性是坚决争取选举权、并从当地官僚手中抢夺政府职位的故事。

## 她们看到了成为中国领导人、与丈夫和兄弟并肩而立的可能性

董的报道说，拥有进步思想的中国女性们正表现出她们坚定的政治意愿。蒙古活佛的妻子在戈壁滩上宣布自己是“全蒙古的王”[③]；广州女学生和她们的母亲们联合向全中国发出倡议，要求国民支持妇女获得参政权的运动，宣称女性可以当县长；其他各省的姐妹们也都非常同情她们争取性别平等的斗争。中国妇女参政的时代即将到来。

广州正成为这一项新运动的策源地[④]。自从桂系军队被赶走后，粤军归来，广

① 《密勒氏评论报》(*Millard's Review*) 于 1917 年 6 月 9 日在上海创刊，创办人是美国《纽约先驱论坛报》驻远东记者汤姆斯·密勒（T. F. Millard）。这份以他名字命名的周刊每周六出版，16 开本，每期 50 页左右。是一份具有资产阶级自由主义色彩的英文周报，以报道、评论中国和远东的政治经济时事为主。1953 年停刊。

② 董显光（1887—1971），英文名 Hollington K. Tong，浙江鄞县人，1899 年随全家迁居上海，接受西式教育。中学毕业后，董应聘到奉化龙津中学教书，做过蒋介石的英文教师。1909 年，赴美国密苏里州留学。1913 年大学毕业回国途中结识孙中山，经介绍出任上海《民国西报》副主笔兼驻北京记者。1914 年，出任《北京日报》主笔。1925 年在天津创办《庸报》。1934 年加入国民党，曾任国民党中央宣传部副部长、国民政府行政院政务委员兼新闻局长。1949 年迁台。

③ 清末民初，外蒙精神领袖哲布尊丹巴（1869—1924）是藏族人，原名博克多格根。他于 1911 年 12 月 29 日宣布外蒙古独立，1915 年因大部分王公不支持独立而改为自治，接受袁世凯册封，保持自治君主地位。1919 年徐树铮将军趁俄国十月社会主义革命后俄国内战之际，率军进占库伦，取消外蒙古自治，并将其软禁。1921 年，沙俄白军将领恩琴占领库伦，使他复位。不久，蒙古人民革命党革命家苏赫－巴托尔在苏联红军协助下夺取蒙古实际政权，后宣布永远取消活佛制度。哲布尊丹巴的妻子是喀尔喀蒙古人，被尊为女活佛图吉尼母，1923 年病故。本文所指估计为图吉尼母。

④ 陈炯明于 1920 年率粤军从福建回师广东，驱逐桂系军阀主政广东后，主张以联省自治模式和平统一中国，建立中央、地方分权自治的联邦制的宪制民主国家。他首先在广东推行以县为单位的地方自治。所谓“联省自治”主要包含两层含义：一是容许各省自治，由各省自己制定省宪，依照省宪组成省政府；二是由各省选派代表组织联省会议，制定联省宪法，建立联邦制国家。这种政治主张在 20 世纪 20 年代曾风行大半个中国，发展成为一场颇具规模的政治运动。这是当时广东妇女争取平等选举权的历史背景。

州和其他南方城市的妇女们要求性别平等的呼声越来越高，而且从一个城市传到另一个城市。它激励了许多曾耐心顺从地埋头于家务的中国妇女，让她们看到了成为中国领导人、与她们的丈夫和兄弟并肩而立的可能性。

今年 3 月，数千名中国妇女参政同盟会的会员发现了走向前台、直接面对公众视线的良机，她们向广东省长陈炯明[①]请愿，要求他允许所有学堂向女学生开放。这之后，有一位 20 世纪的理想家提出一个更激进的建议，要求让所有女校也招收男学生。有人建议将“女校”的“女”字去掉，以消除男女学校之间的差别。

形势迅猛发展，新想法很快得到大家的认同。但广州女性并不满足于男女同校，成为铁路女工、女售票员等权利，她们要求参加地方选举、有当选为政府官员的权利。一些女性还希望成为省议员。

有关广州妇女争取参政权、要求当选为地方官员的运动概述对于社会学者和未来的历史学家们都颇有参考价值。顺便说一下，中国女性争取参政权的强硬态度并不比她们的欧美姐妹们低。争取平等和社会认同的权利将是一个长期的过程，因此，在她们取得胜利以前还有许多宣传工作要做。西方女性赢得参政权的道路曲折艰难，而中国女性走上这条道路就更为艰难。

## 必须依照宪法保障妇女平等权利

广州妇女争取选举权运动一开始只是暗流涌动。但是，当广东省议会通过一项明确地方选举选民资格的法案时，这一运动开始吸引公众的注意。这项法案最初是在陈省长（即陈炯明，译注）影响下起草的，它可被理解为将赋予女性选举权，因为法案的条款并未将选举权局限于男性公民。然而，议会内的保守派人士占据多数，他们最终修改了法案，在事实上剥夺了妇女的选举权。

各地的妇女组织都提出了强烈抗议，并

陈炯明

① 陈炯明（1878—1933），广东海丰人。1898 年中秀才，1906 年为广东法政学堂首期学员，1909 年 7 月当选广东咨议局议员，后在上海加入同盟会，创办《可报》支持革命党。1910 年参与新军起义。1911 年 3 月参加黄花岗起义，为敢死队第四队队长。民国成立后，历任广东副都督、代理都督。1916 年组织广东共和军反对袁世凯称帝。后曾任粤军总司令、广东省长、民国政府陆军总长兼内务总长，中国致公党首任总理。主政广东期间，推动地方建设，主张联省自治，反对北伐，并因此驱逐孙中山。最后被孙中山打败，下野后退居香港，协助海外最大的华侨社团组织“洪门”转型为中国致公党，并首任该党总理。

向议会提交请愿书，内容如下：根据《中华民国临时约法》第二条规定，中华民国之主权属于国民全体。中国妇女是中华民国的公民，因此同样享有《临时约法》第五条所规定的权利（指中华民国人民一律平等，无种族、阶级、宗教之区别）。各县自治政府的法规及选举法中也并未限定只有男性公民才有权参选、成为政府官员。如此很好。但是，我们最近听说省议会修改了这些法规，剥夺了妇女参加投票选举和担任政府官员的权利。这违反宪法。如此一来，广州革命政府与非法的北京政府有什么区别？在这个法治的时代，我们不能容忍违宪的法案存在。因此，我们要求你们立即取消这些修改。

## 一位妇女高喊："揍这些违法的议员！"

3 月 28 日，当修改法案送交议会批准时，几百名要求获得参政权的女士们在省议会大厅的接待室内集会。当天，有 70 名议员与会。双方怒目而视，毫无善意。很快，妇女同盟会的代表获知，应对这一令人生厌的法案修改问题负责的是议会内部的保守派人士，他们提出的理由是女性在身体上不适合行使选举权并担任政府要职。这一消息彻底激怒了集会者，愤怒的妇女代表们从接待室冲进会场，坚决反对议会将法案交由有关部门研究，要求议员们当着她们的面解决这件事。

在座议员抗议妇女代表们干扰立法工作，并试图让她们听见自己的抗议声。但这些议员被粗暴地推到一边，根本没有说话的机会。在嘈杂的争辩声中，议员林朝南（Ling Chao-nan，音译）提出，根据议会规则中第 8 条，禁止访客干扰议会立法工作；根据规则第 9 条，禁止访客进入议会开会现场。他要求议长立即执行这两个规定。

一位妇女代表在会场中高声喊道："揍这些违法的议员！"冯和清（Feng Ho-ching，音译）愤怒地要求立即休会。妇女代表们误以为是要强行驱赶她们，于是这个假设的挑衅变成了一场真正的拳脚之争。冯和清先生自然成为攻击的靶子，其他许多议员纷纷逃到休息室躲避。

同时，妇女代表们给女校打电话，要求增援；而议员们则向陈省长提出，赶快派士兵来保护他们。陈省长的讲话令他们气恼不已，他说，"我早就告诉你们不要修改，直接通过法案，让妇女拥有选举权。你们没有认清时代发展的潮流，也不听我的意见。我没法帮你们摆脱窘境。现在，拿出男人的样子来，因为这已经是不可阻挡的了。"

## 妇女们游行示威要求起诉违宪议员

这些入侵者们最终完全控制了议会大厅。一名妇女坐到议长席位，摇铃宣布开会。她们开始讨论如何惩罚违法议员。那位真正的议长惊得目瞪口呆，不得不眼睁睁地看着这前所未有的一幕，而旁边的警察完全无济于事。一名害怕之极的议员从藏身之处走出来，在黑板上写字，将发生这场混战的责任归咎于议长。

妇女参政同盟会的代表们却反对这项指控，她们认为议长是支持她们的运动的，是一个好人。有一些女士激动得大洒热泪，歇斯底里的哭声一再响起，强调她们的立场。在这场乱哄哄的喜剧中，董文芳（Tun Wen-fang，音译）女士走上讲台，指控冯和清议员扭断了她的手腕、擦伤了她的脸，要求议会将冯和清交出来由她们处置。

妇女们实现了对议会的完全控制后就散了，但她们一边退出一边说这事儿没完，下周三还会再回来。紧接着，妇女代表们来到军政府办公楼前游行，要求起诉违法的议员。而后，她们又到了省长官邸。省长热情地接待了她们，并告诉她们，如果法案不是按照未经修改的内容通过，他将打回重议。

## 孙先生说如果增加到 50 万人就不会失败了

3 月 29 日，数千名妇女在广西会馆（Kwangsi Guild）集会，她们挥舞着“孙文大元帅万岁”、“陈省长万岁”、“妇女参政运动万岁”的旗帜参加会议。前参议长张继和另一位妇女运动支持者夏殷培（Hsia Yinpei，音译）在会上发言，他们用了很长时间阐述，国民党自成立伊始就将妇女参政列为革命目标之一。民国元年成立的广东省特别议会首位女议员庄汉翘女士（据记载，当时应有 10 名女议员，译注）说，中国妇女在国民党推翻清朝统治的斗争中扮演了重要角色，发挥了重要作用①。

演讲会后，集会者们走上街头游行。她们一边行进一边散发传单。传单的大意是，男女皆为公民，女子也应拥有与男子同等的权利。在过去数千年里，中国妇女受到极大压迫，现在我们决心夺回应属于我们自己的权利。游行队伍经过省

---

① 辛亥革命前，香港、澳门是同盟会在华南的活动基地。由于妇女在行动上较易避开清廷密探的耳目，因此同盟会发展组织注意吸收妇女。当时的宣传口号除“驱除鞑虏，恢复中华”外，也涉及反对家庭专制、主张婚姻自由、提倡女权、反对做妾、反对缠足之类，对青年妇女有吸引力。特别是秋瑾就义对妇女知识界有重要影响，一些有觉悟的妇女相继投身到辛亥革命的行列。她们多出身于封建家庭或资产阶级家庭，其中包括女学生、家庭妇女和职业妇女，有些还是富商的寡妇或姨太太。辛亥革命后，她们成立“广东女子北伐队”，成为数千年封建制度压迫下的中国妇女奋起革命的先驱和旗帜。

陈省长说："我没法帮你们摆脱窘境。拿出男人的样子来，因为这已经是不可阻挡的了。"（《纽约时报》原文插图）

政府，最后来到正在开会的议会大楼前。游行人群被拒之门外，于是，她们要求与议长对话。议长不得不走出来会见她们。游行人群燃放鞭炮，要求议长将当日攻击羞辱她们的人交出来，向她们道歉并接受惩罚。

下午4点钟，游行人群各自回家，她们的要求未得到回应。议长承诺将尽最大努力帮助她们达到目标，她们也只得同意了。游行队伍中的一些女学生还来到省长官邸，用校歌和呼喊声感谢陈省长对她们的帮助。接着她们又去感谢孙文大元帅。孙中山先生问她们有多少人参加了游行，得到的回答是5000人。孙先生笑着说，"如果你们的人数再增加，比如说增加到50万人，就不会失败了。你们应该继续努力，争取运动取得成功。"

## 剥夺妇女参政权的法案仍获通过

议长钟声①说，"现代文明国家的政府，其发展趋势就是实现男女平等。英国、美国、俄国、德国、法国、挪威、葡萄牙、丹麦和瑞典都已完全或部分地实现了妇女参政。如果说中国女性还没受过充分教育或没有能力完全行使参政权的话，我们也可以给出一些限制条件。比如说，只有小学毕业文化程度之上的女性才有投票权，只有中学毕业文化程度之上的女性才有资格参加地方议员选举，等等。"

---

① 1921年1月17日，陈炯明为确保制定"省宪"按自己意愿进行，推出自己的外甥钟声当选为省议会议长。6月，省议会推出黄毅等16人为宪法起草委员，初步制订出宪法草案。9月，由汪精卫、陈公博、廖仲恺、孙科、伍朝枢、钟声等20人组成宪法讨论会审议。12月19日，省议会通过《广东省宪法草案》。

尽管发生了要求妇女参政的游行和抗议，也有孙中山大元帅和陈炯明省长对妇女参政的支持，但修改后的法案仍在议会4月1日会议上获得通过。无数希望成为地方选民和担任县长的广州女性对此非常失望。议长钟声宣布准备辞职，因为他未能履行对广州妇女的承诺，推动实现妇女参政的愿望。当然，也许这并非发自内心。广州的进步女性毫不畏惧，她们已向全中国的妇女同胞发出倡议，寻求支持。

第六篇

# 实业兴起

# 篇首语

民国建立后，国际金融资本在中国的争夺空前加剧。中国延续千年的小农经济模式受到国际大市场和现代大工业的剧烈冲击，银本位货币体制摇摇欲坠。同时，辛亥革命和第一次世界大战也为困境中的中国带来了前所未有的发展机会，一批有远见卓识的民族实业家崭露头角，成为推动国家工业化的先驱。湖南矿业大亨梁焕奎花巨资购买法国专利，炼出纯锑的质量超过英国。“中国摩根”张振勋从南洋返回祖国，创建张裕酒厂，在巴拿马万国商品博览会上勇夺金牌。江南制造局为美国建成四艘万吨巨轮。全国铁路建设更是一日千里。在他们的开拓努力下，中国的现代化蓝图初现端倪。

# 西式医院在广州开诊

1912年5月26日

费城5月25日电：

5月21日，宾夕法尼亚州立大学校董会在费城的贝尔菲斯丹佛酒店（Bellevue-Stratford Hotel）为麦克拉肯（Josiah C. McCracken）博士和莫特（John R. Mott）博士举行庆功宴，超过250名校友出席。麦克拉肯博士曾经是美国著名的橄榄球运动员，现任宾夕法尼亚大学广州医学院院长。莫特博士是为学生传播福音的传教士和基督教青年会（YMCA）成员。

1906年，麦克拉肯博士在基督教青年会支持下，在广州建立了医学院。他在宴席上向校友们报告，这个医学院的附属医院已诊视过2万病例。对于美国医生和医疗机构来说，中国存在巨大机会。他特别强调了募集资金的重要性。虽无正式消息发布，但据悉从校友们那里募集到了大量捐款。

# 袁世凯批准铁路建设计划

1912年9月12日

北京9月11日电：

一项中国现代化建设方案，其中包括孙中山先生提出的中国铁路建设大纲，已获北京政府支持，这无疑将促进中国的对外贸易。

## 孙中山建议中国全境对外开放

政府授权孙中山先生建立国家铁路公司负责实施这项覆盖7万英里的庞大铁路系统。中外合资公司将在全国范围内获得投资份额，外国公司同样也可获得建设份额，但主要是内陆铁路，边境铁路将由中国人独立建设、管理和经营，但将争取外国贷款。

袁世凯总统提议为孙中山每月支付3万两白银（合2万美元）以推行其铁路

计划，预计临时国会将通过这项议案。孙中山将铁路作为抵押从国外筹集贷款，再以运营收入还贷，因此铁路将成为国家资产。

此举在政治上堪称明智。因为目前民国各地除承认袁世凯的实力外，对他并不信任，但孙中山是受人欢迎的民族英雄，他很可能说服国民接受外国铁路贷款，这实际上又是国民革命的中期目标。

孙中山建议中国全境对外开放，允许外国人居住和外国企业常驻，但必须服从中国司法管辖，由此将设立特别法庭。尽管政府尚未正式批准该工程，但孙先生本人对此充满信心。

## 劳埃德银行组建银团对华贷款 5000 万美元

法国、德国和美国的银行将参加伦敦劳埃德银行对华 5000 万美元的贷款计划。协议已于近日签署。协议条款包括在伦敦成立银团总部，任命知名英国金融家为董事局主席，在北京设立分支机构。劳埃德银行将向中国融资 1000 万美元，其中一半由中国人承购。

5000 万美元银团贷款在北京激起反响。劳埃德银行驻京代表说，这仅仅是初步的计划，这些资金将成为中国未来财政重组的基础，尽管有许多猜疑，但这应看作是获得最终成功的必经之路。有分析家认为，如果这项计划获得成功，六国银团将解体。当然，银行家们期待的是赢利。

## 袁世凯大权在握

袁世凯总统邀请各省都督各派三名代表赴京出席代表大会，力图劝说他们支持一个强大的中央政府，并保证各省际间关系和谐顺畅。袁总统的努力卓有成效。他们怀着敌意而来，但带着忠诚离开。

一位国民大会议员的辞职显现出当前时局的特点，他宣布辞职的原因是袁世凯政府不尊重国民大会，类似昔日皇帝敕令形式的总统令频频发出，尤其是近日还造出了一个莫名其妙的蒙古王公[①]。

袁世凯的内阁仍然不明不白地保留着，重要政务均由总统府负责，代总理兼

① 袁世凯就任中华民国临时大总统后，于 4 月 22 日发布大总统令："现在五族共和，凡蒙、藏、回疆各地方，同为中华民国领土，则蒙、藏或回疆各民族，即同为我中华民国国民，""将来地方的一切政治，俱属内政"。1912 年 8 月公布《蒙古待遇条例》规定："嗣后各蒙古均不以藩篱待遇，应与内地一律。各王公原有管辖治理权一律照旧。蒙古王公俸饷从优支给。"袁世凯曾接见脱离分裂政权返回中国的库伦政府原陆军部侍郎那贝勒，并晋封其为郡王。为巩固外蒙局势，袁世凯任大总统期间曾大肆加封蒙古王公。

内政总长赵秉钧是一个已退休的袁世凯追随者。

# 银元、港币与中国对外贸易①

1912 年 9 月 15 日

美国驻香港总领事安德森（George E. Anderson）说，民国政府正被诸多金融难题困扰，政府在努力减少银元和铜币的流通量，其中一个步骤是 7 月 1 日后禁止中国铜币在香港流通。

## 银元与港币的流通关系

安德森先生说，“这个举措反映了中国货币体制（如果有的话）未来的走向，将产生重要商业影响，理应受到重视。今年年初，香港殖民地的英国铸币厂铸造发行了面值分别为 1 元和 5 角，总值为 1421487 元港币的银币，以及其他面值总值为 43999830 元港币的银币和铜币。其中，5527459 元港币已被回收铸锭，由此减少了市场流通总量，从而将这些辅币兑换标准银元的兑换比价尽可能降低。”

“这种折扣在中国南方进行货币兑换时是很常见的。在华南和香港流通的硬币，主要是中国的 2 角硬币。1 个标准 1 元银币或纸币的价值比 5 个 2 角硬币多 8 分，因此 1 个标准银元等价 107 至 112 分中国铜币。香港辅币不像中国硬币一样有这么大的折扣，因为根据香港法律，香港法定银元的辅币最高面值为 2 元，法定铜币辅币最高面值为 1 元，但中国硬币完全不是法定货币，尽管它们被广泛使用。例如，香港邮局只接收香港硬币作为支付邮资，并且对于所有辅币按照其面值接收。中国货币兑换商通常会按照折扣价接收港元硬币，一般为不同来源的小额银币，并尽可能将它们以面值卖给政府或通过其他途径售出。”

---

① 中国疆域辽阔，货币制度一直相当复杂混乱，严重影响商品流通和财政金融稳定。在中国历史上，民国以前以白银的两为货币单位。再向前追溯，汉朝以前是以铜质制钱为货币单位，这也一直沿用到民国初年。1912 年 3 月，民国南京临时政府公布《币制纲要》，规定以银元为货币单位。1914 年 2 月，北京政府公布《国币条例》，仍确定银元为合法货币单位，实行银本位。但各省仍继续开铸铜元，面额以“10 文”者为最多。阎锡山在 1917 年前后设立“铜元局”，以含铜量 99.9% 的旧式制钱为原料，用三文制钱改铸可当“20 文”铜元一枚，在山西全省范围内流通。四川更铸可当“100 文”、“200 文”的铜元。这些地方所铸铜元种类众多，重量成色各异，价格因时因地而异，多不能出省使用。

## 货币改革对香港和内地贸易的影响

“这一模式在旧机制下运行良好。但是，现在政府不再允许使用中国铜币，而华人社区的人又必须使用铜币，因为华人之间的贸易离开铜币便无法进行，他们被迫想方设法寻找能够获得铜币的地方，最后发现香港邮局是唯一的获取渠道，但是只能以面值而非折扣价购买铜币。货币兑换商从前与政府交易可以获得的利润，在获取铜币的过程中消失了。香港邮局每天的铜币兑换量高达 8000 港元。”

“政府强制中国铜币退出流通，是为了减少商业贸易中的铜币数量，以此维持其价值与面值相符。同样的方案也计划对银币辅币推行，但是，在以中国银币作为货币兑换主要手段的香港，限制流通银币辅币将会面临很大困难。”

“调整计划的下一个步骤，是取消中国硬币在流通中享有的特权。鉴于香港本地辅币已在很大程度上分散开来，其流通总量无人知晓，对中国硬币的使用限制将很可能严重破坏香港本地的商业贸易。同时，只要当前的形势继续，特别是只要中国辅币的流通数量保持稳定增长，未来对香港银币的进一步回收熔铸也将没有意义。大量的辅币被铸币厂以很高的利润铸造出来，但实际效果是，如果进行回收，必须对公众进行付还。回收意味着严重的损失，如果不产生效益，对香港而言将是一笔重大的浪费。正如这块英国殖民地的前政府官员在其关于预算的讲话中所提到，该政策将继续实施，但值得重视的是，须继续使用中国辅币，并加强政府间的紧密合作。整个事件展现了中国货币问题的实质，而香港的努力仅是中国为了建立稳定的货币体制将要经历的过程之一。”

## 中国金属出口与对外贸易

安德森先生在给商业与劳工部（Department of Commerce and Labor）的报告中还提到，尽管从中国出口白银的高额交易价格对锡造成了负面影响，但是中国的锡贸易仍然笃定出现繁荣。

安德森先生说，“单单今年前 6 个月出口到美国的金属就价值 908447 美元，其中第一季度 306643 美元，第二季度 601804 美元，超过中国历史上任何一年的金属出口总额。1911 年，中国向美国出口金属价值 798941 美元，其中第一季度 181812 美元，第二季度 433685 美元，第三季度没有出口，第四季度为 183444 美元。1910 年，中国向美国金属出口总额约为 75 万美元，1909 年为 18 万美元，1908 年为 22 万美元。这几年的数据中，还包括了一些其他金属的出口。”

“向欧洲和世界其他地区的船运量与向美国的船运量基本保持同比增长。香港商会（Hongkong Chamber of Commerce）提供的数据表明，今年前6个月向欧洲的出口总量为53696板（slab），每板合112磅，上年同期为16670板。香港所有港口的发货量为75276板（包括发向美国和加拿大的21580板），总价值3492565美元，上年同期发货量为30786板。”

# 对华贸易在战争迷雾中增长

1912年12月8日

尽管革命给中国社会带来混乱和悲观的情绪，但是美国驻香港总领事安德森（George E. Anderson）发现，1911年中国华南地区的商品进出口超过上一年，创下不同寻常的历史纪录。不过，人们普遍认为，贸易利润正在变薄。

## 1910年广州对美国贸易顺差约500万金元[①]

安德森先生特别指出，1911年香港作为中转港，其对美贸易总量与1910年以及之前任何一年相比都有了极大的增长，主要原因是出口量大增。尽管身处革命旋涡之中，香港向包括夏威夷在内的美国的出口量虽然在1910年略有下降，但该年仍超过了1909年。

安德森先生接着说，“美国对香港出口总额为850万金元，而香港对美出口总额为400万金元，美国拥有大约450万金元的贸易顺差。然而，广州对美国出口合计达700万金元，并且基本没有从美国直接进口，除非经由香港，这就使得华南地区对美国贸易顺差达到250万金元。而1910年，本地区对美国贸易顺差约为500万金元。”

## 从美国寄回汇票总值10亿银元

“有大量中国人把金钱从美国带回香港本土或者附近地区。当地银行家估计，

① 1792年，美国通过《铸币法案》，规定美元采用金银复本位制，当时1美元折合24.057克纯银或1.6038克纯金。美国第一任财政部长上任后，美元采用了“金本位制”。到1914年第一次世界大战爆发，由于各国停止黄金进出口，金本位体系即告解体。在金本位制后期，1美元的含金量为1.50466克纯金。

从美国寄回的汇票总价值有 10 亿银元，即 4250 万金元。这一金额包括中美贸易顺差和在美华人储蓄，也包括银元投机。大多数汇票通过北美运来的银元或通过伦敦在印度购买的银元兑现。”

“香港与菲律宾之间的贸易反映出那里不断改善的状况。香港从菲律宾的进口量比上一年减少，主要是因为大部分从前经由香港中转的贸易现在可直接进行。从菲律宾进口的糖也有所减少，因为菲律宾生产的糖几乎都供应美国市场。”

“然而，香港向菲律宾群岛的出口量逐年增加，1911 年更是创造历史纪录。香港从菲律宾进口额不到 100 万金元，但贸易顺差至少有 450 万金元。这部分金额主要通过美国寄去的汇款支付。”

“从菲律宾进口的日用消费品，如帽子、刺绣、水果和其他类似产品的数量不断上升，上升趋势强烈，将会出现专销这类产品的店铺。但是白糖、麻、椰肉等从香港中转分销商品的进口迅速萎缩。数据表明，1911 年香港从菲律宾的进口额仅为 874700 金元，而之前 4 年分别为 1458420 金元、2271016 金元、2438438 金元、2551902 金元。这种变化是《佩恩关税法案》（*Payne Tariff Act*）① 以及菲律宾对美国白糖、烟草、椰肉等产品出口增长的直接结果。尽管如此，香港和菲律宾之间的商业交往比以前更加密切了。”

## 贸易前景存在隐忧

尽管美国在 1911 年对华出口贸易取得了值得祝贺的成绩，但安德森先生认为，中国的贸易现状仍远不能令人满意。货币兑换程序繁琐加剧了这一恶劣局面，最近已出现大批进口货物滞留香港和上海仓库的情况，而消费量未见显著增加。

他补充道，“高价银元给了中国进口者很好的获利机会，因为一块银元可购买超过其正常价值的洋货。因此，商人受到暴利诱惑囤积大量货物，即使销售困难也不愿出手，这也是过去几个月进口量大增的重要原因。如果今年中国市场状况早些恢复正常，使得商人可以分销他们的大量存货，便不会出现当前这种不利局面。但是，时机已经错过。1905 年至 1907 年的银元高汇率期间，华商从美国和其他地方进口大量棉织品，随之而来的是灾难性的棉织品贸易大萧条。”

---

① 美国 1909 年制定了“佩恩—阿尔德里奇关税法”，规定美国商品可以免税输入菲律宾，菲律宾的原料和制成品，除稻米以外，都允许免税进入美国，但在进口量上有所限制，如果超过规定限量，则征收 100% 的关税。

## 急需建立规范的银行体系

“当前形势下，中国商人急切需要足够多的银行机构。自从对外贸易发展起来之后，这种需求已日益增强，但在通常情况下，借助通商口岸外资银行的业务延伸，可在一定程度上缓解这种状况。这些外资银行原本主要经营外汇业务，但能够或多或少为当地银行提供一些支持，在某种情况下，甚至可以帮助进口商完成本该由当地银行进行的交易。”

“战争期间，这些外资银行的延伸业务很难实现，或者根本不可能实现。比如，战乱开始后，库存货物无法流动，除非获得更多贷款，但在当前时局下，外国银行根本不可能向通商口岸之外的地方提供贷款，即便在口岸内也有严格限制。本地银行如果有信誉，那么它们可以延伸贷款业务。但在革命形势下，这难以实现。因此，中国从未像现在这样紧迫地需要一个规范的银行体系，以提供充足的资本金、恰当的监管和诚信的游戏规则。”

“令人鼓舞的是，中国商人首先看到这个事实，并且无论在华中或是华南地区，他们调整贸易计划的首要考虑便是建立基于现代化理念和外来监管的本地银行。比如，在广州，有人提议将珠江河口区（Water Front）抵押给外国资本以募资建立一个接受外国监管的银行。在上海，也正为筹建一个 100 万银元（约合 42.5 万金元）的银行募集启动资金，在上海以南各个码头建立类似金融机构的事情也在筹划之中。所有这类金融机构只有在引入政府全面监管和控制方案后，才可能逐渐获利。无论如何，这类机构的筹备表明了中国商业发展的趋势。”

## 头发出口贸易

安德森先生还有趣地评论了对美国出口头发的贸易。他说：“头发的出口贸易在 1911 年下半年得到了迅速增长。1910 年的头发贸易最高值在前半年，经香港对美国的出口额达到 516410 金元。1910 年下半年，市场萎缩，对美国出口额仅为 178727 金元。1911 年上半年出口额继续下跌至 53853 金元，但下半年达到了 241452 金元，这使得全年出口额达到 295315 金元。与之相比，1910 年、1909 年、1908 年的出口额分别为 695137 金元、327559 金元、92209 金元。”

“1911 年经香港转口对各国的头发发货量比上年有很大增长，达到 1759833 磅，而 1910 年为 1200000 磅，其中占很大比例的为低等级头发。出口总值能否超过 90 万金元尚存疑问，而 1910 年总值为 150 万金元。年末市场价格很稳定，并且有明显上涨趋势。辫子的剪掉，与其说是增加了中国地区头发的供应，不如说是使得供应源头逐渐消失。可以想见不久之后，头发的供应便会远远低于需求。”

# 中国寻求5亿美元铁路贷款

1913年5月24日

伦敦5月23日电：

孙中山先生的全权代表李亚[①]正在伦敦寻求5亿美元贷款，计划未来15年内在中国修建一万英里铁路。李亚曾是纽约一家报社驻古巴和菲律宾的记者，后到北京创办《远东时报》（*Far East Review*）。他花费了大量时间对中国铁路建设进行可行性研究。

## 铁路建设计划由6万英里减为1万英里

袁世凯与孙中山达成妥协，由两人分别掌管中国政治大权和经济大权后，孙先生向李亚提出了在中国建设6万英里铁路的雄伟计划。李亚将规划里程数从6万缩减到1万英里后，并承担了资金筹集工作。今天，他接受《纽约时报》专访，说明他面向独立财团的筹资计划。他说，正试图成立立宪政府的国会议员强烈反对该计划。李亚分析了美国退出这项贷款计划的原因和后果。

他说：“我将孙中山先生对我的任命视为一个在华外国人可以享有的最高荣誉。其实还有很多欧洲人具有竞争力，其中一些人是资深工程师，但最终我被挑中，因为我在这里居住了十年，并且对中国铁路问题有深入研究。”

“收到孙中山先生的书面委任书时，我第一时间想到的是回到我的祖国美国去寻找资金。摩根财团的斯特雷特（Willard Straight）来中国已有些年头，并同我一样深入了解中国现状。我知道，如由摩根家族牵头发动一些美国财团参加，可一次性轻松实现5亿美元的贷款计划。而且，当项目启动后，即使允许其他国家加入，也可避开列强在贷款合同中所坚持的对华不友善条款。我希望美国在未来10年时间中可提供1.25亿美元贷款，其余贷款由其他国家分摊。”

---

① 李亚（George Bronson Rea，1869—1936），美国记者，《远东时报》主编，曾任中国国家铁路公司（China National Railway Corporation）干事长。《远东时报》创刊于1904年，是外国在华发行的英文报刊中少数倾向同情孙中山的报刊之一，曾致力于宣传孙中山的学说，孙中山的《实业计划》最早发表在1919年3月的《远东时报》上。其两位主编李亚、索克思（George E. Sokolsky）同孙中山关系密切。李亚曾著有《满洲国真相》（*The Case for Manchouguo*）一书。

## 对威尔逊总统撤回支持深表失望

"想象一下，当我到达美国，得知威尔逊总统撤回了对美国财团的支持，我有多么沮丧和失望。既然美国人已经宣称，除非威尔逊总统对他们发出邀请，否则他们不会进入中国，我唯一能做的便是来到英格兰了。"

"在我看来，威尔逊总统迟早会修改政策，向美国财团开放绿灯。因为新的世界经济形势下，美国资本必须寻找投资市场，而中国仅仅第一笔贷款便高达1.25亿美元，自然是当今世界上最具吸引力的金融市场。"

"当然，中国独特的政治环境使得美国人在未获得政府支持前不敢贸然进入。并且，除了摩根财团，其他公司也不具有如此雄厚的实力可以独立提供这么大额的贷款。"

"这主要是由于美国本土也存在许多好的投资机会。美国人更愿意购买来自康尼岛[①]的产品，因为他们可以不时去看看。欧洲人对在国外投资更感兴趣。因此在伦敦，有六家财团可以不依赖英国政府，独立决定贷款事项。"

"我刚刚开始寻求接触，因此无法提供更多细节。我的首要任务是为中国的利益服务，并且不再考虑美国利益。我所扮演的角色相当复杂。作为一个美国人，我在伦敦寻求贷款，尽力排除对华不利影响，同时，还要为美国资本随后加入保留一扇门。"

## 欧洲列强希望中国保留中央集权

"看起来，欧洲列强的想法是希望中国保持一个集权制的中央政府，力求避免一个代议制政府的出现。这在过去谈判的贷款条文中有所体现。而国会议员们对袁世凯先前争取对外贷款感到异常愤怒的主要原因，就是他们担心袁世凯获得列强资金支持后，将凌驾于被孙中山党人控制了75%议席的国会之上，成为一个独裁者。"

"欧洲人的观念主要基于他们对君主制的偏好，以及对美国民主制度的敌视和反对。民主与宪政的理想本应该在美国外交政策中占据主导地位，但威尔逊总统不这么看。"

"只要英国人在，对中央集权的偏向就将一直存在。这一点在对五国贷款有相当控制权的汇丰银行得到很好的体现。而这正是我力求避免发生的。并且我坚

① 康尼岛（Coney Island）是位于纽约市布鲁克林区南端的一个半岛。

信，英国外交部将在不远的将来改变想法，因为英国的民意认为，独立生产商的利益应被考虑。”

“当前中国最强势的人无疑是袁世凯，孙中山排在第二位。孙中山也许是过于理想化了，但是，如果袁世凯试图凌驾于议会之上，孙先生无疑将重返政治舞台。”

“尽管他最初制订的6万英里铁路修建计划将花掉中国50年财政收入，但是需要记住，正是这位美国化的年轻中国领袖为我们带来了过去根本难以想象的成功的革命。”

“孙先生是一个典范，他告诉我们这样一个事实，即世界上所有伟大的运动无不从梦想开始，由梦想转化为思想，并最终成为实际行动。”

## 美国前驻华外交官赞赏威尔逊对华政策

美国前驻北京代办穆尔（Thomas Ewing Moore）已在伦敦一个寓所里度过了一年假期。他告诉《纽约时报》，他同意李亚关于美国不久将重返中国金融市场的观点，但他认为，目前暂时退出是明智的。

他说：“我非常赞赏威尔逊总统重新评估上一届美国政府的对华政策，并收回政府对美国银行家的支持。我在美国驻中国的领事馆工作18年，非常了解中国局势。”

“塔夫脱总统和诺克斯国务卿的对华政策不合时宜，严重损害了美国在华地位，而威尔逊总统正在为美国重建新的威望。我相信，当时机成熟时，美国将审时度势地对华提供商业贷款。而那时的政治环境应该更稳定，政府的支持对银行家来说，将不再如同今天这样具有必要性。”

“废弃的六国协议试图直接干涉中国内政，试图利用这个年轻共和国的弱点占尽便宜，从而逼迫时局朝着中国人民不愿看到的方向发展。”

“首先，是中国想寻求美国帮助。威尔逊总统的行为不是要损害我们的对华贸易，而是作出调整，在华扩大美国贸易利益。我们轻松地巩固了自己在中国的地位，所有欧洲人都有理由对我们感到嫉妒。”

“我对中国人民怀有深深的敬意，并对这个国家蕴藏的丰富资源深有了解。不幸的是，普通美国人并不了解中国人，因为最优秀的中国人从来不会移民美国。”

穆尔先生还提到了国会目前正在审议的使馆建筑购买案。他说：“我对威尔逊总统在解决外交问题时遇到的困难非常理解，但我认为，如果这个提案获得通过，我们的使节将在现有收入水平下保持他们的尊严和地位。这中间并不存在所谓的炫耀成分。”

# 民国的植树造林计划

1913 年 10 月 4 日

华盛顿 10 月 3 日电：

新生的民国百废待兴，许多改革着手准备，其中有一项被推迟了很多年的计划终于要付诸实施了，这就是在广袤的中国土地上植树造林。民国副总统黎元洪秘书余日章[①]已在华盛顿逗留数日，向美国森林管理局（Forest Service）的官员和专家取经，学习如何保护森林以及开展植树造林。

余先生说，中国的森林砍伐不仅对降雨量产生严重影响，还造成了可怕的水土流失。当年茂密的森林现变成了贫瘠、无人居住的荒漠。他说，民国领袖正在争分夺秒地推动各项改革措施。中国的农业自古以来一直饱受落后宗教摧残，无数坟茔侵占了大量耕地。尽管地下埋藏了丰富的煤矿以及其他矿产资源，但是无人敢去触碰、开发。然而现在，对逝者的敬畏应该为国家的现代化建设让开道路了。

余先生讲到，在中国各地，强制剪掉辫子的运动仍在进行中。每天都可以看到许多中国人手捧着自己被剪掉的辫子，小心翼翼地往家走。中国的植树造林和煤矿开采，都将在民国政府的强势推动下逐步展开。

# 民国推行币制改革

1914 年 5 月 3 日

美国驻香港总领事安德森向华盛顿报告，民国新的流通货币即将问世。建立新币体系不会一蹴而就，而是逐步实行。民国政府面临的艰巨任务是逼迫市面上正在流通或仍在铸造的银两退出流通领域，安德森认为，这比重新发行银币更难。

---

① 余日章（1882—1936），基督教界人士，原籍湖北蒲圻，生于武昌。毕业于上海圣约翰大学。1908 年秋赴美在哈佛大学研究院主修教育，获得硕士学位。1910 年任北美基督教学生大会副总干事。1911 年回国，任文华大学附中校长。武昌起义时，创办红十字会从事救死扶伤工作，并任黎元洪英文秘书。1916 年任中华基督教青年会全国协会总干事。1919 年出席纽约青年会干事会议。1921 年赴美国华盛顿参加裁军与远东问题国际会议。1923 年任中华全国基督教协进会会长。1933 年闻山海关失守，猝然患脑溢血，延至 1936 年 1 月病逝。为蒋介石、宋美龄结婚证婚人。

民国政府已公布《国币条例》[①]，旨在全国范围内统一币制，以新币替代旧币及各省发行的纸币。根据《国币条例》，只有中央政府才有货币铸造权。《国币条例》的最终目标是要在中国建立金本位制，但据安德森报告，民国财政当局认为目前阶段实行金本位制的条件尚不具备。

安德森称，根据金融专家的预计，以每人平均 2 银元计算，新币总量为 7 亿银元。针对政府回收旧币的困难，安德森说，总统令宣布旧银币和铜币退市，由政府以支付税金和交纳政府收费方式收购。回收旧币起初不难，难在实际收回过程中，由于目前流通的银币由各省自行铸造发行，白银重量和成色不尽一致，许多地方货币短斤少两，这些自由流通的旧币将最早回收熔化，政府对由此导致的损失应优先考虑周全。

总领事称，统一币制遭到民国各地既得利益集团的反对，新币制尚未获得中国公众及在通商口岸颇有影响的外国商人的支持，尽管类似计划也在其他国家提出过。直接或间接从金融交易中谋利的那些人对此感到震惊。当地银行、金融家、交易商和政府官员对筹集公用资金感到担忧（他们通常以一种货币标准筹资，但以另一种货币标准支付），所有既得利益集团都企图抵制任何币制革新的举措。更有甚者，如果将中国人作为一个整体来看的话，他们在天性上宁愿把银两作为以物易物的一个物件，而不是确定为固定价值标准来完成交易。

据说新币制将率先在各大通商口岸推行，然后推广到内陆港口，此举将有益于进出口贸易。然而，通商口岸的贸易多由当地人组成的行会控制，华洋贸易通常通过间接的内部贸易方式来实现，而这种内幕交易在控制着金融、货币和海关的权势人物之间完成。长期以来，进出口贸易通过在不同货币间套汇牟利。因此，新币制的实行无疑将革除积弊，但同时也面临既得利益集团的强烈抵制，并需要改变中国多年形成的贸易习惯。

新币制实行十进制，基本单位为元。银币分为 1 元、50 分、20 分、10 分。再往下是 5 分镍币、1 分镍币。此外还有 5 种铜钱，分为 2 分铜钱、1 分铜钱、5 文、2 文、1 文。每文钱相当于 1‰元。

---

① 民国建立后，中央财政几乎有出无入，财政危机十分严重。整理财政，统一币制成为当务之急。1912 年秋，民国财政部币制委员会聘请荷兰货币金融学博士、曾任大清政府度支部顾问的卫斯林为名誉顾问，卫斯林提出《中国币制改革刍议》。1913 年秋，时任国务总理兼财政总长的熊希龄认为应根据国内习惯先用银本位统一货币。在其推动下,《国币条例》及实施细则于 1914 年 2 月公布，并于同年 3 月设立币制局，梁启超任总裁。天津造币总厂及南京、武昌等造币厂由此开铸国币 1 元银币（俗称“袁大头”）。到 1920 年 3 月，共计铸成银元 3.8 亿多元，另外还铸成一些 5 角新银辅币，在全国流通，将“鹰洋”、“龙洋”渐渐挤出市面，促进了银元的统一，为“废两改元”准备了条件。这是我国近代货币史上划时代的成就。

# 中美合资筹建银行

1915年6月6日

题记：美国金融家与来访的民国全国商会联合会会长张振勋商定共建银行以支持民国贸易，总资本为600万金元，中美股份相等。现阶段，银行总部可能建在上海，在旧金山设立分行。

受袁世凯总统委派赴美考察的全国商会联合会会长张振勋昨晚在位于纽约中国城勿街（Mott Street）7号的阿瑟港餐馆（Port Arthur）晚宴上宣布，他与其他中国金融家将与美国金融家联合投资1000万银元（折合600万金元）创建中美合资银行。银行股票将在美国和中国等量发售。

张先生未透露美方出资人，但众人皆知，他指的是旧金山的金融大亨。合资银行的分支机构将设在旧金山和纽约。张先生上周二抵美后，还和有兴趣合作的华尔街人士进行过几次磋商。有小道消息传出，说摩根财团对此颇有兴趣，但未获得权威人士证实。上周三，中美商会在阿斯托尔饭店举行午餐会，其间，摩根财团的司戴德[①]称该公司有兴趣在中美之间推广银行业务。司戴德先生在华生活多年，加入摩根财团后一直负责中国事务。

## 需要建立直航通道和银行业务

张先生在中美商会午餐会上除宣布建立中美合资银行外，还强调促进中美贸易仍有许多事情要做，首先是在中美银行之间直接开展业务，其次是尽快开通中美邮轮航线。昨晚，他在讨论中美合资银行后，进一步提出要开通中美邮轮专线，但对此未详加说明。

张振勋先生是民国最富有、最有影响力的人物之一。他在讲话中虽未披露合资银行的相关细节，但出席晚宴的每位中国商人手上都持有一份中英文对照的银行计划书草案。计划书对该合资银行的相关情况有如下描述。

“该银行由中美两国商人以投资入股方式建立，发起人认为该银行应在民国

① 司戴德（Willard D. Straight，1880—1918），毕业于康奈尔大学，留居中国十余年，是20世纪初美国垄断资本在华经济扩张的代表人物。曾供职南京海关，日俄战争时为路透社记者，后任美国驻汉城副领事、驻沈阳总领事。加入摩根财团后，插手新法铁路、锦瑷铁路、湖广铁路借款，币制实业借款及善后借款等交涉和谈判。第一次世界大战爆发后参军，1918年在巴黎死于西班牙流感。

农商部注册。”

“银行名称为中美银行有限公司。”

“银行总部设在上海，在美国旧金山设立分行，如今后要在中国其他通商口岸建立分行，将留待以后成立的董事会议决。”

“银行将融资 1000 万银元（以上海当地货币计算），按 100 银元一股，共 10 万股。如中国商人的融资超出 500 万银元，美方持股人也将相应提高融资金额以使双方控股人的机会和权利均等。”

## 银行股票发售

“上海、天津、汉口、广东和主要通商口岸的商会将建立募股机构。以股份份额所筹集到的资金，将存入这些地区的中外银行。除上述城市之外的其他城市，如由诚信可靠企业组成的商会愿意承募股份，将由上述城市商会作为担保者，并对其可靠性负责，发给盖有本商会印章的承销发票。”

“银行筹备办公室将设在上海总商会，负责处理印刷、分发银行募股书等相关事宜，并妥善保管重要文件。美方也相应成立银行筹备办公室，处理相同事项。”

“当筹措到第二笔股金后，中美银行筹备办公室将通知股东在上海召开第一次股东大会的日期，届时推举产生董事会。”

“在股东大会上，将分别在中美股东中推选出各七名成员组成董事会。由董事会投票选出上海总行行长和旧金山分行行长，两位审计师由中美分任。”

“双方审计师将负责对总行和分行账目情况进行年度审计。”

“董事会将从中美双方分别选出一名监事，协助总行行长和分行行长处理银行事务。”

## 双方选派官司员机会均等

“中美两国公民都有机会出任银行行长，如果中国人担任总行行长，那么分行行长由美国人出任。如果在创办初期，中国人难以胜任总行行长，可能任命美国人就任此职，一名中国人将任副行长。一旦中国人中能够选出总行行长人选，即按本章程第一款办理。”

“银行业务将按以下步骤来操作。”

“谈判安排中外票据抵押贷款；发行银行本票，接收储蓄存款；代理承销政府公债；承办股票和其他有价证券抵押贷款；承办保票业务；同业拆借；金、银、现钞兑换业务；其他银行业务。”

“根据光绪二十年大清户部律令，所有政府官员与其他人士享有拥有银行持股并将股金存入银行的同等权利。”

“股份分配条例将逐步出台，有关银行内部工作的其他条例也将待银行营业开始后陆续出台。”

张先生最后呼吁，在美华商团结起来，与国内的中国商人共同为促进中美贸易展开合作。他说，合资银行的建立有助于加强中美贸易。他还希望留美学生毕业归国，共襄大业。

## 顾维钧表示欢迎美国来华投资

1916 年 5 月 28 日

题记：顾维钧称，受战争影响，美国在华制造业商机大大提高。

几天前，中华民国驻美公使顾维钧接受了《纽约时报》驻华盛顿外交使团记者的采访。他预测，假以时日，美国对华贸易将会增长百倍。公使先生在采访伊始就说，欧战打乱了欧洲工商业格局，世界贸易形势发生了新变化。这样一来，供应远东市场的重任大部分落在了美国身上。

顾维钧公使说，“新形势将促进美国更多参与远东贸易。我很高兴地看到，富有远见的美国银行家和企业家们已经采取行动，以利用欧战带来的机遇。如果我们说一国的灾难是另一国的机遇，可能显得缺乏同情心，但事实就是如此。”

“美国对亚洲贸易的兴趣在上升，而且整个中国巨大的工商业市场正在苏醒，这是中国之幸。在我看来，这意味着中美两国将在太平洋地区中发挥关键作用，形成世界上最伟大的商业航线，开启本地区未来。”

“没有任何两国能像中美那样有资格进行经济合作。美国合理利用水电资源，采用节约劳动力的机器从事生产，使得农业、磨坊和工厂产量得到提高。美国不仅需要庞大的市场来销售这些快捷便利生产出来的商品，同时也需要一个能随着其产量增长而增长的市场需求。中国就能提供这样一个市场！”

“中国人对于西方文化愈加喜爱，对美国生产的西方商品的需求量也在上升。

顾维钧。（《纽约时报》原文插图）

想想看，四万万中国人得需要多少数量的衣服、鞋子和靴子，需要多少升煤油来点灯，男人们得需要多少香烟，女人们需要多少化妆品。想想看，在一个彻底苏醒过来的中国，需要多少铁路、电器和机器啊！”

“中国最新的贸易统计报告里称：‘中国的富人家里使用玻璃窗户和煤油灯照明，摆放成套的雅致家具，铺着奢华的地毯，家里还用着钟表、珐琅彩瓷器和留声机。’”

“现在中国人均进口商品额为 93 美分，人均从美国进口商品额为 8 美分。加拿大每年每人购买约 90 美元的美国商品。如果中国能像加拿大一样，那么美国每年向中国输入的商品将是现在的一百倍，我相信未来一定会是如此。”

“另一方面，中国的茶叶、丝绸、地毯、豆糕、胡桃、瓷器和漆器的产量也在不断增长，也需要依靠对美国的出口。由于技术发展，这些商品产量迅速提高，管理方式也在不断进步。”

“在采矿业、农业和自然资源开发方面，中国越来越需要美国的资本和合作。中国资源的丰富程度被公认在世界上位列前茅。北满的金矿、热河的银矿、云南的铜矿、湖北的铁矿、湖南的锑矿、福建的磁铁矿都尚未开发。中国西南和中部各省都盛产棉花，贵州、四川、西藏、蒙古、甘肃气候舒适、水草丰茂、土地广袤，适宜饲养产毛绒类牲畜。然而，由于中国水资源丰富，水上交通发达，却造成了中国几乎各地都缺少铁路的现状。”

顾维钧公使接着说，“中国人收入增加后，会有更多的需求。中国资源不断开发，人们的收入也会增加。人们将不再仅仅局限于购买少量生活必需品，而是将开始消费各类性能良好的商品和奢侈品。中国工人的薪酬虽然在过去 20 年间增长了三到四倍，但仍然非常低。没有技术的工人每天只能挣到几分钱。但就是这样，他们的薪酬在这 20 年里也有增长。工人们开始用上了火柴，不再用燧石打火。现在他们也改抽香烟，不再抽家里的‘水烟’了。如果工人工资继续增加，他就可以穿上洋装、皮鞋，也可以去看电影了。”

“中国的经济发展有无限可能性，美国投资也会有获利的良机。我很容易看出来，为什么有些人那么渴望成为中美贸易的代理商，因为他们看重其中的佣金。而直接贸易就无须支付佣金。这样制造商的利润就会增加，而购买者支付的价格也会下降。当中美的商人都相互熟知了解对方时，我尤其不理解代理商存在的必要和合理性。”

记者问顾维钧公使，中国是否有训练有素的人员，能够从事大型工程和工厂的工作。

公使先生回答道，“对此我可以给予肯定的回答，毫不担心有人质疑。中国有大量技术娴熟的泥瓦匠、木匠、铁匠、铜匠、木雕家。在接受欧式良好培训后，中国人可以成为最佳技术工人。在中国沿海各造船厂里有许多经过培训的工人，他们已经证明自己可与世界上任何技术工人相媲美。”

“除此之外，欧洲和美国还培训了许多中国工程师和专家。现在仅在美国就有1400名中国学生正在学习工程学、矿业、农业等各项理工科专业。”

“中国是需要资本。哪里有充足的资金，哪里就有训练有素的人员来完成工作，他们薪水低，但效率很高。”

“美国人已经看到了中美两国经济合作的巨大潜力。中美贸易往来有四大重要因素，使得两国经济合作必然能获得成功。”

“因素之一是合作目的纯粹。中美双方贸易的目的都是为了获得合法利润，一方没有秘密动机，另一方也没有疑虑。两国均不是为了某种隐秘或恶意的目的。中国商人完全遵从‘在商言商’原则，他们认识到也赞赏美国商人经商的纯粹目的。中国商人一再重申希望与美国发展更亲密商贸往来的愿望。”

“因素之二是中美双方利益一致，这将推动双边商贸关系取得更大成果。中美商贸像两条平行线，利益高度一致，不存在阻碍两国商贸往来的根本争端和冲突。”

“两国除了纯粹目的和利益一致之外的另一个事实是，中国商人都以诚实闻名，他们是经得起考验的。中国人认为诚实是经商和生活中各个方面里最重要的品质。中国商人非常渴望与美国人进行贸易往来，因为他们知道美国人像自己一样诚实。”

“中国人对自己同胞怀有强烈而真诚的友谊，这也是美国商人和企业家们值得珍惜的品质，这是金钱买不来的。一位美国上层人士最近在东方游历，归国后他感慨道，不论他走到中国的哪个地方，都能感受到中国各阶层人民对美国人所怀有的友善之情。他说，‘我只需要告诉中国人，我是个美国人，马上就会获得所需要的服务’。”

# 中国纯锑产量大增

1915 年 6 月 11 日

中国纯锑生产受欧洲战争刺激，由于需求量剧增，锑产量已达到生产极限。昨天，正在访问美国的民国大亨、湖南锡矿山[①]国有矿业公司董事长、湖南华昌炼矿公司[②]董事长梁焕奎[③]称，“欧战爆发前，我们每年仅炼锑 3000 吨，每吨赢利 170 美元。目前锑价高达每吨 700 美元，而且标价还在继续攀升，现在有一个生锑联合制造商，但他们的产品均被我公司收购并在我们的工厂冶炼。现在，我们的炼锑业已雇佣一万工人，预计在不久的将来，生产规模还将进一步扩大。”

“过去，生锑多被运往欧洲或其他地区冶炼，根据我们公司的规划，准备将大部分冶炼生产都放在中国进行。我愿在此重申，中国制造的纯锑品质非常高，在各方面都达到了国际贸易标准。工程师们都向我保证，中国制造的纯锑参加品质测试的结果令人满意。”

梁先生还说，华昌公司使用法国专利和法国机器设备冶炼纯锑，品质有可靠的技术保障。当被问及其工厂的劳动力成本时，梁说，这个不成问题，中国的熟练矿工和其他工人与美国工人相比，他们的日工资相当于 20 美分。梁先生还有一些更好的计划，准备将锑销往美国。他确信，在不久的将来，华昌公司的出口量还会有更大的增长。梁先生在访问其他几个美国城市后，将于 7 月初从旧金山乘船回国。

---

① 湖南锡矿山以“世界锑都”而著称，是中国最大的锑业基地，位于湖南省冷水江市东北 15 公里。矿区发现于明代末年，当时把锑误认为是锡，所以称为“锡矿山”，但因炼不出锡，遂弃置。清光绪十六年（1890）经化验始知是金属锑。清光绪二十三年（1897），湖南巡抚陈宝箴主持设立新化锑矿行政局，实行民采官收官炼，后因技术匮乏和缺乏资金改为商办。当时矿区有采锑公司 130 余家、炼厂 30 余座，美、俄、德、英、法、日、西、葡等国也设了“多福”、“开利”、“合利”、“修和”等多家公司。1908 年，清政府购买了法国赫氏炼锑法专利，1909 年用低品位辉锑矿炼出纯锑。1941 年国民党政府资源委员会设立锡矿山工程处，建立了北矿区实验炼厂和南矿区炼厂，收砂炼锑。1949 年共有 9 家冶炼厂。中华人民共和国成立后，生产有很大发展，产量占中国锑总产量的 52.5%。

② 华昌炼矿公司是在张之洞、端方、袁树勋、袁世凯等人支持下，由杨度和梁焕奎兄弟等人从官府筹银 16 万两于 1908 年创办。公司以 7 万两白银从法国巴黎矿冶专家赫伦士米氏购得蒸馏炼锑法的专利权，解决湖南益阳板溪锑矿低品位矿砂的提纯问题，并从英法两国购进机器、炼炉，聘用法国工程师，在长沙南门外西湖桥择地建厂，所出纯锑销往欧美。1914 年，第一次世界大战爆发，军火生产及军需储备的需锑量大增，锑价扶摇直上，公司赢利丰厚，业务极一时之盛。1918 年，第一次世界大战结束，锑价暴跌，公司债台高筑，举步维艰。1921 年宣告破产，但华昌公司在湖南实业史上写下了辉煌的一页。

③ 梁焕奎（1868—1930），湖南湘潭人，原籍广西桂林，与梁漱溟为兄弟辈。梁焕奎 1887 年考中秀才，1893 年中举。1896 年，受湖南巡抚陈宝箴聘为湖南矿务总局文案，倡议在新化锡矿山、益阳板溪等地设矿采锑。1898 年护选学生赴日本，任湖南留日学生监督。1906 年，在杨度鼎力帮助下，筹措巨款创办华昌炼矿公司。梁焕奎晚年双目失明，皈依佛教密宗，终日诵经礼佛，1930 年 12 月在庐山逝世。

# 中国工业革命进程综述

1916 年 8 月 27 日

周自齐（前农商总长）

题记：民国政府前农商总长周自齐先生在两位美国女记者建议下，为本报撰写特稿讨论席卷中国的工业革命，并对发展中美贸易提出若干建议。他最主要的一个工作目标，就是促使中美两国的社会、商贸关系更加密切。辛亥革命以来，周先生历任中国银行总裁、交通总长、财政总长、陆军总长和山东都督。

周自齐[①]先生尽管在农商总长职位上供职不久，但他已着手进行多项改革，并成立了调研规划局，如果因此能够安置那些诚实而且富有爱国热情的专业人士，那么将对中国的未来产生积极影响。周先生曾在美国生活 12 年多，他的思想观念深受美国影响，其思维方式毫无疑问是美国式的。1896 年，他作为官费留美生被派往华盛顿大学（George Washington University）留学 4 年，随后历任驻纽约领事、驻哈瓦那总领事、驻华盛顿公使馆一等秘书、驻旧金山总领事等。

周自齐。（《纽约时报》原文插图）

① 周自齐（1871—1923），山东单县人，清末民初时期的外交家、政治家、教育家、经济学家、实业家。其父周镐秀，曾任广东候补巡检。早年入北京同文馆学习，后留学美国（国内多项参注周就读哥伦比亚大学，但本文指周就读于华盛顿大学）。1896 年后曾任驻纽约领事、驻古巴代办、驻旧金山总领事、驻美公使馆代办等。1909 年回国后曾任外务部右丞，主持筹建游美学务处肄业馆（后改名清华学堂）并兼清华学堂监督，后任袁世凯内阁度支部大臣。1912 年改任山东都督兼民政长。1913 年任交通总长、代理陆军总长。1914 年任税务处督办兼中国银行总裁。1915 年任农商总长。周支持袁世凯称帝，被列为帝制祸首“十三太保”之一，遭黎元洪通缉亡命日本。次年回国。1918 年特赦后，任参议院副议长、总统府高等顾问、总统府财政委员会委员长、币制总裁、财政总长。1922 年出任国务总理兼教育总长，6 月曾短暂代理总统。1923 年 10 月 21 日病逝于上海。

## 中国正迅速抛弃陈腐观念，努力促进商业与工业发展

仅仅通过书本来了解中国、对中国正在发生巨变一无所知的外国人，还有那些不能从表象背后洞悉真实内涵的来华旅游人士，对于他们来说，“天朝中国”就是一个一个积土飞扬、凋零残破的佛庙，就是装饰着琉璃屋瓦的金色大殿，就是瓷器烧制的巨龙，就是为褪色锦缎讨价还价的市民和流离失所的乞丐。对于他们来说，中国是一个充满怪异宗教、迷信而又风景如画的美丽国度，是一个完全过时的、贸易手段陈旧的落后国家。

他们没有意识到，中国正在迅速抛弃中世纪的陈腐观念，正在努力促进商业与工业的发展，正在发奋追赶西方强国。曾几何时，中国对西方文明成就不屑一顾。但是今天，一种新的时代精神的旗帜正被一代中国青年高高树立起来。他们认识到，如果他们的国家想要实现独立自主的发展，就必须从祖宗流传下来的老路上完全跳脱出来，尽快适应 20 世纪更有成效的发展模式。

民国建立四年来，新的时代精神已获得机会并发挥出来，且初见成效。政府彻底改革了盐铁专营制度，市场更加开放；包括 7 条干线、总里程超过 7000 英里的全国铁路建设规划已制定完成，并在欧洲大战导致外国贷款缺位的情况下，完成了部分项目建设；负责灌溉和治理水患的部门正对水利工程修建计划进行前期调研，并且正尽最大努力应对每年泛滥的洪水灾害；连接各地的道路交通正在各省广泛修建；政府为扩大矿产开发制定出台了更多激励政策；用于国家改革事业发展的国债大量发行认购；商业贸易也在各种积极措施的激励下日趋活跃。

在民国政府内，也许没有哪个部门在改善农业生产、促进工业发展的问题上，比农商部承担着更大的责任。在该部领导下，中国建立了历史上第一个森林局，一位年轻的美国森林专家被任命为森林局局长；成立了标准示范农场和多个科学试验站；建立了负责收集、分析各省商贸数据的统计局；在国家主要行业，如茶叶和丝绸行业，大规模推行标准化以利于出口。凡此种种，最紧要的就是将中国商贸力量推向更广阔的世界市场。

## 国家以农事为本

从古至今，中国大多数人口都从事农业生产，因此国家兴旺繁荣在很大程度上取决于农民实现小康。历朝历代的帝王都非常重视农业。在北京先农坛，中国皇帝每年会在一个类似美国感恩节的节日里，身穿代表帝王尊贵特有的黄色服

装，扮成耕地的农民，向上天祈求风调雨顺、谷物丰收，并点燃各种木材堆成的香火。在北京的地坛，皇帝在每年夏至都会摆设祭坛，供奉代表中国各地方位的白色、黄色、红色和黑色泥土，表达对农业的敬重。

最令人印象深刻的祭典仪式在著名的北京天坛举行。有一块专门的场地被开辟出来，供朝廷和全国的人民祈求丰收。民国元年宣布废除这些仪式，但是遭到了全体国民的一致抗议和反对，民国总统只得恢复传统，每年都要到天坛举办盛大祭典。

## 在全国范围建立农业研究推广体系

清王朝曾经建立过一个主管农工商事务的委员会，但并未开展过任何实质性工作。在北京城墙外，从市区通往颐和园的道路上，曾经建立一个农业试验站，但仅仅是为了讨好那位想看一看农田是什么模样的慈禧太后。他们并未认真做过任何自然科学方面的试验。

这块曾经专供慈禧太后消遣的农田，现作为北京农业研究基地，用以指导和帮助北京近郊的农民，并推动各省农业研究工作。这里定期举办各种展览和讲座，分发良种和肥料，开办夜校和童子班，专家进行辅导。所有这些活动全部免费，以此帮助农民看到他们自产农作物与标准示范农场种植的农产品之间存在的巨大差距。

目前各省共建有 22 个农业科学试验站，由从各地农学院毕业的学生进行管理。两个月前，对省级试验站的管理体制进行重组，由设在北京的中央试验站统一管理，负责统筹各地试验站提交的报告。根据这些报告，中央巡视员将被派往最需要的地方进行技术指导。除建立试验站外，还建立了许多标准示范农场。仅在北京近郊即建有 4 个这样的农场；在北京市内共建有 20 个标准示范农场。每个农场的影响力可辐射周围 20 至 130 英里的范围。它们的主要功能涉及土质分析与改善、科学耕种方法的示范和小麦、玉米、粟米、大豆等良种的分发、化肥的分发和害虫捕杀。

另一项广泛采取的措施是举办农产品展览会和各省的年展。在展览会上，各种良种被推广和分发。研究表明，中国农作物产量和品质低下的主要原因在于种子。最近，有多个农业会议在各省举办，在 207 个行政区域建立了农民互助组织。各省农学院培训了大量农业专家，他们中许多人被送往日本、美国等地深造。

## 推动生产、商贸和科研协作，提高中国茶叶国际竞争力

与农业教育培训和科学试验密切相关的另一项举措，便是农商部大力推动中国商人建立贸易商会，努力提高出口商品质量，推动农民和商人共同获益。推动和建立中国商人之间的互助合作，与试图让农民意识到科学耕种的必要性一样困难。茶叶出口理应成为中国产品的优势贸易领域，却在锡兰红茶与印度茶的盛行中开始迅速萎缩。一部分原因是中国商人没有成立自己的商会组织推动海外销售、参与控制市场定价，另一部分原因是中国茶叶的成色和味道从未进行任何技术改良，没有主动积极地与外国茶叶展开竞争。

农商部已在安徽省祁门县建立了茶叶试验站，堪称中国最好的茶叶生产中心，可向生产者全面展示种植、施肥、采摘和现代制茶技术，并指导他们参与市场竞争。表现出色的茶叶生产商可以得到政府发放的额外奖金奖励，赋税率也会降低以资激励。农商部向各省政府下发了详细的技术指南，指导如何在早春季节种植茶叶，如何采摘及制作成外销商品。农商部还在汉口、上海和福州建立机构，试图废除人工上色和其他违规操作，如将茶叶与叶芽、茎干混合等。

茶叶贸易集中在汉口和上海。位于这两地的茶叶协会刚刚成立，以期能够建立中国茶叶的标准化体系，并通过注册商标和分级定价使中国茶叶成为标准化产品，依靠样本即可订货。该协会还将开展一系列广告活动，推广中国茶叶在海外市场的知名度。

中国各地的农产品、手工制品都是经上海口岸输往海外，所以上海是当时中外贸易的重要桥梁。这是开埠以后上海口岸包装出口的茶叶。

茶商已开始向农商部寻求帮助。最近汉口茶商向农商部呈送一份报告，要求相关部门采取措施，鼓励中国红茶生产，以满足海外市场需求。农商部与湖北省政府合作，联合研究，帮助商人和种植者在短期内即获得较大收益。

农商部推出的改进茶叶贸易措施已初见成效。中国茶叶市场目前呈现出近十年来最好的局面，单是对英国的出口便增加 15%，从 1913 至 1914 年度的 1 亿 6919.8 万磅增加到 1914 至 1915 年度的 1 亿 8925 万磅。在贸易获利逐步提高的情况下，中国没有理由不与爪哇、锡兰和日本等国在茶叶生产及出口贸易方面一争高下。

## 采取措施推动丝绸和棉纺工业现代化

在丝绸行业，政府并无必要进行过多干预或者帮助。丝绸商是中国最富有和求取上进的商人，只要他们被引导到拓展国外丝绸市场的道路上，他们便会沿着这条道路不断独立前进。目前，国外的现代纺织机已被引入中国。在农商部指导下，国外市场适销对路的纺织品样本正被广泛收集，大量样品从美国寄回来。通过样本展览，加之针对国外买家兴趣和需求的详细销售指导，一些专项订单已被传到纺织大省。此外，成千上万株桑树已被分发给直隶（河北）、山东、山西各省的农民，并向他们传授先进的养蚕方法。

政府并不拥有任何棉纺厂，但采取了许多专门措施来促进棉纺业的发展，并定期开展有关活动。美国棉花专家乔布森（H. H. Jobson）被授权领导一个新建部门的工作，棉花种植指导手册已经分发下去，相关技术人员被分派到棉花种植大省提供培训和指导。

纺织行业是上海华资工业中最有竞争力的行业。由荣宗敬、荣德生兄弟创建的申新纺织公司是华商棉纺织业中最有实力的企业。图为著名的申新纺织第七厂。

在各种棉制品的出口国中，中国列第二位，仅次于印度。中国是世界第一纺线进口国，世界第三大产棉国，排在美国和印度之后。约 70% 的中国棉花出口发往日本和美国。中国进口的原棉主要来自美国和印度。

根据最新统计数据，中国棉纺厂中共有 100 万纺锭和 4500 台织机。在 6 个省内建立了30多个现代化的棉纺厂，未来将有更多被兴建起来。最近，美国波士顿一家公司赢得了一个合约，将在天津兴建2个各拥有2.5万支纺锭的大型纺纱厂，它们将成为中国装配最先进、最现代化的棉纺厂。中国棉花生产具备各种有利因素，包括超大规模的纺线与布料市场、产业技术要求不太高、充足的原棉产量和廉价劳动力供应、厂区邻近煤矿可提供廉价动力。

## 大力促进采矿业的发展

由于铁路网线与公路干道的建设完善，中国矿山开发将迎来一个大的发展。农商部为整合各省矿藏资源，促进矿山开发，鼓励专业人士投身矿业并协调采矿工业相关事项，组建了地质矿业局。地矿局一项十分重要的资源勘察工作正在进行，历时10年以上。同时，地矿局还将建立一个冶金实验室。此外，最近通过了新的《矿业法》，大幅度降低了矿业税，这些都对采矿业的发展十分有利。

小矿山的所有者已感觉到，在旧制度下，他们运营的难度与日俱增，于是纷纷转投其他行业，致使中国只能从国外高价进口铁和黄铜，同时国内采矿工地又大量闲置。因此，政府准备引进现代化的采矿机械和先进的矿石冶炼技术，激发中国本地矿业公司的生产兴趣。举例来说，如果引进鼓风炉和现代炼铁技术，那么，中国生铁产量不仅可以充足地供应国内市场，还可以出口到日本和美国。在目前状况下，中国生铁年产量仅为30万吨。

恒丰纱厂的宽大厂房。

## 实现度量衡具的标准化

农商部正在规划的一个重要改革举措，便是实现度量衡的标准化。度量衡严重失范对中国的国内外贸易都造成极大不利。木匠、绸缎商、文具商和各种其他贸易商在使用不同的度量衡。仅在绸缎交易中就有三种不同的度量方法。而重量测定不仅各个城市不同，居然各个商店也不一致。为此，农商部派遣了一个专家小组到海外考察学习统一度量衡的办法，并为中国加入国际度量衡局做好准备①。

北京已建立一个生产标准度量衡具的官办工厂。在相关政策指导下，将收回北京所有商铺的旧度量衡具，并替换为统一标准器具，防店员利用不规范度量进行欺诈。在全国各技术学院中将引入度量衡专门课程，使得学生能够成为各项领域的度量衡监督员。政府期待北京标准度量衡工厂建立后，将会有更多私营度量衡具生产厂出现。

## 工厂和机器是中国今天最紧迫的需要

我们需要钢铁厂、水电厂、发电厂、冶炼厂等，我们需要各种现代化机械设备，以使我国能够跟上其他国家前进的脚步。美国能够为我们带来工厂和机器。在中国工厂使用的齿轮与我们两千年前祖先使用的一样，我们日常使用的工具已经几个世纪没有变化。

我们的祖先发明了其他国家正在使用的几乎所有工具，但是，当其他国家在持续不断地加以改进和完善时，我们却仍在使用最原始的工具。我们需要新的工具、现代化的罗盘、飞机、农机具，所以，我们必须有工厂生产这些工具。我们能够制作有优美雕刻或镶嵌工艺的精美铜器，却制造不出一个小小的香烟盒，因为我们没有相应的设施。中国无限广阔的市场正等待着美制机器和美国资本的进入，在中国大地上建立能够生产机器的现代化工厂。

## 美国对华贸易面临的问题与解决方法

中美两国之间没有理由不大力扩大贸易交往。现在，中国从美国的进口贸易占中国总进口额的8%，但只是美国出口总额的1%。中国需要建立更多国际金融公司（International Banking Company）。最近刚成立了一家中美贸易公司（China America Import and Export Company），梁士诒先生②是主要出资人，天津、

---

① 国际计量大会系根据1875年5月20日签署的《米制公约》成立，下设国际度量衡局（中文旧称国际权度局），宗旨是实现国际度量衡标准在全球各地的一致化，总部设在法国巴黎。清光绪三十四年（1908），清政府商请国际权度局定做营造尺（32cm）和库平两砝码（37.301g）铂铱合金原器和镍钢副原器各一副，该原器、副原器经国际权度局准确校准、给予证书于1909年携送来华，清政府据此制造地方原器颁发各省，作为检定各种度量权衡的标准。同年，清政府农工商部设立度量权局。1912年，民国政府成立农商部兼管度量衡。中国于1977年加入《米制公约》。从1979年第16届国际计量大会起，每届都派代表团出席。

② 梁士诒（1869—1933），汉族，祖籍为广东省三水县白坭镇岗头村（今佛山市三水区）。光绪进士，授翰林院编修。曾参与袁世凯胁迫清帝退位，先后担任袁总统府秘书长、交通银行总理、财政部次长、国务总理等职，是清末民初非常活跃的一位政治人物。

由买办起家的盛宣怀，开办纺织厂、银行，亦兼治煤矿、铁路，1911年更任皇族内阁邮传部大臣，是近代上海著名的工商巨子。

汉口、广州、上海等地的商界大亨也很感兴趣。这家公司将经营各种产品，资本已基本到位，公司的中国商人将前往美国与主要商埠的采购商、经销商和市场经纪人签订原料材采购协议及货物销售合同。

过去，美国对华贸易在中国受阻的主要原因是缺乏一个运转有效的商业组织。从前，大多数美国对华贸易在中国都通过德国或英国公司代理。德国人、英国人和日本人在中国经商成功，主要因为他们的商品迎合了中国人的真实需求。英国人进入中国市场已经较长时间，他们被中国人认为值得信赖。德国人登陆中国后，为使其货物满足中国人任何细微的需求而不厌其烦。简言之，他们都千方百计使自己的商品更好地适应中国人的需求。美国人如能吸收英、德两国之长，可以做得更好。

要想对华经商取得成功，首要是需要具有极大的耐心，因为买卖很难迅速成交。赢得中国人的信任非常必要，因为他们对不甚了解的洋人天生就心存戒备。对中国的深入了解极其重要。美国商人常犯的错误是试图绕过买办直接与中国人交易。未来最重要的交易形式就是业已存在的合伙经营方式。日本人发现这种方式可以很好地兼顾各方利益，因此许多日本商人正在设法寻找到中国本土的合作伙伴。美国的最大优势是中国人民对他们相当友善，中国很清醒地认识到，无论是引入的美国资本，抑或是美国在华建立的企业，对于他们实现工业化都将是有益无弊的。

# 战争刺激民国工业复苏

1917年1月5日

题记：停止从欧洲进口后，民国经济更趋活跃。

据美国驻汕头领事汉森报告，国内需求的增长迫使中国更加注重本国工业的发展，而它们长期以来一直受到忽视。汉森领事近日在纽约逗留了几天，他在海关大楼内的纽约商务局会见了那些有兴趣扩大对华贸易的美国商人。

汉森说，欧战爆发前，中国长期以来一直依赖德国制造的纺织染料，由此压制了中国染料工业的发展。当德国染料存货消耗殆尽后，布料商们发现他们不可能从英国、瑞士、美国或其他国家进口类似染料，于是中国自己的染料工业得以恢复，产销两旺。

战争爆发前，由日本向香港发运大批蔗糖，并在那里精制后运往华南销售。日本后来发现，如果将产品销在欧洲市场则获利更大，遂停止向香港出口。这迫使中国开发自己的蔗糖工业。由于本国的榨糖工艺十分粗糙，中国人更喜欢日本糖。然而，当日本和德国甜菜相继断货后，中国蔗糖工业得到了蓬勃的发展。

“战争使运费大增，这削弱了美国面粉对华出口。尽管人们仍然更喜欢美国的精白面粉而不肯吃带有暗黄色麦麸的土产面粉，但供应不济迫使当地人发展本国的面粉生产。当然，如果运输费能够降下来，竞标交易将使美国恢复对华面粉出口。”

汉森领事还谈到，民国经济复苏刺激了中国运河和沿海贸易的增长，汕头经济环境获得明显改善。

# 中国盲人生活无虞

1918 年 1 月 6 日

上海盲人学校校长费来尔（George Fryer）教授说，盲人在中国还是有钱赚的。费来尔教授目前正对美国盲人救助工作进行研究。

他说，除埃及外，中国是世界上盲人最多的国家。盲人沿街乞讨令人很不愉快，但是，他们生活得不错。中国人相信行善积德，很少有人路过乞讨的盲人时不给硬币的。盲人乞丐每月能挣到 30 至 140 美元，在中国算是相当不错的收入。此外，有不少盲人还帮人算命，也有很好的收入。

帮助盲人的工作多由教会和基督教青年会的男女志愿者来做。但是，他们发现在中国不让瞎子乞讨或算命是一件费力不讨好的事，因为这种努力被视为与中国传统信仰相悖。

## 美国对中印两国白银出口剧增

1918年2月24日

题记：1917年，美国白银的主要出口国是中国和印度。

华盛顿2月23日电：

1917年，最近的统计数字中显示了美国贵金属对外贸易的流向，特别是对东方的出口大幅增长。对中国大陆的出口达到12106600美元，是1916年的两倍；对香港达到8612757美元，1916年是3197341美元；对英属印度的出口从1916年的2384467美元猛升到24392402美元。

因大战影响，中、印两国实际上须高价购买金属以代替白银来造币。从中国运送了大量白银至印度用以支付印军在美索不达米亚（Mesopotarmia）和欧洲的作战。中国人发现，由于铜价已溢出铜币的币面价值①，如需维持数百万元现金的正常流通，就必须增加银币铸造量。

为填补迅速扩大的白银贸易缺口，美国特别增加了从墨西哥的进口，购进价值3200万美元的银锭，墨西哥方面获得了价值1300万美元的黄金作为回报，这个数字是1916年的12倍。从美国进口黄金的国家只有日本和西班牙，1917年贸易额达到1亿美元。美国对拉美国家的贸易出口也显著增加。

## 中国因战争享受繁荣

1918年2月24日

题记：中外商家因欧洲大战致富，出口大增。海关税由1916年的

① 中国在很长时期实行白银与铜钱复本位制，银两与制钱并用，各自有不同使用范围。银两主要在大城市特别是通商口岸使用，内地和中小城市则多使用制钱。1870年后，西方国家普遍放弃金银复本位而采取金本位，但中国仍然延续银铜复本位制。19世纪后期，世界银价下跌55%。同期铜钱对银两的相对价格反而上升34%。由于中国铸造铜钱的原料铜、锌主要来自国外，白银相对于黄金的贬值使得进口铜锌价格上升，由此造成白银相对于铜钱升值和以铜钱衡量的物价水平上升，进而使进口价格与中国内地物价倒挂。银价下跌对出口贸易的促进作用在很大程度上因铜钱价格上升而抵消，出现汇率贬值、进口反而超过出口的现象。

30486175 美元猛增至 1917 年的 4010.9 万美元。

汇丰银行公布的世界贸易年报引起各方关注。年报表明，中国正在经历前所未有的繁荣。尽管仍存在诸多不利，如外汇波动、政治动乱、洪灾和运输吨位不足等，但总体来讲，中国的对外贸易无论对外国商人还是中国商人而言，都取得了非常令人满意的成绩。尽管有高汇率、高运费和保险费等因素的影响，由于各种商品的需求量都在迅速增长，中国棉花、谷物、羊毛、食用油、皮革等大宗商品的出口仍然出现了令人瞩目的增长。

另据汇丰银行年报，前些年，由于汇率较高致使中国对外出口出现缩减趋势，但 1917 年止跌回升，来自欧美地区的买家有能力承担相关费用。值得注意的是，战前美国市场由欧洲供应的货物现开始大量引入中国商品替代。中国商家由此获得了比几年前明显更高的价格，高额的进口税也付得起了。考虑到市场供应所经历的困难，小额贸易和其他商品贸易也成绩不俗。

目前，战争形势的演变大大加剧了市场交易风险和困难，为维持货物正常流转，协调贸易资金调配，商人和银行家们经常捉襟见肘，弄得精疲力竭。

“从财政观点出发，1917 年对中国来说是空前繁荣的一年，该年的海关税为 3817.7 万海关两（Haikwan Taels），以每海关两兑换 4 先令又 16/313 便士计算，相当于 8241857 英镑（4010.9 万金元）；而 1916 年为 3776.4 万海关两，以每海关两兑换 3 先令又 1/313 便士计算，相当于 6264496 英镑（30486175 金元）。”

“1917 年的盐务专营税达 70627249 银元，除去固定债务和管理费 1000 万银元，可供政府自由支配的款项不低于 68613370 银元。”

“此外，中国已开始对外展开谈判，要求修改 5% 的关税，这将进一步增加国家税收。政府征收铁路使用税的进程尽管缓慢，但也在稳步增加。我们感兴趣的沪宁铁路已基本完成征税。除清算目前所有花销并付清英镑债务利息外，1916 年账目显示仍有 17000 英镑盈余。”

# 美国 4 艘万吨轮将在上海制造

1918 年 7 月 14 日

题记：合同规定上海为美国建造 4 艘万吨货轮，此后还有 8 艘货轮

江南机器制造总局是近代中国最著名的官办企业，也是中国工业的发轫之一。1865年由李鸿章创办，是清政府规模最大的军事工业，主要制造枪炮和修造轮船。

订单意向。合同金额约为 2500 万至 3000 万美元。

华盛顿 7 月 13 日电：

美国政府计划斥资 2500 万至 13000 万美元，委托中国建造新轮总共 12 万吨并发运美国。美国战时航运管理局（Shipping Board，即 War Shipping Board，译注）局长赫雷（Hurley）今天宣布，美国已与中国官办造船公司江南制造局①（Kiangnan Dock and Engineering Works of Shanghai）签署合同，委托其建造 4 艘最新式的万吨船舶。合同还表明，可能由该局建造另外 8 艘同类船舶。

为获得美国造船合同，中国政府通过其赴美代表宣布，中国人民希望更积极地参加对德作战。中方认为，如果中国的造船厂能够帮助协约国打造一支伟大的舰队，那么就是对协约国战争作出的真正贡献。中国代表今天还表示，中国参与造船将会极大促进和巩固中美外交关系，为中国对德宣战增添新的物质内涵。

日本现正在为美国造船，并宣称所造船只将向法国运送士兵和弹药。南美国家乌拉圭今天表示，已将最近被其扣押的 8 艘德国轮船中的第一艘交给美国，该轮被

① 即江南机器制造总局，简称江南制造局或江南制造总局，于 1865 年（同治四年）9 月 20 日在上海虹口原美商旗记铁厂设立，是晚清规模最大的近代军工企业，为后来江南造船厂的前身。制造局早期的首席工程师霍斯（T. F. Falls）为美国人。由于虹口房租较贵，且工厂以生产军火弹药为主，有一定的危险性，遭到了居住附近的洋人反对。制造局于 1867 年迁往高昌庙，共有职工 3000 余人，房屋 2000 余间，包括机器局、木工厂、轮船厂、锅炉厂、枪厂、炮厂、枪子厂、炮弹厂、炼钢厂、熟铁厂、栗药厂、铜引厂、无烟药厂、铸铜铁厂和两个黑药厂，是当时设备最齐全、规模最大的军工厂，还设有翻译馆、广方言馆等文化教育机构。该局于 1868 年 8 月造出中国第一艘新式轮船“惠吉”号。

改名为“阿蒂加斯”号，其德国原名为“韦根”号（Wiegand），排水量为8800吨。其他船只也将尽快转交。这样，乌拉圭将为协约国方面贡献6.2万吨排水量的货轮。

该合同事关中国利益，合同已获确认。今天，战时航运管理局已将这一消息电传上海。航运局要求中国船厂加速建造，以求在短期内完成合同，并力争以最快速度交船。据称，该合同已获美国总统和国务院批准，航运局局长赫雷与中国官员进行了谈判，并就此咨询过美国驻上海领事。中国政府和江南制造局希望为战争作出贡献的迫切愿望让美方非常满意。

江南制造局可在没有美国造船计划的干预下自行造船，因为中方向美方保证，除约4万吨钢材外，能够找到足够劳工和其他材料。江南制造局拥有建造总共12万吨船只的船坞、机器和其他设备。所有船只都将按照美国货轮公司的设计来建造。

江南制造局成立于1868年（应是1865年），由中国政府的海军部全权管理。1904年，外国工程师和其他专家进入制造局，在苏格兰造船工程师毛根①（R. B. Mauchan）的手下工作。毛根手持中国海军总长签署的委任状来美国谈判合同事宜。

江南制造局有建造大型货运船舶的所有必需设备。被扣押的德国和奥地利船只就是先送到该局进行修复，而后再运送给协约国的。中方表示，首轮一旦打好龙骨，即可在六个月内交付。中方将尽全力，以最快速度完工。

中国赴美代表称，他们准备建造世界上最先进的货轮。江南制造局已建造了300多艘船，其干船坞长达544英尺，这足以显示江南制造局的技术水平与效率。

# 西方工程师建议引进自动电话

1918年7月14日

据美国驻上海总领事托马斯（Thomas Sammons）称，哈里（Harry S. Janes）近

① 1905年4月，造船厂从江南制造局中独立出来，取名“江南船坞”，隶属海军，开放外接商船的修造业务，负责经营的核心人物是总工程师、前英商和丰造船厂经理毛根。6年间共造船136艘，总排水量21000多吨，其中宣统三年（1911）建造的“江华”号长江客货轮，船长330英尺，宽47英尺，吃水7.5英尺，排水量4130吨，被当时航运界评为“中国所造的最大和最好的一艘轮船”。江南船坞为美国建造4艘排水量万吨级的运输舰，被当时传媒评为“中国工业史，乃开一新纪元”。这4艘船是全遮蔽甲板型蒸汽机货轮，总长135米、型宽16.76米、型深11.57米，指示功率3670马力，安装的是江南制造局自产的三缸蒸汽机。第1艘“官府”号于1919年元月开工，1920年6月3日下水，1921年2月17日交船后开往美国。第2艘“天朝”号于1920年8月下水；第3艘“东方”号于1921年3月下水；第4艘“震旦”号于1921年5月下水。1922年4艘万吨级货轮全部交船完毕。这批船建造质量甚优，到第二次世界大战时仍在营运。

上海街头的公共电话亭。

日在民国工程协会的一次讲话中提议，民国可采用自动电话系统[①]。他说，由于中国各地的方言十分难懂，自动电话可任意拨出想拨的电话号码，哈里还特别提到，有了自动电话后，雇用接话员的支出即可省去，这可大大减少开支。

# 中国制造铅笔[②]

1918 年 9 月 1 日

美国驻上海领事帕金斯发来消息称，一个由英美人士与中国人共同投资 8 万美元创办的中国铅笔公司已开工生产。初期日产量预计为 100 支，今后将逐步提高到日产 200 支。这种铅笔与以前市场销售的德国铅笔极为相似，机模是从日本工厂运来的，该日本工厂还负责铅笔的对日出口。目前，该厂只能制造几种规格的铅笔，今后，将会有不同颜色和更多仿制的铅笔大量生产出来。

---

① 1900 年，中国第一部市内电话在南京问世；上海、南京电报局开办市内电话，当时只有 16 部电话。电话发明后，要求各地电话机之间灵活地交换连接，最早采用的是人工交换机，必须由接线生来完成使用者电话间的接线和拆线，需占用大量人力，且速度慢。社会要求各地电话局之间灵活交换转接，因此，自动电话交换机应运而生。自动交换机靠使用者发送号码（被叫使用者的位置编号）来进行自动选线。1892 年，世界上第一个自动电话局在美国设立，自动电话交换机得到迅速发展。

② 1662 年，世界第一家铅笔厂在德国纽伦堡市开工。19 世纪，俄、日、美等国家相继建立铅笔厂。晚清末年，废科举，办学堂，中国人第一次用上铅笔。但直到民国建立，中国还没有自己的铅笔工厂。当时，德国制造的铅笔大量充斥中国市场，以施德楼（Staedtler，又译为鸡牌）铅笔最为有名。中国铅笔工业是在第一次世界大战爆发以后，德货断绝，始获得独立发展的机会。

# 天津建立碳酸饮料厂

1918年9月15日

一座制造苏打汽水的公司日前由中国商人在天津成立。因天津的附近地区拥有制造苏打汽水所需的大量天然盐料。根据美驻华商务参赞估计，拟议中的工厂如果按进口苏打汽水来计算，时价约为30万美元，建成一年后预计赢利翻番，该厂的市值将达到65万美元。

# 民国打破金属禁运限制

1918年10月1日

北京9月29日电：

民国政府关于出口银、铜的申请正由各驻外机构积极考虑。政府正等待感兴趣政府的答复。

根据此项最新安排，出口银必须获得海关总督的许可证书。

另据报道，上海至天津的铁路总是被匪帮间的火并所耽误。曾经因军队与土匪发生激战致使一列火车推迟15小时，并造成大量人员伤亡。

# 上海百货商店颇受欢迎

1918年12月1日

美国驻华商务参赞安立德在给商务部的报告中称，上海现在已有两家现代化的百货商店。这两家百货商店出售的商品与其他由洋人控制和经营的商店比，同类商品价格要低得多，也更适销对路。

“这一点十分重要。”安立德在呈报给商务部的报告中写道：“这两家大零售商更

堆积在虹口码头上的进口洋货。

能照顾到中国顾客的实际需求，注意克服当地辅币在兑换制度上存在的缺陷。例如，市面上用一个银元可兑换到价值 1.1 至 1.2 银元的辅币，这使得外国在华设立零售店时习惯享受到兑换优惠。但另一方面，中国人经营时考虑更多的，却是辅币在市场流通时能够享受到与等价银元相同的币值。”

当谈到这些商店销售的洋货时，安立德说，有一个很大例外，那就是部分中国人乐于接受西洋货，特别是女装。但总体说来，迄今为止，中国妇女无意追随西方妇女时尚，也未接受换戴各种便帽的习惯。同时，她们的穿着习惯以不同方式不断变换，这与西方妇女没什么区别。

安立德接着说，“对上层阶级和更富裕家庭的女人而言，绸缎是她们穿衣的基本材质。中国女士还特别喜欢珠宝首饰，她们会选用非常昂贵的金、银、珠宝来装饰她们的纤纤玉手。女士们流行戴手表。如果你看见一位女士戴了一只手表，同时还佩戴着一至二个悬挂着的装饰手表，不必大惊小怪。中国男士戴表也很普遍。在这些方面，我们大有生意可做。”

安立德还说，这两家百货商店还有一个显著的特点，就是它们附带也经营酒店。这些附带经营的酒店陈设着非常时髦的家具，并在餐厅里提供西餐服务。安立德声称，西餐在中国各个城市将越来越普遍。尽管这两家百货商店附属酒店的房价达到每天 1.50 至 3 银元，与欧洲差不多，但订房率颇高，有时甚至一房难求。

从它们提供的住宿条件和设施看，这个价格似乎比许多美国城市要高得多，特别是目前银元与金元同价。这两家百货商店囤积了大量美国货，而且每家店都雇有会讲英语的店员。

# 民国远洋货轮首航西雅图

1918 年 12 月 16 日

读者来信：

《纽约时报》编辑：我从西雅图中国俱乐部获悉，民国第一艘远洋货轮“Hwa Hwu”号今天驶入西雅图。

该轮从香港起锚，满载 500 至 1700 吨货物。这是第一艘悬挂中华民国国旗远涉重洋的中国蒸汽机轮船。此情此景，对那些多年目睹龙旗飘飘的华人们来说，不能不为之动容。

近代机器轮船的出现，大大便利了远洋货运。到 1890 年时，轮船已占进出上海的外国船舶总吨位的 86.9%。

# 民国的贸易创纪录

1919 年 8 月 31 日

题记：贸易总额达 12.41645903 亿美元，对日贸易位居首位。

据美国总领事托马斯·沙蒙斯向商务部的报告称，尽管民国内部持续动荡，民国的贸易达 12.41645903 亿美元，比上年增长 2.04403181 亿美元。1918 年与日本的贸易为 4.98 亿，而与美国的贸易则为 1.61 亿美元。换句话说，日本控制了 1/3 的中国对外贸易。而 1918 年民国的对日贸易占整个贸易的 2/5。

除去与香港的贸易，美国在民国的对外贸易中位居第二，占 12.98%，英国

上海口岸出口的草帽。

占 7.17%，法国占 3.07%。总体说，民国与日本、香港、美国的贸易占 79%，而与其他国家的贸易只占 21%。

## 武昌将建立新棉纺厂

1919 年 8 月 31 日

据报道，民国最大的棉纺厂之一将建在武昌北部。这个 4 万锭的新棉纺厂计划安装 1000 台织机，相关机器将从英、美两国购进。新棉纺厂计划招募 2000 名工人，厂方将为他们修建 2000 间集体宿舍。

## 现代化的中国前途无量

1919 年 9 月 28 日

题记：《远东环太平洋杂志》由东京《日本推销商》杂志发行人费

莱彻创办。该杂志创刊号摘登了辛博悌（英文名普特南·威尔）[①]撰写的一篇中国问题专稿。

今天的北京有25000辆胶轮车，据说为4万人力车夫带来了生计。无数人力车频繁穿梭进出北京的前门，每24小时往返架次高达5万辆。交通高峰时，穿过前门的人力车达到每小时3500架次，川流不息，蔚为壮观。

因为有很大的需求，胶皮车轮胎卖得很火。正常年景的消费量高达数十万套。尽管北京尚未进入汽车时代，但制造商们已在认真讨论在华建厂的可行性。辛亥革命爆发时，北京仅有6辆汽车，而现在已有500辆，并且还在继续增加，几乎每隔一天就会有一辆新汽车上路。可以肯定，在不远的未来，将会有成千上万辆汽车跑在北京的道路上。

中国发展的根本问题是要培育内部大市场，扩大国内流通，在全国范围内提高国民的生活水平。因此，这个国家从东到西、从南到北，都需要重新建设。这意味着什么呢？以上海和天津为例，如果贸易和工业发展起来了，人民就希望拥有属于自己的住房。即使在农业发达的东北地区，那里与西方接触较多，建造了

从买办起家的工商巨子盛宣怀的住宅，占地之广阔及造型之宏伟，可媲美外国大班的豪宅。

① 普特南·威尔的中文名字是辛博悌，英国人，原名伯特伦·伦诺克斯·辛普森（Bclram Lenox Simpson）。其父辛盛（Clare Lenox Simpson）长期担任中国海关税务司要职。辛博悌曾写有《庚子使馆被围记》和《外国记者与近代中国》两书。

不少新式砖瓦建筑，构成新的城市景观。迄今为止，中国已用过去积累的财富建造起一批又一批砖瓦结构的新式建筑。一位在首都北京参与一项宏伟住房工程的外国建筑师称，如果继续大兴土木的话，仅仅建筑工业这一项即可解决约 700 万中国人的就业问题。

中国目前的基础产业还是农业。尽管没有具体统计数字，据认为，中国耕地面积十分辽阔，而且土质优良，超过其他许多国家。仅东北地区就是法国、德国两国面积的总和，而中国任何一个省的人口都要比西班牙多很多。

如果认真思考中国现代化的后果，例如，有充足而便利的运输条件，这里生产的小麦不仅可以自足，而且可以出口到世界上一流的欧美大国。而大量的粮食需求又必将带来先进的农业耕作方法，刺激人们将大量荒地想方设法改造为良田。

如果在东北和内蒙古设立新的垦殖区，据推算，其种植的粮食足够养活 3 亿人。将来的中国人口在某个时候一定会超过 10 亿，她不仅能轻易地养活如此众多的人口，还可将富余的粮食出口海外。

根据 1909 年南满铁路的报告显示，东北地区每年的大豆产量为 200 万吨，今年已经达到 600 万吨。由于海外贸易需求持续走高，产量的增长还将延续。中国每年生产 4000 万吨大米，即使如此之大的产量也被华北和东北的小米产量所突破。如果你在凉爽的 9 月乘京汉铁路从河南出发，经天津、山海关、沈阳这长达 1600 英里的铁路到达哈尔滨，你可看到沿线那一望无际的红高粱，经常连绵 200 至 300 英里而不中断。这真是世界上最伟大的农业奇观。高粱秆不仅可用于饲养成千上万的牲畜，而且还可在冬天给无数的村庄带来难得的温暖。因此，无论你从哪个角度看，你都将看到，一个现代化的中国、富裕的中国真是前途不可限量。

# 上海首家卡车运输公司开业

1920 年 4 月 25 日

题记：美国卡车将取代慢吞吞的两轮运货马车。

由 25 辆美国卡车组成的运输车队在上海投入商业运营，这是首次在中国引进公共卡车服务，由上海汽车修理公司负责经营。从去年 8 月起，该公司就准备启动这项运输服务，但起初他们的计划遭到强烈反对，原因是两轮运货马车的车主们认为，中国苦力多年来已习惯使用简便的运货马车，启用新卡车运输系统将会造成苦力们大量失业。

然而，卡车营业经理反驳道，目前在上海有3000辆两轮运货马车，如果使用卡车1000辆，每辆卡车上配备4名苦力，这将大大提高运输效率，卡车每天跑的趟数越多，苦力们所得就越多。

这位经理还说，卡车是中国运输业的未来，也是引领上海乃至全中国工商业发展至关重要的一个因素。特别是随着道路系统的不断改善，现代货运业将大大加快商品运往内地的流转速度。而迄今为止，内地还有很多地方从未有人涉足过。许多人对此已有认识。承认卡车的发展趋势，将使世人相信中国的进步。

# 评民国铁路建设

1920年5月9日

大卫·费雷泽（David Stewart Fraser）[①]

题记：这是多年担任伦敦《泰晤士报》驻北京记者费雷泽为《环太平洋》杂志5月刊撰写的中国铁路专题文章（节选）。

大多数在华建立的铁路运营公司都以灾难性后果收场，损失巨大。究其原因，一是管理不善，二是缺乏诚信。但是有一个例外，即由民国政府经营的京绥铁路[②]（Peking-Kaigan-Suiyuan），这条铁路的建设效率高，管理也井然有序。不过，公司大量赢利还是被不当吞噬了。

这条铁路真是一座金矿，因为它是唯一将西北和内蒙古与沿海港口连接起来的铁路。其他企业或许取得过类似的成功，但是中国人经常玩火，喜欢冒险。他们明明知道，如果他们允许外国势力染指铁路建设与管理，其结果是显而易见的。引进外国资本的条件是必须承认他们在一定程度上对铁路拥有控制权。

---

① 大卫·费雷泽（1869—1953），英文名David Stewart Fraser，曾任伦敦《泰晤士报》远东通讯员，受命到英国当时的租借地威海卫设立无线电接收站。1905年日俄战争期间，他对许多重要战役进行了连续报道，引起很大的反响。1911年担任《京津泰晤士报》主编。辛亥革命后，该报时事评论常有诋毁国民革命的言论。

② 京绥铁路始自北京，分京张（张家口）、张绥（归绥）、绥包（包头）三期修建，1905年、1921年、1923年先后通车至张家口、归绥、包头，由著名爱国工程师詹天佑倡导、设计、筹资并指挥修筑。这是我们中国自己修筑的第一条铁路，是沟通祖国内地与西北边疆的第一条交通大动脉，也是中国民族工业的骄傲。

在中国国内存在着不少游手好闲的富人，主要原因是他们在政治动荡时期很不容易找到可靠的、有特色的投资项目。中国资产阶级投资铁路具有双重动机，一是使自己获利，二是有利于国家的经济发展。近来，中方有一个强烈趋势，就是希望利用洋人在管理方面具有的优势来配合经济发展。他们期待联合外国力量来加快铁路发展，引进管理经验，充分发挥洋人的管理特长，使中国现有的铁路经营状况获得改善。不幸的是，此时此刻，中国资金流动性十分紧张，各地即使针对优质资产筹措的短期债券年率也已高达15%至25%。这个阶段实际上早该过去了。例如，为修建广东铁路而筹措的资金事关中国国家利益，中国人与洋人在当地应该密切合作，共同保证投资安全。

中国的铁路建设，如果不总结和回顾过去已建成的部分，那么，讨论将来的建设项目就没有意义。民国境内的铁路有三种类型：第一种由外国公司建造并拥有，为此，中国政府必定作出过某些让步，如俄罗斯在东北、日本在南满、德国在青岛、法国在云南修筑和管理的铁路；第二种纯粹由中国人自己修建，如绥远线和广东铁路；第三种由中国政府负责建造，但是向海外融资。本文涉及的主要属于第三种情况。外国金融家为确保投资安全和投资效率，通常有权任命工程师和会计师，并将其开支纳入经营成本，打入账单。一旦出现违约，他们可以有价证券作为抵押。

民国铁路以这种方式投资经营，事实证明获得了令人吃惊的成功。1918

1920年，淞沪铁路出现了第一辆新式蒸汽机车，令上海的交通步入了新纪元。

年，这类铁路净赢利 3300 万美元，这是在刨去了运营费、利息和分期偿还债务等支出后所得。这类铁路的总里程达到 4278 公里，运营总收入达到 7700 万美元，总支出为 3400 万美元。世界上还没有哪条铁路取得过这么好的经营成果。

的确，由于白银比价大涨，以黄金计价的利息支付和分期付款压力大大减轻。同时，第一次世界大战爆发导致海外采购困难重重，开支也因此大减。不过，为应对各种突发事件，仍必须准备足够的资金。总之，在中国经营铁路存在巨大利润空间，最简单的原因就是这是一个人口如此庞大的国家，其国民出行需要铁路，而他们所必需的大宗商品又依赖进出口贸易，需要铁路来完成必要的运输。

## 新式大饭店将现身上海外滩

1920 年 10 月 3 日

据此间消息，中国计划修建新式大饭店，用以接待前来远东地区的欧洲人。

建于 1906 年的汇中饭店，是外滩历史最悠久的饭店。其左边是 1920 年后重建的渣打银行办公楼。再左即为上海第一份外文报纸《字林西报》的大楼。

饭店先从上海开始建设，计划在黄浦江边投资300万美元建立一座有700个房间的现代化大饭店，然后在北京、香港、汉口、日本横滨和其他欧洲人频繁光顾的重要远东城市陆续建设。

目前，上海的人口结构是华人200万，欧洲人3万。因贸易迅速发展，这座城市正在远东迅速崛起。

## 发网制造在中国

1920年10月31日

美国当地女士用25美分的低廉价格就可买到两个发网，简直令人吃惊。它们是真正的人发，是中国姑娘用手工编成的。

头发在做成发网前进入这个国家，并运到工厂，如果发网在这里做，就工资和生产条件来说，这些发网卖出去不会少于每个1.5美元。

过去发网是由一家大型纽约公司批量生产的，这家公司曾打广告说，他们已通过教育使美国的妇女头戴发网，几年前，只有百分之一的妇女戴发网，而现在已有3/4的人戴发网了。而许多女性一次性就买6打发网。

但这家每年赢利上百万的公司突然很意外地得知由于战争爆发，德国放弃其他生意，开始做这种发网，我们姑且叫“德制产品”吧。他们还第一次得知，中国也开始制造发网了，而且是从德国进到中国来的，现在中国已在烟台建立了一个示范工厂，拥有一个能干的质量检查员。在一些小镇里，类似家庭小作坊也开始做这一工作。

所有使用的头发都是中国人自己的，无论男人的还是女人的。头发收集起来以后先在德国进行加工处理，程序是消毒灭菌，然后使用各种不同的酸进行处理，直到头发全部变为灰白或金色，然后用8种不同的色度进行漂染，最后运回中国开始制作。经过处理的头发变得又光亮又柔软。

中国工厂里共有600名女工，她们都拥有清一色的修长灵巧的手指，能干的女工一天能做12副发网。制作发网的工序是这样的：由一个木筒把头发装起来，由一段特制竹片固定在一个网孔上，使头发长短均匀。工人的工资每月5至16美元，这在当时已相当可观了。

从一幅女工的照片上看，她们都显得很聪明伶俐，露出灿烂的笑容。据说她们都很喜欢她们的工作，并对能到这里来感到满意。

## 大规模电话改造工程进展顺利

1921 年 7 月 24 日

题记：上海和南京将很快开通长途电话服务。

据此间消息，中国正迅速、大规模地建立新式电话交换系统。包括长途电话和本地电话系统的改造工程在江苏省进展顺利，此项计划将把江苏省内各重要城市相互连接起来，连通南京和上海的电话干线将于年底建成。

工程改造的总费用将高达 100 万美元，其中 42.4 万美元用于南京城内本地电话系统的重组和升级。

## 中国民用航空事业取得进步

1921 年 12 月 18 日

中国航空服务方面，北京至甘肃航线将于本月开通。兰州和平凉将设立航站，机场跑道长 500 英尺、宽 100 英尺。四川航空公司已投资 60 万美元建立航空运输中心，他们计划购买 4 架大型水上飞机[①]，每架飞机可载客 30 人，该公司还准备购进几架小型飞机和若干小型摩托艇。这家被政府勒令更名的“川康航空公司”已申请注册。另有一位法国商人申请在四川和长江流域开通民航货运业务，但遭到政府的拒绝。

① 水上飞机是指能在水面上起飞、降落和停泊的飞机，1910 年 3 月 28 日由法国人法布尔设计的浮筒式水上飞机首次试飞成功。1912 年美国人 G. 寇蒂斯制成了第一架船身式水上飞机。民国时期，四川曾引进水上飞机，重庆珊瑚坝水上机场曾起落过中航公司飞汉渝航线的水上飞机，汪精卫就是坐水上飞机从该机场逃出投敌的。

# 北京至济南航线开通

1921 年 12 月 18 日

如同梦想成真一般，中国终于接受飞机作为货运工具了。①根据《美国航空通讯》发表的新闻公报，一条从北京至济南的民航客运和邮递航线已经开通。此间举行了隆重而热烈的首飞庆典，驻华外交界人士应中国航空署邀请出席了首飞仪式。张荫将军（Yin Chang，音译）作为民国总统代表也出席了仪式。

# 中德合资电器设备厂将落户苏州

1921 年 12 月 25 日

题记：使用西门子专利制造电工设备。

据美国驻华商务参赞安立德透露，一家中德合资的新型电器设备厂将在苏州建立。德国西门子公司已作出合资安排，将在苏州购买 75 英亩土地建造厂房。根据协议，德国西门子公司允许这家中国公司使用其专利；作为回报，该公司将把一部分赢利返还德国公司。西门子公司将派专家来华帮助安装机器设备，并对工厂运营提供协助。

该厂厂址之所以选择苏州，是因为这里的土地价格比上海便宜 10%，厂址距离西部的供水源仅 8 英里，而且离苏州火车站仅 55 英里。此外，这里的劳工价格也要比上海便宜很多。中国驻美公使施肇基的哥哥②将出任新公司经理。该公司将制造面向中国市场的摩托车和其他电子设备。首批投资为 80 万美元。

---

① 第一次世界大战结束后，欧美各国利用战争留存下来的飞机大力发展民航事业。民国政府顺应潮流，于 1918 年在交通部下设立“筹办航空事宜处”，又在国务院下设立“航空署”，先后从英国购进 2 架“爱弗罗”型小飞机和 6 架“亨德利·佩季”型大飞机（乘客 24 人），后又贷款 180 万英镑购买 40 架“维梅”型轰炸机改装的客机和 60 架“爱弗罗”型教练机，组成中国民航首批机群。1920 年 4 月 24 日，由英国人驾驶一架“亨德利·佩季”型轰炸机改制的 14 座客机从北京试飞天津成功。同年 5 月 7 日上午 10 时，由英国飞行员马堪尼上尉担任机师，搭载几名英侨和乘客，顺带邮件，飞离北京南苑机场，50 分钟后飞抵天津兵营操场，下午从天津飞回北京，这是中国最早的民用航班飞行。1921 年 7 月 1 日，北京—济南—上海航线先开通北京至济南段，使用“维梅”型飞机，由英国人巴德森担任正驾驶、中国人曹志明为副驾驶。下午 4 时 45 分从北京南苑机场起飞，晚上 7 时 40 分飞抵济南张庄机场，中国、美国、英国和日本记者参加首飞，同时载运 4 件邮件、4 件邮包，首航邮件上加盖“由中国创设航空邮班开幕第一次所发之班运寄”字样。

② 指施肇曾（1867—1945），江苏民族资本家。1920 年，施肇曾、杨廷栋等前往德国考察西门子公司等电工制造企业，回国后与德国西门子中国公司 (Siemens China Co.) 合资，在江苏省武进县戚墅堰创办“震华电机制造厂”。他们还购置 2 台德国西门子 3200 千瓦涡轮发电机兴建电厂，供附近地区用电。该厂董事长为施肇曾，杨廷栋和江湛分任正、副厂长。

第七篇

# 民生世相

# 篇首语

在青岛战役中，德国飞行员用罐头盒自制炸弹投向日军；在英国上流社会，慈禧爱犬名噪一时；在宾州大学，唐太宗的昭陵六骏突然现身；在纽约邮局，塞满金条的竹筒从中国寄来；在开封，“上帝的选民”出卖了犹太教堂；在上海租界，洋律师帮瘪三打赢官司……天南海北的稀奇事汇成了民国万象。这个富饶美丽、幅员辽阔的国家吸引各国冒险家纷至沓来，但是，谁也吞咽不下这么大一块肥肉。的确，中国内地有很多农民不知道武昌革命，不知道紫禁城里的皇上已经退位，那又怎样？寄居在数万万中国农民身上那些勤劳、坚韧、顽固甚至有些小狡猾的品性，又何曾不是他们被动自保的一层坚壳呢？

# 中国画在蒙特罗斯画廊展出

1911 年 11 月 19 日

题记：巴哈尔藏品展（Bahr Collection）正展出有趣的中国艺术作品。展品包括中国各个时代画作，从中可以追寻中国艺术发展轨迹。

巴哈尔中国绘画藏品展正在蒙特罗斯画廊（Montross Gallery）展出，约有 60 至 70 件作品，这对于研究东方艺术的人来说是一个难得的机会。住在中国国内的西方人士告诉我们，一位学识渊博的美学家可能在中国住了 20 年，也未必有机会亲眼目睹中国古代画家创作的真品。这种机会在美国自然就更少、更珍贵了。

## 中国画是对自然热爱和思考的结果

如果没有欣赏过中国绘画的杰出作品就轻易评判中国艺术，就会像没见过希腊雕塑而评价希腊艺术一样。中国画是这个天朝之国诠释他们精神世界的最高形式，它以近似宗教式的虔诚来描述大自然。

仕女图（*A Court Beauty*），蒙特罗斯画廊提供。

事实上，如果西方人对于中国人几千年来对大自然的敬畏之心缺乏深刻理解的话，那么他们是难以真正感受和认识中国画的。一位日本艺术评论家写道，“中国人内心深处对于大自然的深切热爱绝非率性而为，它是无数代人所受到的最直观教育的结果。”对大自然的热爱和尊崇，体现在中国哲学、诗词和绘画中，这种情怀根植于那些“长生不老的山中隐士”的神秘艺术“仙居术”（Sen-jutsu）。这些隐士远离红尘，通过精神修炼达到无思无欲的境界。他们弃绝烹制的食物，以山林野果和露水为生。尽管他们的修炼不一定能够达到最高的理想境界，但这种理想本身影响深远。

隐士生活并非局限于神秘修行。对于官场腐败深为失望和不满的那些人，他们归隐山林，远离俗世，追求自我精神升华到更崇高的境界。他们通过面对大自然的思考实现心灵的净化，中国艺术显然是这种虔诚行为的反映。很早以前的山水画就在中国文人中占据着至高无上的地位，在比这些展品创作时间更早的时期，就已经有一些知名或佚名画家开始绘画创作。他们的作品，即使是当代艺术评论家也会给予极高的评价，但这些巨制极少流传下来。

## 宁静致远、潇洒超脱是最佳状态

中国山水画无论在艺术技巧或美感上，都在宋代达到巅峰。宋代的大画家以深邃的思考和灵感创作出了最杰出的画作，意境高远。当时的画家和评论家郭熙[①]在解释山水画的意义时这样说，“尽管人们都迫不及待地希望享受大自然，但大多数人却无法亲近这种美妙生活。为了满足人们的需要，画师们将山水呈现在人们眼前，于是他们无须走出家门，也可欣赏到自然奇景。从这种意义上来说，绘画以一种高尚的方式向人们提供愉悦享受，满足那些想观察自然的人们的迫切愿望。”郭熙还暗示艺术家们，“要有完整而包容的精神境界，综合全面的观察能力，以及宽泛多样的阅历，找出画面精髓所在，忽略细枝末节。”另一位中国艺术评论家则说，画趣在于“传情达意，赏心悦目”。

从上述评论不难看出，中国古人绝非以凡人之心绘制画作，而是带着高尚的道德情操和责任感投入创作。宁静致远、潇洒超脱是最佳的绘画状态。宋代大画家用他们手中灵巧的画笔，为我们描绘出了蕴涵蓬勃生机的山林。热爱自然的人们在看到画作时，都能强烈地感受到远离尘世，避居山林之妙处，体会到空灵透彻的心灵追求，即使是西方人也同样视若至宝。唐代艺术家注重技巧，将书法艺术发展到极致，而宋代则以更开阔的视野丰富了手绘的能力，从精神层面更积极、深刻地掌握和运用了美学原理。

---

① 郭熙（1023—约 1085），河南温县人，北宋画家，神宗熙宁元年（1068）奉诏入图画院，宋神宗赵顼深爱其画，曾“一殿专皆熙作”。郭熙画山水注重深入体察生活，能真实、细致、微妙地表现出不同地区、季节、气候的特点，得“远近浅深，四时朝暮，风雨明晦之不同”，从而创造出极其丰富优美动人的意境，山石用状如卷云的皴笔，画树枝，如蟹爪下垂，笔势雄健，水墨明洁。早年风格较工巧，晚年转为雄壮，常于巨幛高壁，作长松乔木，曲溪断崖，峰峦秀拔，云烟变幻之景。传世作品有《早春》（台北故宫博物院藏）、《窠石平远图》（北京故宫博物院藏）、《关山春雪》《山林图》《秋山行旅图》《幽谷图》（半幅）等。郭熙在绘画理论上亦有很高建树，对山水的表现技法做了深入研究，如提出高远、深远、平远的“三远”法，其理论集中反映在他的《林泉高致》一书中。

## 龙的神圣和画家的敬畏一览无余

本次画展包括一些宋代作品，其中一幅佳作是佚名画师所作《潜龙跃海》[①]（*Dragon Rising from the Sea*）。至少在西方人看来，这幅画体现了艺术的“六大法则”。赫斯教授（Prof. Hirth）将其称为“精神因素：生活的行为”，吉尔斯教授（Prof. Giles）则称之为“生命的韵律”。尽管翻译者很难准确表述这些法则，但东西方的优秀艺术家们不会误解其中的实质含义。在各种情况下，我们所说的优秀画作中的各部分都高度和谐，创造出一种生命力，而画家牢牢掌握画的精髓，不遗漏任何一个重要环节。

这幅作品展示了中国人的精神世界。在中国，龙是令人敬畏的“海中君王”。春分时节，龙王腾空而起，飞向天庭。秋分时节，龙王“退归海中，回到它最钟爱的住所。龙呼出的气体成为护体祥云”。画家画龙时，拼尽全力呈现出龙的精气神韵，龙的神圣和画家对龙的敬畏之情一览无余。至此，云雾缭绕的背景、龙的王者霸气、温和精致的色调、浓郁的古代韵味融合一体，尽显龙的高贵不凡。

## 元代画作风格雄浑粗犷，细节生动

元代继承了宋代画风，并逐渐演变，到明代后，变得更为婉约内敛。元代佳作《云间山林》（*Landscape and Clouds*）显示出艺术家对色彩处理的大胆创新，他们对色彩的搭配、画笔力度的掌握以及线条和色调的运用，在宋代作品的基础上有新的探索。

画展中还有两幅元代画雁的作品，非常有趣。这两幅 13 至 14 世纪的画作，将西洋画概念里的印象派与现实派画风融合到一起。第 114 号画作有精致美妙的现实派风格，画家非常逼真地描绘出大雁柔软的脖子，非常符合人们提倡的“触感”；而大雁们昏昏欲睡的眼神，则传递出画家的幽默与狡黠。第 112 号画作则是一幅更为雄浑粗犷的作品，主题简明，画风奔放，创作中洋溢着轻松活泼的张力。

元代画作中还有一幅不同寻常的作品，名为《弈者》（*The Chess Player*），悬崖峭壁之间，两人围坐棋盘对决。这种画风常见于中世纪的意大利或德国。另一

① 广东省博物馆藏有南宋画家陈容的一幅《云龙图》，绢本水墨，纵 201.5 厘米，横 130.5 厘米。其画风与文中所述相似。画中绘有一气势非凡、腾空飞跃的巨龙，其凌厉的龙爪，飞扬的龙须，突兀的眼睛，锋利的牙齿，粗壮强劲的躯体，生动地表现了龙的神力和超凡脱俗。画上有画家自题：“扶河汉，触华嵩。普厥施，收成功。骑元气，游太空。所翁作。”画上钤有几方收藏印章。

幅元代小作《猎人》（*The Hunter*），画中骏马飞驰，猎人逐鹿而奔，他骑在马背上翻转嬉戏，活灵活现。

## 中国画家视印象为创作第一要素

画展中还有多幅明代的代表作，有一幅题为《鹰》（*Eagle*）的作品，画家没用毛笔，而是用自己的拇指和手掌作画[①]。《三贤人》（*The Three Sages*）则是一幅小画，充满了宁静愉悦的气息。《雨日》（*Rainy Day*）一作中，树木、芦苇和渔夫都沐浴在雨中。《鹰兔》（*Hawk and Hare*）一画中，野兔惊惶恐惧的眼神令人印象至深，而画中其他部分都虚化了，这可以看出，中国画家仍然将印象视为创作的第一要素。

画展中年代最久远的作品来自唐代。画作《麒麟与侍者》（*Giraffe and Attendants*）的落笔非常传统，画风端庄细致，与宋代的宽幅画卷和晚明时期的精雅画风均不相同，由此可以探索中国艺术从略具雏形到发展成熟，再到登峰造极，最后衰落的历史发展脉络。对于爱好艺术本身而非追求艺术风潮的人来说，参观这个画展将是一次意义非凡的艺术经历。

# 故宫珍宝开始拍卖

1912 年 1 月 25 日

伦敦 1 月 25 日电：

昨天，一条来自天津的消息称，美国驻华公使通告所有住在边远地区的美国公民，称从官方渠道获悉，袁世凯将很快离开北京。另一消息称，袁世凯将打算把他的官邸设在天津英国租界。

英国《每日邮报》报道，清国宫廷珍宝开始拍卖，但清国亲王贝勒们扣留下了最好的瓷器，并漫天要价。一位刚从沈阳故宫鉴赏回来的美国文物专家说，大约有四万件瓷器根本不值什么钱，最好的玩意儿不是被拿走了，就是被盗了。

① 指掌画，是将颜料直接挤在手上或者画布上，然后以拳头、掌心、指尖快意挥洒，无论是具象的花朵、抽象的风景，全都如灵光闪现，活脱脱浮现而出。

民国时期残破的紫禁城。

# 慈禧爱犬远渡英伦

1912 年 2 月 25 日

据《哈佩周刊》(*Harper's Weekly*)报道：这只叫“鲁狄”(Looty)的皇家名犬[①]有一段离奇的故事。1861 年 10 月 8 日，英法联军中的一名法国士兵洗劫颐和园时，偶然发现了这只小可怜，并将它呈献给上尉。毫无疑问，慈禧不计代价想把这只小狗讨要回来。最后，是一名英军军官经过讨价还价，并通过外交官们想出这么一个主意，即把这只小狗作为大清皇室送给维多利亚女王的礼物。

如此这般，各方面都有了面子。而这只叫“鲁狄”的小狗就住进了白金汉宫。可是，这只小狗非常孤独，因为鲁狄的东方习性和外貌与皇宫里的其他狗大不相同，它们玩不到一起。

当威尔士亲王[②]和王妃从海外旅游回来，王妃征得女王允许，将鲁狄带回桑

① 1860 年英法联军侵入北京，发现了慈禧太后养在圆明园的北京狗，因见此狗体形优美、活泼可爱，便抢走带回英国，献给了维多利亚女王。1893 年，该狗第一次在展览会上公开亮相，从此扬名于世。英语“Looty”是由“Loot”(暴乱后的劫掠、战利品)演变而成。

② 威尔士亲王名为阿尔伯特·爱德华·维丁(1841—1910)，维多利亚女王的长子。1859 年入牛津大学，曾在驻爱尔兰陆军部队服役。1863 年与丹麦克里斯蒂安亲王的长女亚历山德拉公主结婚。1901 年登上王位，称爱德华七世。

德林汉姆宫[1]。六个月后，从中国又带回一只雌狗与它相伴。渐渐地，人们把这种狗改造成能适应现代时尚的名犬。此后不久，一群贵妇人相聚，计划组织一场小狗秀，由此成立了“北京皇宫狗协会”。鲁狄狗历经祸福，繁衍了众多后代，并被欧美人士所熟知。

# 开封的犹太教堂

1913 年 6 月 1 日

题记：开封的怀特主教[2]努力保存犹太教堂遗迹，现存有 3 块犹太教石碑。怀特主教还买下了一处古旧的犹太教堂，并吁请美国犹太人资助重建。

## 圣地不能失去圣洁的光辉

河南开封福音堂的怀特主教（William C. White）给居住在上海的美籍犹太人伊兹拉（N. E. B. Ezra）写信，生动描述了当地一个颓败的犹太教堂的故事，并希望能筹集一笔资金维护开封犹太教[3]历史遗址。如果可能的话，保留犹太教在此地残留的一点信仰。怀特主教在信中解释了他对此事发生兴趣的缘由。

“开封有一位穆斯林商人领袖，对我十分友善。他同时也是开封犹太人领袖赵先生（Chao）的好友。去年，在我的询问下，他告诉我，开封犹太人聚居区的石碑如果再不妥善维护，很快就会坍塌。我表示将尽可能提供一切可行的帮助。赵先生说，他们自己是无法采取任何措施来保护石碑了，问我是否可以帮忙。于是，我们

① 桑德林汉姆宫（Sandringham）位于英格兰东北诺福克郡金斯林郊外，建于 18 世纪下半叶。19 世纪 60 年代，当时的王储爱德华七世将这座别墅及其周边 7000 英亩（1 英亩约合 6 市亩）土地买下作为他和新婚妻子丹麦公主亚历山德拉结婚后的住所。后来，随着王室家族的不断扩大，最初的别墅一侧又增盖了稍矮的一排房子，游客今天一眼就能看出颜色和风格不尽相同的两排房屋。桑德林汉姆宫有 300 多间风格各异、布置精巧的房间。桑德林汉姆宫内有不少中国藏品，如精美的瓷器、玉器和翡翠，等等。

② 威廉·怀特（W. C. White）为加拿大基督教中华圣公会河南教区主教。1912 年，怀特与犹太族人赵允中等人商洽，试图将弘治二年（1489）的《重建清真寺记》碑和正德七年（1512）的《尊崇道经寺记》碑以及其他一些十分珍贵的犹太人遗物运往国外。1914 年，怀特以中华圣公会的名义，买下了“一赐乐业教”（开封犹太人对其信奉宗教的称谓）清真寺的旧址。

③ 中国古代聚居河南开封的犹太人称其信奉宗教为“一赐乐业教”，取意于明代对“凡归其化者，皆赐地以安居乐业之乡，诚一视同仁之心也”。又说“一赐乐业”为犹太人祖先雅各（以色列）的音译。开封犹太人约自北宋年间迁入中国，他们保持独特的宗教礼仪和社会习俗。明以后逐渐与外族通婚。至清末，其文化传统和宗教习俗已难以维系，与中国社会融为一体。开封犹太教堂原存 13 件“托拉”（犹太教经卷，载《旧约》前五书），后流失国外，在大英图书馆、牛津大学博德莱安图书馆、剑桥大学图书馆和美国布瑞德威尔图书馆、犹太神学院等有收藏。

签署了一纸协议，石碑交由我来保管。”

“3年前，当我来到开封时，就看到过这座破败的犹太教堂。这里曾经是无数犹太人先辈顶礼膜拜之处，如今却是一片狼藉，周围污秽不堪。这片状似垃圾场的教堂中央，矗立着两块年久失修的大石碑。调皮的孩子们往上面扔掷石块，石碑斑驳陆离。其中一块石碑饱经风霜，在雨水的侵蚀下已变得摇摇欲坠，随时都可能摔成碎片。”

“我下定决心，要尽自己最大努力来保护这一处犹太教堂遗址，因为这是圣地，不能让它失去圣洁的光辉。我试图买下这块地，但失败了。接着，我又试图重建教堂，请这里的犹太人与我一起努力，并恢复犹太教仪式，但同样没成功。”

“还住在开封的犹太人说，他们对于犹太教已毫无兴趣，也不想再重建教堂。另外，我看到他们内部的意见分歧很大，什么都做不了。”

## 赎回教堂用地建医院以示纪念

接着，怀特主教描述了教堂中这些石碑的情形。

“第一块石碑的正反两面都刻有文字（1489年和1512年），第二块碑是1689年的，字迹已非常模糊了，有可能刻的是这里犹太人祖先的名字。第三块石碑（1662年）至今仍没寻找到。我随信附上第一块石碑1489年撰题的刻字拓本。我已尽可能重新修缮了这块石碑，还从家中取来了防腐剂。”

怀特主教说，“我与赵先生签了协议后，买卖这块土地的谈判变得容易了些。我对他们说，将自己的教堂出租获取租金是十分可耻的行为。如果你们自己不能清理教堂、重修石碑的话，我可以将它买下。我还告诉他们，如果他们能够尽量找齐原来的材料和物件，我可以帮助他们重建一个小教堂。”

“但是，事情的发展真令人失望。这里的犹太人对此毫无兴趣。最后，我们达成协议，由我买下土地和地面残存的物件。先前，他们已经断断续续地出售了教堂的部分土地。当我买下这块长400英尺、宽200英尺的地产时，它已呈不规则形状了。我又从其他人那里买下了先前被出售的两小块地。有一小块仍由犹太人所有，但上面盖起了房屋，并高价抵押给了外人。我感觉到如果我能够支付抵押金的话，他们会同意把这块地卖给我。”

“我希望能够在这块地上建一所有效率的医院，以纪念开封犹太教先人。如果上海或其他地方的犹太人为示纪念愿意出资帮助我实现这一计划，我们将能够建立起一个永久而实用的纪念馆。”

“看来，我是无法让开封的犹太人对此产生兴趣了。如果仅有其他地方的犹太人支持，而没有本地犹太人参与，那么纪念馆即使建成后也会很快破败，或落入官府之手。唯一的希望是此地圣公会教区的主教愿意接手，并将此视作神圣职责。”

## 他们恐怕不会再信仰犹太教了

“开封犹太人说，在当地生活的犹太人有七个姓、八户人家。其中张姓因不赞同这里犹太人之间的内部冲突和自相残杀，自行宣布退出。于是，其余六姓人家联合处理所有法律事务。赵家声望较高，被推为领袖。我与六姓族长共同签署了土地买卖合同，为此支付 2000 美元，其中不包括登记费和其他费用。”

“开封的士绅和官员发现犹太人把教堂石碑出售后，试图再抢夺回去。他们抓捕了赵先生，把他关押了一个晚上。当地官员向赵先生行贿，想用 800 美元把石碑从我手中再抢走。但是，赵先生说，就算给他 8 万美元，他也不会向我要回的。官员们又对赵先生说，如果能把石碑要回来，就替他们重建教堂。然而，赵先生和其他犹太人的立场仍然坚定。”

道台[①]本人亲自写信给我，表示这些碑应该由中国政府保管。但我已下定决心，不能交还石碑。如果有必要，我会通过坎特伯雷大主教将此事提交英国外交部。另一方面，由于犹太人严格遵守与我所签订的书面协议，政府无奈之下，最后不得不让步。为了保存政府颜面，我写下保证书，承诺石碑将永远留在开封。

“这八户犹太人大约还有五十来人，但没有一个人信仰犹太教，也再没这个意愿。我送给赵先生一本《圣经》，向他讲解旧约中关于犹太先人的宗教故事。但是，我想这毫无用处，他们恐怕是不会再去信仰犹太教了。”

# 顾维钧迎娶民国总理女儿

1913 年 7 月 18 日

上海讯，顾维钧与唐玫（中文名为唐宝玥，译注）的婚礼于 6 月 12 日举行，

① 原文为“Tutah”，查开封历史沿革，民国初年设豫东道，根据北京政府 1913 年 1 月 8 日颁布的《划一现行各道地方行政官厅组织令》规定：“现设巡道各省份，该道官名均改为观察使”，属于监督、指导辖区各县的省级政府派出机关。又根据北京政府 1914 年 5 月 23 日颁布的《道官制》规定：“道置道尹，隶属巡按使，为一道行政长官，依法律、命令执行道内行政事务，并受巡按使之委任监督财政及司法行政及其他特别官署之行政事务。”由此推测，该官可能为当时豫东道道尹，民间可能仍沿用清制，称为道台。

顾维钧毕业于哥伦比亚大学，现在北京政府供职。唐玫是前民国总理、现广东参议员唐绍仪之女。婚礼以民间方式举行，曾两度出任驻美公使、后任南京军政府外交总长的伍廷芳担任主婚人。

美丽的新娘头蒙面纱，身穿白绸婚纱拖地长裙，在充当伴娘的表妹和 4 位花童簇拥下款款而行。新郎、耶鲁大学毕业的伴郎储宝森①（Chu Ponson）和新娘的父亲唐绍仪头戴高礼帽、身着传统的中式长袍紧随其后。

婚礼上，伍廷芳博士宣读了由新郎、新娘和来宾签名的婚约，新郎为新娘戴上戒指，新郎新娘对拜，并一齐向来宾鞠躬敬礼。

# 《李鸿章回忆录》出版

1913 年 10 月 26 日

题记：中国著名政治家李鸿章也是一位多产的作家，他希望自己是中国的“桂冠诗人”。李鸿章曾对出使美国感到畏惧，但很快改变了对美国的印象。

对于“洋鬼子”来说，李鸿章具有作家身份大概是一件令人感到新奇的事。然而，根据《李鸿章回忆录》英文版总编威廉·弗朗西斯·马尼克斯（William Francis Mannix）的说法，李鸿章总共已经写出了 16 万字作品。1846 年，李曾表示过他的雄心壮志：“我希望有一天成为中国的桂冠诗人”。

马尼克斯先生从李鸿章的日记和书稿中挑选了西方读者最感兴趣的部分，由霍顿·米夫林公司（Houghton Mifflin）出版。《李鸿章回忆录》中最能吸引美国读者的，自然是有关他出使美国的轶事。李鸿章最初对此是怀有畏惧之情的，他写道，“我希望短期就能回来，我只想见克利夫兰总统，并拜访格兰特将军陵。”但他后来发现，美国与自己的预期完全不同，他非常享受这次出访。

① 储宝森，音译，又名 Chu Szu-fei，1885 年出生于上海，189 年至 1904 年就学于圣约翰大学，1904 年留美进入耶鲁大学攻读政治与法律专业，曾任耶鲁大学中国学联主席。武昌起义后返国，曾任闸北教育局长，后供职于司法部，执业律师。

## 初见记者有些不知所措

关于抵达美国的情形，李鸿章是这样写的："在我们的船真正驶离可怕的大洋，进入纽约港时，事实上，是进入纽约港之前就已有许多船只向我们靠近，汽笛鸣响，从烟囱里往外喷着烟，滚滚冒出白色的蒸气。有两三艘漂亮的汽艇冲在最前面，直驶向我们，好像要把我们撞倒一般。我想，这些肯定是美国政府派来的船，于是站到船首，眺望它们驶来。"

"最前面的船上看不见女士的身影。我想当然地认为，这些是政府官员搭乘的船只。但随后我就发现自己错了，站在这些船甲板上的全是美国记者。"

"我们的大船慢了下来。美国的记者很有本事，许多记者已直接爬上我们的船来。他们衣着整洁，相貌堂堂，就像外交部门里的年轻外交官或秘书一样。"

"一开始，我对记者们表现出来的熟络有些不知所措，因为他们既没鞠躬也没行礼，而是径直向我们走来，开始自我介绍，抢着与我们握手。尽管我完全没觉得自己被冒犯了，但正如我所说的，我一时间不知道该说些什么、做些什么。但我很快就习惯了这一帮态度友善的记者，带着他们往甲板走去。"

## 被采访者先向记者提问

"当大家在甲板上停下后，我说，'先生们，我是来见识美国而不是来提供信息的。我想学习了解一些东西。因此，在我们进入港口这段时间，请告诉我的秘书纽约所有有趣之处。'"

"他们照做了。我看到任何东西都会提问。于是，在我们登陆时，我已经了解到许多关于纽约这个城市的情况了，尤其是哪些建筑高耸入云，纽约港有哪几条河道、岛屿、码头，还有一个观光客所需要了解的各种信息。"

"那天，从早到晚，我无时无刻不是在这些记者朋友的陪伴之下。在华盛顿、在会见美国政府官员、在火车上、在所有招待会和会议中，他们都站在一旁。甚至当我准备回去休息时，他们也在饭店等着。在我准备吃这里的第一顿早餐时，他们又在到处寻找我的身影。美国记者非常专业，不知疲倦，配得上他们领取的每一分工资。他们与总统和州长们谈笑风生，仿佛这些政府高官们仅仅是令人尊敬的税收官员而已。"

"这一切告诉我，这里是世界上真正的民主国家。这是我从美国记者言行中学到的伟大一课，我为此而感谢他们！"

## 我本人也是一位新闻记者

“当我说自己也是一位新闻记者时，许多人对此表示怀疑或嘲讽。但不管怎么样，这是真的。虽然我从来没出版过书刊，或做过编辑，但我可以骄傲地宣布，我是作家这一高尚行业中的一员。在我年轻时，设想自己的未来，我曾说，希望有一天能成为中国的桂冠诗人。我刻苦学习多年，从一同参加科举考试的数千人中胜出，先中秀才（相当于欧美国家的文学学士），再中举人（文学硕士），最后成为进士（博士）。我已从事写作许多年了。”

“当我告诉一个年轻记者自己也是一位新闻记者时，他大笑了好一会儿。他显然没有料到，我把自己收集到的所有信息都告诉了他。这位记者用机关枪扫射的速度向我提问。我看出来，他是个新手，对他颇为同情。”

“当他看到我表情严肃时，追问一句，‘李鸿章先生，您刚才说自己是个新闻记者吗？’”

“我回答道，‘是的，我写了许多东西，发表在我们中国的报刊上，那些编辑们根本不敢不登。’”

“‘为什么会这样呢？’他问道。”

“‘因为这些都是圣旨。’我告诉他。”

“显然，这就是他当天文章所需要的素材，因为他送给我一支雪茄后马上起身离开了。第二天一早，我读到纽约一份报纸这样写道，‘李鸿章是一位作家，他手持利斧，威胁任何胆敢修改自己作品的人。’”

“纽约记者迎接我的方式让我终身难忘。他们对我的来访不像德国人那样严肃，也不像伦敦和利物浦的记者老爷们那样带着施恩一般的傲慢。他们尽可能地从我这里获取关于中国和东亚事务的真实情况。评论员们对我们的到来开起了小小的玩笑，但与此同时，主编们却将我们的来访视作良机，以理性方式撰写有关中国和中国人民的长篇社论。为此我很感谢他们。伟大的美利坚合众国过去一直是我们的朋友，尽管她关闭了中国移民的大门。她在未来会成为我们真正的挚友。”

## 费城，百万微笑之城

李鸿章将纽约描述为“我见过的最喧嚣，最无法集中注意力和人口最密集的地方”，他认为华盛顿是他“见过的最美丽开放的城市”（连巴黎也比不上它），而费城则“处处充满微笑”。他补充道，“当然，我指的是那里的人民。因为我不知道费城有没有什么地方与纽约上城格兰特将军陵附近的区域相似。但费城人比我见过的任何地方的人都更自然。”

李鸿章还给这个城市新的命名。他写道，“我觉得这个城市完全可以被称为‘友爱之城’。我告诉费城市长我给这里取了个新名字时，他说要把这记下来，称它为百万微笑之城。”费城的自由钟深深触动了李鸿章。他为此写下了诗句。

## 克利夫兰总统与俾斯麦首相

李鸿章发现克利夫兰总统与俾斯麦首相有相似之处，只是克利夫兰总统没有俾斯麦的急脾气。李鸿章说，一次俾斯麦只因为男仆纵容猎犬挡了他的路，就踢了猎犬一脚，又给了男仆一耳光。李鸿章评论道，“我无法想象克利夫兰总统会这样做，或是像俾斯麦那样气得满脸通红。”

当李鸿章对克利夫兰总统说，如果克利夫兰是中国总统，他只能有一个法律意义上的妻子，但他肯定会在每个省都至少有另外一位夫人，甚至更多。克利夫兰总统听后开怀大笑，眼泪顺着脸颊流下来，连声道，“不会的，不会的。”但他又接着补充道，“不过试想一下，一个可以管住 16 到 18 个中国女人的男人才能管得住一个美国女人。”

关于克利夫兰总统的夫人，这位直隶总督这样写道：“有人告诉我，克利夫兰夫人是所有入主白宫的女主人中最有魅力的一位。我完全相信这句话，因为我不知道自己曾在何时何地见到如此令人赞叹的面容和身段了。我可以将她称为优雅之母或是深受上天眷爱的女子。作为美国第一夫人，克利夫兰夫人为美国女性增添了荣耀，也是世界女性的骄傲。我希望显赫尊贵的慈禧太后也知道克利夫兰总统夫人和叶卡捷琳娜大帝。”

## 格兰特陵前的讷讷私语

李鸿章访美回忆中，最感人的一段就是他到老朋友格兰特将军墓前拜祭的故事了。李鸿章与格兰特将军的情谊世人皆知。出使美国途中，他在自己的日记里写道，“我将去格兰特将军的祖国。”

下面是他拜祭格兰特将军之墓的描述：“我不会像有些人一样泪洒坟前。有些人连打碎了复活节彩蛋都会落泪。但此时此刻，站在我这一生荣耀的朋友陵前，我的心中充满悲伤和昔日美好的回忆。诚然，我很高兴自己能够伫立在这神圣的碑前，与已踏上永生之路的格兰特将军交谈。只有站在逝者墓前，我们的言语才有意义。悲伤的朋友来到墓前，而逝者的灵魂在墓前徘徊，倾听朋友的诉说，将它带给长眠地下的人，那里有灵魂之泉长流不息。”

“于是，我告诉这位已逝的爱友，我从遥远的中国跋山涉水来到此地，瞻仰他的墓地，只因为多年前我曾与他会面。这是我的心声。现在，我为了自己的祖国出使沙俄、德国和其他国家，向各国元首传达中国的友善之意。而在我的心里，藏有一个美好的愿望，就是要在这位美国将军的陵前倾诉我的肺腑之言。”

“如果不能实现这个散发着鲜花芬芳的使命，我无法圆满地返回中国。我在格兰特将军陵前送上一本诵经，请求他受到庇佑的灵魂能够时常想起我，并欢迎我来到这个正值黄金时代的阳光国度。我做完这些后，内心感到安宁与满足，就像我站在自己慈母墓前所感受到的那种发自内心的赞美与愉悦。”

“我缅怀格兰特将军，他曾带着名满天下的荣耀与赞誉访问中国，现在我们更加尊敬他。从过去到现在，从来没有任何一个外国人如此值得我们尊敬。”

“这难道不奇怪吗？他在听我诉说吗？当我与伊藤博文侯爵（Marquis Ito）在马关（Shimonoseki）代表各自国家谈判和约时，一个日本暴徒企图暗杀我，当时我正怀念着格兰特将军。这难道不奇怪吗？”

“是的，当我忍受暴徒的子弹钻入身体的灼痛时，我甚至看到了格兰特将军与夫人之树，并对着将军说话。”

李鸿章先生认为大家都知道，当年格兰特将军偕夫人访问远东时，日本给予他们崇高礼遇。其中一项，就是在马关对面的小岛上，种下了两棵雄伟壮丽的武士树，并将这里封为圣地。其中一棵树上悬挂着格兰特将军的铜像及题字，而另一棵树上挂着格兰特夫人铜像。当地记录称，格兰特将军去世不久，将军树枯萎了，另一株仍旧枝繁叶茂。可是，当格兰特夫人逝世后，这棵树也死去了。

## 俾斯麦与啤酒

李鸿章出使德国的经历中最有意思的恐怕就是他会见俾斯麦的一段。“前天，我在俾斯麦的城堡里与他的会面非常有趣。他请我喝啤酒。我一点也不喜欢啤酒，但首相告诉我，如果我在德国待的时间长，就必须学会品味这里的啤酒。我告诉首相，我并不准备在这里待上若干年，也许我实在没办法喜欢这种德国饮料。”

“我们一起抽烟斗，宾主相谈甚欢。会见时间很长，打断我们的只有翻译和进出送烟斗、饮料的仆人。我们大部分时间都在讨论国际政治，最后，我们谈到未来德国对远东地区的影响。”

“俾斯麦首相说，‘在你们的世界里，对德国了解非常少。德国统一不仅意味着新国家的诞生，未来总有一天，德意志帝国将统治整个欧洲。别看大英帝国现在威风凛凛，风光无限，但它有一百处弱点。英国意识到，与邻近的强国对抗将会导致它的毁灭。我讨厌夸夸其谈的英国人，尽管现在是德国血统的国王在统治英国'。"

"会谈最后，行将告辞时，我对俾斯麦首相说，一些人给我极高的赞誉，称我为'东方的俾斯麦'。首相努力想使自己看上去严肃些，好像在揣摩我这句话的含义。接着，他浓密眉毛下的双眼泛出笑意，轻声对鲁夫巴赫上尉（Capt. Ruffbash，他在我见过的德国人中，中文说得最好）说，'你转告李鸿章阁下，法国人可根本不会认为这是一句赞誉之辞。'我当然理解，法国人一点儿也不喜欢俾斯麦。为此，我们握了握手。

"我发现俾斯麦夸奖人的速度一点也不比其他人慢。我们刚握完手，他马上就说，'看来他们把阁下称为东方的俾斯麦了，那么，我想告诉阁下的是，我可永远也没希望被称为欧洲的李鸿章了！'"

## 和格莱斯顿首相一起砍树

在英国，李鸿章为会见格莱斯顿首相（William Ewart Gladstone，1809—1898，四度出任英国首相），拒绝了英国贵族向他发出的邀请。他担心此举有所冒犯，但同时又自问道："这些贵族能给我什么呢？面包、红酒和音乐会？这些贵族我一个也不认识，我为什么要花费时间和他们见面呢？"李鸿章只希望拜会维多利亚女王、格莱斯顿首相、威尔士亲王、约翰·莫利（1838—1923，英国政治家）和丁尼生（Lord Alfred Tennyson，1809—1892，英国桂冠诗人）。

1896年，在英国访问的李鸿章前往霍瓦登城堡拜会英国前首相格莱斯顿。

李鸿章在回忆录中描述了他造访霍瓦登堡（Hawarden）的场景，这两位政治家的会面情景令人震撼。李鸿章写道，"格莱斯顿首相指着一些树桩对我说，这八年来，他都是以砍树桩作为锻炼身体的方式，以保持肌肉的强壮和身体健康。这让我觉得非常有意思，我说，想看看他是如何砍的。于是，他举起一把大斧，对着一棵树连着劈了好几下，而后将工具递给我说，阁下有没有砍过树？我告诉他，当自己小的时候也经常这样玩，但是，这个童年的习惯长大后也随着其他小习惯一起消失了。他还是希望我试一下，于是我照办了。但这真不是一件容易的事，斧头的手柄卡住了我的衣服袖子，我差点砍到自己的脚。”

## 参观英国贫民窟的感想

李鸿章先生关于中英两国穷人生活状况差异的分析发人深省，“主人们可能对我想参观英国贫民窟的愿望和请求感到不是那么高兴。我说，中国穷人成千上万，我见多了他们衣衫褴褛的样子。恐怕我在这里看到了太多盛世景象，所以，我想，除非你们应允我的请求，否则，在我脑海里对英国人的生活就没有一个真实的概念。我就这样把自己的想法坦率地告诉了英国人。最后，我被匆匆带到伦敦城里的一个贫民窟。”

“我至今难以描述我所看到的场景或是我当时的感受。但是，我知道自己可以得出一个结论，即虽然许多国家拥有强大的陆军和战舰，但在这一切光鲜耀眼的场景背后，总是隐藏着那么多悲惨的故事。中国并不是世界上唯一贫穷和饥饿的国家。”

“当中国人饥渴时，可能会呼天喊地。然而在外国，饥饿的穷人会到邻居家偷窃或入室抢劫。我出访这几周虽然时间短暂，却眼界大开。我时常听到有人说，他准备用炸弹和匕首向政府发起沉默的战争，因为是政府使他陷入如此绝望无助的境地。”

“我越来越多地看到和了解到欧洲社会底层人民的生活，这让我越发地热爱和同情我自己祖国的那些境遇悲惨的穷人。因为，当我做过对比后发现，中国的穷人不那么邪恶。现在，我想向所有中国人致以我的敬意，从慈禧太后、朝廷到广东的渔民。”

## 为慈禧虐待光绪帝和珍妃义愤填膺

李鸿章对于他可怕的主子慈禧太后也直言不讳，满足了我们所有的好奇心。李鸿章生动描述了这位女暴君是如何对待她的儿子可怜的光绪皇帝的。

“天津，1898 年 10 月 9 日。这天早上，从首都北京过来的信差带来许多很有意思的消息。荣禄记录了在皇宫中发生的一幕，悲惨的光绪皇帝跪在慈禧面前，承认自己一无是处。荣禄称，老佛爷在接受皇帝的跪拜大礼时全然是一只暴怒的母狮，她对待

珍妃

年轻皇帝的态度比对那些无法无天的太监们还要差。”

“根据荣禄的描述，李鸿章承认这都是事实，慈禧太后威胁光绪皇帝，如果不同意与隆裕皇后（慈禧的侄女，也是安插在光绪身边的间谍）好好过日子，就只有死路一条。于是皇帝说，他会爱皇后，与她一起生活。这真是让人义愤填膺，因为我知道皇帝恨隆裕皇后，压根儿不愿意看到她。”

“珍妃是这位不幸皇帝钟爱的妃子，她是所有年轻男子梦寐以求的好妻子。珍妃在慈禧面前为光绪求情，慈禧命人将她拖出去，关到皇宫一处偏僻的院子里，并下了门栓。我认为这种做法非常不妥。慈禧太后羞辱光绪皇帝，有时甚至在身份卑微的太监和侍从面前让他难堪，这就够过分了，而现在竟然连他生命里唯一的安慰也要剥夺！”

“当然，荣禄对于这位被剥夺实权的皇帝不抱任何同情心，袁世凯对皇帝也毫不怜悯。但我准备向这二人求情，帮我最大一个忙，奏请慈禧太后允许珍妃重新回到皇帝身边，能与他在瀛台这座牢狱中一起生活下去。”

没有任何记录显示李鸿章曾就珍妃一事奏请慈禧太后，或致信向荣禄和袁世凯求助。珍妃是皇帝最喜欢的妃子，因为她的容貌美丽光耀像珍珠一般，因而得名“珍妃”。这个不幸的年轻女子被软禁了将近两年，除了在慈禧太后面前，她再也没有单独见过皇帝。1900 年，八国联军将攻进北京，清军匆忙应战时，慈禧下旨，将珍妃投入紫禁城里的一口井中溺死。

## 中国的愚昧招致了西方的愤怒

本书最有意思的，应该算李鸿章自述在 1900 年如何承担赫拉克勒斯（Herculean）一般苦差的那段。他协助清廷对抗义和团，试图将中国从灾祸中拯救出来，但一切皆徒劳无功。李鸿章比其他任何人都更清楚，正是中国的愚昧招致了西方的愤怒。他大声疾呼道，“如果中国国内那些自以为是的大人们能够像我一样，亲眼目睹欧洲和美国的强盛与军队的现代化，那该多好！他们就不会再

李鸿章去世后，各国公使前来吊唁。

像幼稚孩童一般白日做梦了！”

端亲王载漪是慈禧的耳目，正是他将慈禧带入了无可挽救的深渊。李鸿章写道，“他应该羞愧地将头掩藏起来。在他的头脑里，充满着仇恨和烂泥，已不是真正的大脑了。”

李鸿章徒劳地挣扎着，但是，噩运还是降临中国。于是，他又被派去出使各国，试图挽救中国的命运。

《李鸿章回忆录》中讲述他镇压太平天国起义的经历是本书中极有价值的部分，尤其是他与“中国人的”戈登（Gordon）打交道的故事。李鸿章最初并不信任戈登，而后却真诚地支持他，最后又因戈登违命而不得不将他解职。根据李鸿章日记所述，戈登曾多次当面让他难堪，两人实在无法再合作，李鸿章才解除了他的职务。

本书妙趣横生，讲到东方传统习俗和思维方式时更是相当的精彩。

# 四川吸食鸦片者将被枪决

1914 年 5 月 10 日

题记：成都采取史无前例的禁烟行动。

北京5月9日电：

根据政府21天前发布的公告，在四川省成都，自即日起，凡发现40岁以下吸食鸦片者将处死刑。超过40岁者则将判罚强制劳动。四川禁烟十分严格，所有吸食鸦片者必须强迫接受戒烟治疗。

## “通济”舰爆炸致35人死亡

1914年7月13日

上海7月12日电：

昨晚，中国炮舰“通济”号①（Tung chi）发生可怕爆炸，当时它正停放在江南船厂军火库。爆炸正好发生在海军学校学生宿舍的下面，正在熟睡的35名军校学生当即身亡。爆炸原因尚未查明。

## 美国为德国难民和战俘提供协助

1914年12月13日

华盛顿12月12日电：

美国国务院应德国使馆请求，准备将滞留上海的一些德国妇女儿童接至美国。大多数德国难民是在英国和日本军队攻打胶州湾时逃到上海的。国务院已预先向移民局提出建议，因为如果难民可能成为美国公众负担的话，他们的避难申请将被移民局拒绝。②

此外，美国还准备向关押在西伯利亚的德国战俘提供协助。美国驻华公使奉命将援助资金交到战俘营，据称那里的德国战俘急需钱用。

---

① “通济”号为福建船政局于1894年建造的练习巡洋舰，造价110万银元。钢质船身，舰长77米，宽10.6米，吃水5.5米，排水量1900吨，航速10.5节。此舰曾长期作为马尾船校学生练习舰。1914年6月发生爆炸，导致36人死伤。1937年8月12日，淞沪抗战爆发，为自沉江阴的八舰之一。

② 根据美国移民法规定，非移民或移民签证申请人都必须证明他们到美国后不会成为美国的公众负担（Public Charge）。

# 普吕肖上尉逃离青岛记

1915年1月16日

题记：德国海军上尉普吕肖驾飞机逃离青岛，假扮苏格兰人一路惊险逃亡到美国。普吕肖本为中国政府收押囚犯，越狱出逃后乘轮船离开。在船上避开了日本人的搜查。

德国海军飞行员普吕肖[①]上尉在日本占领青岛前夕，承担了德军在青岛上空的大部分空中侦察任务。在日本攻占青岛的前一天，普吕肖上尉神奇逃离中国，并于昨天抵达纽约。据称，普吕肖上尉是驻守青岛唯一未沦为日军战俘而幸存的德国军官。他在德军投降前一天驾机驶离青岛，在中国内地一个小村庄着陆，又历经种种危险，辗转来到纽约。

尽管普吕肖上尉不愿接受采访，认为这违背德国海军军规，也不希望公众知道他现在纽约，因为他仅仅想从这里借道而过。然而，一位普吕肖上尉的朋友对

此与普吕肖上尉所驾飞机为同一型号。

① 普吕肖（Lieut. Gunther Pluschow）是德国著名航空探险家、作家。他从青岛逃出后，着陆在海州城外的稻田里，并骗取通行证件，租了一条船到南京。从南京逃到上海后，他找到一名曾在柏林相识的外交官的女儿，帮助他搞到护照、钱和船票，由此逃往纽约。逃到伦敦后，再次被关进战俘营，又再次逃出。苏格兰场曾签发通缉令，要求找到这名胳膊上有龙纹身的逃犯。1916年，普吕肖第一部作品《一位航空家的青岛历险记》出版。此书热销70万册。1927年，普吕肖驾乘配有BMW IV发动机的亨克尔HD24E水上飞机开始南美探索飞行，多次飞越壮美的帕塔贡尼亚冰川，于1931年死于飞行事故。普吕肖对南美洲地理发现作出了重要贡献。

他的逃亡经历了如指掌。他描述了这位年轻的德国军官是如何逃离中国的。

普吕肖上尉面容光滑整洁，看上去不满 21 岁，但他却已在德国海军服役 11 年。他也不太像典型的德国人，他能顺利逃亡得益于此。他甚至能讲一口带苏格兰口音的英语。普吕肖上尉是从上海登上“蒙古”号（The Mongolia）轮船的，他在海上航行的一周多时间里，随时有被船上日本特工人员揭穿身份的危险。

“蒙古”号轮船先后在长崎、神户和横滨作例行停靠，普吕肖病得非常厉害，每天只能在自己的客舱里用餐。直到“蒙古”号驶离横滨港，一路远行，他的这场病才好转起来。

## 青岛作战

普吕肖上尉在战争爆发前三天与另一名飞行员和两架享克尔鸠形单翼机（Taube Aeroplane）一同来到青岛。他们是当时青岛德军中仅有的飞行员。此前，普吕肖仅接受过三个月飞行训练。他的战友被日本机枪击落。这之后不久，德军的探测气球又被日军炮火摧毁。

随着战事的变化，普吕肖上尉变得忙碌起来。他在蓝天翱翔时找到了安全感，但青岛只有一处马球场可以供其起飞降落。接下来，这个场地也落入日军火力范围之内。于是，普吕肖起飞和降落时，经常伴随着日军的隆隆炮火。日本人在试图用炮火摧毁飞机机库时，将这个马球俱乐部夷为平地。普吕肖上尉自制了一个模型飞机，从外表看与真的一模一样。这架假飞机刚放置在马球场上，就引来日军猛烈的炮火。

普吕肖上尉并未从德国将大批航弹带到远东，而是自己动手制造炸弹。他用罐头瓶、炸药和铁钉制成炸弹，但这些炸弹无一成功，当然，失手扔到英军厨房帐篷里的那一枚除外。

普吕肖在青岛失守前一天逃离。他于黎明起飞，从马球场一升空就被枪炮尾随。有一发枪弹击中了飞机的机翼，炸出一个大洞。

## 逃往上海

普吕肖上尉径直往西飞，飞越日军防线。他在枪林弹雨中穿行。几小时之后，他大约飞行了 180 英里，燃油耗尽，于是迫降在江苏海州附近。当地老百姓看到普吕肖从云端落下，都被惊呆了，但他们很快克服恐惧，转而围聚到他身边来。人们惊奇地发现，普吕肖自己焚烧了飞机，走进市区向中国军队投降。

中国人觉得这位囚犯非常重要，很是敬畏，于是派一名军官率 50 名士兵将他护送到南京并予拘留。中国人并没为拘留在南京的这名德国囚犯提供任何特别待遇，生活条件远谈不上舒适。中国当局对于如何处理这名德国军官似乎感到困窘。普吕肖也不愿无限期地处于中国当局囚禁之中。于是，某夜，他贿赂守卫后溜走，前往上海。

普吕肖来到上海这个自由港，但在国际租界里仍无安全感。此地唯一能带他离开的是太平洋邮轮公司（The Pacific Mail Liner）的中立船只，邮轮前往檀香山和旧金山途中，照例要停靠三个日本港口。普吕肖设法弄到了一本护照（普吕肖的这位朋友并未说明他是如何弄到护照的），摇身一变成为名叫麦克加文（E. F. MacGarvin）的苏格兰人，他还努力模仿苏格兰口音讲英语。

## 神秘病人

"蒙古"号上有许多英国人，还有不少看上去像军人的日本人，他们对登船的每一位旅客都兴趣盎然。当邮轮驶入长崎港做体检时，人们才发现这位"麦克加文先生"身患恶疾。日本医官在船上餐厅对其他乘客做了常规检查后，到这位"苏格兰人"客舱门口扫了一眼，发现床上这位先生与他们概念中的德国人毫无相似之处，于是说声抱歉就离开了。

两天后，当邮轮抵达横滨港时，普吕肖仍抱病在身。但第二天，当邮轮经理科尔斯（George H. Corse）向船桥上的赖斯船长（Capt. Emory Rice）挥手告别后，普吕肖上尉就神奇地康复了。他穿好衣服走出客舱，成为甲板体育运动最活跃的参与者。

昨天，普吕肖上尉不愿透露他下一站将去哪里，只是说将乘坐下午晚些时候的火车离开纽约。

# 竹筒装金条从中国寄来

1916年1月4日

题记：寄来的金条用帆布包裹的竹筒分装，已送邮局分析室。

昨天，邮递员把25个帆布包裹的竹筒送到分析室。经检查发现，这些竹筒每支长一英尺。每只竹筒装有若干金条，每根金条重80盎司，价值1600美元，合计40000美元。金条先装进竹筒，再用帆布非常精细地缝拢，两头用重蜡密封。装满金条的帆布包裹以挂号方式邮寄，每包邮寄费是 2.10 美元加保险费，从上海保险信托公司代理处寄出。邮递员称，几周以前，有一个价值 400 美元的单件竹筒从一个中国城市寄出。显然，邮寄者发现他们的试验取得了成功，并且发现，如果用大宗邮件的方式寄发的话，将比特快邮寄要便宜得多。

## 中国古董拍卖成交踊跃

1916 年 1 月 20 日

昨天下午，巴哈尔中国古董拍卖会在美国艺术画廊落下帷幕，当天拍出 26532 美元，总收入达到 70275 美元。

一幅中国清代地毯由琼斯先生以 5200 美元拍得，这是一幅康熙年间的大地毯，长 23.8 英尺，宽 23 英尺，以体现皇家尊贵的金黄色为底，衬以中国传统的深棕色和天蓝色，再配上其他精美花纹，美轮美奂。地毯四周镶有花边，几何图形整齐划一，令人赏心悦目。

另外有一对宋代定窑瓷碗，呈漏斗状，透射出象牙白半透明的白光，由基尼斯太太以 400 美元收藏。唐尼先生则以 290 美元收藏了一个明代初年一位道教寿星的雕像；琼斯先生还以 400 美元收藏了一个明代寺庙的陶器模型；龙桑棣（Long Sang Ti，音译）古董店以 330 美元买走一对宫灯，玲珑剔透，旁有侧门可开，饰以薄纱和翡翠；还有一件明代罕见的漆板雕刻相框，以 300 美元再次被琼斯先生买走；古董商西曼以 420 美元拍得一对巨大的柚木雕屏，刻画的人物青铜镀金，栩栩如生。另有一对乾隆年间的翠鸟羽毛画屏，高 3.1 英尺，宽 2.3 英尺，硬木雕刻框架，有花鸟、蝴蝶、岩石和枯树，被古董商劳伦兹先生以 1250 美元收藏。

琼斯先生还买走了以下这些艺术品：以 175 美元买走一个五面镜画屏，是宫廷用品；以 560 美元收藏一件顺治年间的东印度科罗曼德乌木（Coromandel）雕刻的屏风，这是为数不多的早期雕刻和漆器精品，画屏上还刻有工匠的姓名和致敬辞；以 1200 美元买走一套共 12 幅屏风，每幅高 8 英尺 7 英寸，宽 18.5 英寸。唐宁先生以 300 美元买走一件双面绣有五爪龙纹的龙袍。亨利先生以 430 美元收藏一件乾隆年间的中国地毯，金黄色底，饰有深蓝和浅蓝色的花纹，长 10.4 英尺，宽 5.7 英尺；再以 380 美元收藏另一件长 18 英尺 4 英寸，宽 6 英尺 6 英寸的金色地毯，但色调偏红。

买了多件艺术品的威登纳二世以 360 美元买走一件靛蓝底衬有传统青花样式

的地毯，长 9 英尺 3 英寸，宽 5 英尺 6 英寸；亨利先生还以 550 美元收藏了另一件非常有趣的挂毯，长 10 英尺 6 英寸，宽 9 英尺 5 英寸。此外，还有其他一些购买者也有收获。

## 庆亲王奕劻去世

1917 年 2 月 2 日

北京 2 月 1 日电：

前清皇族内阁总理大臣、庆亲王奕劻[①]（Prince Ching）昨天在天津逝世，享年 80 岁。

他是清朝末代皇帝溥仪的叔叔，是晚清政坛的风云人物。清政府垮台后，庆亲王一直住在天津。作为皇亲，1908 年慈禧太后封其为世袭罔替庆亲王。此前，他任统领军机大臣，负责整顿清军。1909 年废军机处，1911 年 5 月，首任皇族内阁总理大臣。

奕劻

庆亲王是排位第四的王子，出生时身无分文，而去世时却身家百万。伦敦《泰晤士报》评论他的一生时称，他创造了驭权术（Art Nusrule）。

## 美国炮艇在重庆附近遇袭

1917 年 11 月 8 日

北京 11 月 7 日电：

今天，在离四川重庆不远的扬子江面，一帮中国土匪向美国海军“帕罗斯”

① 庆亲王奕劻（1838—1917），爱新觉罗氏，乾隆皇帝十七子永璘孙。自 1884 年起掌管总理各国事务衙门，领班军机大臣，废军机处后首任内阁总理大臣，是少数参与晚清改革全过程的元老重臣。政见开明，身段灵活，是李鸿章和袁世凯等人的保护伞，主张及早预防，避免事态失控造成外交、军事麻烦，英国公使窦纳乐认为他是“推动中国政府（进步）的一个杠杆”。

号（Palos）炮舰开火，舰身受损。

“帕罗斯”号排水量为190吨，是一种轻型巡逻艇。近一段时间以来，它与另外4艘炮艇在扬子江上游编队巡逻。今年6月，包括“帕罗斯”号在内的5艘炮舰曾被中国政府扣押在上海港，中国与德国断绝外交关系后，即被退还。

重庆位于距上海800英里水路的扬子江上游。

## 厦门附近地震，万人丧生①

1918年2月26日

中国厦门2月25日电：

根据来自汕头的最新报道，约一万人在最近发生的地震中丧生。汕头是中国通商口岸，隶属广东省，位于广州东北225英里。它是当地的制糖工业中心，城镇人口约4万。

2月16日至2月17日期间发生的一系列地震给广东造成巨大损失。厦门和附近许多市镇的建筑物在地震中变为废墟，厦门腹地有几个村庄被夷为平地。

## 两名美国工程师在华被绑架

1918年3月12日

题记：美国工程师奈尔和佩舍尔携带大量现金，原准备支付给测量队员。卫兵与土匪激战。美国要求北京政府采取行动，释放被劫人员。

两名美国工程师奈尔（Nyl）和佩舍尔（Pursell）在河南郏县被土匪绑架，他们的一名中国助手也被劫持。

① 1918年2月13日（农历正月初三），广东南澳至福建诏安外海一带发生7.3级地震。地震发生于当天下午2点7分，震中位于广东省东部南澳岛东北约10公里的海底，即北纬23.5度，东经117.2度，震级为7.25级。受震范围包括广东、广西、福建、湖南、江西、上海、江苏、浙江、安徽、湖北和香港等地的130多个县市，面积50多万平方公里。此后，余震又持续100多天，造成极大破坏。

他们是在勘测周家中至襄阳府铁路[1]途中被劫持的。当时，他们身上携带有大量现金，原本准备支付给其他勘测队员。北京政府派出 20 名士兵武装护卫。卫兵们与前来袭击的土匪爆发激烈战斗，直到弹药用尽而投降。有两人逃生，并向政府报告了这一暴行。

3 月 11 日，美国国务院要求北京政府倾尽全力，尽快解救在郏县被绑架的美国工程师，并严惩土匪。尽管最近发生了一伙中国匪帮向美国军舰“莫诺卡”号（Monocacy）开火的事件，但美国公民在中国内陆被绑架近年来还是第一次。

裕中铁路和运河公司[2]10 日证实，被土匪劫持的美国工程师佩舍尔是明尼苏达州圣保罗市人。据称，裕中铁路和运河公司与中国政府签约后，佩舍尔先生被从美国派来从事测绘工作。尽管公司人员表示没有雇用过一位叫奈尔的人，但他们相信这是把凯尔（George A. Kyle）的名字弄错了。凯尔是俄勒冈州波特兰人，已在中国工作数月。

另据俄勒冈州波特兰 3 月 11 日确认，乔治·凯尔确为被劫持的两名美国工程师之一。凯尔原任俄勒冈干线公司（Oregan Trunk Line）总建师，几年前来到中国，参与裕中铁路和运河公司在华筑路工作。

## 奇怪流感横扫华北

1918 年 6 月 1 日

北京 5 月 31 日电：

一种奇怪的流感正在中国北方各地肆虐。天津已出现两万病例，北京也发现数千例。最近，华北各地的银行和绸缎店铺纷纷歇业，甚至警察局也关门了。令人庆幸的是，此病尚不致命，病情通常在持续四日后，可望缓解。

---

① 1917 年 2 月 7 日，北京政府交通部建议自河南省周家中经南阳到湖北省襄阳修建一条铁路，长 200 英里，称为周襄铁路。

② 1916 年 5 月 17 日，美资裕中铁路和运河公司（Siems-Carey Railway and Canal Company）与北京政府修订《承造铁路增订合同》贷款 1000 万美元，取得 1500 英里（后减为 1100 英里）的铁路修建权。计划修铁路五条：衡阳至南宁、丰镇（今属内蒙古自治区）至宁夏、宁夏至兰州、广东琼州至乐会、杭州至温州。这些铁路完成后，还可以获得再修 1500 英里的权利。借款除以路产做抵外，裕中公司还取得在造路前和造路期间在中国设厂制造铁路器材的特权，以及路成后参与经营管理和在铁路沿线“发展工业”等权益。取得铁路修建权是列强划定在华势力范围的重要标志。美国驻华公使芮恩施承认，裕中项目是美国扩大在华势力的重要起点。

# 在华美国人兴起学中文热

1918 年 11 月 17 日

美国驻天津总领事称，美国人让其年轻雇员学习中文的热潮正在天津兴起。热衷于进出口贸易的美国人很久以来就认识到，要与中国商人建立密切关系必须学会说中文。

不久前，在天津的英国商人已经认识到，通过密切和当地商人的联系可以扩展贸易。出于这个目的，一所中文语言学校于 1917 年开始兴办。这所学校最近竣工了，一些美国公司的员工也注册进入该校学习中文。预计当这家中文培训机构广为人知后，会有更多的西方人士前来报名。

目前，学校由一位精通中文的英国传教士掌管，设有初级班、中级班和高级班 3 个级别。各级别的授课重点，都是突出商业交往中口语运用和写作的能力。

该地区一些美国大公司过去就认识到了与中国商人用当地话开展商务活动的重要性，并且为雇员提供学习时间和场合，支持他们掌握中文语言技巧。这所学校的建立，使得美国公司的所有雇员都有机会学习中文，达到可与中国人进行复杂商业交谈的程度。美国驻天津总领事对此相当重视，并呼吁这里的美国人支持这所学校，鼓励雇员选修。

尽管整个学习方案能否成功尚取决于当地美国公司是否积极支持，毋庸置疑的是，这项学习活动必将促进中美贸易和相互理解。

# 北京政府开始全面禁烟

1919 年 9 月 21 日

美国的道德学究们或许将为中国这个昔日的鸦片大国发动反对烟草的运动而深感欣慰。在这个长期被烟草毒害的国家，现在贴出了如此之多的警示标语，令人瞩目。北京政府内务部发布公告称，国民几乎人人沉溺于烟草，这比过去吸食鸦片还要糟糕。现决定，在全面禁烟前实行如下限制措施：18 岁以下儿童严禁吸烟；如陆、海军人员吸用烟草，将受到严厉处罚；在公立学堂和大学严禁雪茄和香烟。

# 莫小毛打官司

1920年9月12日

鲁丁格尔少校

孔夫子说："聪明人只去一次法庭，只有傻子才去两次。"（The wise man goeth to court once; only the fool goeth twice）上海莫小毛（Moh Hsiao Mao，音译）没听孔圣人教诲，他进法院打了两次官司。莫小毛是上海一家棺材铺的老板，与贩卖假烟土的张文青（Chang Wen Ching，音译）有宿怨。莫小毛设计请出一位洋律师，调动一名中国法官帮他打赢了这两场官司，证明孔夫子的话也不是绝对正确。下面是莫小毛的自述。

## 莫小毛东拉西扯

"尊敬博学的律师大人，我名叫莫小毛，住在小花园街。聪明的大人难道不知道小花园街在哪里吗？就在顾戴路[①]的南边，这里原来是刑场，就是砍头的地方。很多像张文青这样的恶棍都在这里下油锅，或被剁成肉酱。张文青是我邻居，专门把假烟土卖给街上那些傻子们。我今天到聪明的律师大人您这里来，就是为请求您的保护。"

"张文青对我做了什么？如果您允许小人在您这样的大律师面前提到他，我可以说张文青就是乌龟和美女蛇生下的杂种，心眼很坏、无法无天。他是几百年前一个可怕的恶魔投胎转世。他的老母亲瘫痪了，躺在家里，他都敢放火把她的房子烧了。"

"张文青是一个强盗、鸦片贩子，是我们国家最胆大包天的骗子。我们现在也是民国了，就像您这样有学问又受人尊敬的律师的祖国一样。您来到我们这里，就是要帮助那些心情很坏、受到欺压的人，为了帮助我这样的人。我受那个狡猾恶棍的伤害和欺负，心情无比悲痛。如果阎王不怕张文青骗他交出地狱来给

① 原文 Giu Mow Tee，初步判断为顾戴路，曾为旧上海刑场。

他管，就应该把张文青抓进阿鼻地狱。唉唉呀，我心里难过，脑子也糊涂了。唉唉呀，就是因为张文青，那个骗子，杀人犯，强盗！”

“律师大人，请保护我，帮我打败张文青这个恶棍。我非常愿意支付您酬劳，您要多少银子或是美元，我都付给您，用现金或者银行支票都行。只要您帮我打赢官司，把他抓起来，关进上海城里最小、最臭、到处是害虫的牢房里，让他当着法官的面被拖走，判他砍头，或者枪毙他，让他碎尸万段。如果判他死罪需要花我太多银子，那就让他被大竹板子抽打一万次，这样我也高兴了。我将非常乐意请您去吃一顿大餐，给您上澳门燕窝汤、上威海卫最好的鱼翅，让广州姑娘和苏州姑娘给您唱小曲儿。广州姑娘身段儿丰满，苏州姑娘好模样、好谈吐，您一看就知道她们跟广州姑娘不一样。”

“我得告诉您，有学问的先生，有一位名叫李杏花的苏州姑娘三天前刚到这儿来。我得跟您说说，昨天晚上她在一品膳（Yih Ping Shan）饭庄怎么着了——”

## 状告张文青打人杀狗

“我为什么要告张文青？难道我没告诉您这位读了上万本法律书的聪明先生吗？对不起，我实在太气愤了。因为张文青实在是这个世界上最坏的恶棍。他的心肠黑得像——”

“唉唉呀，律师大人，您是中外律师界的骄傲啊！干吗这么着急呢？您难道不知道孔夫子，就是你们叫 Confucius 的人曾经说过吗？安息来自天堂，忧愁来自地狱。（Repose comes from heaven while worry comes from hell）”

“这个张文青，让他们家孩子变成长尾巴猴儿、长出猫脸来！说到做坏事，再没人比得上他了。您知道这是怎么回事吗？因为他的祖宗是长尾巴的，还——”

“唉呀，你们外国人怎么都这么性急的？”

“您想知道张文青都对我做了什么？”

“他对我做了非常坏的事，让他的大儿子去——”

张文青脚踏莫小毛。（《纽约时报》原文插图）

“您让我描述一下他的罪行好让您能起诉他？”

“聪明的律师先生，我可以向您保证，有许多人都看见了。3 天前，张文青这个黑心肠的恶棍故意使坏，偷走了我的狗，用棍子打它的头，把狗皮剥下来做成装银两的袋子。他把这个钱袋送给了他三姨太的妹夫，这家伙住在昆山，跟张文青一样可恶。您知道，我是从卖猪内脏的阿丰那儿听来的消息，阿丰认识昆山警察局边上的工头的兄弟，是他告诉我张文青的三姨太的妹夫——”

“您不想听他妹夫的事儿？”

“唉呀，写过书的聪明人啊，难道您不知道李太白，他可是中国的大诗人，他曾经说，有消息就要认真听，把它存在脑子里。因为这些消息就像钱财一样，要保存好，藏起来，到时候就派上用场了。”

“是的，肯定是这样，您这位打赢了上万次官司的大人。张文青偷了我家的狗还把它给杀了。我到他家去理论时，他不但不承认，而且转身操起一根大粗竹棍，抬手就打。他打我就像官府打囚犯。大人您得替我申冤哪，您看看我这后背，看这些竹棍印子，疼死我了。还有，他不但拿竹棍打我，还抬起右脚踢我，就像大都督阅兵时步兵们踢正步一样踢我，正好踢到我用来坐椅子的部位，越发地疼了。我往前扑倒了，撞到一个盛满垃圾废物的桶，桶砸下来，里面的脏东西洒我一身，弄得我臭烘烘的。周围看热闹的人看到我被竹棍打得喊痛，又被垃圾洒一身，都笑起来。”

“唉唉呀，张文青太可恶了。他罪该坐牢判死刑！”

“但我不想去法庭，因为我身上还带着他打的伤呢。我只想告他偷我的狗，还把狗杀了，拿狗皮做钱袋送给——”

## 律师要 50 两诉讼费

“您说我得付您 50 两银子，您才会出庭告张文青这个强盗吗？您知道这条狗值多少钱吗？”

“这狗不值钱。它只不过是我们街上一条黄毛杂种狗，但它每天都到我家来，我的二姨太总喂它，给它抓虱子。我二姨太做饭很好吃的。这狗根本不值钱。我其实根本不喜欢它，因为它很麻烦，身上到处是虱子，总喜欢溜到我卧房，爬到我的床上躺着。价钱？不，它不值什么价钱。”

“我为什么要起诉张文青？因为他是乌龟和美女蛇生出来的坏种，他的心肠——”

“唉呀，你们美国人不能理解人的感情，你们想的全是钱。你们如果伤害了一个人又想安慰他，就给他钱。如果想伤害一个人或惩罚他，就把他的钱拿走。你们知道人的感情吗，知道人心吗？”

“您要 50 两银子，我肯定会付给您。钱是小数目。您就是开出 10 倍的价钱，我也乐意付给您。因为张文青心肠太坏了——”

“50 两银子对于您这样一位有学问的了不起的大律师当然只是小小的报酬了。亲爱的先生，在我付给您银子之前，我希望您考虑一下，以您和我这么深的交情，是不是可以降低一下费用呢？25 两怎么样？我们的交情——”

“您说的没错，我们刚认识不到一个小时。但您看我不是把您当成最信任的顾问，向您敞开心怀了吗？中国古书里不是说‘英雄相见恨晚’吗？”

“唉呀，你们外国人就是这样固执，死脑筋。那么在我付您 50 两银子之前，您是不是可以同意先接收 25 两现钱呢？其余的 25 两我给您个欠条。13 天后，只要我老婆的大表哥跟浦东茶商做成那桩大专卖，他马上就会把钱付给您。那个茶商每年跑两次汉口呢。”

“您不收欠条？那好吧，我给您做个顶好的棺材，漆成黑色，上面画着红色和金色的龙怎么样？完全按您的尺寸来做！”

“还是不行啊？您就和法律一样没商量。啊，了不起的律师大人哪，我同意就是了。这里是 50 两银子，您拿去吧。我希望您不介意收下这张破支票。银行的人只会少给您 10%，因为它还不是破得很厉害。”

“这样就行了吧？您能跟我保证，张文青肯定会被判刑吧？”

“您连这都没法保证啊？唉唉呀，我是多么可怜，如果连您都不能说服法官给这个黑心肠的恶棍判刑的话，我这心里怎么好受啊——”

“您说您很忙？怎么啦，你们这些外国人总是这么匆匆忙忙的。”

“好的，如果您写信给我，我就过来见您。不，我会每天都过来找您的，因为我见到您就很高兴，您是要保护我、替我复仇的人。”

“我真是太高兴了，能认识您这样了不起的人。愿您一直交好运！”

## 张文青当庭撒谎

案子开庭。尽管有许多人作证，看到张文青杀死那条狗，而且还拿大粗竹棍痛打莫小毛的背，但张文青也许是受习惯驱使，毫不知耻地撒谎，否认全部事实。他甚至还找来自己不在现场的证明。有一个证人说，案发当天，张文青到他在杭州的家里做客，他们喝了浙江特有的加饭酒，醉得一塌糊涂。

但接下来的一个证人说不是这样，张文青当天到了他在南京的家里，大家一起搓麻将，张文青输给他 17.65 银元，到现在还没给他。这个证人问，法庭能否好心地劝告张文青付清赌债呢。张文青在法庭上高声指责这两个证人，说他们和他们的祖宗八代都是骗子。

证人陈述滔滔不绝，法官花费两个小时才审完。法官不时焦急地看看法庭里挂的大钟，因为他知道面条和竹笋放在锅里煮太久，味道就不对了。最后，法庭庄严宣布，被告张文青是个胆大而又愚蠢的骗子，他杀了狗还打了人。法庭宣称，张文青在选择证人时极不慎重。另外，由于张文青不负责任，耗费法庭宝贵时间，因此判决张文青为杀狗行为赔付十个大洋，另外还须支付诉讼费和其他开支。而且，由于明显是张文青违法，他被当庭收押，直到付清所有赔偿。案件就这样审理完毕。

莫小毛高兴坏了。他离开法庭时将律师介绍给朋友和各位证人，称他为世界上最伟大的律师。

## 洋律师百思不得其解

律师回到自己办公室后琢磨，他不知道自己的委托人是不是一个真正的傻瓜。是钱多得没处花了，或只是复仇愿望太强烈了。

律师怎么也没想明白。两周后，莫小毛又来了，与他同来的是一个年轻的中国人，穿着镶金边的洋装，戴一副厚眼镜。双方相互问候后，年轻人介绍自己是莫小毛的儿子。莫小毛从衣服口袋里掏出一些脏纸片，并说明来意。这次他状告杀狗打人的张文青的罪名是，张文青拒绝偿还一笔 3500 两银子的旧债。

律师询问，是否有文件或类似证据来证明他的指控。莫小毛摇了摇头，只是把这些脏纸片递给律师，问他怎么看这些东西。这些仅仅是有张文青签名的信件，上面提到一些债务，但并未明言数额或注明数据。律师明确告诉他的委托人，这些东西无法构成充分的证据。但是，不管律师如何说明，都无法打消莫小毛要告张文青欠债的念头。律师既不想接这个案子，也不愿因为拒绝而惹火莫小毛，于是他试图引用孔夫子的名言，他说："你难道不知道孔夫子说过吗？聪明人只上一次法庭，只有傻瓜才去第二次。"

穿着洋装的年轻人眼镜片后透出的目光颇为严肃，他反驳道，"亲爱的先生，您肯定已知道，中国过去十年里进行了完全彻底的改革。我们中国的年轻人经过认真研究，认为孔夫子已经过时，尽管他在他的那个时代和后来几千年都是权威，但他的道义已跟我们这些现代进步青年的观念不相符合了。中国年轻人现在希望成立共和国，希望获得自由和——"年轻人看到律师脸上的表情，没再接着说下去。

当孔夫子也败下阵来，律师就只剩下最后一招，用高昂的费用吓跑他们。可是，当律师开出 500 两银子要价时，父子两人都迫不及待地点头表示同意，并且马上开始数放在桌上的香港和上海银行的银票。他们拿好收据，鞠了个躬，转身离开了。

那阵子法庭正好没什么案子，因此莫小毛诉讼案很快开庭。正巧还是审判张文青杀狗案的那位法官。这位法官帮了莫小毛的大忙。尽管原告提出的证据不算充分，但法庭不久后还是宣判莫小毛胜诉，要求被告归还 3500 两银子，并支付诉讼费用。

## 真相大白

第二天晚上，莫小毛在一品膳饭庄设宴庆祝，请了许多棺材行的朋友，律师也作为嘉宾出席。莫小毛和儿子对他大肆褒奖，父子俩对胜利讨回 3500 两银子异常兴奋。

等其他客人都散了后，莫氏父子把律师叫到一边喝高粱酒，开始讲体己话。律师对法官如此快速作出判决感到很吃惊，莫小毛一本正经地点点头，说道，"有学问的律师大人，请允许我告诉您，我告张文青欠我 3500 两银子已经十年，这个乌龟和美女蛇生的杂种！张文青从我这儿借钱开鸦片铺。但这个恶棍卖的根本不是鸦片，不过是把猪肉膘、芝麻、干碎木屑与劣质鸦片混在一起，做成假烟土卖。只有傻子才会去抽它，但张文青却因此赚足了银子。他靠这种不诚实的方式发了大财，却一再拒绝还我钱，还说他根本没向我借过钱。"

"我早就想让张文青还钱了，但他太狡猾，我拿他没办法。而且我只有那么一点点证据，怎么能让法官相信我是对的，张文青是错的呢？"

"张文青有个弱点，就是非常喜欢骗人，而且倔得像头牛。但我必须向法官证明这一点。我等了好些年。杀狗这事儿终于让我逮着了机会。"

"您觉得我花 50 两银子去报复一个杀狗的人很傻。我知道就算这件事微不足道，又有许多证人出庭作证，但张文青肯定还是忍不住要当庭撒谎。他果然撒谎了。法官看到他这样做非常气愤。您还记得法官说张文青是一个胆大而愚蠢的骗子吗？"

"我打听清楚了，所有民事案件都由同一个法官审理。所以，当我告他欠钱的案子又摆到这个法官面前时，法官一眼就认出了张文青，也记起他之前是怎么撒谎的。法官一看张文青连在那么小的事情上都会撒谎，就认定他在比这多上千倍银子的事情上更会撒谎了。所以，法官很快就判决了。”

“所以，有学问的先生，您和我们的孔夫子都说傻子才会第二次上法庭，但在这件事上，你们都错了。”

# 美国女明星的中国印象

1921年1月2日

伊莎贝尔·罗斯（Ishbel Ross）

在传统中国女性的心目中，枯燥无聊的生活日复一日。西方文明的火焰从未使她们热血沸腾。即使她们遭遇困难，或对于现代女性有些许不满，你也从她们麻木混浊的杏仁眼中看不出一丝端倪。

## 和安静的中国女人交谈时，她感觉走进了飘雪和凝固的时空

中国女人每天陷入简单琐事中，她们对丈夫百依百顺，就像小狗对主人一样。富门豪宅中的中国女人为自己能够支撑起一个大家族深感骄傲，她顺应世事的变化，从不多问，只是一味地接受命运的安排。她不担心身旁没有佣人侍候，也不担心离婚诉讼，但她们也没有改变的勇气。她们的基本生存法则就是循规蹈矩。

埃尔西·弗格森。（《纽约时报》原文插图）

埃尔西·弗格森（Elsie Ferguson）[①]，就是舞台上著名的小汤玛斯·克拉克夫人（Mrs.Thomas B. Clarke Jr.）对中国女人就是这样看的。弗格森女士刚刚

① 埃尔西·弗格森（1883—1961），20世纪初美国百老汇著名演员和早期电影明星。

结束她的环球之旅。这位美国舞台剧和电影明星在她的东方之行中对于中国女性和她们奇怪的生活态度非常感兴趣，觉得比其他任何事都更有意思。弗格森女士从热闹喧嚣的纽约走进中国人家，与和平安静的中国女人交谈时，她感觉自己好像走进了一个飘雪和凝固的时空。

弗格森女士说，“我花了好大一阵儿才习惯这种平静的气氛。一开始，我完全被中国街道上嘈杂尖锐的噪声给惊呆了。但是，当我剥开城市的外壳，就会来到一个充满智慧和宁静的地方。中国人有快乐的天性。你虽然看不到外在张扬的生机，然而他们的快乐充满平静和舒缓，还有对自己能力的温和的认知。”

## 大部分中国妇女是埋头于家务的奴仆和肩负重担的牲口

“中国的女人们非常聪明。如果她们与美国女性进行自然的交流，她们可以与最聪明的美国女性相媲美。当然，这只限于受过良好教育的中国女性。大部分中国妇女是埋头于家务的奴仆和肩负重担的牲口。在北京和广东，都能看到这种令人惊骇的场景。只有在中国发生了巨大的进步后，全体女性才会意识到她们实际上是男人的奴隶。女人们在稻田里、运煤船上，甚至在建筑工地上干活。中国的女苦力像男人一样扛运重物。这些女人看上去像刚从地狱中走出一样，粗声粗气地相互喊骂着脏话。她们跟别的有色女人没有两样，因为她们随时都准备上前揪扯对方的头发。”

弗格森女士说，每隔十年左右，中国女性也会女人味儿十足地更新她们的服饰。这并不常见，但一旦开始，同样会在平静的家庭生活中掀起涟漪。妈妈和所有年轻姑娘们都会迅速跟上潮流。最时尚的中国女性正在模仿美国女性，在这里看到她们奇特的小脚上穿着高跟鞋已不是一件新鲜事。从中国女性走路的方式，仍可看出她们千百年来饱受束缚。她们的脚真是异乎寻常的娇弱细小。她们总是小心地踮着脚，跌跌撞撞地走路。

## 中国女性服装如此端庄，最严厉的道学先生也挑不出毛病

弗格森女士说，“照美国人看来，中国女人显得非常单调。如果她们穿上制服的话，所有人看起来都一模一样。她们衣服的颜色显得非常的灰暗，唯一一丝亮色就是在头发上随意别上一枝花或一个珍珠卡子。相对于我们花样繁多的头饰来说，她们衣服的款式倒是别有韵味。中国女人戴的珠宝完全是中国化的。她们主要佩戴各种玉饰和金饰，也像美国人一样喜欢钻石。我经常看到漂亮的中国女

孩儿戴着俗艳的玉耳环，手上戴着传统的宝石戒指。”

“中国女性原来的长袍现在变成了一种小的紧身外套，是一种高领、两边开襟的衣服，很像我们旧式的巴斯克衫（Basque）。衣服上没有任何刺绣花纹，除了黑色，再无别的颜色映衬。中国女性服装是如此端庄，就连最严厉的道学先生检查着装时也挑不出毛病来。中国女性在晚会不穿露背装，还是白天那一身古怪的紧身衣裳！”

## 男人可有三妻四妾，然而女子不忠却犯下大忌

弗格森女士对于中国女性异乎寻常地遵从三从四德也有看法。她说，中国男人只要自己愿意，可以有两三个妻子和许多侍妾，然而女子不忠却会犯下大忌。现在将新生女婴扔到水中溺死的做法已不多见，但江河岸边仍有尼姑庵，尼姑们常常会查看流淌的河水中有没有漂着弃婴，随时准备将她们救起。中国的父亲们对自己的孩子非常关心、宠爱，在街边的桌椅旁，时常能看到他们与孩子们一同玩耍。

弗格森女士说，“有一些中国女性开始走出家门找工作，尤其是那些在美国完成了学业的知识女性。她们进入了律师楼、医药领域。从事自然科学研究的单位开始招收女员工。然而奇怪的是，工商业反倒拒绝女性加入。中国人还是认为，女人走出家门挣钱养活自己是一件非常极端的事情。”中国年轻人从美国学校毕业后回国，慢慢将新的做法和理念介绍给国人，但中国女人政治觉醒的话题却很少提及。

## 任何进步的动力必须来自他们自身，而且不能有任何外界的建议或推动

“我认为中国人在内心深处仍旧非常传统。他们的性格就是接受现实，任何进步的动力必须是来自他们自身，而且不能有任何外界的建议或推动。他们并没有反驳我们的观点，但他们对这些东西完全免疫，认为他们与我们是站在同等位置的。中国人已不像过去那样憎恶我们的侵扰，但他们继续筑起保守主义的围墙，让人难以接近，更不要说翻越了。”

## 中国人缺乏原创能力，但他们是出色的模仿者

弗格森女士说，“北京和广东的贫困触目惊心。成百上千的穷人饿倒街头。

但是，我并没见到很多职业化的乞丐。中国人民确实是世界上最勤劳的民族，他们天性中没有懒惰的成分。说真的，在中国看不到美国商业界积极忙碌的气氛，但他们相信一切都会应运而生，事实也是如此。美国人总是坚定地说，'我明天就必须拿到！'而中国人平静地回答道，'你明天会拿到的。'于是中国人为了没有耐心的外国顾客昼夜赶工。"

"中国人缺乏原创能力，但他们是出色的模仿者。中国人对于外国商业世界的感受很难说清楚。他们同意与外国人打交道，也乐于满足他们的需求，但中国人也非常精明。在我的想象中，中国人最令人畏惧的就是他们砍价的时候，对于别人最初给出的价格总是毫不客气。"

"还有一件让我感到吃惊的事，就是中国店铺里仆人的数量太多。不论多小的地方，都会有五六个伙计在侍候一个顾客。中国人固守自己的手艺活儿，仍在制造世界上最好的瓷器、地毯和刺绣品，他们极度不信任机器作业。"

## 中国人对滑稽喜剧反应强烈，看到美国喜剧也会乐得前仰后合

在弗格森女士看来，中国的戏院仍然显得有些原始。对于偶然到访的外国旅客来说，中国戏剧自然也晦涩难懂，而舞台布置也让人感到困惑。这里时常会上演一些滑稽喜剧，幽默无处不在。北京一些大剧院在演出时也开始更换布景了，而且观众能看到换景的全过程。但即便如此，也是中国戏曲界的一个进步。

弗格森女士说，"我发现中国人非常喜欢看电影。那些觉得中国没有电影的人该去看看中国的电影院。人们坐在长条木凳上，电影一结束就粗声粗气地大喊。他们的乐队其实是在添乱，显然全套家什都一齐上阵了，忙得不亦乐乎。中国人似乎最喜欢情节剧。和美国人一样，中国人对滑稽喜剧的反应最强烈。他们看到美国喜剧也会乐得前仰后合，用手大拍着凳子，笑声不绝于耳。"

## 他们一举一动都保留着与生俱来的庄重

说到中国人的社会生活方面，弗格森女士认为，中国人在自己家中感到最舒适。除了在欧洲租界外，中国很少有楼房公寓。在中国的大城市中，精美的旧式庭院与贫民窟混杂在一起。中国人有个古怪的习惯，他们将住所建在城市一端，而饮茶室和曲径通幽的花园则建在离住所很远的地方。

弗格林女士说，"中国人是非常完美的主人。他们保留了仿佛已不属于这个

时代的殷勤待客之道。他们优雅镇定。如果你是客人，那么一切以你为重。可惜的是，中国人的待客之道如今在美国看不到了。中国人喜欢热闹，抽烟、闲聊、女孩儿歌舞助兴。他们一举一动都保留着与生俱来的庄重。中国人真是非常特别，有无穷的魅力和无尽的潜能。他们不希望被打扰，但如果你从外国来，他们又对你非常感兴趣。中国人跟美国人一样普通，但比我们工作更努力。即使是最漫不经心的游客，他们也不会认为中国人是被支配或被压迫的。”

# “昭陵六骏”两件浮雕落户美国

1921 年 1 月 24 日

费城 1 月 23 日电：

由于慈善家埃利基·约翰逊先生的慷慨捐助，宾州大学考古与人类学博物馆获得并收藏了唐太宗昭陵六骏中的两件浮雕石刻，据称这是中国乃至世界现存最精美的唐代艺术瑰宝。无论是约翰逊先生或宾州大学博物馆的官员，他们对这两件艺术奇珍的估价都守口如瓶。但毋庸置疑的是，它们是宾州大学博物馆最具艺术价值的镇馆之宝。这两件东方的宝物由美国收藏，意义非凡。

唐太宗昭陵北面祭坛两侧有六幅浮雕石刻，这两件浮雕石刻是其中的两件，作品年代约为公元 7 世纪。唐太宗李世民战功赫赫，帮助父亲开创大唐基业，并继任大统。他是东方的拿破仑，创造了太平盛世，开辟了中国艺术的黄金时代。

昭陵共发现 6 件唐太宗征战时期的战马浮雕，6 匹战马都受有战伤，另外 4 件被中国作为无价之宝永久收藏。宾州大学博物馆所获得的这两件是几年前从中国走私出口的。中国方面已同意它们可留在美国。

这两件浮雕石刻，一匹马称为“飒露紫”，另一匹马称为“拳毛騧”①。石刻有轻微的损伤，但仍显示出精美绝伦的雕刻技艺。文物专家称，它们与希腊黄金时代的艺术珍品相比也毫不逊色。

① 唐太宗营建昭陵时，诏令创立昭陵六骏浮雕，除彰显赫赫武功外，也希望这些曾相依为命的战马能与他永远相伴，并告诫后世子孙创业艰难。六骏中的“飒露紫”和“拳毛騧”两件于 1914 年被人盗卖国外，现藏美国宾夕法尼亚大学博物馆，其余四件收藏于陕西西安碑林博物馆。

# 罂粟之路

1921年5月15日

谢立山[①]

题记：本书共两卷，由波士顿斯莫和梅纳德出版公司（Small, Maynard & Company）出版。

中国，神秘的土地，黄皮肤的人民，黑眼睛的孩子像玩偶娃娃，奇特的寺庙和铜锣声，丝绸和菊花。

数百年来，这个国家被恶魔玩弄于股掌。它拥有世界上最古老的历史，讲述着自己创世记的故事。伟大的长城只剩下断壁残垣蜿蜒不绝，依稀可见昔日的辉煌。然而，有一个恶魔跨越了古老的历史和残存的长城，彻底征服了黄种人，使他们的大脑变得迟钝，四肢变得呆滞，为他们物质与精神的创造力蒙上尘灰。这个恶魔就是娇柔、优雅的罂粟花，它名叫鸦片。我们也许很难描述鸦片在过去好几个世纪里如何制约着伟大的中国人民，但是，毫无疑问，它发挥了巨大的作用。

在过去15年里，中国一直在与鸦片恶魔作斗争。中国革命也对禁止鸦片生产起到了猛烈攻击的作用。罂粟浆汁在辽阔的中国大地上作恶多端。中国通过了禁止种植罂粟的法律，这部法律中许多条款都意义非凡，各省都下令禁止种植罂粟，许多省严格遵照执行。中国人也因此部分地摆脱了罂粟的危害，但危害并未根除。有一些省对禁止种植罂粟的法令阳奉阴违，照种不误，而且把大量罂粟运到中国各地。

谢立山爵士曾任英国驻天津总领事，他决心调查各省种植罂粟的情况。从1910年到1911年，他两次到中国主要罂粟产地，亲眼目睹了这些地区在中国政府颁布禁令后种植罂粟的情况。他撰写了厚厚两卷《鸦片问题探索——中国主要产烟省份旅行记》，以坦率直白的口吻讲述了两次调查的经历。

本书在作者所宣称的调查目的外，还有更多阅读价值。因为谢立山爵士不可避免地加入了其他一些有趣的材料，他写到旅行的艰辛、中国内陆城乡人民生

① 谢立山（Sir Alexander Hosie，1853—1925），1876年进驻华领事界做翻译学生，1881年为驻重庆领事。曾多次在华西旅行，搜集了许多商业和博物学资料，后在温州、烟台、台湾等地任代理领事和领事。1893年发表一份关于台湾的重要报告。1902年4月，任英国驻成都总领事，后曾任英国驻华使馆商务参赞。1908年出席在上海举行的万国禁烟会议。1909—1912年任驻天津总领事。著有《华西三年》（年代待考）、《满洲》（1901）、《鸦片问题探索——中国主要产烟省份旅行记》（两卷，1914）、《四川的物产、实业和资源》（1902）等书。

活、奇特的地方习俗和生活方式以及对中国工业、产品和贸易发表的评论等。毫无疑问，在西方人看来，中国是所有国家中最特别的。欧美人士从哲学和宗教角度审视中国人时会发现，不仅在生活方式上，而且在精神世界方面，中国人也与他们完全不同。到中国内陆旅行几乎是行走在另一个星球。

## 革命中断了禁烟的进程

在公开场合抽水烟袋的顾客。（《纽约时报》原文插图）

谢立山爵士1910年对华北三省的调查结论是，山西省已完全消灭了罂粟种植，陕西省和甘肃省的种植量比1907年分别下降30%和25%。而1911年，在西南三省中，四川省罂粟种植已绝迹，云南和贵州的罂粟种植量分别下降75%和70%。谢立山爵士评称，罂粟禁令取得显著成就，但却被1911年10月的革命打断了。

革命发生后，中央和地方政府失去控制权，一时间无力阻止，罂粟种植又死灰复燃。人们不禁好奇，如果今年再进行一次中国内陆之旅会有什么新的发现。谢立山爵士观察了被政府官员援助、辅导的普通中国民众对此问题的看法，得出结论是，要使万恶的鸦片绝迹于世，还需要几十年而非几年的努力才能实现。中国人对鸦片的渴求已成为种族特征之一，鸦片的诱惑超过酒精。人人皆知，要想彻底禁止鸦片需要跨越无数障碍。

## 中国的罂粟花有各种颜色

谢立山爵士第一次行走于中国六省调查这小小的罂粟花时，经历许多困难，读来饶有兴味。也许我们应该先描述一下罂粟花。谢立山爵士写道：中国罂粟花有各种颜色，以白色为主，但粉色、深淡不同的红色和紫色都十分寻常。各省种植罂粟的季节也不同。在西南各省，人们在10月末或11月初播种。四川的罂粟

3月开花4月熟。云南、贵州要比四川晚一到两个月。在西北各省，如山西、陕西和甘肃，罂粟6月开花7月熟。

用不着多解释大家都知道，罂粟花花瓣凋谢后，蒴果成熟，切开表皮流出浆汁，即可提炼鸦片。印度人将罂粟花细心收集起来，用来制作包裹鸦片丸的外壳。而中国人则把罂粟花直接扔掉。蒴果的切刻有时是水平的，但更多是垂直的。人们在一个短木柄上嵌入三到四片平行排列的小刀片，仅露刀锋在外，足够划破蒴果，但又不会刺穿蒴果内壁。

在浙江省一些地方，人们使用一种类似于木匠刨子的小工具，从下往上割破蒴果，只有罂粟花底部还残留蒴果的表皮。每个蒴果都可在间隔一定时间后再次划开，如此反复几次。按规矩，这些活动都在夜间进行。汁浆刚流出时呈乳液状，带一丝粉红色，而后变成深褐色，最后变成黑色。人们在早上将它们收集起来。收集鸦片的男女或儿童通常用一块扁平的竹片将罂粟汁浆浓缩成的生鸦片刮到碗里或竹筒中，让它暴露在空气里，多余的水分将蒸发掉。如有急用，可通过加热方式烘干。

## 想深入中国内陆是件非常困难的事

中国铁路很少，运营状况不太好，开通线路也少。通常情况下，旅客们无法乘火车到达目的地。谢立山爵士组建了自己的旅行队，这是在中国内地旅行唯一合适的方式。有很多次，谢立山爵士都需要应付中国地方政府官员造成的麻烦，

轿子和骡车。（《纽约时报》原文插图）

因为他们试图劝说爵士按他们设计好的线路走，那他也就几乎发现不了罂粟产区了。谢立山爵士下决心要独立完成调查，不许这些政府官员或其他困难阻碍他达到目标。

旅行队由管家、赶骡人和一辆骡车与七匹骡子组成。四个赶骡人中有两人负责驾驶骡车，另外两人负责照管五匹驮运行李的骡子。驾驶骡车非常辛苦，由两人轮流赶车。负责驮运行李的人骑在骡子上，常常摇着摇着就睡着了。谢立山爵士说，“赶骡子的人在上面摇来晃去，让人看了心惊肉跳。但据我一路观察，他们从没失掉平衡掉下来过。”

骡车实际是一顶大轿子，不由人抬着，而由两匹骡子驮着。为避免随身携带太多银两，谢立山爵士带了许多地方钱庄的银票。熟知中国货币的人应该知道，如果谢立山爵士携带银两和铜钱的话，那么他这趟旅行大概需要再加上五匹骡子来驮。

## 在山西失去最得力的管家

这次漫长旅行的开端只能用灾难来形容。谢立山爵士写道，5 月 11 日是这次旅行最倒霉的一天。那天，我们到达山西文水县。晚上 9 点，管家将我的屋子收拾妥当后，到隔壁房间准备歇息，路过那两匹拉车的骡子时，其中一匹被拴在屋檐下的骡突然抬起一条腿，踢到管家右脚踝的上方，把他两块骨头踢折了。

管家被抬进房间，疼痛难忍，连声喊叫，让我赶紧给他找一味毒药，毒死他了事，免受这等痛苦。管家不让我碰他的腿，于是请来当地一个医生。这位医生对西医有一定了解，给他一小瓶麻醉剂，但不顶事。我自己药箱里有安眠药，就自作主张给他吃了。管家睡了过去，我们把他的腿绑上夹板，叫了一抬滑竿把他送到旅途的下一站，因为我听说那里正好有个外国医疗队。

负责照料我旅途衣物用品的管家受伤了，我不得不在文水县多停一天来处理。我还得把所有事情向厨师交代，但他完全不知道该怎么做随从管家。旅途就以如此不幸的方式开始，这种不幸一直持续到最后。这次受伤的管家在我早前去藏东边境考察时也曾因头骨受伤而掉队，当时也是由这个厨师承担双份工作。然而，他那次只离开了 18 天，而且那次旅行并未遇到太多麻烦。每个旅行者都知道，一次旅行的成功与否，很大程度上取决于管家的服务和管理水平。尽管我在人手短缺情况下继续前行不是明智之举，但是，我不愿再等待一个从北京来而且可能并不合格的新管家。这时，我已离开北京一周了。

## 一个衣着考究的男子走过来，严肃地告诉他此地没种罂粟

罂粟花

漫长旅行的目的就是要观察罂粟种植地，逐一记录并按省分类。尽管谢立山爵士遇到的地方官都保证中国已不再种植罂粟，但他在旅途中还是找到了一些罂粟地。他几乎没法更多深入内陆，但仍尽可能接近他计划要去的地方，而且找到不少罂粟，这让他很满足。有时，罂粟地里还种植着其他作物，如豆类等，来为种植罂粟打掩护。

在哀牢山一个小村旁，谢立山爵士有过一次有趣经历。当他走进乡村旅店的房间时，老板娘正试图赶紧擦掉屋子里陈积了好几年的灰尘。谢立山爵士赶紧从尘雾中逃出来，让老板娘把饭菜端到旅店后面露天场坝上食用。他吃饭时，突然看到眼前山谷里有块地里正种着他熟悉的植物。爵士走过去，发现种的就是罂粟，面积大约有 1/3 英亩。他采下一朵罂粟花放进口袋里，而后返回旅店。

当谢立山爵士准备与自己的旅行队启程离开这里时，一位衣着讲究的绅士走过来，神情严肃地告诉他，这个地方没种植罂粟。谢立山爵士说，那就奇怪了。然后，他从口袋里掏出那朵罂粟花。好奇围观着洋鬼子的村民们大笑了起来。这位衣着讲究的绅士迅速转身离开。

## 罂粟种植是公开的秘密，但中国人不希望外国人打探

谢立山爵士遇到的大多数中国人都不愿谈论种植罂粟的事，总是很小心地将话题引向别处。罂粟种植看起来在中国已是一个公开的秘密，但中国人不希望外国人四处打探。政府官员的态度有些不同。他们谈论罂粟，但大部分人都坚决表示，罂粟种植已经绝迹，或已大大减少，几乎可被忽略。

谢立山爵士来到西安时，受到陕西巡抚的殷勤招待。谢立山爵士向他打听前往渭河河谷的道路是否安全。巡抚回答，这一路很安全，但建议只走大路。巡抚提供了好几条不同路线，但每条路线都小心地避开了渭河河谷。只能得出一个结

论，即当地政府不希望谢立山爵士对那一带进行调查。事实果真如此，他后来发现河谷里种植着大量罂粟。

谢立山爵士在漫长的旅途中时常会发现大片罂粟地。但大多数时候都只是小块种植。谢立山爵士在总结陕西调查情况时说，他第一次去陕西时发现了 998 片罂粟地。第一次到甘肃发现 595 片罂粟地，第二次发现 2036 片。

谢立山爵士在兰州时两次会见陕甘总督长庚。总督告诉谢立山爵士，甘肃的罂粟种植面积当年减少 40%。谢立山爵士轻描淡写地说，仅在通往总督府沿途 10 英里内，他就发现了 180 片罂粟地。总督闻之感到有些惊慌。谢立山爵士相信，总督对辖区情况并不了解。这说明有相当数量的政府官员的确对消灭罂粟雄心勃勃，但他们的雄心壮志极少落实到行动中。消灭罂粟的任务下达给下级官吏，但这些小官吏对禁止种植罂粟并无兴趣。

该书大部分章节都是以一位旅行者身份平铺直叙，书中不时穿插着这样或那样的轶事，处处可见中国人的幽默。《鸦片问题探索——中国主要产烟省份旅行记》也是一次广泛权威的社会调查，对于那些想要了解新中国人民生存现状及现代化发展前景的人来说，具有非常重要的价值。读者可从书中查到大量数据，这些数据都经过精心挑选，以有趣方式展示给读者。书中还有两篇关于事件简介的附录及富有启发意义的插图，为本书增添了阅读价值。

## 退位清帝生母自杀身亡

1921 年 10 月 17 日

美联社北京 10 月 16 日电：

退位宣统皇帝溥仪的生母瓜尔佳氏[①]10 月 1 日自杀，她因吞食过量鸦片中毒身亡。溥仪于 1912 年 2 月 12 日退位。

据皇宫传说，瓜尔佳氏是因与端康太妃发生争吵而自杀的。太妃希望溥仪娶民国总统徐世昌女儿为妻，而瓜尔佳氏属意另一位佳丽。另外一种说法是溥仪对

① 溥仪生母瓜尔佳·幼兰，人称“八妞”，是慈禧重臣荣禄的掌上明珠，由慈禧指婚嫁给醇亲王载沣。对于溥仪逊位和清朝覆亡，瓜尔佳氏心有不甘，与端康太妃（即光绪皇帝的瑾妃）频繁往来，由她出面拿宫中珍宝贿赂荣禄旧部，策划“复辟”活动。随着溥仪日益年长，端康一心效法慈禧，想把溥仪控制于股掌之中，导致溥仪与她爆发冲突。瓜尔佳氏在这场宫廷冲突中左右为难。端康太妃发疯似的斥责她对溥仪管教不严，还公然责问她以活动“复辟”为由从宫中拿去的大量珍宝，到底是贿赂了军阀，还是她中饱了私囊。这大大刺激了性格刚烈的瓜尔佳氏。她受不了这有生以来的奇耻大辱，吞鸦片烟暴卒。

太妃不敬，而且不大理会宫廷礼仪，遭致太妃不满，责怪溥仪的父母。瓜尔佳氏性情刚烈，受不了委屈，一时想不开，便吞了鸦片，很快殒命。

据报道，退位皇帝说他现在还不想结婚，除非他能对世界形势有清楚的认识，并能寻找到摆脱太妃摆布的途径。

# 》中国饥荒系列

## 纽约教会为赈济中国饥民募捐

1912 年 3 月 11 日

昨日，为响应中国救灾基金会（Chinese Famine Fund Committee）在本周早些时候发出的呼吁，纽约市许多教会举办了“饥荒募捐日”。牧师们做了主题为赈济中国饥民的布道，并募集到大量捐款，力图解救此刻正忍饥挨饿的 300 万中国饥民。

位于百老汇大道和第 73 街的罗格斯长老会教堂（Rutgers Presbyterian Church）是众多举行“饥荒募捐日”的教堂之一。教堂的福克斯牧师（William Hiram Foulkes）正巧在哥伦比亚大学向一个中国学生团体开设讲座。在昨天主持的募捐布道中，两名中国学生应他邀请来到教会，亲口描述了中国近况，贫瘠的收成和滔天的洪水。

这两名学生分别是来自中国武昌文华大学（Boone University）的曾先生（A. T. L. Tsen）和纽约中国学联主席郭先生（P. W. Kuo）。曾先生首先发言，他向大家描述了他本人去年在中国看到的情景。

“从历史角度看，中国最近发生的革命远比饥荒更重要，因此使得饥荒问题在美国人民当中未能引起重视。”曾先生说，“美国人民并不知道那里发生的可怕情况，而大部分中国人都生存在如此恶劣的环境中。”

“长江沿岸有超过 1000 英里的地区，每到汛期，湍急的江水每一年都会溢出河堤，淹没大片土地。我的家乡碰巧离长江不远。过去，我在洪水季节顺流而下出外旅行时，至少还可以远远望见陆地上的房屋。但是，当我去年再次沿江而下时，所有房屋都淹没在洪水中了。”

“沿岸所有城镇都被洪水侵袭。连续好多年，地里的庄稼几乎颗粒无收。战争将壮丁从田间带走，军队对当地人民进行抢劫和掠夺。许多男人被杀害了，许多城镇被炮火摧毁。过去那些能够为贫穷省份捐款赈灾的城市，十有八九也被战火破坏，今年已完全没有能力继续救济灾民。”

“中国有300万灾民正忍饥挨饿，上万平方英里的土地被废弃。由于庄稼严重歉收，农民甚至连播种的种子都没有了，牲口也大都被淹死。派往中国调查的专家詹姆森（Jameson）报告说，他沿着一条马路行进100多英里，除了一些手推车外，沿途没有看到一架农用车或者其他交通工具。”

“父母为了让小孩活命，只有将他们送给别人。所有提供给灾民的救济食品都需要以工代赈。接受救济的灾民被安排去维修河堤，疏通河道，或干其他事情防止洪水和饥荒再现。只需要3美元捐款，即可帮助一户中国家庭支持整整一个月；而一笔15美元的捐款，可以帮助一户家庭支撑到6月份庄稼收割。”

郭先生说，为了新生的共和国获得成功，他的同胞们还需要作出多大的努力，这仍然是一个疑问。

“中国在过去四年取得了长足的进步和发展，”郭先生说，“在我家乡所在的省份，有了电话、电报，现在又有了铁路；而在四年前，这一切都是没有的。20年前，那里只有一个邮局，现在差不多有2000个。”

“20年前，那里也没有报纸，但是现在有上百种。单在上海，便有50多种不同的报刊。现代教育系统直到最近才被建立起来，现在全国有45000所新式学堂，学生数量达到150万人。”

“陈旧腐朽的陋习、鸦片交易、妇女缠足都正在被摒弃。国家议会和省咨议局在过去十年间迅速发展。这些都为建立一个共和制政府进行了充足的准备。中华民国的建立，将停止日、俄、英、德之间在远东的冲突，这意味着远东的和平。由中国出口到美国的商品在过去几年中已经翻了三番。然而，为了实现国家的自强和重建，中国还需要大量的资金，需要取得列强的承认，需要向西方世界虚心地学习。”

在聆听两位中国学生的发言后，教徒们为赈济中国灾民慷慨认捐。

## 科学赈济中国饥民

1912年3月24日

慈善救济事业中也包含着科学的原理。如果按照科学方法赈济灾民，那么每一个美元、每一片面包都将发挥出更大的效果。克雷西先生（Earl H. Cressy）是科学赈济方面的权威，他正在将最新的科学方法介绍给中国官方，如孙中山先生。这片正遭受饥荒的土地上建立了新政权，而孙先生是这个新政权的精神领袖。孙中山说，民国政府未来将采取更为积极有效的措施，避免人民陷入饥荒。

## 需要 500 万美元应对饥荒

孙的国家距离粮食收获季节还有 4 个月，但几乎所有省份都正经受饥饿的煎熬。华中赈济饥荒委员会（Central China Famine Relief Committee）已向美国 350 个城市、4000 位名人和数百家报纸发出求助请求。克雷西先生刚对灾区进行了一次实地考察，并撰写了报告。他在报告最后这样写道："就在撰写本报告时，一笔价值 100 万美元的外国赈灾贷款极有可能在未来几天内确定。袁世凯已经批准，孙中山大总统[①]也已派出一名代表表达合作意愿。这表明新成立的民国政府已向全面承担赈灾责任迈出了第一步。"

"然而，必须清醒地意识到，这并非意味着这里今年便不再需要国外的援助。根据保守估计，大约需要 500 万美元才足以应对当前的饥荒。捐款可寄往红十字协会（Red Cross Society）或者任何西方教会组织。"

## 苏北如无外援将有三分之二人口饿死

克雷西先生谈到了中国正在发生的许多变化，以及这个庞大的东方国家如何从沉睡中苏醒，崛起于强国之列。他说："在中国正在发生的各种变化中，有两个方面的巨大变化可能有被忽视的危险。其一是在饥荒时期把粮食撒在老鼠洞的时代已经一去不复返了；其二是新政府正在采取行动承担当前赈灾和未来防灾的责任。"

"正如当前出现的饥荒，正是这种悲惨的形势在很大程度上诱发了革命。当前中国的领导者都十分清楚地知道，这个国家能否保持长久的繁荣与和平，在很大程度上取决于人民的经济状况。"

"当前的饥荒是数年来中国面临的最严重的灾难。根据一个月前的估计，约有 250 万民众面临饥饿的威胁，而现在这个数字已经过时。华中赈济饥荒委员会几乎每天都会接到来自新灾区的求助。许多灾区的死亡率已经非常高了，儿童被

① 袁世凯于 1912 年 3 月 10 日就职于大总统，克雷西报告应在此之前写成。

出售以换取食物。元月的最后一周，作者亲自对苏北农村 55 户家庭进行了全面调查。”

“8 户家庭中仅有 1 户家中尚有存粮。为所有人准备的食物都是红薯叶和胡萝卜头，而 3 户中便有 1 户只能吃榆树皮。在这 55 户家庭中，已有 4 人被饿死，其他人中有不少最多只能再活几天。在这一地区，如果没有外部援助，至少会有 2/3 的人饿死，因为离粮食收获还有整整 4 个月。这里的情形反映了苏北灾区的普遍状况。据在此居住多年而且熟悉当地情况的传教士估计，苏北约有 100 万人面临饥饿威胁。”

“每当对饥荒实情出现质疑时，华中赈济饥荒委员会便会雇人进行调查，但这项工作的薪水极低，一般人非到万不得已绝不会申请。目前，这项调查工作在两个地方展开，有很大数量的一批人在进行此项工作，说明灾情十分严重。总体说来，此次中国灾区提出的赈灾要求是毋庸置疑的。”

## 民国政府支持饥荒预防计划

“对于病人和没有工作能力的人来说，救济当然是完全无偿的。但对于有工作能力的人来说，委员会为保护其自尊心，决定将以工代赈。他们将修坝挖渠，预防灾荒再次出现。委员会并给灾区的地主和地方官员上示范课，讲授开垦技术，给人们以未来发展的希望。华中赈济饥荒委员会与众不同的一点是，它试图说服民国政府采纳一项饥荒预防计划，从而使得自己成为最后一个在中国的外国赈灾委员会。”

“美国红十字协会派遣的詹姆森工程师（C. D. Jameson）在报告中指出，整个苏北灾荒地区的开垦是可能的。华中赈济饥荒委员会干事长为此付出了巨大努力，试图促使民国政府为救济灾荒地区和采纳饥荒预防计划立即行动起来。”

克雷西先生讲述了中国官员对于外国慈善机构给予的帮助，以及当地金融界和社会名流对詹姆森工程师的热切企盼。

詹姆森先生说，“从一开始，便有许多有影响力的中国人士和我们精诚合作，如孙中山政府的司法总长伍廷芳和实业总长张謇。1 月 17 日，张謇先生通过官方渠道表示，民国政府愿意沿着华中赈济饥荒委员会倡导的科学救济路线开展工作，并且先行拨款 8 万元提供支持。1 月 25 日，孙中山大总统在会见委员会干事长时谈到，一旦新成立的民国政府巩固下来，他将着手采取必要措施预防这类频繁出现的饥荒再次发生。”

## 中国饥民的悲惨状况令人发指

纽约中国赈济饥荒委员会（New York China Famine Relief Committee）已将收到的 6.5 万美元捐款送达忍饥挨饿的中国人民。新的委员会也已在芝加哥和波士顿成立，以救助 300 万受灾的中国人民。根据委员会提供的数据，现有捐款可以救助 5 万饥民，而另外 295 万中国人将继续忍饥挨饿。委员会在昨天发表的公告中说道："在现有条件下，大多数中国人过着极其惨淡的日子，根本不知道奢侈二字为何物。贫瘠的生活、狭窄的草屋、从早到晚繁重的苦力活，构成了他们生活的全部内容。当旱灾或者水灾损毁庄稼后，辛苦劳作的农民们便没有任何可资依赖的东西。"

"人们想尽各种手段求取生存，他们先是卖掉家里的奶牛、耕地的水牛，然后是农具，最后是自己的家什。一件接一件，所有东西都被'啃光'了。最后，门和窗户被从泥砖砌成的房屋拆下来，拿到市场上卖掉。最后，连屋顶上的一点点木材都被卸下出售，力图支撑全家的生活。家中一无所有，只有人可出卖。先卖女儿，然后卖妻子，但即使如此，最终还是无法避免贫困、饥饿直至死亡。在这样的困难时期，儿童被卖做奴隶，有时可换取与他体重相等重量的粮食，但更多时候只值一二美元。"

"当一个家庭发现他们需要用 4 个月的粮食维持 7 个月的生活时，便开始节衣缩食，用稀饭代替白米面。稀饭逐渐变得越来越稀，里面开始掺杂越来越多的杂草树叶，甚至树根，米粒越来越少。人们想尽各种办法寻找可以吃的植物，只要是没有毒的东西，都被放进锅里充数。然而，这些食物之中仅有很少的营养可以维持生命，于是人的身体变得越来越虚弱，就像他们吃的稀饭一样。最后，他们的胃和面容都被这些不健康的东西变得浮肿和扭曲了，他们仅能徒劳地维持生命的最后一点火星。"

"在美国这片繁荣兴旺的土地上幸福生活的人们，如果此情此景能够触动你们的心灵，那么迅速及时、计划缜密的救济方案即可挽救 300 万灾民的生命，而不会有丝毫的延误。"

"纽约赈济饥荒委员会的地址位于麦迪逊大街 1 号（1 Madison Avenue），委员会的财务主管是希夫（Jacob H. Schiff），通过他可以接受捐赠汇款。"

## 中国饥荒灾害危及百万生命

1912年4月4日

"尽管做了各种努力，在华东地区仍有100万无助的洪灾饥民因饥饿无助濒临死亡。"这是中国饥荒救济会（China Famine Relief Committee）在最近一次善款募集活动上作的开场白。他们目前正与美国红十字会展开合作。

"这些地区是赈灾救济粮可以运到的地区。上一次，我们通过来自美国的救济成功地解救了大饥荒中的灾民。我们相信，如果救灾款能够及时到位，那么目前的灾情可望得到控制。救灾款可通过通讯电缆迅速传送过来，而我们还有55天时间来避免这场悲剧的发生。"

这次慈善活动的发起者希望在美国募集100万美元善款，但截止到3月28日，仅收到14.5万美元的捐款。

"欧洲的捐助款已用于救济发生在俄罗斯和印度的饥荒，于是，这次解救中国饥荒的重任便落在美国人身上。"最新的公告这样说道。

中国饥荒救济会纽约办事处位于麦迪逊大街1号（1 Madison Avenue）。

## 聚落农场帮助饥民恢复重建

1912年4月7日

根据美国驻华使馆的报告，西方和美国特有的兴建聚落农场的想法正被中国人如饥似渴地接纳吸收。兴建聚落农场，不但可以为成千上万的饥民提供理想的避难场所，同时还可有效避免饥荒进一步加剧。

美国驻南京领事格雷西（Wilber T. Gracey）说，南京大学贝利教授（J. Bailie）提出的聚落农场计划已开始付诸实施。格雷西先生说，"该计划正在一个有影响力的委员会推动下快速推进，南京大学、基督布道团（Foreign Christian Mission）、美国长老会（American Presbyterian Mission）、南京商会（Nanking Chamber of Commerce）、洋布行商会（Foreign Piece-Goods Guild）和绸缎行商会（Silk Merchants' Guild）等机构参加了这项计划，上海许多知名人士鼎力支持。"

“孙中山先生对该计划表现出浓厚兴趣。他指示从南京附近安排一块废弃土地用于试验。该地的乡绅慷慨捐助，总计3000美元捐款已经到位。”

“计划要点是在距南京30英里的滁州以东建立一个聚落农场，此地与津浦铁路相邻，处于饥荒发生地区的边缘地带。然而，如果革命带来的社会混乱未得平息，任何事情都无从谈起。好消息是已在紫金山下获得6000亩地，成功迈出了第一步。”

“目前获得的一些土地并不适合耕作，但是水果特别是山楂可广泛种植。大约20户饥民家庭在试验区内获得安置，他们已开始劳作忙碌。”

“这些辛勤劳作的农工和他们的家庭将获得资金补偿，直到收割第一批作物。之后，他们将开始自己经营，并向政府交纳土地税和项目启动资金的借贷利息。此外，允许农工通过做工方式付清大部分税款，以避免他们负担过重。其中，有200亩土地由农场管理机构保留，用作试验站。”

“根据上海媒体的报道，该计划最大优点是农场工人可通过集约高效的劳作实现自助。这些流离失所的饥民，通过精细周到的经营管理，可通过自己的努力恢复重建家庭生活。”

## 饥荒迫使父亲毒子卖女

1920年9月13日

北京9月12日电：

直隶、河南、山东三省的饥荒灾情已令人发指。饥荒遍及9万平方英里的面积，影响人口达3000万至4000万，救灾资金据保守估计也需要2亿银元，大大高于民国政府目前所能承受的水平。民国总统命令财政部、内务部与相关省督联合开仓放粮，以免税低价出售谷米。然而，这远远不能缓解灾情，外国驻华使节在美国公使倡议下已组成国际赈灾委员会。

据目击者报告，在许多村庄，有父亲毒死全家以避饥荒。逃荒人家将自己的孩子绑在树上，避免他们在逃荒路上跟着遭罪，其凄惨场面恐怖难言。女孩仅以100钱出卖成交。

北京9月9日电：

美国人在华北赈灾行动中发挥了带头作用。今年，直隶、河南和山东三省的庄稼收成不到 20%，当地人民苦不堪言。河南省已募集 10 万美元资助当地的当铺，以解一些人的燃眉之急。

美国驻华公使克莱恩（Charles P. Crane）已向华盛顿报告灾情，并要求美国红十字会提供紧急援助。克莱恩公使今天还在官邸召集旅华美国侨领会议，商讨一项全面援助计划。

# 中国的丫环买卖

1920 年 10 月 31 日

亨利·邦恩（Henry W. Bunn）

近期来自中国的报道描述了直隶、河南、山东三省发生饥荒的惨状。据报道，饥荒范围达到 9 万平方英里，影响人口约 3000 万至 4000 万。在许多村庄，有父亲毒死全家以避饥荒；有逃荒人家将自家孩子绑在树上，女孩仅以 100 文即出卖成交。赈灾资金需要 2 亿银元，大大高出民国政府目前所能承受的财政能力。然而，如同许多来自中国的报道一样，我认为对此须仔细考察。

在中国 18 个省中，确有人口密度过于饱和的现象，尤以直隶、河南、山东三省情况最为严重。据保守估计，山东人口密度为每平方英里 700 人，河南为 520 人，直隶为 500 人，人口稠密地区的密度更高，而这也是此次饥荒发生地。因此，我怀疑以上数据的准确性。报道说受灾地区面积为 9 万平方英里、受灾人口为 4000 万人，但是如果只有 4000 万人受灾，那么受灾地区面积应少于 9 万平方英里。

饥荒是所有干旱地区居民都可能面临的灾难。他们都是赤贫的农民，成千上万户人家平均仅靠 1/3 英亩（一英亩等于 4050 平方米）耕地谋生。他们中如果谁拥有 3 英亩地，就算是有产阶级。正如有人形容的一样，“中国人挂在眼睫毛上都能活下去。”

在丰收年景里会有足够的粮食。这几个省主产粟米和小麦（山东南部地区种植一些水稻），并无其他粮食作物。在灾荒年里，如最近几年，灾情惨状难以形容。但是，假定粮食歉收情况比发生大饥荒的 1888 年还要糟糕，那么现在的灾情应不比那时更坏。当时的困难主要在于赈济粮调运受到运输和分发条件的限制，因为虽然其他省有足够的粮食可以救济，但不能及时运到灾区并及时分发到灾民手中，然而如今有铁路，还有轮船可从广东、日本和暹罗等地紧急进口粮食。

然而，即使有最快、最有效的救助，并且能够高效率地进口和分发，仍然会有数百万中国人忍饥挨饿，甚至如中国人所说的“奔赴黄泉”，就是指死。我们的感叹主要针对相关报道所说的“毒子卖女”而发。因为我担心会有许多美国读者从这则报道中得出对中国人非常负面的看法，也许陈见已经存在。

目前极端缺乏介绍中国的优秀书籍，充斥市场的尽是那些由传教士和旅游者们写的，其中许多内容极其愚蠢并且误导读者。其实，许多中国人非常有幽默感，爱吹牛，他们对被称为野蛮人不大在乎。他们喜欢听那些耸人听闻的故事，因为在中国城镇里发生的恐怖事件比我们这里多。但是，如果仅从这一点就下结论说中国人残暴，也极为不公平。

他们是如此忠厚、乐观，与贫穷进行着不懈的斗争，仅以此而论就非常令人敬佩。知识渊博、富有魅力的汉学家翟理斯博士①（H. A. Giles）对此持与我相同的看法。我所熟悉的许多中国人身上都具有非常可爱的品性。中国管家是世界上最能干和忠诚可靠的仆人。

中国人遵循孔夫子的教诲。他们家族庞大，喜爱孩子，不管是男孩还是女孩，甚至连别人家的孩子也一样喜欢。当然，中国也存在这样的一种说法，即他们开玩笑时经常说养女孩子是“赔钱的货”。因为她们很早就出嫁了，还要带走一笔嫁妆。在有些地区，姑娘出嫁的年龄平均为 15 岁。中国人给他们的女孩取很好听的名字，如“金玲”、“夏怡”等。

也许，那些坚信中国人非常残酷的人会引用溺死女婴和卖女为奴作为佐证。一些胡编乱造的书连篇累牍地这样告诉我们，好像全世界的人都认为在中国杀女婴是普遍现象，五分之二女婴都要被杀掉。这种可笑的观点已被翟理斯博士戳穿。

绝大多数中国家庭坚守的传统观念是只有男性才能传宗接代，即一个人死后是否幸福，在于他有无男性子孙能在其墓碑前延续香火，并以此决定此人灵位能否归入祖宗牌位。这种习俗延续下来，如果某人没有男性子孙，他死后就会变成孤魂野鬼。

因此，尽管女子与男子享有同等的祖宗牌位，但为祖宗祭奠进香之事只有男

① 翟理斯（Herbert Allen Giles，1845—1935），剑桥大学教授，汉学家。1867 年，翟理斯通过英国外交部选拔考试，成为英国驻华使馆翻译生。此后历任天津、宁波、汉口、广州、汕头、厦门、福州、上海、淡水等地英国领事馆翻译、助理领事、代领事、副领事、领事等职，历时 25 年，除五度返英休假外，其余时间均在中国度过。1897 年，翟理斯全票当选为剑桥大学第二任汉学教授。1935 年病逝。著有《华英字典》（*Chinese-English Dictionary*）、《中国纲要》《中国文明》《中国和汉人》《中国满人》《儒家学派及其反对派》等书并译介了不少中国古典诗文，如《聊斋志异》及李白的《静夜思》等。是威妥玛 – 翟理斯汉语罗马字拼音系统创制人之一，《华英字典》1892 年在沪首版。

子才有资格做。男孩刚刚长大就会让他娶妻生子，儿子越多越好，越多越安全。所有人都相信，在中国没有溺死男婴的情况。通常强调的是严禁溺死女婴。

现在谈谈卖女为奴的情况。首先应该知道，这种情况并不是普遍的。发生这种可怕交易的情形有几种。除非家庭面临极大的经济压力，否则是不会这样做的。辩护士们宣称，女子离家越早越好，越迟越痛苦。通常情形下，丫环会被东家收为姨太太或成为少东家的小妾。如果不是这样，东家应根据法律，待丫环一到婚龄就给她找个丈夫。在中国，公共舆论和习俗的压力比在世界上其他任何地方都要强，不允许虐待丫环，也不赞成东家将丫环赶出家门给她们所谓的“自由”。

在中国没有“老处女”。在大多数情况下，纳妾受到正房妻子的默许，妾所获得的地位也不算坏。妾的子女是合法的。通常说来，一个成年男子不敢有违公众舆论的压力及妻子和亲友的反对去纳妾。父母在孩子们眼中是受到同等尊敬的。一般情况下，父亲扮演严厉的角色，而母亲扮演慈祥的角色，但他们对子女都很宽容。

尽管荒唐的缠足习俗导致中国女人生理残缺，使男人更便于管理她们。但20世纪初，慈禧太后曾发布禁止缠足令。尽管确有贩卖女孩的现象存在，但中国妇女不像许多西方作家描述的那样，只是卑贱的奴隶。

卖女只是在经济绝望时采取的临时手段，是穷苦老百姓无法生活下去的必然结果。即使这种情况下出卖女儿，也比过去不多久英国仍然存在的契约奴隶好许多。值得一提的是中国妇女在文学上作出的历史性贡献，《康熙字典》中就有24000条是关于中国女性的。

让我们再回到饥荒使人毒子卖女的报道上来。依我个人的观点，如果卖女为奴尚可勉强说得过去的话，那么所谓“父亲毒死全家以减轻饥荒痛苦”的传言就是一则罗马传说了。

中国的饥荒有任何缓和的希望吗？毫无疑问，由于通讯条件的改善、财政状况好转和官员清廉，灾情应在不久的将来得以消除。但是，中国老百姓日常生活又如何呢？如果生活总是这样不堪重负，忍耐、乐观和本性善良的农民就会变得冷酷、压抑、残暴和绝望，何去何从难以确定。设想改善卫生条件会减少死亡率，如果死亡率从50‰至55‰下降到日本现在的20‰，那么中国人口将继续增长。

所有的可耕地都已经占用，更多的粮食从哪里来？假如改善农业耕作方法，或许可以提高粮食产量和储备，假如努力开发矿产资源、发展制造业，新建工厂或可消化吸收一部分过剩人口，但是很快又会人满为患，比过去更糟。一个可能的解决办法是移民和节制生育，但后者又与孔孟之道相违背，将彻底改变中国的政治结构、伦理道德和社会生活。

有人向我提议，国联或许可为制止中国的丫环买卖提供帮助，但我不认为修改国联盟约即可制止这样的行为。国联不可能向中国下达强制性的命令。唯一可适用条款或许是第 3 章第 23 款：“受国联委托，国联会员有义务监督杜绝买卖妇女儿童的实施。”如果这可解释为能够制衡中国的话。

如果中国是国联会员，采取措施制止丫环买卖或许有用，可中国尚未成为国联会员，压制这一习俗恐为其成为会员设置障碍。即使民国政府同意接受这个条件，这一习俗就会得以制止吗？中国丫环的不幸，只能靠铲除产生这种现象的根源去解除。但是，这只是一个美好的意愿。目前的中国应该何去何从，谁也不知道。难道她在转型和过渡时期里就没有任何希望了吗？

# 中国饥民死亡人数急剧上升

1920 年 12 月 26 日

*题记：报纸称北京地区每天有 1000 人死于饥荒，灾民全家自杀。居住在上海的美国人和英国人筹集了 500 万美元救济款。*

北京 11 月 15 日电：

我们得到一些关于中国饥荒灾情的报告。中国受灾地区由东部的直隶湾（Gulf of Chili，*即渤海湾*）到西部陕西省汉中（Han Chinga），由北方的内蒙古直到南方河南省商丘（Shang Ching）一带。

42 年前的 1878 年，中国也曾发生大面积饥荒，有数百万人在饥寒交迫中死去。但当时的情况远没有今天这么严重，因为那年的小麦在旱灾前就收割了。现在的情况是两年未降雨，只有少数地区的粮食作物有微薄产量。报道说，整个灾区所有的树叶都被饥民扒下来当粮食吃掉了。饥民们将树叶与糠壳、苜蓿、杂草和少得可怜的一点谷粒混合在一起，烤成“粮糕”，它们的外表看起来几乎与陶土一样。成千上万的难民都靠这种食物为生，他们都在设法逃离灾区，到情况稍好一些的城镇去，那里能买到一些粮食。

不择手段谋取钱财和食物的人遍及受灾五省（*指河北、陕西、山西、山东、河南*）。儿童被扔弃街头，还有很多孩子被穷困的父母扔进河里，又被人救起来。到处都在卖孩子。被嫌弃的女婴只需 1 美元。有个 5 岁男孩，母亲饿死了，患病的父亲说，如果无人愿意喂养这个孩子，就把他扔河里淹死算了。这个男孩最后获救了。但是，另有一家人全部自杀。

据估算，约需 2 亿美元购买最基本的口粮才能使大量灾民勉强存活下来。根据各地传来的灾情报告，北京每天有 1000 灾民死亡；山东德州和萧场[①]（Siao Chang）的农民廉价卖掉家里干农活的牲口，因为农民们没有草料喂养牲口，即使杀了它们也没有柴火来烹煮。从河南通往北方的各条路上都挤满了饥肠辘辘、蹒跚而行的灾民，许多实在走不动的人倒毙在路边。保定府西南方的大片地区已经寸草不生，如同刚被蝗虫席卷过一般。在吴镇（Wu Ch'eng）旁一个村子，有一位老人用篮子提着 6 磅小米，他说是用两件大衣和一双靴子换来的，准备带给他的妻子和七个孩子。

迄今为止，有关灾民救助的情况是，民国财政部、农业部和内务部成立了一个联合委员会，负责分配通过短期借贷 100 万美元购得的粮食。据上海报道，在参加南北和谈的南方首席代表唐绍仪要求下，有 7 个省已筹集 180 万美元紧急购粮。日本政府对华提供了 50 万蒲式耳[②]大米的援助。此外，在上海的英美两国商人筹集了 500 万美元，捐赠给中国赈济总会（Chinese Relief Association）。

允许难民免费乘坐北京至汉口的火车，将他们转移到南方的湖南和湖北。老人和孩子们将火车挤得满满的，因为他们没力气翻山越岭，去往有食物的地方。

---

① Siao Chang 可能是华北某地地名，英国参加 1924 年巴黎奥运会取得 400 米冠军的著名运动员、传教士伊利克·里达尔（Rev. Eric Liddell，1902—1945）曾在此行医、传教。

② 一种定量容器，类似中国旧时的斗、升等计量容器。在美国，1 蒲式耳相当于 35.238 升（公制）。

# 附　录

## ·《纽约时报》民初报道英文原文目录·

本目录为收入本书的《纽约时报》民初报道的英文原文标题，按本书篇章目录顺序排列。目录后的“年 / 月 / 日”为《纽约时报》原文发表的时间，页码与中文目录同。

Chapter 1

No dragon on flag of China Republic  1911/10/15 P.3
The Chinaman's destiny is that of the white man  1911/10/29 P.6
Chinese reformers lack cooperation  1911/11/05 P.16
Liang Chi-Chiao calls republic impossible  1911/11/07 P.20
Manchus's day of Massacre  1911/11/11 P.21
Yuan Shih  K'ai, the focus of distracted China  1911/11/19 P.22
Dr. Sun is elected President of China  1911/11/29 P.28
President Sun inaugurated  1912/01/03 P.28
Dr.Sun appeals to the powers  1912/01/06 P.30
Dr. Sun was Prisoner  1912/01/14 P.31
China Situation and world's trade  1912/01/14 P.33
Palaces lose treasures  1912/01/18 P.35
The part of our troops will play in China's troubles  1912/01/21 P.37
Iinterview with President Sun  1912/01/23 P.42
Yuanvisit imperial palace  1912/01/24 P.43
Manchus quit China's throne  1912/02/13 P.44
Unanimously elects Yuan as president  1912/02/16 P.47
Tang Shao-yi received Presidential Seal  1912/03/30 P.48
Goes to aid Sun Yat-sen  1912/04/25 P.49
Into the heart of China  1912/06/09 P.50
Lu is China's new premier  1912/07/01 P.55

China calls prof. Jenks 1912/07/18 P.56
China is seeking Dr. Morrison's aid 1912/08/11 P.57
To pacify China is Dr. Sun's aim 1912/08/24 P.64
China not really a republic but a new autocracy 1912/12/08 P.65
Urges all nations to recognize China 1913/04/04 P.75
Yuan is elected president of China 1913/10/07 P.76
China's new anthem 1914/07/26 P.78
The Chinese ex-Emperor well looked after 1914/08/02 P.79
*The Remarking of China*: Mr. Waley's Study 1915/05/16 P.80
Hsu Shih Chang is elected president of Chinese Republic 1918/09/07 P.84
China inaugurates her new president 1918/10/17 P.84
For harmony in China 1919/04/20 P.85
China's cabinet out in peace tangle 1919/05/17 P.86
Outer Mongolia asks China to take her back 1919/10/31 P.86
Freedom or the pay check 1919/11/01 P.88
China's boy "emperor" 1920/11/14 P.89
Yuan's passing-Chow Tzu-chi interview 1921/12/04 P.91、P.93

Chapter 2

Yuan asks National Assembly mindful good 1912/07/22 P.97
Chinese ex-minister shot 1913/03/21 P.97
Fighting in Shanghai 1913/07/26 P.98
Chinese here to Raise Cash for war on Yuan 1913/07/28 P.99
Chinese come here to study courts 1913/11/04 P.101
Dr. Sun planning new China revolt 1914/05/10 P.102
Chinese point of view 1914/08/09 P.104
Bomb for Shanghai paper 1915/12/18 P.106
Yuan Shih Kai takes all blame 1916/03/25 P.107
Yuan Shih Kai denounced by former premier 1916/05/21 P.110
Says China must be a monarchy again 1916/06/04 P.117
Wu Ting-fang looks to China's young men 1916/07/09 P.123
China's rebel leaders represent reaction 1917/06/10 P.128
Boy emperor again in Peking palace 1917/07/03 P.135

Chinese President flee to Embassy 1917/07/05 P.137
Find Chang Hsun is German agent 1917/07/11 P.139
Mediation fails in Chinese clash 1917/07/13 P.141
Prospect of Dr. Sun's return to power in China 1917/07/15 P.142
China's cabinet complete 1917/07/20 P.146
China gets artillery 1918/02/11 P.147
China's new parliament opened 1918/08/16 P.147
Chang to give China new constitution 1921/12/30 P.148

## Chapter 3

Japan's ultimatum delivered to China 1913/09/12 P.151
Eastern fleet preparing 1914/07/30 P.152
Last assault won a fort 1914/11/07 P.152
Talk with the Morgan of China 1915/06/06 P.156
Mongolia gets autonomy 1915/08/22 P.163
China benefited by the war 1915/08/22 P.164
China Appears Able to Look Out for Herself 1915/12/10 P.167
Dr. Ladd defends Japan's moves with China 1915/12/19 P.171
China's man power aids France in war 1917/02/25 P.180
China on verge of joining allies 1917/03/03 P.182
China's action in war to be independent 1917/08/18 P.184
China's strong arm to be felt in war 1917/10/14 P.185
US Consents to Boxer Indemnity and Tariff Arrangements 1917/11/09 P.187
Kaiser Wilhelm as Pillager in Boxer days 1918/01/06 P.188
Bolsheviki make demand on China 1918/05/31 P.191
Minister Koo tells why China is in War 1918/10/02 P.192
Japan and China at odds 1919/02/16 P.194
Tokio warns China 1919/05/08 P.199
Fair deal in China promised by Ishii 1919/05/16 P.200
Sign protest in blood 1919/05/22 P.202
Soviet offers army to "liberate"China 1920/04/01 P.202
China is key to peace, says Reinsch 1921/10/02 P.203
China thanks Harding for remembering her birthday 1921/10/18 P.206

Chinese welcomed for arms meeting 1921/10/31 P.207
Sees world peril in Chinese issues 1921/11/02 P.209
Koo lists demands China will present 1921/11/15 P.211
China would oust alien post offices 1921/11/26 P.212
Vote ban on China's post offices 1921/11/29 P.217

China the greatest of danger zones to the powers 1913/02/16 P.220
US no longer be a party to the "Six Power Group" 1913/03/19 P.226
Wilson wants trade of China as friend 1913/03/23 P.231
China loan signed, rebellion feared 1913/04/28 P.232

Japan makes big demands on China 1915/01/27 P.234
Japan has threatened military action to China 1915/02/08 P.235
China sends US Japan's demands 1915/02/19 P.235
Free hand for Wilson 1915/02/19 P.240
Wilson send a note to Japan 1915/02/20 P.241
Washington defers decision on China 1915/02/21 P.242
A plea for Japan 1915/02/26 P.243
From Times readers 1915/02/28 P.244
Japan respect China's integrity, Okuma says 1915/02/28 P.244
Chinese declare boycott 1915/02/28 P.245

Japan's course in China 1919/05/20 P.246
Mr. Bigelow replies 1919/05/23 P.247
F. McCormick replies to Bigelow 1919/06/01 P.248
Nothing lose by her refusal 1919/08/03 P.250
Letter from Cornell University 1919/08/03 P.254

Chapter 4

Chinese medical school 1911/07/17 P.259
Tt's fashionable to be pro-American in China now 1912/09/01 P.259
"The new China will be a new United States" 1912/11/10 P.263
The fashions change in China as they do here 1913/08/03 P.270

Amazing renaissance is now sweeping all Asia 1913/11/23 P.276
One department now in China 1914/04/06 P.285
Golf links laid in Chinese graveyard 1914/04/17 P.286
Auto interest in Shanghai 1914/08/02 P.286
Motor cycle for missionary 1915/04/11 P.287
Extraordinary medical conditions prevail in China 1915/11/07 P.288
American medical training to be given China 1916/01/16 P.290
China's bad roads 1916/02/27 P.296
Looking ahead for automobile exports 1918/01/27 P.297
Motor club in China 1918/04/07 P.298
To open branch bank at Shanghai 1919/01/31 P.298
Recruiting Chinese for Salvation Army 1919/06/22 P.299
Consular reform 1919/10/12 P.302
Trucks displace camels 1919/12/07 P.303
American typewriters in China 1920/11/07 P.304
World fair for the west 1921/12/21 P.304

Chapter 5

The Chinese student 1911/11/06 P.309
Oberlin School in China 1912/04/07 P.310
Chinese give drama boost 1912/05/16 P.311
Chinese general a student 1913/03/16 P.314
McCormick gift to China 1913/12/22 P.314
Finds part of world's biggest literary work 1914/02/08 P.315
Chinese Morals 1914/05/31 P.318
China's year book 1914/07/12 P.321
Orient Olympics set for Shanghai 1915/02/14 P.321
Yuan Shih Kai's last words on Chinese reform 1916/06/18 P.322
Chinese indemnity sequels 1917/01/02 P.323
Chinese college girls 1917/09/09 P.324
"Movies"in Hongkong 1918/08/11 P.325
Chinese officials inspect Times plant 1918/10/09 P.326
A press club in China 1919/06/08 P.326

Dewey to stay in China 1919/06/22 P.327

Student strike in Tientsin 1919/11/18 P.327

Musem expedition's hunt 1919/11/23 P.328

To teach Chinese girls 1920/01/25 P.328

Girls in Peking University 1920/03/12 P.329

Screen-people and plays 1920/06/06 P.329

Motion pictures for China 1920/06/20 P.330

Hunting fossils in China 1920/08/01 P.331

The drama that was in Chinatown 1921/04/10 P.332

Chinese to act "Mu Lan" 1921/10/24 P.342

China's suffragists ready to use force 1912/11/17 P.343

Worldwide awakening to woman's place in affairs 1912/12/01 P.345

Suffragettes in China 1921/06/26 P.350

Chapter 6

Teaches Medicine in China 1912/05/26 P.359

A great railway scheme for China 1912/09/12 P.359

China faces many currency problems 1912/09/15 P.361

Trade with China grew despite war 1912/12/08 P.363

Seeks $500,000,000 loan for China 1913/05/24 P.366

China restoring forests 1913/10/04 P.369

China's new coinage 1914/05/03 P.369

Bank for China is formed here 1915/06/06 P.371

China's minister invites Americans to trade 1916/05/28 P.373

Antimony in China 1915/06/11 P.376

China's industrial revolution now in progress 1916/08/27 P.377

China's industries revive 1917/01/05 P.384

Many blind in China 1918/01/06 P.385

Our silver to Far East 1918/02/24 P.386

China now enjoying era of prosperity 1918/02/24 P.386

Chinese to build ships for American 1918/07/14 P.387

Automatic telephones for China 1918/07/14 P.389

Pencil making in China 1918/09/01 P.390

Soda factory for China 1918/09/15 P.391
Want metal embargo 1918/10/01 P.391
Chinamen as merchants 1918/12/01 P.391
The first Chinese merchant ship 1918/12/16 P.393
New Cotton Mill for China 1919/08/31 P.393
China trade sets record 1919/08/31 P.394
To rebuild all China 1919/09/28 P.394
Shanghai motor service 1920/04/25 P.396
Building Chinese railroads 1920/05/09 P.397
Hotels for the Far East 1920/10/03 P.399
Making of hair nets 1920/10/31 P.400
Phone progress in China 1921/07/24 P.401
Airplanes in China 1921/12/18 P.401
China's daily air service 1921/12/18 P.402
New industry for China 1921/12/25 P.402

Chapter 7

Art at home and abroad 1911/11/19 P.405
Sale of the imperial treasures 1912/01/25 P.408
Famous dog-mother 1912/02/25 P.409
Old Jewish colony in heart of China 1913/06/01 P.410
Welligton Ku marries 1913/07/18 P.412
Li Hung-chang's memoirs give his impressions of US 1913/10/26 P.413
Will shoot opium smokers 1914/05/10 P.421
Gunboat explodes;35 die 1914/07/13 P.422
May bring refugees here 1914/12/13 P.422
Fled in Airplane in Tsing-Tao siege 1915/01/16 P.423
Gold by mail from China 1916/01/04 P.425
Chinese rug for $5,200 1916/01/20 P.426
Prince Ching dead 1917/02/02 P.427
Bandit fire on gunboat 1917/11/08 P.427
Earthquake killed 10,000 in China 1918/02/26 P.428
Chinese bandits hold 2 Americans 1918/03/12 P.428

Queer epidemic sweeps North China 1918/06/01 P.429

American learn Chinese 1918/11/17 P.430

Chinese fight tobacco 1919/09/21 P.430

Showing up confucious 1920/09/12 P.431

Elsie Ferguson on the women of China 1921/01/02 P.437

Gets Chinese sculptures 1921/01/24 P.441

On the trail of the opium poppy 1921/05/15 P.442

Mother of former boy emperor of China dies 1921/10/17 P.447

Femine Fund Day 1912/03/11 P.449

Science can make China famine-proof 1912/03/24 P.450

A million Dying in China 1912/04/04 P.454

Farm Colony Popular 1912/04/07 P.454

Famine menaces forty million Chinese 1920/09/13 P.455

Girls slavery in China 1920/10/31 P.456

Death from famine increases in China 1920/12/26 P.459

# 重要名词索引


**一、中国人名**

蔡锷 93，99，119
蔡廷干 207，208
蔡元培 30，49，119，326，329
曹锟 16，139，148
曹汝霖 128，132，133，147，236
长庚 447
陈锦涛 30，47
陈炯明 123，350，351，354，355
陈其美 21，49，99
陈友仁 131—133
储宝森 413
慈禧太后 14，23，25，26，35，67，79，81，92，174，313，379，409，416，419，420，427，458
邓春兰 329
董显光 350
段祺瑞 49，84—87，100，128—143，146，184
段芝贵 128，132
范源濂 146，326
方维 100，104，105
冯德麟 141
冯国璋 84，128，129，137，138，140，141，146，184
龚心湛 122
谷钟秀 187
顾维钧 56，110，114，150，171，192，193，203，211—213，373—375，412，413
洪深 342
胡汉民 30，261
黄宪昭 49，50
黄兴 30，69，151
黄钟瑛 30
靳云鹏 148
康有为 20，71，80，81，84，135，137，146
雷震春 141
黎元洪 16，18，19，30，47，69，70，76，77，84，85，93，112，128—130，132，135—138，145—147，207，314，369，377
李鸿章 23，24，70，91，123，136，173，175，325，388，413—416，418—421，427
李经迈 91
李烈钧 119
李亚 366，368
良弼 44

梁焕奎 358，376
梁启超 20，71，81，135，137，140，146，370
梁如浩 49，207，208
梁士诒 100，117，118，122，147，148，383
林长民 146，147
林森 19，47，76
林述庆 100
刘恩格 147
刘冠雄 49，128
隆裕太后 35，36，43，44，46
陆徵祥 49，55，56，97，107，122，128，133，207，236，251
罗文干 207
马素 102—104
溥伦 16，79
溥仪 24，44，79，84，90，91，128，135，137，138，141，143，146，427，447，448
钱能训 86，128
秋瑾 348，349，353
容揆 193，208
施肇基 49，56，150，203，209，212，217，218，402
宋教仁 49，97—100，103，105，106，233
宋庆龄 144，349
孙宝琦 122
孙中山 3—6，16，28—32，34，39，40，42，43，47—50，64，65，69，77，80，81，83，85，96，97，99，100，102—104，106，118，123，132，137，142—146，148，171，233，313，344，347，350，351，354，355，359，360，366—368，451，452，455
汤尔和 28
唐继尧 119，134
唐玫 412，413
唐绍仪 47—49，56，82，83，110—114，116，117，131，138，142，207，209，413，460
铁良 21
汪荣宝 133
王宠惠 28，30，49，203
王景春 263，264，266
王士珍 132，133
王揖唐 147
王正廷 47，49，56，76，85，232
韦玉 104，261
吴景濂 47，85
伍朝枢 117，127，150，203，354
伍廷芳 30，34，39，47，77，82，117，123，126—128，131，142，413，452
武士英 99
锡良 133
熊希龄 49，76，370
徐绍桢 21，100，314
徐世昌 84，85，87，90，107，132，135，148，199，206，328，447
奕劻 427
应桂馨 99，106
余日章 203，205，369
袁世凯 16—18，20，22—26，28，

34，35，39，40，42—45，47—49，56—59，65，67，69—71，73，75—78，80—85，87，91—94，97，99，100，102—119，121—124，128—133，136，141，145，146，151，156，162，165，166，169—172，174，176，177，180，207，223，232—235，261，291，292，311—313，320，322，348，350，351，359，360，361，366—368，371，376，377，383，408，420，427，451
詹姆斯·梁 329，330
詹天佑 397
张国淦 146，147
张怀芝 137
张謇 78，452
张彭春 342
张绍曾 16—18
张勋 21，47，84，85，89，90，128，132，135—143，146，151
张振武 67，100，104，105
张振勋 156，157，358，371
张镇芳 141
张作霖 141，148
章宗祥 122，131，133，147，199
赵秉钧 49，56，99，100，103，106，207，361
哲布尊丹巴 87，350
钟文耀 207
周自齐 92—94，122，377
朱启钤 122，147
庄汉翘 353

## 二、欧美人名

艾迪 276，277，280，281，283，284
埃尔西·弗格森 437
爱德华·罗斯 6
爱德华·马歇尔 65，66，156，345
安德森 331，361—365，369，370
安立德 303，391，392，402
百森 33
布莱恩 227，229，240
查飞 189
大卫·费雷泽 397
杜威 327
弗雷德里克·麦考密克 220，248
福开森 208
古德诺 113，294，314
海约翰 58，171，210，269，324
赫德 11，65，318，319，321
加德纳·L. 哈丁 128
杰瑞米·W. 金克斯 167，196
凯丽·卡普曼·凯蒂 345
康德黎 32，33
蓝辛 191，192，197，198，206
李希霍芬 186，282
马格里 31—33
马斯特斯·麦克道尔 142
莫理循 57—63，92，122，207
诺克斯 57，74，178，226，229，230，368，395
濮兰德 65—67，72，89，318，319
普吕肖 423—425
契切林 191
乔治·T. 莱德 171，172
芮恩施 91—93，113，125，135，

140，203，208，234，429
司戴德 371
斯利尼瓦斯·维吉尔 164
塔夫脱 57，74，75，226，227，259，269，368
瓦德西 156，189
威廉二世 188，190，191，248—250
韦洛贝 122
伍德罗·威尔逊 226
西奥多·罗斯福 62，313，324
谢立山 442—447
谢米诺夫 191，202
辛博悌 169，395
辛慈 176
约瑟夫·基根 259，260
翟兰思 316，317
翟理斯 316，318，457
詹金斯 56
庄士敦 90，91

## 三、日本人名

本野一郎 131
大隈重信 197，244
渡边山田 157
儿玉源太郎 23
桂太郎 223
贺长雄 122
加藤高明 179
牧野伸显 197
乃木希典 278
日置益 113，133，169，179，236
石井菊次郎 142，197，200
珍田舍己 171

## 四、报纸、书籍和条约

《北京每日新闻》105，106
《慈禧统治下的大清帝国》66，319
《重构中国》80
《大陆报》138
“二十一条”57，91，113，127，133，148，158，169，170，175，176，197，201，207，234，236，238，241，242，244
《凡尔赛和约》189，203，250—253
《今日中国》185
《京报》131，132，281
《蓝辛—石井协定》197，198
《密勒氏评论报》49，350
《民国西报》103—106，350
《朴次茅斯和约》62，177，277，280
《恰克图条约》87，163
《清廷纪事》318
《申报》138
《文汇报》138
《五国借款合同》103
《亚细亚日报》106
《亚洲新时代》276
《永乐大典》315—318
《远东环太平洋杂志》394
《中国年鉴》1914年版 321
《中国人的变迁》6，7
《中华民国临时约法》121，352
《字林西报》44，71，138，139，164，399

## 五、其他名词

安福俱乐部 85

奥柏林学院 310，311
北京大学 16，199，207，324，327，329
北京古观象台 188，190
北京协和医学堂 291，295
北洋大学 327，328
辫子兵 84，151
川康航空公司 401
哥伦比亚大学 48—50，113，192，209，244，310，311，314，326，327，342，377，413，449
国际妇女选举权同盟 343，344，349
哈佛大学 15，65，193，207，250，259，293，342，369
汉冶萍煤铁厂 186
湖北大冶 186
沪宁铁路 19，99，387
花旗银行 230，298
华昌炼矿公司 376
华工远征军团 186
华中赈济饥荒委员会 451，452
汇丰银行 230，232，298，367，387
江南制造局 98，358，388，389
金陵大学 315
金陵女子学院 324，325
京绥铁路 397
救世军 299—302
卡耐基国际和平基金会 296
开滦煤矿公司 187
洛克菲勒基金会 290，292，293
铭贤学校 310，311
摩根财团 315，366，367，371
纽约中国赈济饥荒委员会 453
“帕罗斯”号 427，428
萍乡煤矿 186，187
珀金斯建筑事务所 314，315
齐鲁大学 314，315
上海圣约翰大学 186，209，314，369
太平洋商务电报公司 142
“通济”号 422
威斯里安女子学院 144
西门子公司 177，402
耶鲁大学 15，193，207，263，276，296，413
友华银行 230，298，299
裕中铁路和运河公司 429
远东奥林匹克运动会 321
远东局 40，41，171，196
震华电机制造厂 402
中法实业银行 211
中华会所 245
中美银行 371，372
咨议局 11，16，18，61，280，351，450
资政院 16—19，34，45，79，147

# 后 记

《帝国的回忆：纽约时报晚清观察记》是2001年由北京三联书店首次出版的。2002年，台湾远流出版社出版了上下两册繁体字版。2007年，再由当代中国出版社推出修订版。这三个版本发行以来，一直受到读者欢迎，深为感谢！

编译《纽约时报中国观察记》，是力图用第三只眼来观察、思考我们民族近百年的历史。全书由晚清部分组成黄色系，民国部分组成蓝色系，再截取尼克松访华到邓小平访美这个历史片断组成红色系。三部曲的编纂结构基本成形后，再根据情况逐步充实、完善。

2011年10月10日是辛亥革命100周年纪念日。辛亥革命是中国近代史上具有划时代意义的大事件。推翻帝制，创立共和，堪称为“三千年未有之大变局”。特别是民国初期的十年（1911—1921），正是中国处于激变的时期。这一时期，新旧制度变换，新旧思想冲撞，各种政治势力交替，内忧外患，国民彷徨，许多影响中国发展的事物和思想由此发端。这是容易被人遗忘的十年，今天的国人对这段激变的历史也不太了解，而《纽约时报》当时有许多相关的记录、报道和评论，因此，我们将此一时期截取出来，做成一个历史片断，作为观察民国初年社会生活形态的标本，供国人研究。

全书原始文献的选辑由我承担，细读了上述时段涉华报道的上千篇文电，从中挑选出200多篇，编成本书。翻译工作由蒋书婉、刘知海、李方惠三人承担。李方惠是我夫人，毕业于四川大学新闻专业，曾长期供职于外交部新闻司，与我合作编译《帝国的回忆》。蒋书婉是北京大学国际关系学院毕业的硕士，曾与我在外交部政研室共事。刘知海是北京大学数学系毕业的硕士。他们三人译成初稿后交我审定、校勘并加注释，由我负责统筹和设计。

全书划分为“民国初创”、“捍卫宪政”、“维护国权”、“西风东渐”、“文化觉醒”、“实业兴起”、“民生世相”七篇，前三篇主要反映民国初年的政治状况，后四篇主要反映社会状况。其中，有部分文电涉及同一专题，汇成单元便于连续阅读。每篇文电的视角、立场、观点不尽相同，选稿力求平衡。此外，民初政府体制和国会组织比较混乱，还同时存在过南北两个政府，由于各国外交机构集中于北京，为尊重外电原意，本书表述以“民国政府”概称。书后附有本书重要名词索引和英文文献目录，方便有兴趣的读者检索和研究。注释部分多综合历史文献加以考据，具体出处未一一列举，不妥之处且望海涵并批评指正。

最后，诚恳感谢《纽约时报》为我们保存了如此丰富的史料。点点滴滴，尽是先辈足迹，令人感泣。借此机会，向当代中国出版社周五一社长、张永副总编、柯琳芳编辑和远流出版社游奇惠主编、陈穗铮女士的鼎力支持表示衷心感谢！

郑曦原

2011 年 7 月 18 日于雅典